Rhódos-Stadt
Triánda
Filérimos
Kallithéa
Soroní
Theológos
Kóskinou
Fánes
Faliráki
Kamirós
Sálakos
Psínthos
Kamirós Skála
Prof. Ilías
798
Ág. Nikólaos
Fountoúkli
Afandoú
Éleusa
Archípoli
Kritiniá
Apollóna
Platánia
Kolímbia
Émbonas
Attáviros
1215
Archángelos
Ág. Isídoros
Siana
Láerma
Monólithos
Ístrios
Profilía
Lárdos
Apolakkía
Asklipio
Arnítha
Vati
Kiotári
Gennádio
Mesanagrós
Lachaniá
Kattaviá
Plimíri
Prasonísi

Bodrum
Mazıköy
Marmaris
Kos
Halbinsel Reşadiye
Knidos
Datça
Sými
Rhódos
Chálki
Rhódos

Text und Recherche: Dr. Hans-Peter Siebenhaar
Lektorat: Gisela Fischer, Marietta Chrobot
Redaktion und Layout: Dirk Thomsen
Fotos: Bildnachweis s. u.
Titelfotos: Dr. Hans-Peter Siebenhaar
unten: Apostel-Paulus-Bucht bei Líndos
oben: Mandráki-Hafen (Rhódos-Stadt)
Karten: Susanne Handtmann, Kim Vanselow
Covergestaltung: Karl Serwotka

Über den Autor: Dr. Hans-Peter Siebenhaar, Jahrgang 1962, Journalist und Politikwissenschaftler, Studium in Erlangen, Kalamazoo (USA) und Madrid. Lieblingsort: Psinthos, Lieblingsstrand: Apostel-Paulus-Bucht bei Lindos.

Dank an Bettina Siebenhaar und Birgit Dengel für Ihre große Hilfe sowie an Jessica Günther für ihre unermüdliche Wanderlust. Dank auch an Sandra Brunello für ihre wertvollen Tipps und Michael Bussmann für den Ausflug nach Mamaris.

Fotonachweis: Fotos von Dr. Hans-Peter Siebenhaar, außer:
Sabine Becht: S. 25
Michael Bussmann: S. 244, 247
Birgit Dengel: S. 10, 11, 63
Antje und Gunther Schwab: S. 53

ISBN 978-3-89953-337-8

3. komplett aktualisierte Auflage 2007

RHÓDOS

Hans-Peter Siebenhaar

INHALT

Wanderungen und Rundgänge

Kartenverzeichnis

Zeichenerklärung für die Karten und Pläne

- asphaltierte Verbindungsstraße
- asphaltierte Straße
- Nebenstraße
- Piste
- Fußpfad/Wanderweg
- Grünanlage
- Badestrand
- Berggipfel
- Aussicht
- Leuchtturm
- Ruine
- Windmühle
- Kirche
- Kloster
- Moschee
- Bushaltestelle
- Taxistandplatz
- Information
- Post
- Parkplatz
- Telefon
- Tankstelle
- öffentliche Toilette

Was haben Sie entdeckt?

Haben Sie eine freundliche Taverne weitab vom Trubel gefunden, ein nettes Hotel mit Atmosphäre, einen schönen Wanderweg auf Rhódos?

Wenn Sie Ergänzungen, Verbesserungen oder neue Tipps zum Buch haben, lassen Sie es uns bitte wissen!

Dr. Hans-Peter Siebenhaar
Stichwort „Rhodos"
c/o Michael Müller Verlag
Gerberei 19
91054 Erlangen
E-Mail: hp.siebenhaar@michael-mueller-verlag.de

Vorwort

Lust auf Rhódos?

Die Ankunft am Mandráki-Hafen ist immer noch die schönste Art, sich Rhódos zu nähern. Hirsch und Hirschkuh, die Wappentiere der größten Dodekanes-Insel, flankieren die Hafeneinfahrt. Dahinter liegt die labyrinthartige Altstadt, die längst zum Weltkulturerbe ernannt worden ist. Rhódos hat in seiner langen Geschichte viele Fremde erlebt – Römer, Ritter, Türken, Italiener, Deutsche – und seit vier Jahrzehnten viele Millionen von Touristen. Bis heute hat die faszinierende Insel mit ihren einmaligen Kunstschätzen und schönen Badebuchten nichts an ihrer Anziehungskraft verloren.

Doch Rhódos ist mehr als ein spannendes Museum oder organisierter Freizeitpark. Wer die Insel richtig erleben möchte, sollte sie erwandern. Abseits der Touristenzentren gibt es waldreiche Mittelgebirgslandschaften, naturbelassene Täler und einsame Dünenlandschaften zu entdecken. Unternehmen Sie auch Ausflüge zur Intellektuelleninsel Sými und zum einsamen Nachbareiland Chálki. Selbst ein Abstecher in die Türkei lässt sich bequem organisieren.

Voll auf ihre Kosten kommen auch alle, die das Badevergnügen suchen. Auf der Insel des Sonnengottes Helios gibt es nicht nur viel Sonnenschein, sondern auch malerische Buchten mit sauberen Sand- und Kiesstränden. Rhódos ist wegen seines Meltemi-Windes zudem ein ideales Surferparadies. An der Westküste bei Triánda oder an der Südspitze bei Prasonísi weht im Sommer stets eine steife Brise.

Noch ein Wort zu unserem Vorgehen: Die gesamte Recherche beruht auf den vom Deutschen Presserat im sog. Pressekodex formulierten Grundsätzen für die publizistische Arbeit. Konkret bedeutet das: Sämtliche Informationen sind unabhängig und mit größtmöglicher Sorgfalt von uns selbst recherchiert worden, und es gab keine direkte oder indirekte Einflussnahme durch Unternehmen, Organisationen oder Einzelpersonen. Bitte beachten Sie in diesem Zusammenhang auch, dass unsere vor Ort gesammelten Informationen Veränderungen unterliegen: Hotels werden renoviert, neue Tavernen machen auf, Museen werden gegründet. Bitte schreiben Sie uns, damit auch andere Leser an Ihren Erfahrungen teilhaben können.

Zu guter Letzt noch ein Hinweis: Griechenland ist nicht Deutschland. Mediterrane Lebensfreude beinhaltet auch die Liebe zum Non-Perfektionismus. Nicht jeder Bus fährt pünktlich ab, nicht jeder Kellner ist ein Sprintläufer ... Lassen Sie sich auf kleine Abenteuer auf Rhódos ein, und Sie werden die natürliche Herzlichkeit, die unerwartete Hilfsbereitschaft und die unglaubliche Improvisationskunst der Einwohner kennen lernen.

Viel Spaß auf dieser wunderschönen Insel wünscht

Dr. Hans-Peter Siebenhaar

Rhódos – die Garteninsel

Rhódos – die Insel

Ein Klassiker unter den Reisezielen in der Ägäis: Rhódos zählt zu den abwechslungsreichsten und geschichtsträchtigsten Inseln Griechenlands. Aufgrund seiner geografischen Lage als Sprungbrett von Europa nach Asien kann das „ägäische Mallorca" auf eine spannende Vergangenheit zurückblicken. Überall auf der Insel gibt es antike Ruinen und jahrhundertealte Kapellen. Die mit Abstand größte Insel des Dodekanes, liebevoll „Insel des Sonnengottes Helios" genannt, verfügt über traumhafte Strände, urwüchsige Gebirgslandschaften und malerische Dörfer. Diese Kombination macht Rhódos zu einem unvergesslichen Ferienerlebnis.

Der Tourismus auf Rhódos hat eine lange Tradition. Schon Julius Cäsar hatte auf Rhódos Erholung gesucht. Doch erst die Italiener, die 1912 die Türken als Vormacht in der südöstlichen Ägäis ablösten, erhoben mit ihren Investitionen Rhódos allmählich wieder zum attraktiven Reiseziel. Vor allem mit dem Ausbau der Infrastruktur und den umfangreichen Restaurierungen halfen sie dem Tourismus auf die Sprünge. Seit den 50er Jahren hat dann der Massentourismus Einzug gehalten. Die Insel ist heute eines der meistbesuchten Urlaubsziele Griechenlands: Abgeschiedene Strände, eine einzigartige mittelalterliche Hauptstadt mit verwinkelten Gassen, mehr als 300 Sonnentage im Jahr und die vielfältige Fauna und Flora locken jährlich Hunderttausende an. Ein großer Teil kommt aus Skandinavien und England und ungefähr ein Viertel aller Besucher sind Deutsche. Wie kaum eine andere Insel besitzt Rhódos einen Schatz an Baudenkmälern aus der Antike und aus byzantinischer Zeit. Natürlich hinterließen auch die Besatzer der Insel – Kreuzritter, Venezianer, Genuesen, Türken und Italiener – in all den Jahrhunderten ihre Spuren. Die Inselhauptstadt wird noch heute vom mittelalterlichen Stadtkern mit dem

Rhódos – die Badeinsel

berühmten Großmeisterpalast des Johanniterordens geprägt. Besuchermagnet im Süden ist das malerische, verwinkelte Líndos mit seiner hoch aufragenden Akropolis, die einst die Kreuzritter in eine Festung umwandelten.

Bereits im 5. Jh. v. Chr. wurde die Stadt Rhódos von dem hoch angesehenen Architekten Hippodamos von Milet erbaut. Sofort eignete sie sich das Wahrzeichen der viel älteren Stadt Ialyssós an, die Granatblüte. Jeder Stein ein Stück Geschichte. Längst wurden die gewaltigen Befestigungen samt Palast aus der Ritterzeit mit Hilfe der UNESCO restauriert. Nach Jahrzehnten der Passivität hat sich Rhódos – unterstützt von Zuwendungen der Europäischen Union – in den letzten Jahren intensiv um den Erhalt des reichen kulturellen Erbes bemüht. Denn schon lange haben Administration und Bürger erkannt, dass nicht nur das reine Meerwasser, die vielen Sonnenstunden, sondern eben auch die Geschichte und ihre steinernen Zeugen zum unersetzlichen Kapital der Insel am Rande Europas zählen.

Obwohl Rhódos auf gleicher Höhe wie Nordafrika liegt, sind die Temperaturen selbst im Hochsommer erträglich. Das verdankt die Insel dem kühlenden, frischen, manchmal auch stürmischen *Meltémi*, einem Nordwestwind, der mit angenehmer Stetigkeit fast immer an der Nordküste bläst. Er sorgt sogar für niedrigere Wassertemperaturen, denn an der geschützten Südküste liegt die Temperatur in der Regel um drei Grad höher. Rhódos besitzt nicht die herbe, karge Schönheit der Kykladen. Die Insel ist eine botanische Oase in der Ägäis. Orangen und Limonen leuchten, Hibiskus und Bougainvillea blühen, Myrte, Thymian, Rosmarin und andere aromatische Kräuter duften ...

Filoxenía, die Gastfreundschaft, wird auf Rhódos traditionell großgeschrieben. Vor allem die abgelegenen Dörfer im Süden haben sich ihren Charme erhalten. Das gesellschaftliche Leben findet seit jeher im Kafenion statt. Egal, ob große Weltpolitik oder kleine Familienstreitereien – hier ist alles ein Diskussionsthema. Wer Zeit und Muße hat, wird Wunderbares entdecken. Und immer wieder hört man an den

Akropolis von Lindos: Restaurieren ist schweißtreibend

kleinen Tischen: *„siga, siga"* – „langsam, langsam".

Rhódos-Stadt an der Nordspitze der Insel ist unbestrittenes Zentrum des Inseltourismus. Hotelhochhäuser, unzählige Restaurants, Souvenirläden, Menschen dicht an dicht – ein wahrer Rummelplatz rund um die Uhr. Als Urlaubsziel genießt Rhódos einen Bekanntheitsgrad wie kaum ein anderes griechisches Eiland. Auch wenn der Koloss über der Hafeneinfahrt längst in den Meeresfluten auf Nimmerwiedersehen verschwunden ist, kommt man bei einem Spaziergang durch die von einem 4 km langen Mauerring umschlossene Altstadt nicht mehr aus dem Staunen heraus. Hier treffen sich christliche, jüdische und moslemische Kultur, versehen mit den trutzigen Denkmälern der Ritterzeit, und gerade außerhalb der touristischen Hauptrouten, in den engen und verwinkelten Gassen, scheint mehr als einmal die Zeit stehen geblieben zu sein. Die Altstadt von Rhódos mit ihrer geschichtsträchtigen und gleichzeitig morbiden Atmosphäre ist einmalig in ganz Griechenland.

Verwunderlich, dass trotz der enormen Besucherzahlen der weitaus größte Teil von Rhódos unentdeckt geblieben ist. Wer die Insel in ihrer Ursprünglichkeit erleben möchte, sollte sich in Richtung Süden auf den Weg machen.

Dort gibt es einsame Dörfer, bei Gennádio kilometerlange Kiesstrände, an der Westküste bei Kattaviá einsame Sandstrände, im Inselinneren eine wilde und herbe

Bewundernswertes Rhódos

Der antike Geograf und Historiker Strabon notierte bereits vor rund 2000 Jahren: „Die Stadt der Rhodier liegt auf der östlichen Landspitze. Durch Häfen, Straßen, Mauern und weitere Ausstattungsmerkmale zeichnet sie sich vor allen so sehr aus, dass wir keine andere Stadt nennen können, die ihr gleicht, geschweige denn, ihr überlegen ist. Bewundernswürdig ist auch ihre gute Gesetzgebung und die Sorgfalt, mit der Gemeinwesen und insbesondere die Flotten-Angelegenheiten gepflegt werden; daher behauptete die Stadt lange die Seeherrschaft; vernichtete Piraten und war mit den Römern befreundet; ebenso mit den Königen, die ihrerseits Freunde der Römer und Griechen waren. Bei all diesen Vorzügen blieb sie stets unabhängig und wurde mit vielen Weihegaben geschmückt."

Rhódos auf einen Blick

Größe: 1398 km², Länge 77 km, Breite 38 km.

Bevölkerung: 100.000 Einwohner, davon etwa die Hälfte in Rhódos-Stadt.

Wichtigste Orte: *Rhódos* – Inselhauptstadt, mit schöner Altstadt – von der UNESCO als Weltkulturerbe geschützt, in der Neustadt gibt allerdings der Massentourismus den Ton an; *Faliráki* – umstrittene Touristenhochburg; *Líndos* – viel besuchtes, idyllisches Dorf mit Akropolis; *Triánda* – Touristenort mit alten Villen; *Filérimos/ Ialyssós* – Ausflugsort mit viel Geschichte (Kloster, Tempelreste) und ein Paradies für Surfer; *Profítis Ilías* – zweithöchster Inselberg mit viel Wald und dem verlassenen italienischen Kurort Eleusa; *Kamirós* – antike Stadt; *Émbonas* – Bergdorf unterhalb des 1215 m hohen Attáviros und Zentrum des Weinanbaus; *Monólithos* – Bergdorf mit Burgruine; *Mesanagrós* – einsames Dorf mit berühmter Kirche; *Lachaniá* – ruhiges Künstlerdorf mit herrlicher Platia; *Kattaviá* – südlichstes Dorf mit tollem Sandstrand am *Kap Prasonísi* – ein Paradies für Surfer.

Straßen: überdurchschnittlich gut ausgebautes Straßennetz, besonders entlang der Küste. Einige – z. T. schlecht befahrbare – Schotterstraßen gibt es vor allem noch im südlichen Inselinneren.

Entfernungen (von Rhódos-Stadt): Kamirós 34 km, Kastéllos 52 km, Líndos 55 km, Tsambiká-Beach 35 km, Monólithos 71 km, Faliráki 15 km, Gennadio 70 km, Profítis-Ilías-Berg 48 km, Kattaviá 89 km.

Tankstellen: Optimales Tankstellennetz, selbst in abgelegenen Gegenden findet sich eine Tankstelle. Die südlichste Zapfsäule steht in Kattaviá.

Auto- und Zweiradverleih: am Airport, in Rhódos-Stadt, Faliráki, Triánda, Líndos etc. Mietwagen (ohne Kilometerbeschränkung) ab ca. 50 € pro Tag, ca. 160 € pro Woche. Kleinwagen mit Sonnendach kosten etwa 10–20 % mehr. Für ein Cabrio muss mit rund 100 € gerechnet werden. Ein kleine Vespa oder kleines Motorrad ist ab 20 € am Tag zu haben.

Taxis: ein teures Transportmittel, Mindestgebühr 2,70 €, Zuschlag ab Flughafen 2 €. Die doppelte Taxigebühr wird in der Zeit von Mitternacht bis 5 Uhr fällig. Beispiele: Rhódos/Stadt–Líndos 36 €, Rhódos/Stadt–Flughafen 15 €, Rhódos–Antikes Kamiros 30 €. ✆ 22410/44335 oder 69800. Bei Unregelmäßigkeiten oder Serviceproblemen gibt es ein Beschwerdeformular bei der Touristenorganisation.

Karten: Die auf der Insel erhältlichen Karten haben alle ihre Mängel. Wir machten gute Erfahrungen mit der Rhódos-Karte von tc travel maps, Maßstab 1:100.000. Sehr verlässlich.

Telefonvorwahl: 22410 (Rhódos-Stadt und Inselnorden), 22460 (Westküste südl. von Kamirós Skála) und 22440 (Ostküste südl. von Archángelos).

Gebirgslandschaft mit einsamen Klöstern und urigen, halbverlassenen Bergdörfern wie Mesanagrós.

Trotz seines großen Touristenaufkommens zählt Rhódos nach wie vor zu den attraktivsten Reisezielen der Ägäis: bei Kamirós die Überreste einer antiken Stadt, Líndos mit seinen weißen, kubischen Häusern und dem prachtvollen Kastell auf einem Felsklotz, der karge, abweisende *Attáviros*, mit 1215 m der höchste Berg der Insel, der *Profítis Ilías*, der zweitgrößte Berg mit seiner mitteleuropäischen Gebirgskulisse, die ruhigen Dörfer abseits ausgefahrener Routen ...

Rhódos unterschätzt man leicht in seiner Größe. Die Insel ist mit knapp 1400 km² rund dreimal so groß wie der Bodensee, und die gesamte Küstenlänge beträgt immerhin 220 km. Wer Rhódos kennenlernen möchte, sollte deswegen motorisiert sein und vier oder fünf Tagestouren einplanen. Ein Leihwagen ist empfehlenswert. Denn abgelegene Orte im Süden oder im Inselinneren sind nur mühsam und umständlich per Bus zu erreichen.

Reisezeit

Auf Rhódos herrscht ein subtropisches Mittelmeerklima. Die Sommer sind heiß und trocken, die Winter mild und regenreich. Mit über 3000 Stunden Sonne Jahr für Jahr kann man sich in ganz Griechenland zwischen Mai und September auf einen strahlend blauen Himmel verlassen und Rhódos macht hier keine Ausnahme. Im Gegenteil – die Insel des Sonnengottes Helios verfügt selbst für griechische Verhältnisse über eine weit überdurchschnittliche Zahl von Sonnenstunden.

Während z. B. auf den Ionischen Inseln im Westen des Landes bereits Ende September das Saisonende eingeläutet wird, geht es auf den Dodekanes-Inseln noch einen Monat weiter. Auch im Oktober klettern die Temperaturen auf Rhódos auf weit über 25 Grad und ein Sprung ins 20 Grad warme Ägäische Meer wird als erfrischende Abkühlung empfunden. Lediglich die Nächte sind nicht mehr ganz so lau wie in den Sommermonaten.

Die Saison beginnt Anfang bis Mitte April, traditionell oftmals mit dem Wochenende des griechischen Osterfestes. Während die Tagestemperaturen im April auch schon mal 25 Grad erreichen können, ist das Meer zum Baden noch zu kalt. Für Wanderungen ist der Frühling jedoch ideal – alles grünt und blüht. Ab Anfang Juni sind sämtliche touristischen Einrichtungen geöffnet, die Anzahl der Regentage sinkt auf Null und es wird richtig heiß. Die Wassertemperaturen steigen auf 23 bis 24 Grad und während der Hochsaison im Juli/August liegen die Temperaturen bei 30 bis 35 Grad, nicht selten auch darüber. In den heißen Sommermonaten kann es für Individualisten schwierig werden, eine Unterkunft zu finden, denn viele Häuser sind bis unters Dach ausgebucht. Außerdem verbringt auch eine ganz erkleckliche Zahl von Griechen den Sommerurlaub auf Rhódos. Dennoch lohnen sich Ferien auch im Juli und August. Denn eine steife Meeresbrise sorgt vor allem an der Nordspitze von Rhódos für angenehme Temperaturen.

Durchschnittstemperaturen/Regentage

Monat	Lufttemperatur in Grad Celsius	Wassertemperatur in Grad Celsius	Regentage
Januar	12,1	15,5	15
Februar	12,2	14,5	10
März	13,5	16,5	7
April	16,4	17,5	3
Mai	20,4	18,5	1
Juni	24,7	23,0	0
Juli	26,9	24,0	0
August	26,7	23,5	0
September	23,6	21,0	1
Oktober	20,0	19,5	5
November	16,9	17,5	7
Dezember	13,6	16,0	13

Beschaulicher geht es im September und Oktober zu: Luft- und Wassertemperaturen sind nicht mehr ganz so hoch und der touristische Andrang lässt nach. Am 31. Oktober ist die Saison dann schlagartig vorbei: Die letzten Charterflieger bringen die Gäste wieder zurück in mitteleuropäische Gefilde, viele Hotels und Tavernen schließen, der Dodekanes gehört wieder seinen Bewohnern. Mittlerweile gibt es jedoch eine zunehmende Zahl von Besuchern, die auch in den Wintermonaten das stille Rhódos genießen. Regen und Stürme vor allem zwischen Dezember und Februar muss man dann allerdings einkalkulieren. Dennoch sinkt das Thermometer kaum unter milde 10 bis 15 Grad.

Vegetation

Rhódos ist wegen seiner einmaligen Vegetation in der Ägäis berühmt. Die reiche Flora profitiert von den kräftigen Winterregenfällen: Im Frühjahr grünt und blüht es allerorten. Selbst die ärmsten Böden bringen dann wahre Blumenmeere hervor.

Im Sommer, wenn viele Blüten schon vertrocknet sind, zeigen manche Regionen des Dodekanes ein ganz anderes Gesicht: Die kleinen Nachbarinseln von Rhódos wie Sými oder Chálki geben sich eher karg, fast wüstenhaft. Rhódos hingegen präsentiert sich im Sommer schön grün. Eine Besonderheit: Es gibt 29 Pflanzenarten, die nur auf Rhódos vorkommen. Vor allem für Liebhaber von Orchideen ist Rhódos ein wahres Paradies.

Etwas vereinfacht (und von den landwirtschaftlich genutzten Flächen abgesehen) finden sich auf Rhódos drei verschiedene **Vegetationstypen**: Wälder, Macchia und die karge Phrygana.

Bäume und Wälder. Heute bilden Aleppokiefern, Pinien, Zypressen, aber auch Laubbäume wie Eichen, Kastanien und Buchen auf Rhódos dichte Wälder. Rund um das Massiv des Profítis Ilías sieht es aus wie in mancher deutschen Mittelgebirgslandschaft.

Olivenbäume an der Westküste

Häufige Baumarten auf der Insel

Aleppokiefern: Hochstämmige Nadelbäume, die mit den Pinien verwandt sind. Ihr Harz verleiht dem Retsina den typischen Geschmack.

Platanen: Sie dienen oft als Sonnenschutz für Kafenía. Die ahornähnlichen, zur Blütezeit im Frühjahr herrlich duftenden Laubbäume erreichen Höhen von bis zu 30 Metern; sie benötigen viel Wasser, wachsen deshalb vor allem in Bachtälern.

Kastanien: Auf dem Dodekanes im Vergleich zur Ostägäis relativ selten zu finden. Eine Gattung für sich ist die Edelkastanie mit ihren essbaren Früchten.

Maulbeerbäume: Nicht hoch, aber breit – mit dichtem, großflächigem Blattbewuchs beschatten sie oft Dorfplätze und Kafenía.

Eukalyptusbäume: Die an der abblätternden Rinde zu erkennenden Bäume stammen eigentlich von der südlichen Halbkugel. Als schnell- und hochwüchsige Laubbäume, die mit hohem Wasserverbrauch Sumpfgebiete trocken legen können, werden sie heute aber in vielen Mittelmeerländern gepflanzt. Gefährlich dabei: Die stark ölhaltigen Bäume brennen besonders leicht. Kolímbia an der Ostküste von Rhódos besitzt eine kilometerlange Eukalyptusallee.

Über den Ölbaum

Der Olivenbaum ist eine der ältesten Kulturpflanzen des Mittelmeerraumes. In großen Teilen Griechenlands trägt er zum typischen Landschaftsbild bei. Ursprünglich aus dem südlichen Vorderasien stammend, kultivierte man ihn schon zur Zeit Homers im Ägäis-Raum und in der Blütezeit des klassischen Athen trug er viel zum Reichtum der Stadt bei. Außerdem galten die Olivenzweige damals als Symbol des Friedens und des Sieges, weswegen man bei den Olympischen Spielen den Siegern einen Ölbaumzweig überreichte.

Zur Olacea-Familie der Olivenbaumgewächse zählen auch Jasmin, Liguster und Flieder. Die kultivierten Arten des Olivenbaums (im Unterschied zum wilden Oleasterbaum *Sativa* genannt) zählen etwa 50 Unterarten, die sehr unterschiedliche Früchte hervorbringen.
Olivenbäume, die mehrere hundert Jahre alt werden können, vertragen nur wenige Frosttage bis maximal fünf Grad unter Null. Die Sommer müssen warm und trocken sein, im Herbst und Winter jedoch brauchen die Kulturen einige kräftige Regengüsse. Im Mai und Juni zeigen sich die kleinen, gelb-weißen Blüten, Reifezeit ist zwischen September und November. Der Anbau verlangt Geduld: Je nachdem, ob aus Stecklingen oder Samen gezogen, trägt ein Baum erst nach fünf bis zehn Jahren die ersten Früchte; den höchsten Ertrag erzielt er mit durchschnittlich 20 kg Oliven aber erst nach 20 Jahren – dann jedoch bei guter Pflege mehrere Jahrhunderte lang.

Die Ernte gestaltet sich arbeitsintensiv, da sorgfältig vorgegangen werden muss. Wenn die zarte Haut der Früchte verletzt wird, sinkt die Qualität des Öls drastisch. Und schnell muss es auch gehen – zwischen Ernte und Pressung dürfen nicht mehr als zwei oder drei Tage liegen. In Griechenland werden üblicherweise große Fangnetze unter den Bäumen ausgelegt; reife Früchte schüttelt der Wind herunter, störrische Oliven werden mit Stangen und Kämmen vom Baum geholt. Nach der Ernte wandern die von Ästen und Blättern gereinigten Oliven in eine der vielen Ölmühlen, die entweder in privater Hand sind oder kollektiv über den Bauernverband finanziert werden. Dort wird die gesäuberte und gewaschene Ernte gemahlen und anschließend gepresst: Dabei handelt es sich um die so genannte Kaltpressung, die das beste Öl (nach EU-Verordnung: „Natives Olivenöl extra“) liefert. Chemische Extraktion und Raffinierung ergeben nur minderwertiges Öl.

Weitere Kulturpflanzen

Auf Rhódos werden Obstbäume (Äpfel, Birnen, Kirschen, Pfirsiche) und Gemüse wie Tomaten, Gurken, Auberginen und Paprika angebaut, vor allem im Süden der

Rhódos ist vor allem im Frühjahr ein botanisches Paradies

Insel auch Getreide. Im Folgenden eine Zusammenstellung der für Mitteleuropäer etwas ungewöhnlicheren Kulturpflanzen.

Feigenbäume: Wie der Ölbaum eine uralte Kulturpflanze. Meist stehen die weit ausladenden Bäume allein oder in kleinen Gruppen; Reifezeit ist im Spätsommer.

Granatapfelbäume: Krummästige, manchmal dornige Bäume, die rot, gelb oder weiß blühen. Im Inneren der Früchte umgibt geleeartiges, süßes Fruchtfleisch die Samenkerne.

Johannisbrotbäume: Immergrüne Bäume mit ledrigen Blättern, die an ihren länglichen, erst grünen, im Reifezustand dann schwarzen Schoten erkennbar sind. Meist wachsen sie wild, werden aber auch kultiviert; die Schoten sind essbar, werden normalerweise jedoch nur als Tierfutter verwendet.

Mandel- und Nussbäume: Auf vielen Inseln stehen sie, meist vereinzelt, im Umkreis der Bergdörfer wie Émbonas oder Ágios Isídoros.

Okra: Eine etwa fingerlange, grüne Frucht, die als Gemüse gegessen wird; die Zubereitung ist recht aufwändig.

Zitrusfrüchte: Sie gedeihen vor allem in den fruchtbaren Ebenen von Rhódos.

Tamarisken: Kleine Bäumchen mit nadelartigen, weichen Blättern. Da sie Salzausscheidungsdrüsen besitzen, können sie direkt am Meer wachsen und werden an Stränden auch oft als Sonnenschutz angepflanzt.

Zypressen: Spitzkegelig aufragende Nadelbäume, die gutes Holz und ätherisches Öl liefern.

Macchia ist der Oberbegriff für immergrüne Krüppelbäume, Büsche und Sträucher, die häufig Rodungsgebiete oder Waldbrandflächen überwuchern. Etwa zwei bis vier Meter hoch, dornig und stachelig, bildet die für das Mittelmeergebiet charakteristische Vegetationsform der Macchia ein oft undurchdringliches Hindernis.

Phrygana nennt man eine typische Erscheinung überweideter Gebiete, in denen Schafe und Ziegen alles abgefressen haben, was halbwegs verdaulich scheint – die Phrygana zählt nicht dazu, wehren sich die kugeligen, höchstens kniehohen Sträucher doch durch spitze Stacheln und Dornen. Im Umfeld, durch die Waffen der Phrygana mitgeschützt, wachsen oft duftende Kräuter wie Oregano, Thymian, Rosmarin etc., die auf der Insel im Straßenverkauf angeboten werden.

Häufige Pflanzenarten in Macchia und Phrygana

Agaven: eine Sukkulentenart, die ursprünglich vom amerikanischen Kontinent stammt. Ihre auffälligen, meterhohen Blütenstände blühen im Juni; nach der Blüte stirbt die Pflanze ab.

Feigenkakteen: große, fleischige Kakteen, deren herrlich süße Früchte von winzigen, aber sehr lästigen Stacheln effektiv geschützt werden. Wer ans Fruchtfleisch möchte, bearbeitet sie am besten unter fließendem Wasser mit einer Wurzelbürste (Fingerschutz durch Handschuhe, Gabel o. Ä.).

Erdbeerbaum: ein immergrüner Strauch mit rötlichem Stamm, der zu den Heidekrautgewächsen zählt; die Früchte ähneln Erdbeeren nur optisch.

Keuschlammstrauch: mythologische Pflanze, die im Sommer rosa, weiß oder hellblau blüht. Sie wird auch *Mönchspfeffer* genannt, da ihre Früchte sexuelles Interesse dämpfen sollen und deshalb von Mönchen ins Essen gemischt wurden. Der Strauch wächst vorwiegend an feuchten Standorten.

Ginster: im Frühjahr und Frühsommer leuchtend gelb blühende Sträucher, die anstelle von Blättern grüne Zweige und Dornen ausbilden.

Oleander: In vielen sommertrockenen Flussbetten bildet der an den lanzettförmigen Blättern kenntliche Strauch wahre Dschungel; im Frühsommer blüht er rosa oder weiß.

Meerzwiebel: Bis über einen Meter Höhe schickt die halb aus dem Boden ragende Knolle im Frühherbst ihren weißen Blütenstand.

Wacholder: strauchartige, knorrige kleine Bäume mit nadelartigen Blättern, die gegenüber salzhaltiger Luft relativ unempfindlich und deshalb gelegentlich auch an Stränden zu finden sind.

Tiere

Die Fauna auf Rhódos ist arm. Das hat seinen Grund: Jagd ist in Griechenland ein Volkssport, auch wenn es eben deswegen kaum noch etwas zu erlegen gibt.

Im Herbst nämlich sind sie unterwegs, die Jäger in ihren japanischen Pickups: auf der Ladefläche ein Rudel rassiger Spürhunde, im Visier die letzten jagdfähigen Vertreter der Tierwelt. Großwild (Rehe, Hirsche, Wildschweine) ist fast völlig ausgestorben, auch Kaninchen und Rebhühner machen sich bereits rar – in ihrer Not ballern die Weidmänner da auch schon mal auf verwilderte Ziegen oder gar auf Spatzen.

An Säugetieren findet man deshalb vorwiegend domestizierte, mehr oder minder freiwillige „Freunde des Menschen“: Hunde, zahllose Katzen, Hühner, Ziegen und Schafe; als Lasttiere sieht man noch häufig Esel und Maulesel, seltener auch Pferde. Zahlreicher sind die Insekten, Reptilien und Vögel.

Schmetterlinge: In einem romantischen Tal auf Rhódos tummeln sich Tausende von Schmetterlingen. Die dort wachsenden Storaxbäume enthalten ein besonderes Harz, das die Tiere anzieht. Die Quadriga-Schmetterlinge, wissenschaftlich Panaxia quadripuncatria, sind auf den Ästen und Zweigen kaum auszumachen, wenn ihre Flügel gefaltet sind. Werden sie jedoch aufgeschreckt, blinken sie in kräftigen Weiß-, Rot-, Braun- und Schwarztönen. Durch den Lärm der vielen Besucher ist die Population allerdings stark gefährdet.

Bienen: Häufig etwas abseits der Wege trifft man auf bunt bemalte Bienenkästen, denen man sich natürlich mit gebührender Vorsicht nähern sollte. Griechische Inselbienen können aus dem Vollen schöpfen – entsprechend gut schmeckt ihr oft zum Verkauf angebotener Honig. Berühmt ist der Thymianhonig von Sianá.

Reptilien: Mit Schlangen haben Wanderer zu rechnen. Die meisten sind ungiftig, es gibt jedoch auch Vipern, deren Biss (zwei Einstichpunkte im Gegensatz zum halbmondförmigen Abdruck ungiftiger Schlangen) lebensgefährlich sein kann: dann die Bisswunde abbinden (nicht aussaugen!) und sofort zum Arzt. Beste Vermeidungsstrategie ist in unübersichtlichem Gelände aber ein fester Schritt (Schlangen flüchten, wenn man ihnen die Chance lässt), dazu

Auf Geckos trifft man häufig

knöchelhohes Schuhwerk und lange, feste Hosen.

Vorsicht bei Steinhaufen und Ruinen. Dort leben auch Skorpione, deren Stich zwar schmerzhaft, aber nicht lebensbedrohlich ist.

Vögel: Zwar kreisen über den Gipfeln keine Adler oder Geier mehr, doch immerhin Falken, Bussarde und Habichte. Groß ist die Artenzahl der Singvögel.

Meerestiere: Traurig – die Ägäis ist weitgehend leer gefischt; so mancher Speisefisch auf dem Touristenteller stammt aus Fischzuchtbetrieben der Nachbarinseln Sými und Chálki oder ist ganz einfach tiefgefroren. An Meeressäugern sieht man gelegentlich noch Delfine.

Hirsche: Die Wappentiere der Insel. Hirsch und Hirschkuh können rund um den Berg Profítis Ilías in freier Natur beobachtet werden. Die Italiener hatten sie dort in den zwanziger Jahren mit Erfolg wieder angesiedelt.

Umwelt

Auf den ersten Blick scheint die Welt auf Rhódos (fast) noch in Ordnung: Industrie spielt kaum eine Rolle. Aber auch Rhódos hat seine Probleme. Die qualmenden Schornsteine des Elektrizitätswerks von Soroní an der Westküste sind seit vielen Jahren für die Bewohner der nahe liegenden Dörfer ein Ärgernis.

Auch die **Müllbeseitigung** ist ein Problem. Plastiktaschen und ähnlicher Einwegmüll landen in der Regel auf abseits gelegenen Deponien oder werden verbrannt und setzen dabei Dioxine frei. Beste Lösung wäre sicher die Müllvermeidung, doch werden entsprechende Gesetze oft unterlaufen. Außerdem werden die alljährlich anfallenden Müllberge ein Problem. Die versteckt liegende Deponie von Rhódos-Stadt – einige Kilometer südlich – ist dafür ein Beispiel. Hinzu kommt, dass noch lange nicht alle Dörfer eine Kanalisation und entsprechende Kläranlagen besitzen.

Ein Problem hat die Insel jedoch nicht: **Wasserknappheit**. Im Gegenteil – Rhódos exportiert Mineralwasser wie z. B. vom Bergdorf Salákos. Aber auf der kleinen Nachbarinsel Chálki sieht es anders aus. In den Sommermonaten wird – vor allem durch den Tourismus – weit mehr Wasser verbraucht, als die Regenfälle im Winter liefern. So ist Chálki im Sommer auf Wasserlieferungen von Rhódos angewiesen.

Waldbrände sind ein Umweltproblem, das jedem Rhódos-Besucher allzu schnell augenfällig wird. Betroffen war in der Vergangenheit vor allem der Inselsüden. In den neunziger Jahren nahmen die Brände katastrophale Dimensionen an. Wer heute durch das Inselinnere fährt, entdeckt viele Quadratkilometer verwüstetes Land. Oft war Fahrlässigkeit die Ursache, einige Brände trugen aber das Zeichen von Brandstiftung: Gleich mehrere Flammenherde, die jeweils günstig zur herrschenden Windrichtung lagen, waren der Ausgangspunkt. Die Spekulationen überschlugen sich; viele ältere Einwohner verdächtigten sogar die Türken, dem Tourismus schaden zu wollen. Für Außenstehende sind die Mechanismen, die wirklich hinter solchen Anschlägen stecken könnten, schwer zu durchschauen. Ziemlich sicher jedoch ging es – anders als bei manch anderer Brandstiftung im Mittelmeerraum – nicht darum, Waldgebiete in Bauland zu verwandeln.

Waldbrände vermeiden

Viele Brände entstehen schlicht durch Fahrlässigkeit und Leichtsinn, auch von Urlaubern. Sie wären leicht zu vermeiden:

- Offene Feuer sind in Waldgebieten oder ihrer Umgebung nicht umsonst verboten und mit hohen Strafen bedroht.
- Werfen Sie keine glimmenden Zigarettenkippen weg!
- Weggeworfene Glasflaschen und andere Behälter können unter griechischer Sonne als regelrechte Brenngläser wirken und so Waldbrände auslösen.

Der **Tourismus** bringt, auch wenn mancher es nicht gerne hören wird, ebenfalls massive Umweltschädigungen mit sich. Allein die startenden und landenden Urlauberjets blasen große Mengen Schadstoffe in die Luft. Hinzu kommt der verstärkte Verkehr auf den Inseln selbst, die Zerstörung natürlicher Lebensräume unter anderem durch den Bau immer neuer Hotels wie beispielsweise im Norden von Rhódos. Zumindest ein wenig kann jeder einzelne Reisende dazu beitragen, die Belastung durch seine Anwesenheit so gering wie möglich zu halten. Deshalb unsere Bitte: Gehen Sie sparsam mit Wasser um und versuchen Sie, wenn möglich, unnötigen Müll zu vermeiden.

Wirtschaft

Der griechischen Wirtschaft geht es relativ gut. Davon profitiert auch Rhódos. Beim Wachstum gehört das Land zur Spitzengruppe in der Europäischen Union. Inflationsrate und Staatsverschuldung sind bis vor kurzem zurückgegangen. Als Früchte der Anstrengungen führte Griechenland im Jahr 2002 den Euro ein. Für Rhódos mit dem Tourismus als wirtschaftlichem Rückgrat brachte das zahlreiche Vorteile. Heute ist Rhódos eine Wohlstandsinsel in der Ägäis.

Die Liberalisierungspolitik Griechenlands führte zu einer Verkleinerung des aufgeblähten Beamtenapparates. Der Stellenabbau im öffentlichen Dienst, die Privatisierung staatlicher Betriebe, eine Begrenzung der Lohnzuwächse und die Reform der ineffizienten Verwaltung verhalfen dem Land in den vergangenen Jahren zu einem neuen Aufschwung.

Die Fischerei spielt auf Rhódos nur noch eine Nebenrolle

Seit den achtziger Jahren ist der Tourismus die Wachstumsbranche überhaupt. Wer sich über das manchmal arg geballte touristische Angebot wie in Rhódos-Stadt ärgert, möge bedenken, dass den Insulanern kaum eine Alternative bleibt. Der Tourismus hat der Bauwirtschaft zu einem ungeahnten Boom verholfen. Gebaut wird auf Rhódos nicht zu knapp. Das hat seine Gründe: Zum einen sorgt der Tourismus für steigenden Bedarf, zum anderen legen die Griechen ihre sauer verdienten Euros lieber in Immobilien an, als sie auf die Bank zu bringen. Und nicht zuletzt fühlt sich auch heute noch mancher Vater verpflichtet, seiner Tochter als Mitgift ein Haus oder eine Wohnung zur Verfügung zu stellen. In der Regel wird allerdings im Do-it-yourself-Verfahren gebaut (oft über Jahre hinweg, daher die vielen Rohbauten), weshalb Bauunternehmen kaum eine Rolle spielen.

C.A.I.R – Sekt aus Rhódos

Der Sekt aus Rhódos ist seit Jahren ein Exportschlager. Die 1928 auf der Insel gegründete Genossenschaft C.A.I.R. (Compagnie Agricole et Industrielle de Rhodes) war früher die eine Firma in Griechenland, die Schaumweine nach dem französischen Champagner-Verfahren hergestellt hatte. Der handgerüttelte Sekt ist im ganzen Land sehr beliebt. Jährlich vermarktet die Genossenschaft rund eine halbe Million Flaschen. Der trockene Schaumwein wird aus der Athiri-Traube gewonnen, die um Embonas wächst.

Der Tourismus hat die Landwirtschaft als wichtigster Wirtschaftszweig auf Rhódos längst abgelöst. Doch noch immer kann sich die Insel mit ihren Produkten selbst versorgen. Den größten Ertrag bringt auf Rhódos der Weinbau. Seit dem Jahr 1954 vermarktet die Vereinigung der Landwirtschaften der Dodekanes-Inseln mit ihrer eigenen Firma *Cair* vor allem hervorragende Weiß- und Roséweine.

Für das ganze Land betrachtet, stellt die Landwirtschaft mit einem Anteil von 14 % am Bruttoinlandsprodukt den drittgrößten Wirtschaftssektor dar. Rund ein Fünftel der erwerbstätigen Bevölkerung ist in diesem Bereich tätig. Ein Problem der griechischen Landwirtschaft ist das System der Erbteilung, durch das im Laufe der Jahre die Größe der einzelnen Betriebe beträchtlich geschrumpft ist. Dazu kommt die gebirgige Topographie, die nur kleine Anbauflächen gestattet. Auf Rhódos sind die Bedingungen in den größeren Ebenen noch relativ gut.

Die Ägäis, ohnehin ein nährstoffarmes Meer, ist infolge jahrelanger Überfischung mittlerweile fast leer. Dynamitfischerei und engmaschige Netze, beide Fangarten verhängnisvoll für die Fischbrut, taten ein Übriges. Längst können die rhodischen Fischer die Insel mit den eigenen Fängen nicht mehr versorgen. Viele Fische, die in Rhódos-Stadt auf den Teller kommen, stammen aus Fischzuchtanlagen. Auf dem Dodekanes gibt es mehrere solcher Anlagen, z. B. in Sými und Chálki. Ob ein geschmacklicher Unterschied zu „freien“ Fischen festzustellen ist, darüber sind sich die Griechen nicht einig.

Die Melonen aus dem Inselsüden sind bei den Einheimischen als Durststiller geschätzt

Auf den Nachbarinseln von Rhódos gibt es jedoch noch eine besondere Art des Fischfangs: die *Schwammfischerei*, die auf Sými Tradition hat. Aber längst gibt es in der Ostägäis nicht mehr genügend Schwämme. Sowohl die Dezimierung der Schwammkulturen durch Meeresverschmutzung als auch die Konkurrenz durch Plastikschwämme führten zu einem Rückgang dieses Spezialzweiges der Fischerei.

Industrie spielt auf Rhódos nur mehr eine geringe Rolle. Hingegen hat das Handwerk große Tradition. Vor allem Keramik und Goldschmuck zählen zu den klassischen Produkten auf Rhódos. An der Ostküste zwischen Rhódos-Stadt und Líndos trifft man auf unzählige Keramikwerkstätten und Goldschmieden. Bekannt ist die Insel jedoch in erster Linie für die Herstellung und den Verkauf von kostbaren Pelzen. Da die Pelze nicht besteuert werden und die Arbeitskraft der Kürschner im europäischen Vergleich wenig kostet, werden die Produkte relativ preiswert angeboten. Die meisten Fachgeschäfte befinden sich in der verwinkelten Altstadt von Rhódos. Doch die Nachfrage hat in den letzten Jahren kontinuierlich abgenommen.

Insgesamt ist Rhódos eine Wohlstandsinsel. Auch wenn es zum guten Ton griechischer Kafenions gehört, über die Regierung zu schimpfen –, dem Land ging es jahrzehntelang nicht so gut wie derzeit.

Ruinen mit Aussicht: die antike Stadt Kamirós

Geschichte

Ein Besuch auf Rhódos ist wie eine Reise in die Vergangenheit, in die Zeit der griechischen und römischen Antike, der christlichen Kreuzzüge und des italienischen Kolonialismus. Historie, wohin man auch blickt. Optisch beeindruckendes Beispiel ist der massive Mauerring der Johanniterfestung, der die quirlige Altstadt wie eine raue Schale umgibt.

Die Vorgeschichte von Rhódos ist geprägt von zahllosen Mythen. Sicher ist, dass die ältesten Bewohner die Karer waren, ein Volk aus Kleinasien, danach folgten die Phönizier, die die Insel zu einem bedeutenden Handelsplatz machten. Später wurde Rhódos von den Minoern aus Kreta und den Achäern vom Peloponnes kolonisiert.

Erst unter den Dorern (1000–500 v. Chr.) erlebte die Insel ihren großen Aufschwung. Die drei Stadtstaaten Líndos, Ialyssós und Kamirós wurden gegründet. Líndos entwickelte sich zum mächtigen Seehafen und Handelszentrum. Von hier aus entstanden Kolonien rund ums Mittelmeer, beispielsweise in Italien, Frankreich oder Kleinasien.

Im Sog der Großmächte: Persien, Athen, Sparta, Makedonien

Bereits 490 v. Chr. geriet Rhódos als erste Insel der Ägäis in den Einflussbereich Persiens. Doch nach der *Schlacht von Salamis*, bei der die Rhodier auf Seiten der Perser gekämpft hatten, übernahm Athen das Ruder. Rhódos wurde Mitglied im Attisch-Delischen Seebund und litt fortan unter den hohen Tributzahlungen. Des-

Schutzpatron von Rhódos: Sonnengott Helios

halb waren die Rhodier sehr schnell zu einem Bündnis mit Sparta bereit, nachdem die Spartaner das unbefestigte Kamirós überfallen und eingenommen hatten. Nach dem Feldzug Athens (411 v. Chr.) beschlossen die rhodischen Städte die Gründung eines Gesamtstaats und an der Nordspitze der Insel, auf dem Gebiet von Ialyssós, entstand eine neue Stadt. Als die Makedonier unter Alexander dem Großen die Vorherrschaft in der Ägäis übernahmen, schlugen sich die Rhodier zu ihrem wirtschaftlichen Vorteil auf deren Seite.

Nach dem Tod Alexanders 323 verweigerten die Inselbewohner die Teilnahme am Krieg gegen seinen wichtigen Handelspartner Ägypten. Trotz intensiver makedonischer Belagerung scheiterte eine endgültige Einnahme. Als Siegesdenkmal stellten die Rhodier den legendären Koloss auf, der 226 v. Chr. bei einem Erdbeben ins Meer stürzte.

Die eigentliche Blütezeit der Insel begann im 3. Jh. v. Chr. Rhódos wurde zum Weltzentrum der Kunst und der Wissenschaft. Die Insel zählte nach Schätzungen 60.000 bis 80.000 Einwohner. Prächtigste architektonische Zeugen dieser Epoche sind die Akropolis von Líndos mit dem Athena-Tempel und das antike Kamirós.

Rhódos und Rom

Obwohl sich Rhódos bereits im 2. Jh. v. Chr. mit Rom gegen Makedonien verbündete, nützte dies später wenig. Denn bald verbündeten sich die Römer ihrerseits mit Makedonien und Rhódos stand auf der Verliererseite. Es verlor nicht nur seine kleinasiatischen Besitzungen, vielmehr wurde auch Delos zum Freihafen erklärt. Damit wurde Rhódos seiner wichtigsten Einnahmequelle beraubt, der ökonomische Niedergang nahm seinen Anfang. Ganz egal, was die rhodischen Politiker unternahmen, sie standen immer auf der falschen Seite. Schließlich plünderte Cassius die Insel am Ende des Bürgerkrieges zwischen Cäsar und Pompejus. Die politische und wirtschaftliche Selbstständigkeit war nun endgültig dahin.

Die Integration von Rhódos in das Römische Reich vollzog sich jedoch nur sukzessive. Selbst Kaiser Augustus räumte der Insel, die ihm direkt unterstellt war, gewisse Sonderrechte ein.

Trotz des inneren Zerfalls blieb die Insel im 2. und 1. Jh. v. Chr. ein kulturelles Zentrum der antiken Welt. Rhódos hatte eine populäre Universität mit einer berühmten Redner- und Philosophenschule. Cäsar, Cato, Cicero und Pompejus studierten hier. Die Bildhauer schufen Meisterwerke wie die legendäre *Laokoon-Gruppe* (Kopie im Großmeisterpalast) oder die *Nike von Samothrake*, die heute im Pariser Louvre steht. Den Marmor schaffte man übrigens aus Kos heran.

Im 2. Jh. n. Chr. verlor Rhódos, nicht zuletzt durch ein furchtbares Erdbeben im Jahr 155 n. Chr., seinen äußeren Glanz. Über die Insel rollte eine Welle von Überfällen. Goten, Perser und Sarazenen legten sie in Schutt und Asche. Nach der Teilung des Römischen Reiches 395 gehörte Rhódos zum Byzantinischen Reich.

Laokoon-Gruppe

Im Zeichen des Kreuzes

Zu Beginn der Kreuzzüge am Ende des 11. Jh. avancierte Rhódos zur beliebten Zwischenstation auf dem Weg ins Heilige Land. Bereits 1195 landeten Richard Löwenherz von England und Philipp von Frankreich auf der Insel. Rhódos, das zwischenzeitlich den Venezianern und Genuesen gehörte, kam erst nach heftigem Widerstand der Bevölkerung 1309 in den Besitz der Ordensritter des Heiligen Johannes von Jerusalem.

Die Ordensritter sollten 213 Jahre bleiben, ehe der letzte Ordensmeister, Villiers de l'Isle Adam, unfreiwillig am 22. Dezember 1522 die Macht an Sultan Suleiman abgeben musste. Der Johanniterorden baute Rhódos ab der zweiten Hälfte des 15 Jh. zu einer Festung ohnegleichen aus. Als Schutzpolizei für die christliche Seefahrt erfüllten sie eine wichtige Funktion. Tatsächlich wehrten sie 1444 und 1480 schwere Angriffe der Sultane Ägyptens und des Osmanischen Reiches erfolgreich ab. Darauf gründete auch der enorme Ausbau der rhodischen Festung. Aber selbst diese konnte 1523 den Angriffen Suleimans nicht standhalten. Die Herrschaft war dahin.

Malta wurde die neue Heimat des Ordens. Und die Türken? Sie blieben länger als gedacht, nämlich bis 1912.

Der Malteserorden

Der Johanniterorden existiert bis heute. Seine Wurzeln hatte er in einer Bruderschaft, die in Jerusalem eine Pilgerherberge und ein Hospital mit einer Kirche unterhielt. Sie sollte zum Schutz der Pilger im Heiligen Land und zum Kampf gegen die „Heiden" dienen. Der Johanniterorden hatte drei verschiedene Arten von Mitgliedern: Zum einen die Ritter selbst, die adelig sein mussten, die Krankenpfleger, nicht-aristokratische Hilfsmediziner, und die Kleriker als Kirchenbetreuer. Sie waren in nationalsprachliche Gruppen, die sieben „Zungen" *(tongues)*, unterteilt: Auvergne, Frankreich, Italien, England, Deutschland, Provence und Spanien, das sich später in Aragon und Kastilien teilte. Führer des Ordens war der von den Mitgliedern auf Lebenszeit gewählte Großmeister. Die Führer der einzelnen „Zungen" waren zudem Mitglieder eines gesetzgebenden Rates. Unter den Großmeistern dominierten die Franzosen. So war die Umgangssprache Französisch, wohingegen alle Dokumente auf Lateinisch abgefasst wurden.

Als 1291 die Stadt Akkon als letzter wichtiger Stützpunkt der Christen im „Heiligen Land" fiel, zogen sich die überlebenden Johanniter zusammen mit anderen Flüchtlingen nach Zypern zurück. Erst 1306/07 begann die Eroberung von Rhódos, die 1308/09 beendet war. Nachdem die Türken die Christenorganisation 1523 ihrerseits verjagt hatte, überließ sieben Jahre später Karl V. die Insel Malta den Johannitern. Seitdem nannten sie sich *Malteserorden*. An Napoleon verloren sie 1798 kampflos ihren damaligen Sitz. In der Folgezeit versuchten sie, in verschiedenen Städten in Italien den Orden wieder aufzubauen. Vergeblich traten sie zu Beginn des 19. Jh. während des griechischen Aufstandes gegen die Türken mit der vorläufigen Regierung Griechenlands in Kontakt, um sich wieder in der Ägäis niederzulassen. Schließlich gewährte ihnen 1830 der Vatikan „Exil", das bis heute andauert. Die Ritter beschlossen, den militärischen Charakter ihres Ordens aufzugeben und sich ausschließlich der Krankenpflege zu widmen.

Der katholische Malteserorden zählt derzeit rund 9000 Ritter, 500 allein in Deutschland. Der „Souveräne Ritterorden vom Hospital des heiligen Johannes zu Jerusalem, genannt von Rhódos, genannt von Malta" (offizieller Name) ist ein so genanntes *Völkerrechtssubjekt* und unterhält zu 35 Ländern offizielle diplomatische Beziehungen. Bis zum heutigen Tage konnte er Privilegien wie Grundbesitz, Münzrecht und Souveränität behalten. Der Besitz der Malteser wird auf 33 Milliarden Euro geschätzt. Das exterritoriale Gebiet des „Priorats von Malta" in Rom umfasst 6000 Quadratmeter auf dem Aventin-Hügel und in der eleganten Via Condotti 68. Sie machen den Orden damit zum kleinsten Staat der Welt, noch vor dem Vatikan. Die Malteser sind nicht nur postalisch souverän, sondern besitzen auch ein eigenes Nationalitätskennzeichen für ihre Autos. Die Aufschrift „SNOM" ziert die noblen Karossen des Ordens. Bisweilen machen auch hohe Staatsgäste dem Großmeister des Malteserordens, einem Schotten namens Andrew Bertie, im Vatikan ihre Aufwartung.

Faschistische Architektur aus italienischer Zeit: das Theater in Rhódos-Stadt

Bella Italia auf der Roseninsel

Mai 1912: Italienische Truppen landen nach 389 Jahren türkischer Herrschaft. Die Bevölkerung jubelt – doch nicht lange. Denn als die Italiener im Krieg mit den Türken 1911/12 Rhódos eroberten, dachten sie nicht im Traum daran, die Insel wieder zurückzugeben. Trotz des heftigen Widerstands der Rhodier traten die Türken Rhódos und den Dodekanes im Friedensvertrag von Lausanne offiziell an Rom ab. Die Italiener wollten eine Musterinsel schaffen. Sie bauten das Straßennetz aus, forsteten gerodete Wälder wieder auf und restaurierten vor allem die Baumonumente aus der Ritterzeit – prächtigstes Beispiel ist der Großmeisterpalast. Überall auf der Insel sind noch Zeugen dieser Zeit zu finden, beispielsweise zahlreiche Prachtgebäude an der lang gezogenen Platia Elefteria in Rhódos-Stadt (am Mandráki-Hafen), der verlassene Gutshof an der Straße nach Kattaviá, Kolonialhäuser in Kolímbia und Éleusa. Und noch immer trifft man auf alte Leute, die Italienisch sprechen.

Nach Kämpfen im Zweiten Weltkrieg gegen ihren ehemaligen Verbündeten Italien übernahmen im September 1943 die Deutschen die Macht. Da die Versorgungslage wegen der englischen Seeherrschaft immer schwieriger wurde, räumten sie im Herbst 1944 die Insel. Am 1. Mai 1945 kapitulierten die Wehrmachtstruppen vor den britischen Schiffskanonen. Während der Naziherrschaft wurde die jüdische Bevölkerung ausgelöscht. Die Hälfte der 4000-köpfigen Gemeinde konnte noch rechtzeitig fliehen, die andere Hälfte wurde in die Gaskammern der Konzentrationslager geschleppt.

Nach einer zweijährigen britischen Besatzungszeit kam Rhódos 1947 schließlich zu Griechenland.

Rhódos heute

Die Insel am Rande Europas ist sich ihrer besonderen Rolle als Brücke zwischen Okzident und Orient bewusst. In den letzten Jahren bemühte sich die Inselverwaltung um die Erhaltung des türkischen Erbes. Seitdem die UNESCO, Kulturorganisation der Vereinten Nationen, die Altstadt zum Weltkulturerbe erklärt hatte, wurden die Anstrengungen um die multikulturelle Hinterlassenschaft ausgebaut. Rhódos ist auch ein Ort des Dialogs zwischen den Kulturen. Das Künstlerhaus *Waves of Three Seas*, das Schriftsteller und Übersetzer aus ganz Europa beherbergt, ist ein solcher Ort. Dass die Stipendiaten ausgerechnet in der Pascha-Villa aus der Zeit der türkischen Besatzung arbeiten, ist kein Zufall. Gerade durch die Kriege zwischen den USA auf der einen sowie Afghanistan und Irak auf der anderen Seite droht der Dialog zwischen der islamischen und der christlichen Kultur abzubrechen. Auf Rhódos wird versucht, Brücken über kulturelle, geschichtliche und politische Grenzen zu schlagen.

Die Millionen von Touristen spielen hierbei eine besondere Rolle. Auf der Insel machen Araber aus den Golfstaaten, Juden aus dem nahen Israel und vor allem Bürger aus der Europäischen Union, aber auch aus Osteuropa gerne Urlaub. Die Rhodier sind stolz, dass ihre Insel auch zu einem Treffpunkt von Menschen unterschiedlichster Herkunft geworden ist.

Tourismus: Ein Platz an der Sonne?

„Wann wacht ihr endlich auf, ihr Griechen von Rhódos?“, fragt der Filmemacher Hans W. Geissendörfer, der seit 1972 auf der Roseninsel sein zweites Zuhause hat. Die Rhodier werden immer häufiger von den Albträumen eines hemmungslosen, billigen Beton-Tourismus aus dem Schlaf gerissen. Schließlich stieg in Rhódos und Kos die Anzahl der vermieteten Zimmer von 3000 im Jahr 1981 auf mittlerweile über 20.000. Und nach etwas mageren Zeiten zu Beginn der neunziger Jahre boomt das Geschäft mit dem Fremdenverkehr inzwischen wieder. Jährlich besuchen rund 1,2 Millionen Touristen aus aller Welt die Insel. Aus Deutschland und Großbritannien kommen rund 40 % aller Gäste. Mit rund einem Viertel stellen die Deutschen die größte Gruppe. Die Überraschung: Die Griechen selbst halten Platz drei noch vor Israelis und Italienern in der Tourismusstatistik.

Die Betonorgie an der Nordküste scheint noch lange nicht beendet zu sein. Rhódos lebt vom Tourismus. Das hat seine Menschen, seine Kultur und seine Landschaft verändert. Das Geschäft mit den Fremden hat hier Tradition, doch befürchtet man, dass die Insel bald zubetoniert wird, die Grundwasserreserven rücksichtslos verbraucht und die letzten Strände zu organisierten Rummelplätzen werden. Faliráki ist heute schon ein Synonym für „falschen Tourismus“. Vor Jahren waren die Rufe nach einem sanften Tourismus auf Rhódos noch kaum vernehmbar, doch jetzt werden sie von Jahr zu Jahr lauter. Durch die Anschläge von 11. September 2001 erlitt auch der Tourismus in Griechenland einen schweren Rückschlag. Die Jahre des unbegrenzten Wachstums scheinen daher auf Rhódos vorerst vorüber zu sein.

Volksnah: Popen auf Rhódos

Traditionen im Umbruch

Natürlich sind auch die Dodekanes-Inseln – insbesondere Rhódos – von der Globalisierung nicht frei geblieben: Satellitenschüsseln, Internet, Videospiele und Ähnliches finden sich mittlerweile auch in manch entlegenem Dorf. Die Mitgliedschaft in der EU, der zunehmende Tourismus, sicher auch das Fernsehen und das Internet haben uralte Werte ins Wanken gebracht; dennoch bewegt man sich auf den Inseln noch in einer Kultur, die beträchtliche Unterschiede zu unserer aufweist.

Die orthodoxe Kirche

In Griechenland besitzt die Kirche zumindest in der älteren Bevölkerung noch großen Rückhalt. Nicht vergessen ist nämlich bis heute die bedeutende Rolle, die die orthodoxe Kirche in türkischer Zeit als Hüterin und Bewahrerin griechischer Kultur spielte. Mutige Äbte und Mönche lehrten damals im Verborgenen die griechische Sprache und unterstützten – wie später auch im Zweiten Weltkrieg – tatkräftig den Widerstand gegen die Besatzer. Traditionell sind deshalb Staat und Kirche in Griechenland eng verbunden.

Die orthodoxe („rechtgläubige") Kirche demonstriert schon mit ihrem Namen den Anspruch, einzig rechtmäßige Nachfolgerin der ursprünglichen römischen Kirche zu sein; sie betrachtet sich deshalb als vollkommen und immerwährend. Folgerichtig hat sie ihre Lehre und ihren Kultus, in dessen Mittelpunkt die Vergegenwärtigung der Heilsgeschichte und der Empfang des Heiligen Abendmahls stehen, seit dem Siebten Ökumenischen Konzil von 787 nicht mehr grundlegend verändert.

Eine solche Grundhaltung, verbunden mit einer traditionell starken Position im Staat, sorgt naturgemäß für eine extrem konservative Einstellung gegenüber Reformen. Die sozialistische PASOK-Partei hat in den achtziger Jahren deshalb versucht, die Macht der Kirche zu beschneiden, was ihr teilweise auch gelungen ist: So steht seit 1982 (!) die standesamtliche Trauung der kirchlichen gleichberechtigt gegenüber; und 1987 wurde die Verstaatlichung von 130.000 Hektar kirchlichen Landbesitzes beschlossen – begleitet von großen Protesten der Kirche. Interessant ist in diesem Zusammenhang, dass die orthodoxe Kirche keinerlei soziale Ambitionen hegt und karitative Arbeit nicht stattfindet.

Die Nikolauskirche auf Chálki

Die Priester (*Papádes*) sind fester Bestandteil des Dorflebens. Bekleidet mit langen, dunklen Gewändern, das lange Haar unter der charakteristischen Kopfbedeckung im Nacken verknotet, die Bärte üppig, sieht man sie auf der Platía sitzen, aber auch auf den Feldern arbeiten: Ihr Gehalt ist gering (eine Kirchensteuer gibt es nicht), weshalb sie zum Nebenerwerb praktisch gezwungen sind. Das Zölibat betrifft in der orthodoxen Kirche nur obere Ränge: Ein einfacher *Papás* darf verheiratet sein und Kinder haben, der Aufstieg zum Bischof bleibt ihm aber verwehrt.

In ganz Griechenland gehören rund 97 % der Bevölkerung dem orthodoxen Glauben an. Daneben gibt es eine muslimische (1,3 %), eine katholische (0,4 %) und eine etwa 5000 Angehörige zählende jüdische Glaubensgemeinschaft (z. B. in Rhódos-Stadt).

Ikonostassia

Die Bilderstöcke, die an vielen Straßenrändern stehen, sind ein vertrauter Anblick auf Rhódos und den anderen Inseln der Ägäis. Im Inneren brennt vor einer kleinen Ikone oft ein Öllämpchen und erinnert an einen tragischen Unfall oder ein anderes denkwürdiges Geschehnis, das sich an dieser Stelle ereignet hat.

Familie und Gesellschaft

Die Familie ist Zelle des griechischen Lebens. Verbundenheit zur Familie wird in Griechenland noch groß geschrieben. Ohne Ehepartner und Kinder als Single zu leben,

Rhódos-Altstadt: Ruinen auf Schritt und Tritt

ist für die meisten Griechen auch im 21. Jh. unvorstellbar. Diese Haltung wird schnell im Gespräch klar. Schon nach kurzer Bekanntschaft werden Fragen wie „Bist du verheiratet?“ und „Wie viele Kinder hast du denn?“ gestellt.

Die Sicherheit des „sozialen Netzes“ bietet die Familie, nicht der Staat. Doch nur noch auf dem Land leben drei Generationen zusammen unter einem Dach. Seit den achtziger Jahren ist an die Stelle der Großfamilie mehr und mehr die Kernfamilie getreten. Zum Geldverdienen sind die Jungen in die Touristenorte an der Küste abgewandert. In den Dörfern und auf kleineren Inseln sind nur die Alten geblieben. Rhódos kennt keine Arbeitslosigkeit und zieht noch immer Arbeitskräfte vom ganzen Dodekanes und auch aus dem Ausland an.

Erst langsam brechen die patriarchalischen Strukturen der griechischen Gesellschaft auf. Und in den Städten natürlich schneller und sichtbarer als im ländlichen Bereich. Das griechische Patriarchat hat sich lange erfolgreich gegen Emanzipationsbestrebungen gewehrt: 1952 erst wurde das volle Wahlrecht für Frauen eingeführt, die Gleichberechtigung sogar erst 1975 in der Verfassung verankert. Doch hat in vielen Dörfern, allen Gesetzen zum Trotz, immer noch traditionsgemäß das Familienoberhaupt das Sagen – und das ist eben nach wie vor der Mann.

Die standesgemäße **Heirat** der Söhne und Töchter hat hohe Bedeutung und wird z. T. noch immer von den Vätern arrangiert. Eine schwere Belastung für die Familien war und ist das System der Mitgift (*Príka*), das die Aussteuer der Tochter regelt: Je höher der soziale Status des Heiratskandidaten, desto höher auch die von den Brauteltern aufzubringende Aussteuer, die in Geld, Wohnraum oder einem Stück Land bestehen kann. Offiziell ist dieses Mitgiftsystem seit 1983 zwar abgeschafft, doch besteht es unter der Hand in Rhódos teilweise weiter.

Filoxénia – die griechische Gastfreundschaft

In ihrer ursprünglichen Form gibt es die vielgerühmte griechische Gastfreundschaft auf Rhódos kaum mehr. Wie sie früher beschaffen war, verdeutlicht die Tatsache, dass es im Griechischen für die Begriffe „Fremder“ und „Gast“ nur ein Wort gibt: *Xénos*. Entsprechend wurden Ausländer empfangen, man bot ihnen Essen, Quartier und den Schutz der Großfamilie. Der Massentourismus hat diese uralte Art der Gastfreundschaft praktisch unmöglich gemacht; nicht zu reden von den Schnorrern früherer Jahre, die ihre Gastgeber für deren Uneigennützigkeit oft genug noch verspotteten. Trotzdem sind die meisten Rhodier sehr freundliche und hilfsbereite Menschen geblieben; und wer das Glück hat, einmal eingeladen zu werden, sollte dieser Einladung auch Folge leisten und Speis und Trank nicht unhöflich ablehnen.

Aktuelle Konflikte und Probleme

Griechenland hat Probleme mit seinem türkischen Nachbarn. Das bekommt auch Rhódos zu spüren.

- **Das Verhältnis zur Türkei**: Die Geschichte lässt verstehen, warum es um die Beziehungen beider Völker nicht besonders gut steht. Immer wieder kommt es zu Provokationen zu Wasser und in der Luft entlang der rhodischen Küste. Wer über die Insel fährt, wird schnell entdecken, wie dicht das Netz von Militärposten ist. Manche der Konflikte zwischen den beiden Nato-Mitgliedern sind bis heute nicht gelöst. 1974 brachten die Auseinandersetzungen um die Insel Zypern die Staaten an den Rand eines Krieges. Damals hatte die griechische Militärjunta durch ein Attentat auf den zypriotischen Präsidenten versucht, die überwiegend von Griechen bewohnte Insel für sich zu vereinnahmen; Ankara antwortete mit einer Invasion und der gewaltsamen, bis heute nicht beendeten Teilung der Insel. Andere Zwistigkeiten, die ebenso schnell in eine bewaffnete Auseinandersetzung hätten münden können, entzündeten sich in den siebziger und achtziger Jahren an Fragen der Förderrechte nach Erdöl und der Kontrolle des Luftraums; strittig waren in beiden Fällen die jeweiligen Grenzen in der Ägäis. Die geplante Stationierung von Raketen durch die griechisch-zypriotische Regierung verschärfte 1997 den Konflikt erneut: Die Türkei drohte für den Fall der Stationierung mit einem Militärschlag. Eine Annäherung beider Seiten wäre von immenser Bedeutung für die Stabilität der Region. Immerhin hat die nordzypriotische Regierung seit April 2003 die Grenze zum griechischen Süden Zyperns geöffnet. Touristen können sie nun relativ problemlos passieren. Ein weiterer Schritt von Seiten Griechenlands wäre u. a. die Anerkennung der türkischen Minderheit, wie es sie seit Jahrhunderten auf Rhódos gibt. Übrigens stellen die Muslime auf dem Dodekanes (aber auch auf Kreta und Thrakien) mit 1,3 % an der Gesamtbevölkerung die größte Minderheit des Landes dar.
- **Fluchtziel Rhódos**: Die Nähe zur kleinasiatischen Küste konfrontiert Rhódos mit einem an sich türkischen Problem: Kurdische Flüchtlinge versuchen, sich in Booten vor den Nachstellungen des Nachbarn auf griechisches Territorium zu retten. Aus Angst vor der griechischen Küstenwache finden die Passagen nachts und bevorzugt bei schlechtem Wetter statt. Viele der kleinen Boote kippen bei der Überfahrt um – keine Statistik zählt die Ertrunkenen.

Dodekanes und Rhódos in Stichworten

Die Geschichte des Dodekanes ist vor allem die Geschichte von Rhódos. Die Sonneninsel war und ist politisches, wirtschaftliches und kulturelles Zentrum der Region.

um 5500 v. Chr.	Erste nachweisbare Besiedlung des Dodekanes.
um 2500–1500 v. Chr.	Phönizier und später minoische Kreter besiedeln Rhódos.
um 1500–1150 v. Chr.	Achäer vom Peloponnes lassen sich auf dem Dodekanes nieder.
um 1200 v. Chr.	Rhódos beteiligt sich am Trojanischen Krieg.
um 1000 v. Chr.	Dorische Griechen vom Festland besiedeln die Inselgruppe und ernennen auf Rhódos die Städte Líndos, Ialyssós und Kamirós zu selbständigen Stadtstaaten.
700 v. Chr.	Die drei rhodischen Stadtstaaten gründen mit Kos, Knidos und Halikarnassos die Dorische Hexapolis und beherrschen damit den Handel im Mittelmeerraum. Die kleineren Inseln des Dodekanes kommen unter die Oberhoheit von Rhódos.
490–479 v. Chr.	Perserkriege. Rhódos und Kos kämpfen aufseiten der Perser.
477 v. Chr.	Der Dodekanes schließt sich dem Attisch-Delischen Seebund an.
408 v. Chr.	Gründung von Rhódos-Stadt.
4./3. Jh. v. Chr.	Rhódos ist eine der reichsten Städte der antiken Welt und zählt mehr als 80.000 Einwohner.
290 v. Chr.	Der Koloss von Rhódos wird errichtet.
226 v. Chr.	Der Koloss von Rhódos wird durch ein schweres Erdbeben zerstört.
um 200 v. Chr.	Rom unterstützt Rhódos im Kampf gegen die Expansionsbestrebungen Mazedoniens.
142 v. Chr.	Ein Erdbeben zerstört Kamirós (Rhódos).
um 97 v. Chr.	Die von Poseidonios gegründete Rhetorikschule genießt großes Ansehen. Prominente Römer wie Cäsar, Cicero, Brutus und Pompejus kommen nach Rhódos.
42 v. Chr.	Die Römer unter Cassius (neben Brutus Anführer der Verschwörung gegen Cäsar) zerstören Rhódos. Der gesamte Dodekanes wird Teil der Provinz Asia des Römischen Reiches.
um 51 n. Chr.	Apostel Paulus besucht Rhódos.
395	Das Römische Reich wird geteilt. Ganz Griechenland und der Dodekanes werden Teil des Oströmischen Reiches, dem späteren Byzantinischen Reich.
4.–7. Jh.	Der Dodekanes wird wiederholt von Vandalen, Westgoten, Sarazenen und Normannen überfallen und geplündert.
626	Angriff der Perser auf Rhódos.
654	Rhódos und Kos werden für kurze Zeit von den Arabern besetzt.
13. Jh.	Der Dodekanes kommt unter venezianische, später unter genuesische Herrschaft.
1306	Der Johanniterorden erwirbt Rhódos und den Dodekanes von den Genuesern.

1523	Nach mehrmonatiger Belagerung verlassen die Johanniter Rhódos am 1. Januar und die Türken unter Sultan Suleiman I. (dem Prächtigen) erlangen die Herrschaft über die Dodekanes-Inseln. Neuer Sitz der Johanniter wird Malta.
1821–29	Kampf der Griechen gegen die Türken.
1912	Während des italienisch-türkischen Krieges besetzen die Italiener im Mai 1912 Rhódos und übernehmen damit die Macht auf dem Dodekanes.
1923	Im Friedensvertrag von Lausanne verzichtet die Türkei endgültig zugunsten von Italien auf Rhódos und den Dodekanes. Rom will Rhódos zur Musterkolonie machen. Die Infrastruktur wird ausgebaut, historische Bauten werden restauriert und der Tourismus wird gefördert. Bereits 1934 verzeichnet Rhódos 60.000 Urlauber.
1940	Der Führer der Militärdiktatur, General Metákes, beantwortet ein Ultimatum Mussolinis kategorisch mit Nein (Ochi). Die Angriffe der überlegenen Italiener von Albanien aus können die Griechen zwar zurückschlagen, doch gegen die deutschen Angriffe 1941 sind sie trotz britischer Unterstützung machtlos.
1943	Nach dem Sturz Mussolinis besetzen die Deutschen den größten Teil der Inseln des Dodekanes.
1944:	Vier Jahre nach dem ersten Besuch von Reichspropagandaminister Goebbels beginnt die Deportation von 2000 Juden aus Rhódos in die deutschen Konzentrationslager.
1945–47	Britische Besatzungszeit.
1948	Der Dodekanes wird Teil Griechenlands.
1961	Assoziierungsabkommen mit der EWG.
1967–74	Militärdiktatur in Griechenland. Auf Léros werden politische Gefangene wie beispielsweise der Schriftsteller Jannis Ritsos eingekerkert.
1974	Zypernkrise. Der Großteil der türkischen Minderheit verlässt Rhódos während und nach der Krise. Austritt Griechenlands aus der NATO.
1975	Per Volksabstimmung wird in Griechenland die Monarchie abgeschafft.
1980	Wiedereintritt in die NATO.
1981	Griechenland wird Mitglied der Europäischen Gemeinschaft. Der Sozialist Andreas Papandreou wird Ministerpräsident.
1985	Wiederwahl Papandreous.
1987	Einführung der Mehrwertsteuer.
1988	Treffen der Staats- und Regierungschefs der Europäischen Gemeinschaft auf Rhódos. Sie werden bei dieser Gelegenheit zu Ehrenbürgern einzelner Dodekanes-Inseln ernannt: Helmut Kohl wird Ehrenbürger von Kálymnos, François Mitterand von Rhódos und Felipe Gonzalez von Kos. Regierungskrise wegen Korruptionsskandal um die Bank of Crete.
1989	Präsidentschaftswahlen: 40,7 % PASOK, 46,8 % Nea Dimokratia (ND) und 11 % Vereinigte Linke. Die ND und die Vereinigte Linke koalieren. Untersuchung der Korruption von PASOK und Andreas Papandreou. Im November „Regierung der nationalen Einheit" mit dem Ministerpräsidenten X. Zolotas (ND).

1990 Eine Streikwelle legt große Teile Griechenlands lahm. Die bisherige Regierung bricht auseinander. Präsidentschaftswahlen: 46,9 % für Nea Dimokratia (ND), damit 150 der 300 Parlamentssitze. Die PASOK erreicht nur 38,6 % und erhält 124 Mandate, die Vereinigte Linke erreicht 10,2 %. Nach Jahren der Regierungskrise kommt es zur entscheidenden Wende: Der konservative Konstantin Mitsotakis (ND) wird neuer Ministerpräsident und Konstantin Karamanlis Staatspräsident. Die griechische Wirtschaft befindet sich in miserablem Zustand und die Staatsverschuldung ist enorm hoch. Generalstreik gegen das Einfrieren der Löhne.

1991 Golfkrieg – die Besucher bleiben aus. Da die Wirtschaft der Dodekanes-Inseln jedoch hauptsächlich vom Tourismus abhängt, verschlechtert sich die ökonomische Lage deutlich. Griechenland verhindert die internationale Anerkennung der ehemaligen jugoslawischen Teilrepublik Mazedonien. Öffnung der Grenze zu Albanien. Der Konflikt mit dem Nachbarland verschärft sich: Eine Fluchtwelle von Griechen aus Albanien setzt ein. Etwa 150.000 Albaner reisen illegal nach Griechenland ein.

1992 Große Demonstration in Thessaloniki gegen die Anerkennung Mazedoniens. Aufnahme Griechenlands in die Westeuropäische Union (WEU).

1993 Wahlsieg der Panhellenischen Sozialistischen Bewegung (PASOK) bei vorgezogenen Parlamentswahlen. Die Griechen sprechen von „anagenisis", von „Wiedergeburt" der Sozialisten nach dem dreieinhalbjährigen Regiment der Konservativen. Die Sozialisten erringen 46,8 % (170 Sitze), die Nea Dimokratia 40,1 % (111 Sitze), die Kommunisten 4,9 % (10 Sitze). Andreas Papandreou ersetzt den zurückgetretenen bisherigen Regierungschef Konstantin Mitsotakis. Griechenland schiebt rund 30.000 albanische Staatsbürger ohne Aufenthaltsgenehmigung ab.

1994 Im ersten Halbjahr Ratsvorsitz Griechenlands in der Europäischen Union (Gipfeltreffen auf Korfu). Griechenland verwehrt Mazedonien den Zugang zum Hafen von Thessaloniki, wo der Großteil des makedonischen Handels abgewickelt wird.
Bombenanschläge auf Rhódos: Griechen und Ausländer werden verletzt. Die Athener Regierung verdächtigt die Türkei als Drahtzieher der Anschläge. Touristenrekord: 11,2 Millionen Besucher.

1995 Die wirtschaftliche Erholung setzt sich trotz ungelöster außenpolitischer Probleme fort. Einbruch im Fremdenverkehr: Die Besucherzahlen sinken auf 10,7 Millionen.

1996 Im Januar tritt Andreas Papandreou schwerkrank von seinem Amt als Ministerpräsident zurück, im Juni stirbt der Begründer der PASOK. Nachfolger wird der ehemalige Handels- und Technologieminister Kostas Simitis. Bei vorgezogenen Parlamentswahlen im September erreicht die PASOK unter Simitis mit 41,5 % die absolute Mehrheit (162 Mandate), die Nea Dimokratia muss mit 38,1 % (108 Mandate) Verluste hinnehmen. Der europäische Sparkurs der Regierung Simitis wird von den Gewerkschaften mit Protesten und Streik beantwortet.

1997 Auf einem Sonderparteitag wählt die Nea Dimokratia Kostas Karamanlis zum neuen Vorsitzenden. Obwohl im März mit 6 % die niedrigste Inflationsrate seit 25 Jahren verzeichnet werden kann, erfüllt Griechenland als einziger EU-Staat keines der Maastricht-Kriterien.

1998 Im Sommer bringen verheerende Waldbrände Griechenland in die internationalen Medien. Besonders schwer wüten die Brände in Attika und auf dem nördlichen Peloponnes (um Pátras). Im Spätherbst Regierungsbesuch von Simitis in Bonn. Seine Anfrage nach Entschädigungszahlungen für die griechischen NS-Opfer wird von Bundeskanzler Schröder abgelehnt. Im Dezember billigt das Parlament den strikten Sparhaushalt für 1999, der dem Land im Jahr 2001 den Beitritt zur EU-Währungsunion ermöglichen soll. Die Sparpolitik im Bildungssektor ruft gewaltsame Demonstrationen von Schülern in Athen hervor.

1999 Bundeskanzler Gerhard Schröder entscheidet: keine finanzielle Gutmachungen an Griechenland. Die Wünsche Athens nach Wiedergutmachung für Nazi-Verbrechen und Rückzahlung einer Zwangsanleihe des Deutschen Reiches werden von der Bundesregierung endgültig abgelehnt.

2000 Ministerpräsident Kostas Simitis von der Panhellenischen Sozialistischen Bewegung (Pasok) gewinnt knapp die Parlamentswahlen. Der wirtschaftliche Reformkurs wird fortgesetzt. Der Lohn ist die Aufnahme Griechenlands in die Europäische Währungsunion und eine außergewöhnlich niedrige Inflationsrate.

2001 Die Terror-Anschläge auf die USA am 11. September und der anschließende Krieg in Afghanistan treffen den griechischen Tourismus. Rhódos meldet in der traditionell gut ausgebuchten Herbstsaison drastische Umsatzeinbrüche. Vor allem amerikanische Kreuzfahrttouristen bleiben aus. Aber auch viele mittel- und nordeuropäische Gäste verzichten angesichts der Diskussion um die Flugsicherheit auf eine Ferienreise nach Rhódos.

2002 Griechenland führt den Euro ein. Rhódos wird somit der östliche Außenposten der EU-Währungsunion im Mittelmeer. Die griechische Wirtschaft wächst jährlich um 4 %. Die Inflation bleibt auf niedrigem Niveau.

2004 Die Olympischen Sommerspiele finden in Athen statt. Die Gesamtkosten des Großereignisses liegen bei mehr als zehn Milliarden Euro. Durch den Euro sind die Lebenshaltungskosten in Griechenland enorm gestiegen. Der sozialistische Ministerpräsident Simitis bekommt dafür die Quittung von den Bürgern. Die konservative Nea Dimokratia unter Kostas Karamanlis gewinnt die Wahlen zum griechischen Parlament.

2005 Der Liberalisierungskurs des konservativen Ministerpräsidenten Karamanlis führt zur Konfrontation mit den Gewerkschaften. Im Juni kommt es zum Generalstreik gegen den Abbau von sozialen Rechten.

2006 Der griechische Präsident Karolos Papoulias, einst Widerstandskämpfer gegen die deutschen Besatzer, besucht die Insel Sými. Die mehrtägige Visite an der Grenze zur Türkei ist eine politische Reaktion auf den Zusammenstoß eines türkischen und eines griechischen Kampfflugzeugs, bei dem der griechische Pilot ums Leben kam.

Die Hafeneinfahrt in Rhódos-Stadt

Anreise

Am bequemsten und sichersten ist Rhódos mit dem Flugzeug zu erreichen – eine äußerst zeitsparende Möglichkeit, die zudem immer preiswerter wird. In rund drei Stunden gelangen Urlauber vom regenverhangenen Deutschland ins mediterrane Klima des Dodekanes.

Von den großen Airports in Deutschland, Österreich und der Schweiz bestehen Charterflugverbindungen nach Rhódos. Kaum eine andere griechische Insel lässt sich so leicht erreichen. Die Flugtickets sind in der Regel nicht gerade billig. In der Hauptsaison muss man mit rund 350 € rechnen. Eine weitere Möglichkeit besteht darin, nach Athen zu fliegen und von dort eine Linienmaschine der Olympic Airways nach Rhódos zu nehmen oder eine Fähre ab Piräus zu wählen.

Alle anderen Verkehrsmittel lohnen sich für eine normale Ferienreise nicht. Mit Auto, Zug, Bus und Schiff (Fähre von Italien nach Griechenland) benötigt man für die Hin- und Rückfahrt rund eine Woche. Hinzu kommen Strapazen, Kosten für Verpflegung und vielleicht noch der eine oder andere Ärger. Auch der Landweg durch den Balkan bis nach Athen kann guten Gewissens nicht empfohlen werden (schlechte Straßenverhältnisse, langwierige Grenzkontrollen etc.).

Mit dem Flugzeug

Wer sich nach Rhódos einfliegen lässt, kommt im Paradies an – so heißt nämlich das Straßendorf beim Flughafen, das seinem Namen allerdings keine Ehre macht. Der gut ausgebaute Flughafen Diagoras (16 km von Rhódos-Stadt entfernt) gehört zu den am meisten frequentierten des Landes.

Es gibt viele Wege, mit dem Flugzeug nach Rhódos zu reisen: Charter oder Linie – direkt oder über Athen.

Am schnellsten nach Rhódos ist der Charterflug. Je nachdem von welchen Airport Sie starten, der direkte Flug dauert nur rund drei Stunden. Weitere Alternative ist der Linienflug nach Athen (in die griechische Hauptstadt werden auch zahlreiche Charterflüge angeboten) und ein Anschlussflug nach Rhódos. Ein Vorteil dabei : Der Fluggast wählt An- und Abreisetag aus. Er ist daher nicht auf den wöchentlichen Rhythmus der Charterverbindungen angewiesen.

Wer übrigens auf dem Flughafen von Rhódos länger warten muss und Hunger hat, ist nicht unbedingt auf die Bars im Airportgebäude angewiesen. Gegenüber dem Abfertigungsgebäude liegt am Hang (auf der anderen Seite der Küstenstraße) die Taverne Koufas. Von dem Restaurant aus hat man nicht nur einen schönen Blick auf das Meer und die startenden bzw. landenden Flugzeuge. Hier lässt es sich auch lecker und preiswert speisen.

Abflughäfen: In Deutschland gibt es Direktflüge nach Rhódos nicht nur von den großen Airports wie Frankfurt, München, Düsseldorf, sondern auch von fast allen Regionalflughäfen wie Berlin, Stuttgart, Hamburg, Köln/Bonn, Hannover, Friedrichshafen, Nürnberg, Münster, Leipzig, Paderborn, Saarbrücken etc. Österreicher erreichen die Insel von Wien, Salzburg, Linz und Innsbruck; Schweizer von Zürich und Basel aus.

Fluggepäck: Auf allen Linien- und Charterflügen dürfen pro Person 20 Kilo Freigepäck mitgenommen werden. Auf innergriechischen Verbindungen sind es hingegen nur 15 Kilo. Wer aber aus dem Ausland anreist, darf seine 20 Kilo weiter kostenfrei mitnehmen. Wer zu zweit fliegt und unterschiedlich schweres Gepäck dabeihat, sollte es beim Einchecken auch gemeinsam auf die Waage stellen, denn Übergewicht ist teuer. Beim Packen darauf achten, dass noch Spielraum für diverse Mitbringsel bleibt!

Was die **Mitnahme von Sportgeräten** betrifft, zeigen sich die großen Chartergesellschaften wie Air Berlin großzügig. Doch es gilt: Sich bei der Charter-Airline genau zu erkundigen. Bedingungen und Gebühren wechseln häufig. Das gilt nicht für Surfbretter, Flugdrachen und Fahrräder, für die man wegen ihrer Sperrigkeit eine Gebühr zahlen muss. Für transportgerechte Verpackung müssen Sie selbst sorgen. Die Anmeldung – im Reisebüro oder direkt bei der Fluggesellschaft – sollte möglichst frühzeitig erfolgen, vor allem, wenn eine ganze Gruppe Sportgeräte mitnehmen will.

Der Transfer zwischen Flughafen und Unterkunft im Urlaubsland umfasst meist nicht die Beförderung sperriger Gegenstände, sodass man Kosten und Risiken eines Sondertransfers (Taxi o. Ä.) selbst tragen muss.

Flughafen in Athen: Der Airport der griechischen Hauptstadt liegt 25 Kilometer östlich. Der Flughafen Elefthérios Venizélos kann mit U-Bahn, Taxi und Bus erreicht werden. Die U-Bahn verbindet den Airport mit dem Fährhafen Piräus.

Flughafen von Rhódos: Eine Taxifahrt vom Flughafen nach Rhódos-Stadt kostet etwa 15 €. Am Flughafen befinden sich eine Bank, diverse Souvenirgeschäfte sowie alle großen internationalen Autoverleiher: Hertz (✆ 22410/82902), Europcar (✆ 22410/83105) und Avis (✆ 22410/82896).

Olympic Airways auf Rhódos, Rhódos, Ierou Lohou Str. 9, ✆ 22410/24571.

Für **Tiere** gilt generell: besser zu Hause lassen! Wer jedoch sein Tier auch im Urlaub nicht missen will oder keine Unterbringungsmöglichkeit gefunden hat, muss es bei der Buchung des Fluges anmelden und eine spezielle Transportbox kaufen. Tiere, die ein gewisses Gewicht (bei den meisten Beförderern gelten 5 Kilogramm) überschreiten, dürfen nicht in der Kabine mitreisen, sondern werden in den Laderaum verbannt – für Hund oder Katze oft ein traumatisches Erlebnis. Chartergesellschaften schlagen das Gewicht des Tieres dem Gesamtgepäckgewicht zu und berechnen für jedes Kilo über der Freigepäckgrenze die übliche Gebühr. Es soll Leute geben, die ihren Bello vor Reiseantritt auf Diät setzen ...

Rhódos ist das Drehkreuz für den Fährverkehr in der Ostägäis

Mit der Fähre

Mit Ausnahme von Kreta hat keine griechische Insel bessere Fährverbindungen als Rhódos. Piräus und fast alle größeren Ägäis-Inseln werden regelmäßig angelaufen. Eine Übersicht mit Abfahrtszeiten und Routen wird jährlich vom Tourismusbüro ausgegeben. Am verlässlichsten ist aber das Internetportal: www.gtp.gr. Dort wird auch in englischer und griechischer Sprache über alle Fährverbindungen aktuell und übersichtlich informiert. Lohnenswert sind die zahlreichen Tagesausflüge wie beispielsweise zur ehemaligen Schwammfischerinsel Sými oder auf die wenig besuchte Nachbarinsel Chálki.

An Bord der Linienfähren gibt es in der Regel preiswerte *Deckplätze* (ausreichend Sitzmöglichkeiten sind meist vorhanden), die etwas teureren *Pullmannsitze* (Touristenklasse) sowie *Kabinen* der A- und B-Klasse. Die Fähren sind ausreichend komfortabel, beinahe immer existiert eine Bar, wo z. T. auch warme Snacks ausgegeben werden. Wer zur Seekrankheittendiert, sollte unbedingt entsprechende Mittel mitnehmen – kleinere, überfüllte Kutter schlingern tückisch. Insbesondere bei längeren Fahrten und schlechtem Wetter lohnt es sich durchaus, ein paar Euro mehr in eine Kabine zu investieren, die man – zumindest in der Sommersaison – rechtzeitig reservieren sollte.

Die Fährverbindungen zwischen Rhódos und den anderen Inseln des Dodekanes sind im Sommer ausgezeichnet. Das Netz ist dicht geknüpft – nur die Abfahrtszeiten werden oft nicht eingehalten. Schlecht ausgebaut ist dagegen der **Winterfahrplan**, der etwa von Oktober bis April gilt. Dann können viele Inseln nur einmal pro Woche erreicht werden. Ein aktueller Fahrplan mit genauen Abfahrtszeiten ist gratis bei der *Griechischen Zentrale für Fremdenverkehr* erhältlich. Im Hafenamt von Rhódos-Stadt kann man sich unter ✆ 22410/27695 über die aktuellen Schiffsverbindungen erkundigen.

Es werden zudem **Tagesfahrten** zu populären Nachbarinseln wie Sými angeboten. Diese Ausflüge sind meist fast doppelt so teuer wie die offiziellen Fährverbindungen. Dafür bieten sie aber ideale Abfahrtszeiten. Die schnellste Verbindung nach Sými ist die über die Tragflügelboote namens „Flying Dolphin". Nachteil: Ein Tagesausflug ist wegen der ungünstigen Abfahrtszeiten nicht möglich.

• *Verbindungen* **Sými:** Nach Sými inkl. des Klosters Panormitis fahren in der Regel nur Personenfähren. Dazu gehören beispielsweise die *Sými I* und *II*, die täglich Rhódos und Sými verbinden, und der *Nikos Express* von Chálki nach Rhódos und zurück. Die Überfahrt nach Sými dauert knapp zwei Stunden. Mit den Tragflügelbooten dauert es nur eine Stunde. Darüber hinaus gibt es noch Katamarane wie die „Dodekanisos Pride" der Reederei Danae, die deutlich schneller als die herkömmlichen Personenfähren sind, aber auch teurer. Informatioen unter www.danae.gr. Rundfahrt ab 19 €, im Flying Dolphin ab 27 € (außer sonntags kein Halt beim Kloster Panormítis).

Chálki: Die Überfahrt nach Chálki dauert vom Fährhafen Kamiros Skala rund 75 Min. Die Abfahrt ist in der Regel um 16 Uhr in Kamiros Skala. Der Hafen ist rund eine Autostunde von Rhódos-Stadt entfernt.

Tilos: In der Hauptsaison kann die kleine Dodekanes-Insel als Tagesausflug besucht werden. Abfahrt ist um 8.30 Uhr. Die einfache Überfahrt dauert 3 Stunden. Rundfahrt 23 €.

Níssiros: Ebenfalls nur am Sonntag als Tagesausflug möglich. Die Überfahrt dauert 3 Stunden. Rundfahrt 23 €.

Kos: In gut zwei Stunden ist die große Nachbarinsel per Katamaran zu erreichen. Täglich außer montags. Rundfahrt 50 €.

Kálymnos: Täglich außer montags. Überfahrt mit dem Katamaran in zwei Stunden. Rundfahrt 63 €.

Léros: Die kleine Dodekanes-Insel ist in drei Stunden mit dem Katamaran zu erreichen. Tägl. außer montags. Rundfahrt 68 €.

• *Information* Jährlich gibt die **Griechische Zentrale für Fremdenverkehr** eine Broschüre mit Preisen und Abfahrtszeiten der innergriechischen Fährverbindungen heraus. Das Heftchen ist kostenlos. Verlassen Sie sich jedoch nie auf die angegebenen Zeiten und Preise! Außerdem bekommt man seit neuestem ausführliche Informationen im Internet unter: www.gtp.gr. Dort gibt es eine leicht zu bedienende, aktuelle Übersicht zu den Fährverbindungen von Rhódos aus.

Zudem informieren die jeweiligen Hafenämter der Inseln telefonisch über die aktuellen Fahrpläne. Informationen in Rhódos unter 22410, 22220, 28888 oder 28666.

▸ **Rhódos–Piräus**: Es kann kaum bessere Möglichkeiten geben. Rhódos ist im Sommer (d. h. nicht nur in der Hochsaison!) täglich mit Piräus verbunden. Für die Überfahrt sollte man – je nach Fährschiff und Anzahl der Zwischenstopps – von 14–18, manchmal auch 20 Stunden ausgehen. Die gängigsten Routen sind: 1. Piräus–Pátmos–Léros–Kálymnos–Kos–(Astipálea)–Níssiros–Tílos–Rhódos und retour, 2. Piräus–(Kálymnos)–Kos–Rhódos. Zudem legen manche Fähren auf der Route Piräus–Kreta auch in Rhódos oder Kárpathos an. Eine weitere Route führt über Chálki, Kárpathos, Kássos, Kreta, Santorin, Páros und Naxos nach Piräus. Zum Inselhüpfen geeignet, nicht aber, um nach Piräus zu gelangen – die Fahrt dauert ewig. Alle Dodekanesfähren starten und landen in Piräus am Uferkai *Aktí Possidónos*, gegenüber der Metrostation.

• *Preisbeispiele* pro Person nach Piräus ab 34 € (Deck) bis 78 € (Kabine 1. Klasse), Zweiräder ab 18 €, Autos ab 90 €.

• *Reedereien* **DANAE. Shipping Co.**, Australia Str., ✆ 22410/43150 oder 43110, ℻ 77084 (Dodekanes-Route). **G. & A. Ferries**, Büro am Hafen, ✆ 22410/23000 oder 27900, ℻ 32741 (Dodekanes- und Kreta-Route). Informationen auch in allen Reiseagenturen und bei der Touristen-Information.

▶ **Rhódos–Dodekanes**: Jeden Nachmittag legt die Fähre nach Piräus ab mit Zwischenstopp in Kos, Kálymnos, Léros und Pátmos. Abgelegenere Inseln werden seltener angelaufen, Kastellórizo aber immerhin zumindest in der Hauptsaison zweimal pro Woche. Auch kleinere Inseln wie Chálki, Tílos, Níssiros oder Astipálea sind durch Fähren untereinander und mit Rhódos verbunden.

Preisbeispiele (Deck) Kos (ca. 4 Std., Dauer abhängig von der Route) ca. 13 €; Sými (1 Std.) ca. 6 €; Chálki (ca. 2,5 Std.) 8 €; Kastellórizo (5 Std.) ca. 15 €; Kárpathos (5 Std.) ca. 16 €.

Wichtig: Auch wenn Sie eine bestimmte Reiseroute verfolgen, seien Sie flexibel: Immer wieder kommt es vor, dass *Abfahrten* wegen rauer See kurzfristig storniert werden müssen. Vor allem kleinere Schiffe können dann oft nicht auslaufen. Dasselbe gilt fürs *Anlegen* in den oft engen Hafenbuchten. Erscheint das Anlegemanöver dem Kapitän zu gefährlich, fährt er bis zur nächstgrößeren Insel weiter.

▶ **Rhódos–Marmaris (Türkei)**: Die türkische Riviera scheint an windigen Tagen zum Greifen nahe. Rhódos ist etwa zweimal wöchentlich durch eine türkische Autofähre mit dem gegenüberliegenden Marmaris verbunden. Der zweistündige Trip ist teuer: Rückfahrkarte ca. 66 € (sowohl für Tragflächenboote als auch für alle anderen), hinzu kommt noch die türkische Hafensteuer von 7 € pro Person (Abfahrt ca. 9 Uhr ab Rhódos-Stadt, Rückfahrt 17.30 Uhr). Tickets werden an der Hafenpromenade am Mandráki-Hafen verkauft. Erkundigen Sie sich dringend, ob Sie bei Ihrem Ausflug noch am gleichen Tag zurückkehren können. Nähere Informationen zu den Türkei-Verbindungen erhalten Sie auch beim Hafenamt, ✆ 22410/27695.

Ganz schön schnell: Flying Dolphins

Tragflächenboote

Nur Fliegen ist schneller. Mit bis zu 70 km/h rasen die so genannten *Flying Dolphins* über die Ägäis. In der Hochsaison fahren die Boote täglich fast alle Inseln an. Rhódos ist dabei die Drehscheibe.

• Verbindungen Zwei Gesellschaften konkurrieren miteinander: die gelb-blau gestrichenen Tragflächenboote von Sámos Hydrofoils mit den blau-weißen der Dodecanese Hydrofoils.

Die Boote von Dodecanese Hydrofoils sind unterwegs auf den Strecken Rhódos–Kos–Kálymnos–Astipálea, Rhódos–Kos–Níssiros–Sými, Rhódos–Tílos–Níssiros–Kos, Kos–Sými–Rhódos, Kálymnos–Kos–Léros–Pátmos (und weiter nach Sámos) sowie Kálymnos–Kos–Léros–Lipsí–Pátmos–Agathonissi–Sámos. Die größeren Inseln Pátmos, Léros, Kálymnos, Kos und Rhódos werden täglich angelaufen. Fünfmal pro Woche machen die blau-weißen Tragflächenboote Halt auf Lipsí. Zweimal wöchentlich werden Níssiros und Tílos von dieser Gesellschaft angelaufen, lediglich einmal pro Woche stehen Astipálea, Chálki und Sými auf dem Fahrplan.

• Preisbeispiele (für Hin- und Rückfahrt) Rhódos–Kos 49 €, Rhódos–Sými 25 €.

• Information/Reservierung Rhódos-Stadt, Platia Neorion, Mandráki-Hafen, ✆ 22410/78052, 📠 20272.

Unterwegs auf Rhódos

Rhódos besitzt eine exzellente Verkehrsinfrastruktur. Angesichts der Dimensionen der Insel – eine Länge von fast 100 Kilometern – lohnt sich das Anmieten einer Vespa oder eines Autos. Im Insel-Norden sind die Busverbindungen hervorragend. Doch je weiter man in den Süden kommt, umso schwieriger wird es, die Dörfer per Bus zu erreichen.

Das Busnetz auf Rhódos ist fast lückenlos

Das Verkehrsnetz auf Rhódos ist ausgezeichnet. Auch auf den kleinen Nachbarinseln Sými und Chálki wurde das Straßennetz ausgebaut. Alle Ziele lassen sich mit einer gemieteten Vespa leicht erreichen.

Wer Rhódos per Mietfahrzeug erkunden will, muss sich nicht groß umstellen: Die Verkehrsregeln und -zeichen entsprechen weitgehend den deutschen. Eine Ausnahme bildet die Regelung der Vorfahrt: In Griechenland hat der auf einer Hauptstraße oder im Kreisverkehr Fahrende Vorfahrt, auch wenn er von links kommt, sofern nicht explizit anders ausgewiesen.

Mit dem Bus

Wer nicht den einsamen, abgelegenen Strand auf eigene Faust suchen und finden will, kann sich auf Rhódos bequem und preisgünstig mit dem Bus fortbewegen. Selbst eine Fahrt in den Inselsüden

– eine Strecke von mehr als 90 Kilometern – kostet nur rund 6 €. Grundsätzlich gilt: Die Busverbindungen im Norden und an der Ostküste bis Líndos sind hervorragend. Wer jedoch in den Süden und an die südliche Westküste will, muss den Fahrplan genau studieren. Oft gibt es hier nur zwei oder drei Busse, z. B. nach Apollóna oder Kattaviá.

Man sollte Ausdauer und Geduld mitbringen, wenn man die Insel außerhalb von Rhódos-Stadt per Bus erkunden will. In Rhódos-Stadt sind die Verbindungen recht gut, es fahren zahlreiche Busse, vor allem in die Gegend von Faliráki im Osten der Insel und in die Gegend des Flughafens im Westen.

Wenn man den Westen mit dem Bus erkunden will, hat man nicht so zahlreiche Möglichkeiten. Die Verbindungen reichen nur bis nach Alt-Kamirós und Salákos und das auch nur etwa viermal am Tag. Der Osten hat mehr zu bieten und kann daher mehrere Busverbindungen am Tag bis nach Líndos aufweisen. Der Nachteil ist, dass diese Busse völlig überfüllt sind und es somit auch mal passieren kann, dass der Bus einen an der Haltestelle stehen lässt. Auch die Abfahrtszeiten sollte man nicht zu ernst nehmen, da die Busse manchmal fahren, wie sie wollen. Es kann auch vorkommen, dass man bis zu einer Stunde an der Bushaltestelle mitten auf der Ortsumgehungsstraße steht und kein Bus vorbeikommt. Wenn alle Stricke reißen, kann man zur Not immer noch Ausflügler fragen, ob sie einen mitnehmen.

Fahrradfahrer – wie hier in Kolímbia – sind bisher noch selten

Mit dem Fahrrad

Fahrradfahren wird auf Rhódos immer beliebter. Ein wenig Kondition ist angebracht, denn es gilt, so manchen Hügel hinaufzustrampeln. Wenn möglich, mieten Sie ein Mountainbike, Sie werden die 21 Gänge und die Stabilität der Räder schnell zu schätzen wissen. Doch nicht nur aus sportlichen Gründen sind die Velos zu empfehlen, sie eignen sich auch prima, um von A nach B zu kommen.

Möchten Sie Ihr eigenes Rad mitnehmen, ist die sachgerechte Verpackung und rechtzeitige Anmeldung bei der Fluglinie unabdingbar (besonders wenn Sie mehrere Räder transportieren wollen). Außerdem verlangen alle Gesellschaften wegen der Sperrigkeit der Fracht einen Aufschlag.

Unfälle auf den kurvigen Inselstraßen sind vor allem im Sommer häufig

Mit dem Mietauto/Mietmofa

Die Fortbewegung mit einem Leihfahrzeug wird immer populärer. Die Konkurrenz für die Leihfirmen ist hart. Preisvergleiche lohnen sich.

▸ **Zweiräder**: Moped-, Mofa- und Fahrradvermietungen finden Sie in allen Touristenorten. Das Angebot ist groß, die lokalen Preise sind nahezu einheitlich. In der Nebensaison kann man handeln, insbesondere bei längerer Mietzeit. Normalerweise gewähren die Händler bei einer Woche einen Tag Rabatt. Testen Sie vor der Vertragsunterzeichnung Bremsen, Licht, Gangschaltung, Reifenprofil, Luftdruck und Ölstand. Manche Mopeds oder Mofas erreichen Geschwindigkeiten von 50 km/h und mehr. Auf alle Fälle viel zu schnell für die schwachen Bremsen. Fahren Sie niemals in Badehose und ohne Hemd. Üble Verletzungen können die Folge sein. Obwohl keine Helmpflicht für Mopeds etc. besteht, sollten Sie ihn grundsätzlich immer tragen – schließlich schützt er Ihren Kopf. Als Sozius-Fahrer muss man darauf achten, nicht mit der Wade an das glühend heiße Auspuffrohr zu kommen.

Folgende Kategorien von Zweirädern werden angeboten:

Fahrrad: ab ca. 6 € pro Tag. Die Räder haben keine Gangschaltung und eignen sich nur für kleinere Touren. Auch hier gilt: Bremsen, Licht etc. überprüfen.

Mountainbike: ab ca. 12 € pro Tag. Die geländegängigen Räder setzen sich auf immer mehr Inseln durch. Nachteil: Mountainbikes haben kein Licht. Eine kleine Tour am Abend ist also nicht drin.

Mofa: ab ca. 10 € pro Tag, teils in schlechtem Zustand. Es gibt Maschinen mit Automatik-Schaltung, leicht zu bedienen.

50-ccm-Maschine: ab 14 € pro Tag. Verschiedene Modelle der Marken Suzuki und Honda. Robuste Maschinen kann man problemlos auch zu zweit fahren.

Vespa: ab 18 € pro Tag. Die Roller sind am besten für asphaltierte oder befestigte Straßen geeignet. Ziemlich schnell und auch zu zweit zu benutzen, allerdings sehr windanfällig. Überprüfen Sie die Hand-Gangschaltung sorgfältig: Insbesondere bei Fahrzeugen älteren Datums ist diese meist völlig ausgeleiert und die Gänge springen raus – besonders bergauf eine nervtötende Eigenschaft.

80-ccm-Maschinen: ab 20 € pro Tag. Die Enduros der Marken Yamaha und Honda sind ideal für Off-Road-Touren und bergige Strecken.

Für die 125- und 250-ccm-Maschinen benötigen Sie einen entsprechenden Führerschein. Für **Schäden am eigenen Fahrzeug** haftet man im Allgemeinen selbst – nur eine Haftpflicht ist im Preis inbegriffen. Den Mietvertrag sorgfältig durchlesen. Darauf achten, ob der Vermieter überhaupt eine Haftpflichtversicherung abgeschlossen hat. Dies gilt besonders bei extrem billigen Fahrzeugen. Oftmals kann auch eine Vollkaskoversicherung (ca. 3 €/Tag) mit Selbstbeteiligung (i. d. R. ab 100 €) abgeschlossen werden. Wo es Zweiräder zu leihen gibt, wird bei den jeweiligen Inseln beschrieben.

▸ **Autos**: Natürlich sind die Tarife nicht einheitlich und je nach Wagentyp sehr unterschiedlich. Für einen Kleinwagen muss man auf Rhódos mindestens mit 40 € (unbeschränkte Kilometerzahl) rechnen. In der Regel sind die kleineren Verleiher etwas günstiger als die renommierten internationalen Firmen wie Hertz oder Avis. Bei diesen hat man allerdings die Gewissheit, dass sich die Fahrzeuge in einem brauchbaren Zustand befinden. Prüfen Sie trotzdem sicherheitshalber, ob alles funktioniert. Das Mindestalter für das Entleihen von Autos liegt – je nach Agentur – zwischen 21 und 23 Jahren; außerdem muss der Mieter bereits über ein Jahr lang den Führerschein haben.

• *Versicherung* Bei manchen Firmen gibt es nur Haftpflicht bis zu einer bestimmten Höhe. Alternative: Vollkasko mit Eigenbeteiligung. Vorher genau erkundigen. Das Risiko der Eigenbeteiligung kann durch eine Zusatzversicherung beseitigt werden.

• *Lesertipp* „Mieten Sie ein Fahrzeug der großen Agenturen stets bei den Hauptvertretungen am Ort. Ansonsten fallen deftige Vermittlungsgebühren (bis zu 25 %) zu Lasten des Kunden an." *(Peer Klinkenberg, Essen).*

Mit dem Taxi

In Rhódos ist die Fahrt mit dem Taxi ein teures Vergnügen. Die Grundgebühr beträgt 1,50 €. Hinzu kommen zahlreiche Zuschläge, zum Beispiel bei Fahrten ab dem Flughafen, für Gepäck oder für Trips nach Mitternacht. Eine Fahrt von Rhódos bis nach Monolithos an der Westküste kostet einfach 65 €. Für eine Fahrt von der Inselhauptstadt zum nahen Flughafen sind mindestens 15 € fällig.

Um keine böse Überraschung oder hitzige Diskussion zu erleben, empfiehlt es sich, vor Fahrtbeginn nach dem genauen Preis zu fragen. Übrigens, wer Taxifahrer warten lässt, muss zahlen. Pro Stunde sind 8,50 € fällig.

In der Vergangenheit gab es immer mal wieder Ärger mit Taxifahrern aufgrund undurchsichtiger Preisgestaltungen. In diesem Fall wenden Sie sich an die Touristen-Information oder an die örtliche Polizeistation.

Wandern

Oft die schönste Art, die versteckten Winkel von Rhódos, Sými und Chálki zu entdecken. Bisweilen sind die steinigen Pfade schwer zu finden; außerdem sind die Routen nur selten schattig. Bringen Sie etwas Ausdauer mit, dann werden Sie mit versteckten Schönheiten belohnt, wie etwa ausgedehnten Blumenteppichen im Frühjahr, einsamen Kapellen und abgelegenen Badebuchten. Immer neue Perspektiven eröffnen sich zu Fuß und oft reicht der Blick bis hinüber zu anderen Inseln oder zum kleinasiatischen Festland.

Aber: Wandern Sie möglichst nie allein oder lassen Sie wenigstens Ihren Hotelier oder Vermieter wissen, wo Sie unterwegs sind. Die Höhenunterschiede können beträchtlich sein, meist bewegt man sich fernab jeglicher Zivilisation und die Sonne brennt gnadenlos. Beginnen Sie Ihren Ausflug früh. Der beste Start ist bei Sonnenaufgang. Zum einen ist dies mit die schönste Zeit des Tages, zum anderen stellen Sie sicher, dass mit aufkommender Mittagshitze schon ein großer Teil der Strecke geschafft ist.

- *Jahreszeit* Die Monate Mai und Juni, wenn Rhódos wie die restlichen Inseln des Dodekanes in Blüte steht, sind die beste Wanderzeit. Von den sehr heißen Monaten Juli und August ist eher abzuraten. Der September und Oktober sind klimatisch wieder günstiger, doch ist die Vegetation dann karger und die Tage sind deutlich kürzer.
- *Ausrüstung* Viele Wegstrecken sind steinig und steil – feste, knöchelhohe und gut eingelaufene Wanderschuhe sind daher dringend zu empfehlen. Oft muss stachelige Phrygana durchquert werden, wobei eine lange Hose aus festem Stoff gute Dienste leistet. Nicht zu vergessen: Sonnenschutzmittel, Sonnenbrille, ein Rucksack und unbedingt eine Kopfbedeckung.
- *Verpflegung* Zum Essen nimmt man am besten nur das Nötigste mit, viel wichtiger ist ausreichend Wasser. Von Quellen kann man fast überall sorglos trinken, aus Zisternen vorsichtshalber nur dann, wenn man sich nach der Qualität erkundigen kann.

Rhódos bietet zahlreiche Wandermöglichkeiten. Es gibt kurze und einfach zu bewältigende Strecken, aber auch anspruchsvollere Wanderwege. Generell ist der Norden der Insel am geeignetsten, da die Ziele mit öffentlichen Verkehrsmitteln besser zu erreichen sind. Der Süden ist landschaftlich sehr reizvoll. Doch viele Ausgangspunkte sind nur mit einem Leihauto anzufahren.

Rhodos ist eine Wanderinsel: hier der Fußpfad hoch auf den Profítis Ilías in Salakos

Unterwegs sollte man auf Beschilderungen achten, sie sind nämlich nicht so zahlreich vorhanden. Aber man begegnet immer wieder auskunftsfreudigen Einheimischen, wenn man sich nicht so sicher ist. Beim Busfahren sollte man möglichst dem Busfahrer Bescheid geben, wo man aussteigen möchte. Es ist nämlich manchmal gar nicht so ersichtlich, in welchem Ort man sich gerade befindet.

Die Wanderwege sind z. T. ausgeschildert, man findet sich aber ganz gut zurecht. Generell stößt man beim Wandern auf sehr wenig Leute, besonders bei den Routen Eptá Pigaé, Profítis Ilías, Filérimos und Moní Kamírou. Dort kann es passieren, dass man stundenlang alleine wandert, ohne einem Menschen zu begegnen. Hin und wieder trifft man aber auf Einheimische. Anders sieht es bei den Routen in Rhódos-Stadt und Prasonísi aus, wo man auf zahlreiche Touristen trifft.

Rast in einer Taverne bei Kamirós: Griechenland aus dem Bilderbuch

Essen und Trinken

Ein Traumziel für verwöhnte Gourmets ist Griechenland sicher nicht. Doch Rhódos ist um eine Nuance variantenreicher als das übrige Hellas. Kräftige, nahrhafte Hausmannskost in einfachen Tavernen bekommt man überall, zudem spürt man hier bisweilen den Einschlag der italienischen und türkischen Küche – ein kulinarisches Andenken an die vielen Jahre unter fremder Herrschaft.

Schnellgerichte und Mikrowellenherd – das sogenannte *Convenience Food* der weltweit agierenden Nahrungsmittelkonzerne – haben auf Rhódos bisher kaum Einzug gehalten. Es kommen vor allem natürliche Produkte auf den Tisch. Der Gast kann sich in der Küche umsehen und ein Stück Fleisch oder Fisch aussuchen, das er später auf seinem Teller sehen möchte. Die beste Speisekarte ist schließlich immer noch ein Blick in die Küche.

Ungewohnt ist sicher, dass viele Speisen nicht sehr heiß auf den Tisch kommen, weil sie – wie in Griechenland allgemein üblich – schon Stunden vorher zubereitet worden sind. Wer sicher gehen will, sollte Gegrilltes oder Gebratenes bestellen, weil das erst unmittelbar vor dem Verzehr zubereitet wird. Mancher Magen reagiert auch unwirsch auf die Großzügigkeit, mit der die Einheimischen ihren Speisen Knoblauch und vor allem Olivenöl beifügen. In der Regel gewöhnt man sich jedoch schnell daran, zudem sind beide Produkte sehr gesund.

Festzuhalten bleibt, dass sich eine Vielzahl griechischer Speisen auf der ganzen Welt großer Beliebtheit erfreut. Denken Sie nur an den Bauernsalat (*choriátiki*), an *Moussaká*, an *Gýros* im Teigfladen (*Pítta*), an *Tsatsíki* oder *Souvláki-Spieße*.

In der Regel gut sind die ausgefallenen, wenngleich auch manchmal teuren Fischspeisen. Zu den griechischen Spezialitäten (in den unterschiedlichsten Variationen) zählen Muscheln, gegrillte *Scampi* oder frittierte *Tintenfische*. Obligatorisch für jeden Griechenlandurlauber erscheint uns eine gemischte Fischplatte – nicht ganz billig, aber ohne Zweifel ein besonderer Genuss.

Das Essen ist oft auch preislich ein Vergnügen; es kostet etwa ein Drittel weniger als hierzulande. Zwei Personen bezahlen für eine vollständige Mahlzeit mit Getränken etwa 15–20 €.

Stifádo: Rindfleisch-Zwiebel-Eintopf

Weil es auf den Inseln kaum Rinder gibt, ist ein gutes Stifádo nur noch selten zu bekommen. Sie können diese griechische Köstlichkeit aber ohne viel Aufwand auch zu Hause zubereiten. An Zutaten benötigen Sie: 50 g Butter, 1,5 kg Rindfleisch, 300 ml trockenen Rotwein, 400 g gehackte Tomaten, 4 EL Tomatenmark, 300 ml kochendes Wasser, 3 EL Olivenöl, 3 gehackte Zwiebeln, 3 zerdrückte Knoblauchzehen, 1 TL Zimt, ½ TL Oregano, 4 EL frische Petersilie, Salz und schwarzen Pfeffer.

Butter in einem großen Bräter zerlassen und das gewürfelte Fleisch dazugeben. Mehrmals wenden, bis das Fleisch braun ist. Die Hälfte des Weins darüber gießen und 5 Minuten schmoren lassen. Tomaten, Tomatenmark sowie Wasser dazugeben und zugedeckt 10 Minuten schmoren lassen. Währenddessen das Öl in einer Pfanne erhitzen und Zwiebeln und Knoblauch darin glasig dünsten. Dann zum Fleisch geben und alles mit Zimt, Oregano, Salz und frisch gemahlenem Pfeffer würzen. Den Eintopf zugedeckt bei niedriger Hitze 60–90 Minuten schmoren lassen, bis das Fleisch sehr weich ist. Während des Schmorens den restlichen Wein hinzugießen. Zum Schluss mit Petersilie garnieren.

Guten Appetit!

Die Lokale

Das mit Statuen, Vasen und Fischernetzen geschmückte griechische Restaurant, das man aus Mitteleuropa gewohnt ist, sucht man in Griechenland meist vergeblich. Die Tavernen präsentieren sich eher schlicht und ohne jeden Schnickschnack: ein paar Tische und Stühle im hell gekalkten Speiseraum und oder eine von Weinreben überdachte Pergola. In den Dörfern trifft man oft auch auf Tavernen, in denen nicht nur die nackten Neonröhren an der Decke, sondern auch der Fernseher auf dem großen Kühlschrank unerbittlich flimmert. Kein Zeichen der Kulturlosigkeit, sondern eine Geste der Gastfreundschaft – man möchte anbieten, was man hat.

Viele gastronomische Einrichtungen sind noch heute Familienbetriebe. Deshalb richtet sich die Auswahl der Gerichte nach dem eigenen Anbau bzw. nach dem, was gerade zu bekommen ist.

Restaurant *(Estiatorion)* und Taverne *(Taberna)* unterscheiden sich heute nur noch unwesentlich (früher war das Estiatorion das „bessere“ Lokal mit der größeren Auswahl) und nur noch selten stößt man auf eine *Psarotabérna*, ein reines Fischrestaurant.

Gegessen wird zu Mittag und zu Abend eine bis zwei Stunden später als in Mitteleuropa. Im Sommer gibt es oft bis Mitternacht noch Hauptgerichte – griechische Sommerabende sind lang.

Das *Kafenion* ist eine der wichtigsten Einrichtungen des sozialen Lebens in Griechenland. Es ist Dorfparlament, Stammlokal, Treffpunkt für Geschäftsleute, das zweite Zuhause. Meist besteht es nur aus wenigen Tischen und Stühlen in einem schmucklosen Innenraum und ein paar Plätzen an der Straße.

Vorspeisen

Vielleicht zuerst einen *Ouzo*, den bekannten, starken Anisschnaps. Mit Wasser verdünnt, verfärbt er sich milchig; man kann ihn aber auch pur trinken. Dazu gibt's die zahlreichen *mezédes* – Appetithappen wie Käsewürfel, Tomaten- und Gurkenscheiben, Scampi, Schnecken, Oliven, Melonenstückchen, Muscheln, kleine Fische u. a. leckere Kleinigkeiten, je nachdem, was gerade günstig auf dem Markt zu haben war.

Leichte Vorspeisen: *dolmadákia* – gerollte Weinblätter, mit Reis und Gewürzen gefüllt; *taramosálata* – rötlich-orangefarbener Fischrogensalat, meist vom Karpfen; *tsatsíki* – Knoblauchjoghurt mit Zwiebeln und Gurken; *tonnosaláta* – Thunfischsalat.

Tsatsíki (oder Tsazíki, Zazíki, Tzazíki oder ...)

Ein einheitliches Rezept zu nennen hieße, sich mit einem Schwung griechischer Hausfrauen anzulegen. Fest stehen lediglich die Zutaten: Joghurt mit einem hohen Fettgehalt (10 %), gewürfelte oder geraspelte Gurke, Dill, Salz, etwas Zitronensaft oder Essig, reichlich Knoblauch. Dem einen reicht eine Zehe, manch anderer verarbeitet eine Knolle. Nicht nur die Zubereitung ist interessant, sondern auch die Entstehungsgeschichte der Geruchsbombe. Die kulinarischen Wissenschaftler sind sich nämlich nicht einig darüber, woher der Name stammt. Vieles spricht jedoch dafür, dass die Griechen den Türken nicht nachstehen wollten und deren Speise „cacik" als „Mutmacher" vor jeder Schlacht einnahmen. Daraus soll sich dann der Schlachtruf „Tzazíki" entwickelt haben. Ein Schlachtruf, den heute jeder Gast in einer griechischen Taverne beherrscht.

Im Vergleich zur **Garlicsauce** ist Tsatsiki im Übrigen geradezu harmlos. Die köstliche Kartoffelpüree-Knoblauch-Paste versorgt die menschlichen Poren tagelang mit den feinsten Ausdünstungen.

Hauptgerichte

Fleisch (kréas)

Rind- und Schweinefleisch muss zum großen Teil importiert werden. Die bergige Landschaft Griechenlands ist für Milchkühe, Rinder- und Schweinezucht kaum geeignet. Dafür gibt's mehr als genug Schafe. Lamm- oder Hammelfleisch sollten Sie unbedingt einmal versuchen. Auf raffinierte Zubereitung wird kein Wert gelegt, deftig sollte es sein, ausreichend, herzhaft und nicht zu fett. Aber Vorsicht – lassen Sie sich keinen Hammel-Opa servieren, je jünger das Tier, desto besser!

Gíros: Im Gegensatz zum türkischen „Döner Kebap" verwendet man nicht Hammel-, sondern Schweinefleisch. Es wird in dünne Scheiben geschnitten, über Nacht in Olivenöl eingelegt, mit Zwiebeln, Oregano und Pfeffer gewürzt und an einem senkrechten Grillspieß zubereitet.

Kefthédes: „meat balls", sprich Frikadellen oder Fleischbällchen. Wie bei uns, nur manchmal etwas mehr gewürzt. Auch *biftéki* genannt.

Makarónia kimá: Spaghetti mit Hackfleischsoße.

Moussaká: ein Auflauf aus Auberginen, Hackfleisch, Kartoffeln (oder Nudeln). Wird auf großen Blechen zubereitet und den ganzen Tag über warm gehalten. Meist mit viel Olivenöl.

Paidákia: mit Oregano gewürzte Lammkoteletts. Die Tiere werden über dem Holzkohlengrill gedreht; dann werden die besten Stücke abgeschnitten. Je zarter und fettfreier die Teile, desto besser.

Pastítsio: Nudelauflauf mit Hackfleisch und Tomaten. Mit Käse überbacken.

Souvláki: jedem Griechenlandreisenden zur Genüge bekannt, das Nationalgericht. Aromatische Fleischspieße aus Hammel- oder Schweinefleisch, mit Oregano gewürzt, über Holzkohlen gegrillt. Es gibt kleine und große Spieße. Preiswert und überall zu haben, mit etwas Zitrone verfeinert man den Geschmack.

Stifádo: eine Spezialität, die man wegen der fehlenden Rinder leider nur allzu selten bekommt. Zartes Rindfleisch mit leckerem Zwiebelgemüse (mit Zimt gewürzt).

Amí – Lammfleisch, **brizóla** – Kotelett, **chirinó** – Schwein, **kimá** – Hackfleisch, **kotópoulo** – Hähnchen, **sikóti** – Leber, **wódi** – Rind.

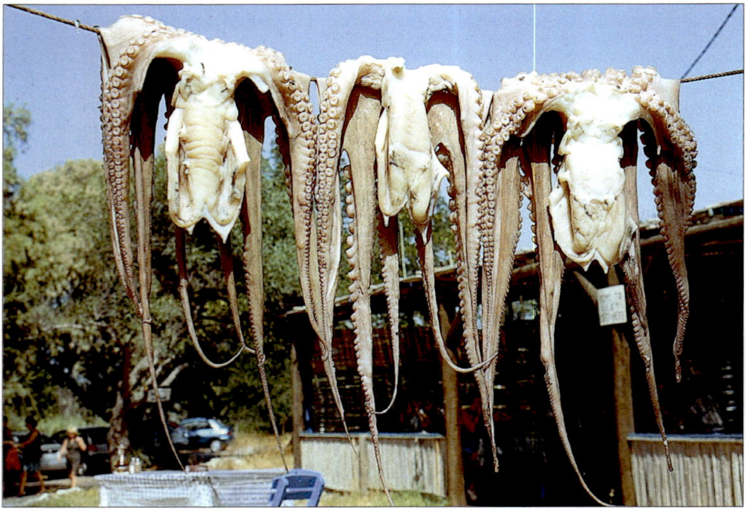

Tintenfische fehlen auf fast keiner Speisekarte

Fisch (psári) und anderes Meeresgetier

Meist teurer als Fleisch, da die griechischen Fanggründe zum großen Teil leer gefischt sind. Die Fangflotten müssen bis weit vor die türkische oder afrikanische Küste hinausfahren und sind zudem noch schlecht ausgerüstet (zu kleine und veraltete Schiffe). Das berüchtigte Dynamitfischen in den flachen Küstengewässern tut ein Übriges. Da dabei auch Jungfische getötet werden, bevor sie sich vermehren können, sinkt der Fischbestand ständig. So muss ein nicht unbeträchtlicher Teil der Fische, die in den Küsten- und Inseltavernen hungrigen Touristen vorgesetzt werden, aus EU-Partnerländern eingeführt werden.

Der Preis wird (zumindest bei Spezialitäten) auf den Speisekarten meist je Kilo oder je 100 Gramm angegeben.

Garídes: Garnelen (Scampi), auch als Vorspeise serviert.

Gópa: das preiswerteste Fischgericht. Die in Mehl gewendeten, winzigen Ochsenfischchen werden in Öl ausgebacken.

Kalamarákia: Tintenfisch, die Arme werden in Öl gesotten, paniert und in Scheiben geschnitten.

Xifías: Schwertfisch, sehr lecker. Die meterlangen Prachtexemplare werden säuberlich in dicke Scheiben gesäbelt.

Astakós – Hummer; **barbúnia** – Rotbarben („red mullet"); **chtapódi** – Oktopus; **gardía** – Langusten; **kéfalos** – Meeräsche; **marídes** – Sardellen/Sprotten; **mídia jemistá** – gefüllte Muscheln; **tsipóura** – Meerbrasse. Eine besondere Spezialität ist die **psarósoupa** – eine reichhaltige Fischsuppe, allerdings nur in ausgesprochenen Fischtavernen erhältlich.

Beilagen und Salate

Melitzánes: Auberginen, sehr beliebt. Die Frucht wird in Öl angebraten, damit sie weich wird. Um den bitteren Geschmack zu entziehen, legt man sie vorher in Salzwasser.

Okra: Die fingerlange grüne Frucht, der Bohne vergleichbar, benötigt eine aufwendige Zubereitung. Die schleimartige Flüssigkeit im Inneren soll beim Kochen nicht austreten, deshalb muss man beim Putzen und Säubern sehr vorsichtig sein.

Angóuri – Gurke; **arakádes** – Erbsen; **fasólia** – Bohnen; **gígandes** – große weiße Bohnen (Saubohnen); **karóta** – Karotten; **patátes** – Kartoffeln oder Pommes frites; **piláfi** – Reis; **piperjés** – Paprika; **spanáki** – Spinat; **tomáta** – Tomaten.

Choriátiki – beliebtester Salat ist natürlich der bekannte „Griechische Bauernsalat". Er besteht aus Tomaten, Gurken, grünen Salatblättern und Oliven. Das Ganze gekrönt von einer aromatischen Scheibe **féta** (Schafskäse). Man kann ihn als Vorspeise, aber auch als Beilage zum Hauptgericht essen. Mit etwas Brot reicht er sogar allein als Hauptmahlzeit aus.

Angouro saláta – Gurkensalat; **láchano saláta** – Krautsalat; **maroúli** – Kopfsalat; **tomáta saláta** – Tomatensalat.

Nachspeisen/Süßes

Gibt's meist nur im *Sácharoplastíon*, in der Konditorei. Viele Inseln haben ihre eigenen Spezialitäten.

Bakláva: süße Blätterteig-Roulade, mit Honig und Nüssen gefüllt, stammt ursprünglich aus der Türkei.

Lukumádes: besonders lecker! In heißem Öl gebackene Teigkugeln, mit Honig übergossen.

Bugátsa: Blätterteiggebäck mit Quarkfüllung. Ebenfalls sehr empfehlenswert.

Risógalo: Milchreis, leider nur selten zu haben.

Yaúrti: Joghurt mit Honig *(méli)*, eine Spezialität.

Halvá: knusprig-süßes Gebäck aus Honig und Sesamsamen.

Gewürze

Minze: oft verwendet zum Würzen von Hackfleisch, verleiht eine besondere Schärfe.

Oregáno: Der wild wachsende Majoran zählt zu den Lieblingsgewürzen der Griechen und ist in fast allen Grillgerichten enthalten.

Pinienkerne: dienen oft der Verfeinerung von Reisgerichten.

Zimt: nicht nur in Süßspeisen, sondern auch in der Tomatensauce und in Fleischgerichten zu finden.

Essig und Öl

Olivenöl: Da die Griechen ihr Essen manchmal kalt oder lauwarm genießen, verwenden sie sehr viel Olivenöl. Es hat nämlich konservierende Eigenschaften. Außerdem steht es in großen Mengen zur Verfügung, denn in Griechenland gibt es Millionen von Olivenbäumen.

Zitrone: Sie ersetzt in der griechischen Küche nicht selten den Essig.

Frische Früchte machen die Hitze am Elli-Strand von Rhódos-Stadt erträglich

Käse (tirí)

Féta: gesalzener Weichkäse aus Schafs-, Ziegen- oder Kuhmilch. Wird sehr vielseitig verwendet, z. B. in Aufläufen, Gebäck, zu Salaten oder einfach als Beilage.

Kefalotíri: Der gesalzene Hartkäse ist dem Parmesankäse vergleichbar und eignet sich gut zum Reiben.

Kasséri: weicher Hartkäse, dient als Brotbelag, wird aber auch in der Pfanne ausgebraten.

Mizíthr: quarkähnlicher, ungesalzener Frischkäse mit herzhaftem Aroma.

Brot (psomí)

Das A und O einer Mahlzeit. Ohne Brot ist kein Essen komplett; es wird immer gereicht, selbst wenn ausreichend stärkehaltige Speisen wie Nudeln oder Kartoffeln bestellt sind.

In vielen Dörfern backen die Familien noch selbst, die großen, weiß gekalkten Backöfen in den Höfen sind nicht zu übersehen. Allerdings ist das schmackhafte, dunkle Brot (*choriátiko* = Bauernbrot) sehr selten geworden; es gibt fast nur noch nährstoffarmes, weißes Brot – *áspro* oder *léfko psomí*. Schmeckt frisch sehr lecker, wird aber schnell alt. Außerdem erhältlich: *paximádi*, ein zwiebackähnliches Brot, das auch abgepackt verkauft wird.

Obst (froúta)

Achládi – Birne; **banána** – Banane; **fráoula** – Erdbeere; **karídi** – Walnuss; **karpoúsi** – Wassermelone; **kerásia** – Kirschen; **kolokíhti** – Kürbis; **mílo** – Apfel; **pepóni** – Honigmelone; **portokáli** – Orange; **rodákino** – Pfirsich; **síko** – Feige; **stafília** – Trauben; **veríkoko** – Aprikose.

Frühstück

Frühstück ist für die meisten Griechen ein Fremdwort. Man beginnt den Tag mit einem Tässchen Kaffee. Doch durch den Fremdenverkehr haben sich die Kafenia und Tavernen umgestellt. Für Deutsche und Engländer, die ein deftiges Frühstück lieben, hängen die Schilder *„Breakfast"* aus. Meist gibt es dann Brot, Butter, Marmelade, einen Käsetoast etc. Man kann aber auch ein Ei *(avgó)* oder Omelett bestellen. Außer Kaffee und Milch *(gála)* gibt es oft auch Kakao *(gála schokoláta)*. Erfrischend an heißen Sommertagen der exzellente griechische Joghurt *(yaúrti)* mit Honig *(méli)*. Ein fetter, süßer Tagesbeginn!

Getränke

Wasser *(neró)*: traditionell das wichtigste Getränk. Früher war es üblich, im Restaurant zum Essen ausreichend Wasser gereicht zu bekommen. Das wird jedoch immer seltener, obwohl das Leitungswasser auf Rhódos gut bekömmlich ist. Viele Griechen halten es für eine Verschwendung, eine ganze Karaffe voll Wasser (wegen der besseren Verdaulichkeit fast immer ohne Kohlensäure) auf den Tisch zu stellen, die die Touristen dann – wenn überhaupt – nur halb austrinken. Zudem lässt sich mit abgefülltem Mineralwasser mehr Geld verdienen.

Kaffee *(kafé)*: Wenn man den typischen griechischen Kaffee, ein starkes, schwarzes Mokkagebräu in winzigen Tassen, bekommen will, muss man ausdrücklich *kafé ellinikó* oder „Greek Coffee" verlangen. Die Griechen haben sich an die Ausländer schon so weit gewöhnt, dass sie ihnen im Zweifelsfall immer Nescafé mitteleuropäischer Art servieren, wenn „Kaffee" gewünscht wird.
Und bloß nicht „türkischen Kaffee" bestellen!

Kafé ellinikó: *éna elafrí kafé* = leicht; *métrio* = mittelstark, mit Zucker; *varí glikó* = sehr süß; *skéto* = ohne Zucker; *varí glikó me polí kafé* = sehr süß und sehr stark.

Nescafé: *sestó* = heiß; *frappé* = kalt; *skéto* = schwarz; *me sáchari* = mit Zucker; *me galá* = mit Milch.

Spartanisches Frühstück: Kaffee und Wasser

Limonade: Wenn man *limonáda* bestellt, bekommt man Zitronenlimonade, Orangenlimonade heißt dagegen *portokaláda*. Beide sind in der Regel sehr zuckerhaltig.

Wein *(krasí)*: Griechenland ist bekannt für seine vorwiegend süßen Weine. Der Grieche selbst bevorzugt den geharzten (Weiß-)Wein *Retsina*. Pro Jahr trinkt jeder Einwohner Griechenlands 45 Liter des Traubensaftes, der deutsche Weinverbrauch liegt pro Kopf bei ca. 25 Litern. Gerade der Retsina wird von den Ausländern zunächst oft abgelehnt, aber viele Urlauber gewöhnen sich während ihres Aufenthaltes daran. Das Gegenstück zum Retsina, der geharzte Rotwein, heißt übrigens *Kokkinéli*.

Retsina

Warum der Wein geharzt wird, darüber gehen die Meinungen auseinander. Ein Grund ist wohl, dass Harz Konservierungseigenschaften hat. Bereits vor 3000 Jahren wurde dem Wein Harz beigegeben. Aber das Verfahren hat noch andere Vorteile: Zum einen ist der etwas säuerliche Geschmack durstlöschend und zum anderen behaupten Retsina-Fans steif und fest, dass Harz das Aroma des Weines verfeinert, so absurd das auch klingen mag. In ländlichen Regionen sagt man dem geharzten Wein Heilwirkung nach. Wie auch immer, die Griechen stehen zu ihrem Retsina. Man trinkt ihn hauptsächlich zum Essen, oft verdünnt mit Wasser.

Die größten Weinanbaugebiete Griechenlands befinden sich auf dem Peloponnes. Doch auch auf dem Dodekanes wird Wein angebaut. Vor allem die rhodischen Weine (*Emery* z. B. aus dem Bergort Émbonas) genießen bei Kennern einen guten Ruf. Während um Athen, in Attika, vorwiegend der Retsina produziert wird, werden im Norden von Griechenland trockene Rotweine hergestellt. Der Rotwein wird allgemein als *Mávro* bezeichnet, was so viel heißt wie schwarz, und tatsächlich sind viele Rotweine unwahrscheinlich dunkel. Hauptanbaugebiete des *Mávro* sind Thessalien, West-Makedonien, Chalkidiki und die Region südlich von Serre. Für ihre sehr süßen und schweren Rotweine bekannt sind dagegen Limnos, aber auch Pátras. Dort ist die Heimat des auch bei uns geschätzten *Mavrodáphne*.

In den meisten Tavernen gibt es Flaschenweine und offene Weine. Letztere sind preiswerter, weil sie vom lokalen Weinberg stammen. Oft sind sie auch geschmacklich besser. Verlangen Sie Wein *apo to varéli* = vom Fass.

Krasí = Wein; *aspro krasí* = Weißwein; *mavró* (o. *kokkíno*) = Rotwein

Wie in anderen Teilen Griechenlands finden auch auf dem Dodekanes in den Sommermonaten ausgedehnte **Weinfeste** wie z. B. in Émbonas statt. Man zahlt einen kleinen Eintrittspreis, bekommt einen Tonkrug oder ein Glas ausgehändigt und kann aus den verschiedenen Fässern so viel Wein trinken, wie man will. Das alles erinnert ein wenig an ein Volksfest. Trinken Sie trotzdem mäßig, der Alkoholgehalt der frischen Weine ist nicht zu unterschätzen.

Bier *(bíra)*: Das Bier hat dem Wein mittlerweile den Rang abgelaufen. Vor allem tagsüber, gerade beim Mittagessen, wird jenes Getränk, das der bayerische König Otto I. vor gut 100 Jahren in Griechenland einführte, öfter bestellt als der klassische Retsina. Die europäischen Brauereien haben sich darauf eingestellt. Heute dominieren vor allem die internationalen Brauereikonzerne wie Heineken oder Carlsberg den griechischen Markt.

Wissenswertes von A bis Z

Alkohol

Was viele nicht wissen: Ein Vollrausch ist in Rhódos wie in ganz Griechenland etwas gänzlich Unwürdiges. Ein leichter Schwips ist durchaus okay, aber lallend am Biertisch zu hängen oder grölend durch die Gassen zu ziehen kommt nicht in Frage und wird als abstoßend empfunden. Der Ehrbegriff schreibt den Griechen vor, wann Schluss ist. Deshalb hat man in Hellas auch kein Verständnis dafür, wenn sich Touristen, vor allem Jugendliche aus Deutschland, Großbritannien und Skandinavien, bis zur Besinnungslosigkeit „volllaufen lassen".

Ärztliche Versorgung/Apotheken

Die medizinische Versorgung auf Rhódos entspricht längst europäischem Standard. Nicht nur ein gut ausgestattetes Krankenhaus, sondern auch zahlreiche Fachärzte und Zahnärzte gibt es in Rhódos-Stadt. Die Klinik der Inselhauptstadt ist auch für Unfallchirurgie ausgerüstet und für den gesamten Dodekanes zuständig. Ein Notfallservice mit Helikopter steht bereit. Darüber hinaus gibt es über die Insel verteilt verschiedene Gesundheitszentren. Auch die Verständigung ist in der Regel kein Problem, da die meisten Ärzte im Ausland studiert haben und somit zumindest eine Fremdsprache (in der Regel Englisch) beherrschen.

Deutsche und österreichische Touristen, die in einer gesetzlichen Krankenkasse oder Ersatzkasse versichert sind, werden auf Krankenschein kostenlos behandelt. Das Verfahren ist aber reichlich kompliziert, sodass wir Ihnen empfehlen, bei Erkrankungen direkt zum Arzt zu gehen, zumal die Gebührensätze griechischer Ärzte gering sind. Für einen Besuch muss man mit etwa 25 bis 40 € rechnen. Im Krankenhaus zahlen Ausländer sogar nur einen geringen Pauschalbetrag von etwa 12 € pro Tag. Mit einer detaillierten Quittung (Apódixi) des behandelnden Arztes, die sowohl die Diagnose als auch Art und Kosten der Behandlung beinhaltet, erstatten die Kassen die Ausgaben.

Wer auf Nummer Sicher gehen will, kann eine zusätzliche Auslandskrankenversicherung abschließen. Sie ermöglicht im Notfall den Rücktransport per Flugzeug ins Heimatland.

Ärztliche Versorgung über Krankenschein: Zunächst müssen Sie sich bei der heimischen Krankenkasse den Anspruchsausweis E 111 besorgen. Dieser muss im Krankheitsfall in Griechenland bei einer der Filialen des örtlichen Sozial- und Gesundheitsdienstes I.K.A. in einen dort gültigen Krankenschein *(Vivliário)* umgetauscht werden. Mit diesem Krankenschein geht es dann nicht zu irgendeinem Arzt, sondern zu derjenigen Praxis, die ihn auch akzeptiert; in der Regel wird sie einem von der I.K.A. genannt. Im akuten Notfall kann der Arzt auch direkt auf den E 111-Schein hin behandeln.

Apotheken *(Farmakío)* finden Sie in jedem größeren Ort. Sie sind durch ein Malteserkreuz (rotes Kreuz auf weißem Grund) gekennzeichnet. Meistens sind Arzneimittel in Griechenland wesentlich billiger als in Deutschland. Nicht nur Aspirin, auch Antibiotika. In Griechenland gibt es wie in anderen Ländern auch einen *Apothekennotdienst*; ein entsprechender Hinweis ist im Schaufenster angebracht. In Zweifelsfällen hilft die Touristenpolizei weiter.
Kondome erhält man in Griechenland unter der Bezeichnung „capota" oder „prophilaktiká" in der Apotheke, manchmal auch in größeren Supermärkten.

Ausflüge

Die Auswahl an **Bootsausflügen** von Rhódos-Stadt aus ist enorm. Nach Marmaris/Türkei (1 Std.), Kos (Fahrtzeit 2 Std.) oder Sými (Fahrtdauer 1 Std.) fahren zumeist Tragflächenboote. Die gemächlicheren Ausflugsboote steuern ebenfalls Sými (mit dem Kloster Panormítis im Süden der Insel) an, aber auch Líndos an der Ostküste von Rhódos (mit Badestopp).
Bustouren werden bevorzugt als Stadt- oder Inselrundfahrt angeboten; außerdem werden Fahrten nach Líndos oder zu den anderen Ausgrabungsstätten der Insel organisiert. Solche eintägigen Exkursionen sind erheblich teurer als z. B. die offiziellen Fähren, bieten aber auch einen gewissen Komfort.

Tipp: Wenn Sie pauschal in einem Hotel untergebracht sind, sollten Sie auf jeden Fall die Angebote vergleichen. Die Ausflugspreise der Veranstalter vor Ort sind nämlich oftmals wesentlich günstiger als die der deutschen Reiseveranstalter; an der Qualität der Ausflüge lassen sich jedoch kaum Unterschiede feststellen.

• *Preisbeispiele* Besondere Attraktionen sind die ganztägigen Bootsausflüge nach Líndos (20 €) oder die Tauchausflüge (35–55 €, auch für Anfänger). **Stadtrundfahrt** (4 Std.) 15 €, **Inselrundfahrt** (ganztägig) 30 €, Líndos (halbtags) 17 €, Filérimos–Kamiros–Petaloúdes (ganztägig) 18 €. Zu buchen u. a. bei Colossus Travel, Nea Agora 1 (Arkaden), ✆ 22410/20852 oder 27463.

Tipp: Wer abends im Mandráki-Hafen sein Ticket für den Bootsausflug am nächsten Tag kauft, kann – v. a. in der Nebensaison – erhebliche Rabatte aushandeln! Abfahrtszeit ist meist 9 Uhr, Rückkehr zwischen 17–18 Uhr.

Vor dem Ansturm: Strand in Faliráki

Ausweispapiere

Für EU-Bürger und Schweizer genügt bei der Einreise in Griechenland der Personalausweis. Wer mit dem Reisepass einreist, sollte darauf achten, dass dieser keinen Stempel der international nicht anerkannten türkischen Republik Nord-Zypern enthält. Kinder unter 16 Jahren müssen im Pass der Eltern eingetragen sein oder einen eigenen Kinderausweis haben, ab 10 Jahren mit Foto. Als EU-Bürger können Sie sechs Monate in Griechenland leben. Wer länger bleiben will, muss 20 Tage vor Ablauf der Frist bei der Polizei eine Verlängerung beantragen. Diese wird ohne großen Aufwand gewährt.

Autofahrer brauchen EU-Führerschein, Fahrzeugschein und die grüne Versicherungskarte. Die Internationale Grüne Versicherungskarte ist zwar nicht mehr verpflichtend, sollte aber dringend mitgeführt werden, da z. B. bei Unfällen die Bürokratie damit erheblich erleichtert wird. Die Grüne Karte wird von den Versicherungen kostenlos ausgestellt.

Es empfiehlt sich, Kopien von Pass und Führerschein mitzunehmen. Vor allem bei Verlust kann man dadurch bei der Botschaft bzw. beim Konsulat schneller zu neuen Papieren gelangen.

Baden

Rhódos ist eine ideale Badeinsel. Die größte der Dodekanes-Inseln verfügt über ausgezeichnete Sand- und Kiesstrände. Die besten liegen an der windgeschützten Ostküste. Bei Gennádio an der südlichen Ostküste stößt man auf lange, menschenleere Kiesstrände. Sandstrand-Fans kommen im nördlichen Bereich der Ostküste auf ihre Kosten. Der schönste Sandstrand der Insel mit großartigen Dünen ist der

Tsambiká-Beach zwischen Kolímbia und Archángelos (nördlicher Teil der Ostküste). An der West- und Nordküste findet man überwiegend Kieselstrände. Dort weht meist eine frische Brise. Gut gefallen hat uns auch der einsame, ca. 12 km lange Strand zwischen Apolakkía und Kattaviá – leider führt die Küstenstraße fast immer in unmittelbarer Nähe vorbei. FKK wird in den Felsen südlich von Kallithéa geduldet, aber von den Einheimischen nicht gerne gesehen. Offiziell ist öffentliches Nacktbaden in Griechenland gesetzlich verboten.

Griechenland hat das sauberste Meer in der Europäischen Union (EU), an 97 % der Strände entspricht die Qualität den strengen EU-Richtlinien. Übrigens hat sich in den letzten Jahren aufgrund vieler Investitionen die Sauberkeit an den Badestränden kontinuierlich verbessert.

Banken

Der Euro sorgt für Entspannung. Die Zeiten dicker Geldbündel griechischer Drachmen gehört seit 2002 der Vergangenheit an. Geldautomaten gibt es in Rhódos-Stadt und allen größeren Ortschaften auf der Insel. In der Regel fällt pro Abbuchung eine bestimmte Gebühr an. Sie liegt je nach Bank bei rund 3 €. Die meisten Banken haben von Montag bis Donnerstag zwischen 8 und 14.30 Uhr (freitags nur bis 14 Uhr) geöffnet. Travellerschecks kann man bei fast jeder Bank, in Wechselstuben oder der Post tauschen.

Botschaften/Konsulate

Alle Botschaften haben ihren Hauptsitz in Athen, ein deutsches und ein österreichisches Honorarkonsulat befinden sich in Rhódos-Stadt. In Notfällen, beispielsweise beim Verlust sämtlicher Ausweisdokumente, stellen die diplomatischen Vertretungen ein Dokument aus, das zur einmaligen Ausreise berechtigt. Mit Überbrückungshilfen sieht es aber meist schlecht aus. Das Konsulat fordert die Urlauber auf, sich das nötige Geld für die sofortige Heimreise von zu Hause schicken zu lassen. Erst wenn zu Hause niemand zu erreichen ist, erhält man ein Ticket für die umgehende Heimreise, das dann sofort zurückgezahlt werden muss.

• *Vertretungen Deutschlands* **Rhódos**, Deutsches Honorarkonsulat, Artemidos-Str. 12 (in einem Wohngebiet am Monte Smith), ✆ 22410/63730. Mo 9–12 Uhr geöffnet.

Athen, Deutsche Botschaft, Karaoli-Dimitriou-Str. 3, 10675 Athen, ✆ 210/7285111, www.athen.diplo.de.

• *Vertretungen Österreichs* **Rhódos**, Konsulat, 25-Martiou-Str. 17, ✆ 22410/20833, vertritt auf Rhódos auch Schweizer Bürger.

Athen, Österreichische Botschaft, Leoforos-Alexandras-Str. 26, ✆ 210/8211036

• *Vertretung der Schweiz* **Athen**, Botschaft, Iasiou-Str. 2/Gennadiou-Str., ✆ 210/7230364.

Camping

Rhódos ist keine Campinginsel. Auch auf den Nachbarinseln Sými und Chálki gibt es keinen Campingplatz. Wild zelten ist in ganz Griechenland verboten, was allein schon wegen der Brandgefahr verständlich ist.

Deutschlandbild

Das positive Deutschlandbild gehört längst der Vergangenheit an. Wesentlich dazu beigetragen haben ausländerfeindliche Gewalttaten in Deutschland seit den 90er Jahren, über die die griechischen Medien immer wieder ausführlich berichten. Der wieder aufkeimende Rechtsextremismus in Teilen der deutschen Bevölkerung weckt zudem sehr unangenehme historische Assoziationen: Für viele Einheimische sind nämlich die Gräueltaten, die deutsche Soldaten an der griechischen Zivilbevölkerung verübt haben, noch unvergessen. Auf Rhódos wurde beispielsweise während der deutschen Besatzungszeit systematisch die jahrhundertealte jüdische Gemeinschaft ausgerottet. Viele griechische Juden wurden in den Konzentrationslagern der Nazis umgebracht.

Zum mittlerweile eher reservierten Verhältnis gegenüber den Deutschen haben allerdings auch die Touristen beigetragen. Unpassende Kleidung, schroffes Auftreten und mangelnde Rücksichtnahme gegenüber anderen sorgen manchmal für Ärger. Insbesondere die Unart vieler deutscher Touristen, sich zur frühen Morgenstunde mittels eines Handtuches die beste Liege am Swimmingpool zu sichern, verärgert Feriengäste aus anderen Ländern und natürlich auch die Hotelleitung. Manche Hotels weisen mittlerweile sogar in deutscher (!) Sprache darauf hin, dass derartige „Gebietsansprüche" nicht toleriert werden.

Feiertage

Die Griechen lieben ihre Feiertage, die sie mit großem Aufwand begehen. Es gibt zwei Arten von Feiertagen: die nationalen und die lokalen; meist haben sie historische oder religiöse Anlässe. Die oft zweitägigen Feiern mit Essen, Trinken, Tanz und Musik sind Höhepunkte im griechischen Alltag. Fremde sind dabei immer willkommen.

Nationale Feiertage

1. Januar	Neujahr – in Griechenland statt Weihnachten Tag der Geschenke.
6. Januar	Epiphanie (Erscheinungsfest) – man feiert Jesu Taufe im Jordan und damit seine erste öffentliche „Erscheinung" als Licht im Dunkel der Welt.
25. März	Griechischer Unabhängigkeits- und Nationalfeiertag – Erinnerung an den 1821 begonnenen Freiheitskampf gegen die Türken.
Karfreitag/Ostern	Ein Erlebnis! Das Osterfest der griechisch-orthodoxen Konfession wird, da nach dem Julianischen Kalender berechnet, später gefeiert als unser Osterfest: 2007 fällt der Ostersonntag auf den 08.04., 2008 auf den 27.04 und 2009 auf den 19.04.
1. Mai	Frühlingsfest und Tag der Arbeit
Pfingsten	Ebenfalls ein bewegliches Fest, 50 Tage nach Ostern. Besonders gefeiert wird in den Agía-Triáda-Kirchen (Dreifaltigkeitskirchen).
15. August	Mariä Entschlafung – so gedenkt man des leiblichen Todes Marias (die eigentliche Himmelfahrt findet für die orthodoxe Kirche erst drei Tage später statt).
28. Oktober	„Ochi-Tag". „Nein" (= „Ochi") zu Mussolinis Ultimatum 1940; Nationalfeiertag.
25./26. Dezember	Weihnachten – wird in den Familien mit einem großen Festessen gefeiert.

Außerdem gibt es noch zahlreiche lokale Feste auf Rhódos. Fast ohne Ausnahme feiert jedes Dorf und jede Stadt ein eigenes **Kirchweihfest**. Oft wird mit einer Prozession an den örtlichen Kirchenheiligen erinnert. Ansonsten sind die Kirchweih-

Ein Bild fürs Leben – Hochzeitspaar im Mandraki-Hafen in Rhódos-Stadt

feste ein willkommener Anlass, sich bei Musik und Tanz endlich wieder einmal zu treffen.

Lokale Feiertage auf Rhódos

23. April	Ágios Geórgios in Kritiniá
21. Mai	Kloster Tharí
15. Juni	Ágios Amos in Faliráki
29. Juni	Ágios Petros und Pavlos in Líndos
29./30. Juni	Ágios Soulas bei Soroní
17. Juli	Agía Marína in Kóskinou und Paradísion
20. Juli	Profítis Ilías auf dem gleichnamigen Inselberg; Ágios Pandeleimon in Sianá
6. August	Metamorphosis in Marítsa
15. August	Mariä Himmelfahrt – speziell auf Rhódos ist dies das bedeutendste kirchliche Fest. Besonders eindrucksvoll sind die Feierlichkeiten in Émbonas.
8. September	Geburt der Muttergottes, Fest im neuen Kloster von Tsambiká
14. September	Heiliges Kreuz in Kalithies
26. September	Ágios Ioánnis Theológos im Kloster Artamíti bei Ágios Isídoros
18. Oktober	Ágios Loukas in Afándou

Hinweis: Manche Feste finden bereits am Vorabend statt.

Fotografieren/Filmen

Das Fotografieren und Filmen ist generell erlaubt, davon ausgenommen sind jedoch militärische Anlagen wie beispielsweise die Antennenanlage auf dem Profítis

Ilías oder militärische Übungsgelände, die es überall auf der Insel gibt. Hinweisschilder warnen vor dem Gebrauch der Kamera. Das Verbot sollte ernst genommen werden. Es drohen drakonische Strafen. Archäologische Stätten darf man jederzeit ohne Stativ fotografieren, in Museen nur ohne Blitz. Für den Gebrauch von Video-Kameras muss man manchmal eine zusätzliche Eintrittskarte kaufen. Übrigens: Film- und Fotomaterial sind zu Hause preiswerter als in Griechenland.

Gesten und Grüße

Die Griechen benutzen nonverbale Gesten wesentlich häufiger als die Deutschen. Achten Sie einmal bei Ihrem Gesprächspartner darauf.

Wenn Griechen *„nai"* (gesprochen „nä") sagen, meinen sie übrigens *„ja"*. *„Nein"* heißt dagegen *„óchi"*.

Man begrüßt sich mit *„kaliméra"* (vormittags), *„kalispéra"* (ab ca. 14 Uhr) oder *„jássas"* (Plural) bzw. *„jassú"* (Singular) – dem griechischen *„Hallo"*. Man verabschiedet sich – weniger formell – ebenfalls mit *„jassas/jassú"* oder mit *„sto kaló"* (alles Gute), *„chérete"* (lebe wohl) und am Abend mit *„kaliníchta"* (gute Nacht).

Information

Griechische Zentrale für Fremdenverkehr: Die GZF, in Griechenland unter dem Namen „Ellinikos Organismos Tourismou" (EOT) zu finden, hat in der Bundesrepublik Deutschland vier und in Österreich und der Schweiz jeweils ein Büro eingerichtet. Die GZF gibt farbige Faltblätter mit einer groben Übersichtskarte zu allen touristisch interessanten Gebieten heraus. Die Prospekte werden auf Anfrage auch zugeschickt.

• *Deutschland* 60311 **Frankfurt**, Neue Mainzer Str. 22, ✆ 069/2578270, 📠 25782729, info@gzf-eot.de, www.gzf-eot.de.

20149 **Hamburg**, Abteistr. 33, ✆ 040/454498, 📠 454404, info-hamburg@gzf-eot.de.

80333 **München**, Pacellistr. 5, ✆ 089/222035, 📠 297058, info-muenchen@gzf-eot.de.

10789 **Berlin**, Wittenbergplatz 3a, ✆ 030/21762-62/-63, 📠 2177965,

• *Österreich* 10105 **Wien**, Opernring 8, ✆ 01/5125317, 📠 5139189, grect@vienna.at.

• *Schweiz* 8001 **Zürich**, Löwenstraße 25, ✆ 01/2210105, 📠 2120516, eot@bluewin.ch.

• *Griechenland* Ellinikos Organismos Tourismou (EOT), 11521 **Athen**, *Zentrale*, Tsoha-Str. 7, ✆ 210/8707000, info@gnto.gr, www.gnto.gr.

Außer an die Büros der Griechischen Zentrale für Fremdenverkehr kann man sich bei Problemen an die **Touristenpolizei** wenden. In den größeren Städten wie Rhódos-Stadt (✆ 22410/23329 oder 27423) haben die blau uniformierten Polizisten eigene Büros. In kleineren Städten und Dörfern bekommt man die Auskünfte in der Polizeistation. Dort ist zumeist ein Polizist mit dem Aufgabengebiet „Tourismus" beschäftigt. Wir haben sehr unterschiedliche Erfahrungen gemacht. Vom freundlichen Beamten, der sogar Hotelsuchende auf seinem Moped mitnimmt, bis zum arrogant-abweisenden Schreibtisch-Bürokraten. Aber normalerweise wird einem Besucher, der kein Hotel oder Privatzimmer findet, in den Büros geholfen. Hilfsbereit sind die Polizeistationen auch bei gesundheitlichen Problemen oder bei Diebstahl.

Kafeníon

Nicht wegzudenken aus dem griechischen Leben sind die Kaffeehäuser. Hier debattieren selbst heute noch ausschließlich Männer über Gott und die Welt, schlürfen ihren Mokka mit einem großen Glas Wasser oder trinken ihren Ouzo.

Während in einem entlegenen Eck des Kafenions der Fernseher läuft, spielen die Griechen – meist mit stoischer Ruhe, manchmal aber auch recht lautstark – *Tavli*, jenes uralte Brettspiel, das weltweit unter dem Namen *Backgammon* Karriere gemacht hat.

Auf einfachen Holzstühlen und an wackligen Tischen verbringen sie tagein, tagaus ihre freie Zeit. Man diskutiert, beobachtet, streitet, bringt Geschäfte zum Abschluss, frönt dem Alkohol und spielt nicht zuletzt mit den Kugeln der „*Komboloi*".

Kleidung

Rhódos ist eine modebewusste Stadt. Das bezeugen schon die zahlreichen, noblen Bekleidungsgeschäft im neueren Teil der Inselhauptstadt. Im Vergleich zu anderen griechischen Inseln geht es hier modebewusster zu. Und dennoch: Übertriebene Eleganz ist nicht am Platz, denn auch die Griechen kleiden sich, mit Ausnahme des Sonntags, eher zweckmäßig als schick; selbst in feineren Hotels braucht man keine spezielle Abendgarderobe. Im Gepäck sollten jedoch selbst im Sommer eine Jacke und ein Pullover sein, da die Abende nicht nur auf den Fähren schon mal unangenehm kühl werden können. Ebenfalls empfehlenswert sind Sonnenbrille und eine Kopfbedeckung. Wer gerne wandert, sollte sich zudem feste Schuhe einpacken und lange Hosen tragen, denn die Macchiasträucher sind stachelig und die Wege sind oft sehr steinig.

Trachten gibt es nur noch im Museum

Ansonsten mag man sich nach persönlichem Geschmack kleiden, dabei jedoch auf die Moralvorstellungen und Gewohnheiten der Einheimischen Rücksicht nehmen: Halb nackt durch den Ort oder die Hotelhalle zu rennen, vielleicht nur mit Shorts und Bikini-Oberteil bekleidet, zeugt nicht gerade von Respekt vor den Gastgebern.

Klöster und Kirchen

Leider haben die Klöster und Kirchen auf Rhódos keine einheitlichen Öffnungszeiten. Wann die Pforten geöffnet sind, bestimmen nicht staatliche Stellen, sondern die Mönche/Nonnen selbst. So kann es passieren, dass ein Kloster mehrere Tage geschlossen bleibt, weil die Mönche/Nonnen krank, auf Reisen oder anderweitig beschäftigt sind.

In Klöstern kann man, allen Gerüchten zum Trotz, nicht mehr übernachten. Es sind ja schließlich keine Hotels. Ausnahmen bestätigen die Regel ...

Beim Besuch eines Klosters oder einer Kirche auf Rhódos ist wie anderswo auch in Griechenland auf angemessene Kleidung zu achten. Das bedeutet in der Praxis, dass der Besucher so wenig nackte Haut zeigen sollte wie möglich. Bei strengen Klöstern wie in Thari oder Skiadi liegen auch schon Schürzen oder alte, lange Hosen bereit. Unbedingt müssen Schultern und Knie bedeckt sein. Auf alle Fälle sollten Besucher vermeiden, hinter die Altarwand, Ikonostase, zu gehen. Denn dort befindet sich das Allerheiligste. Griechen haben für Respektlosigkeit wie einen Spaziergang hinter der Altarwand keinerlei Verständnis.

Übrigens: Bei der Besichtigung eines Klosters oder einer Kirche ist eine kleine Spende für den Klingelbeutel selbstverständlich.

Innenraum einer byzantinischen Kirche

Komboloí

Der (männlichen) Griechen liebstes Spielzeug ist das Komboloí, ein Kettchen aus Holz-, Kunststoff-, Bernstein-, Glas- oder Silberkugeln, dessen Ähnlichkeit mit einem Rosenkranz nicht zu übersehen ist. Das Komboloí hat heute jedoch keine religiöse Bedeutung mehr.

Die Griechen haben es aus der türkischen Gebetskette entwickelt, die aus 99 Perlen für die 99 Namen Allahs besteht. Mittlerweile hat sich die Zahl der Kugeln auf 13, 15 oder 17 reduziert – mit ihnen lässt es sich leichter spielen. Der Name *Komboloí* leitet sich von *kombos* (Knoten) ab. Ein Knoten – z. B. im Taschentuch – gilt in Griechenland als Glückssymbol.

Kreditkarten

In Griechenland ist das Plastikgeld allgemein akzeptiert. Überall auf dem Dodekanes kleben die Embleme von Eurocard, Visa, American Express, Diners Club oder Access an den Schaufenstern. Kreditkarten haben jedoch gegenüber Bargeld den Nachteil, dass zusätzliche Gebühren im Ausland anfallen. Meistens bewegt sich diese Provision zwischen 1 und 1,5 %. Daran hat auch der Euro nichts geändert.

Kriminalität

Rhódos ist ein außerordentlich sicheres Reiseland. Ehrlichkeit steht im Ehrenkodex der griechischen Gesellschaft ganz oben. Der liegen gelassene Geldbeutel im Kafenion findet sich wieder, das Gepäck kann man getrost in einer Taverne abstellen

Schwämme sind ein beliebtes Mitbringsel

und Autos werden fast nie aufgebrochen – vor allem im ländlichen Bereich. Die Kriminalitätsrate auf Rhódos liegt – anders als die der Großstädte auf dem Festland – extrem niedrig. In Touristenzentren und an viel besuchten Stränden wie Faliráki, Ixis oder Tsambiká ist dennoch Vorsicht angebracht. Verführen Sie niemanden zum Diebstahl, lassen Sie Ihre Wertgegenstände nicht offen (z. B. im Auto) herumliegen.

Ladenöffnungszeiten

Die Siesta ist ein Grundprinzip; dafür sind die Läden abends lange geöffnet, wenn die Hitze nachgelassen hat. Dann macht das Einkaufen auch mehr Spaß. Offiziell, d. h. vor allem in Großstädten, haben die Geschäfte montags bis samstags von 8.30 bis 14.30 Uhr und außer Mittwoch und Samstag nachmittags von 17 bis 20 Uhr geöffnet (in Touristenorten oft länger). Souvenirläden sind nicht selten durchgehend geöffnet (dafür im Winter geschlossen). In kleinen Dörfern abseits der touristischen Routen muss man einen „Tante-Eleni-Laden"-Besitzer auch schon mal im nächsten Kafenion suchen.

Musik

Je lauter die Mischung aus griechischem Schlagerkitsch und traditionellem Bouzouki-Verschnitt, desto wohler scheinen sich die Griechen zu fühlen. Wesentlich angenehmer sind dagegen die Klänge der unverfälschten Bouzouki-Musik. Zwar klingt die *Bouzouki* nicht ganz so orientalisch wie ihr türkisches Pendant, die *Sas*, trotzdem fremdartig genug. In den Tonleitern werden – anders als im westeuropäischen Notensystem – mehrere Halbtonschritte hintereinander verwendet. Es gibt mehr Differenzierungsmöglichkeiten, Zwischentöne und der Improvisation ist viel

Raum gelassen. Andererseits ist die Bouzouki im Gegensatz zur Gitarre, die sehr gut für Akkorde geeignet ist, eher ein „Melodie"-Instrument.
Auf Rhódos gibt es viele Möglichkeiten, anspruchsvolle griechische Musik zu hören. Das „Café Chantant" in der Altstadt von Rhódos-Stadt ist hierfür die bekannteste Adresse.

Bouzouki-Musik, das bedeutet meist auch Tanzvergnügen; vor allem in Orten mit vielen Touristen. Aber selbst in abgelegenen Dörfern wird dann zu vorgerückter Stunde das Tanzbein geschwungen. Geschwind sind die Tische beiseite geschoben, die ersten Tänzer und Musiker betreten die Fläche und keine zehn Minuten später ist das ganze Lokal auf den Beinen.

Griechische Musik hat eine lange Tradition. Schon auf antiken Vasen sind Tänzer, Flöten- und Lautenspieler abgebildet. Man sagt, dass die Zeusmutter *Rhea* höchstpersönlich die Tanzfiguren ausgewählt hat.

Nahezu jede Region Griechenlands, auch die Inseln, haben z. T. über Jahrhunderte überlieferte Tanz- und Musikformen. Generell unterscheidet man zwischen den ruhigen, beschaulichen *Sirtos-Tänzen* (Reigentänzen) und den wilden, ungestümen *Pidiktos-Tänzen*. Die ländlichen Volkslieder, die *Dimotika*, haben die verschiedensten Wurzeln: Antike, byzantinische Kultur, westliche und östliche Nachbarn haben gleichermaßen ihre Spuren hinterlassen.

Erst Anfang unseres Jahrhunderts entstand als Gegenstück zur ländlichen Volksmusik eine ausgesprochen „städtische Musik". Die *Rembetikolieder* haben ihren Ursprung in den Armenvierteln der Großstädte. Mittellose Zuwanderer, oft Flüchtlinge oder Landbewohner, die sich eine neue Existenz aufbauen wollten, entwickelten ihre eigene Musik. Es ist die Musik der Außenseiter, die ihrer Wut, Hoffnungslosigkeit und Verzweiflung Ausdruck verliehen. Vor allem der starke Zustrom kleinasiatischer Flüchtlinge nach dem verlorenen Krieg gegen die Türkei 1922 brachte neue Stilelemente. Rembetikomusik wurde immer häufiger in Cafés gespielt. Zwischen 1924 und 1940 lauschte man in Athen vor allem den Klängen der Smyrna-Schule (mit orientalischem Einfluss), wobei eine Sängerin oder ein Sänger von einem kleinen Orchester begleitet wurde. Neben der Geige und dem *Santouri* wurden nun auch Gitarre, Akkordeon und Piano eingebaut, die Rembetikas waren „salonfähig" geworden.

Mitte der 50er Jahre schob sich die Bouzouki in den Vordergrund – aus der Rembetiko wurde Bouzouki-Musik. Großen Anteil an deren Erfolg hatte dabei *Manolis Chiotis*. Er fügte der bis dahin dreisaitigen Bouzouki eine vierte Saite hinzu und erweiterte damit die Möglichkeiten des Instrumentes wesentlich.

Der bekannteste griechische Komponist und Liedermacher ist heute sicher *Mikis Theodorakis*, der auch in Westeuropa eine große Fangemeinde hat. Wegen seines antifaschistischen Engagements lebte er während der Militärdiktatur im Ausland, seine Lieder waren verboten. Er schrieb ein neues Kapitel der griechischen Musikgeschichte, indem er Elemente der Volksmusik, der byzantinischen Kirchenmusik und der Rembetiko mit klassischer Musik mitteleuropäischen Ursprungs verschmolz.

Erst im letzten Jahrzehnt konnten sich auch griechische Rock- und Popmusiker in griechischer und englischer Sprache durchsetzen. Doch eine ausgeprägte Popkultur wie bei uns gibt es in Griechenland nicht – im Gegenteil, die meisten Gruppen orientieren sich an nationalen Vorbildern und der eigenen Volks- und Bouzouki-Musik.

Alles unter Kontrolle: Polizei in der Altstadt von Rhódos

Parken

In Rhódos-Stadt ist das Parken ausgesprochen problematisch. Dutzende von Parkwächtern schwärmen jeden Tag aus, um Fahrzeuge mit abgelaufenen Tickets ausfindig zu machen. Die Strafen sind hoch und liegen über dem deutschen Durchschnitt. Für ein kurzes Parken im Halteverbot muss der Fahrer mit 30 € rechnen. Einheimische sind auf die drakonischen Strafen in der Inselhauptstadt sauer. Auch für Touristen gibt es kein Entrinnen. Wer nicht im Rathaus am Mandráki-Hafen seine Strafe zahlt, bekommt später die Quittung. Spätestens bei der Rückgabe der Leihwagen muss gezahlt werden. In der Regel informieren die Parkwächter die jeweiligen Verleihfirmen zuvor. Unternehmen wie Hertz kassieren dann die Strafe (Kreditkarte akzeptiert!) und leiten diese an den privaten Parküberwachungsdienst weiter.

Vor allem in der Innenstadt gilt Vorsicht. Die Stunde kostet hier 60 Cent. In der Regel kostenlos parken kann man zwischen 14.30 und 17 Uhr, samstags ab 14.30 Uhr und am Sonntag ganztägig.

Polizei (Astinomía)

Polizei-Notrufnummer ist landesweit die 01-171. Die „normalen" Rufnummern der Polizei finden Sie bei den jeweiligen Orten aufgeführt.

Post (Tachidromíon)

Es gibt in fast jedem Dorf über 500 Einwohner ein Postamt, das in der Regel Montag bis Freitag von 7.30 bis 14 Uhr geöffnet hat (Postamt = *Tachidromíon*). In den Großstädten oder den touristischen Zentren sind sie länger geöffnet (in Rhódos-

Stadt z. B. Mo–Fr bis 20 Uhr). Gebühren für Karten und Standardbriefe sind gleich hoch. Briefmarken gibt es auf der Post oder am Kiosk. Wer Pakete heimschicken möchte, sollte sie unverschnürt zum Postamt bringen. Dort kontrolliert der Beamte den Inhalt.

Preise

Ob es sich um den Preis eines Privatzimmers oder um handgearbeitete Lederwaren beim Schuhmacher handelt – das Preisschild ist oftmals nur ein Richtwert. Die Griechen lieben die Zeremonie des Handelns. Doch man sollte den feinen Unterschied zum gierigen Feilschen beachten. Beim Essen, bei den Fährtickets, bei teurer Kleidung und auch in Hotels der gehobenen Klasse gibt es allerdings nichts zu verhandeln. Auch das Handeln bei Obst und Gemüse auf dem Markt gilt eher als ungehörig, es sei denn, es handelt sich um große Mengen oder die Qualität der Ware ist schlecht.

Das Preisniveau auf Rhódos liegt über dem im restlichen Griechenland. Der Wohlstand auf der Insel hat seine Spuren hinterlassen. Für viele Dinge des alltäglichen Lebens wie Kosmetikartikel oder Fotoartikel liegen die Preise sogar über dem mitteleuropäischen Niveau.

Sport

Auf Rhódos kommen Sportler und Aktivurlauber auf ihre Kosten. Vor allem für Wassersportler gibt es exzellente Möglichkeiten. Buchten an der Ostküste laden zum Tauchen ein. Fast an jedem größeren Strand gibt es Möglichkeiten für Wasserski

Fahrradtour bei 40° Celsius: Pause verdient

Vor allem die Westküste ist ein Eldorado für Surfer

und Jet-Ski. Auf Grund der günstigen Windverhältnisse sind die Voraussetzungen für anspruchsvolle Surfer wie in Prasonísi oder Ixia hervorragend.

Tauchen: Die Ostküste von Rhódos ist ein ideales Tauchrevier. Diverse Tauchtrips werden vom Mandráki-Hafen in Rhódos-Stadt aus unternommen, auch für Anfänger. Während Schnorcheln überall erlaubt ist, reagieren die Behörden empfindlich, wenn Flaschentaucher ihrem Vergnügen ohne Genehmigung nachgehen. Zu oft räuberten findige Unterwasserfreaks wertvolle Meeresschätze. Denen wollen die Behörden in Zukunft mehr auf die Finger schauen.

• *Information* Mehr Informationen beim **Rodos Diving Center** im Mandráki-Hafen/Rhódos-Stadt, tägl. ca. 18–22 Uhr auf dem Boot „Vasilia". Ganztägige Ausflüge zur Bucht von Kallithéa, 33 € für Anfänger (1 Tauchgang), Fortgeschrittene 50 € (2 Tauchgänge), deutschsprachiger Tauchlehrer, Ausrüstung wird gestellt. ✆/📠 22410/20207, 694-735736 (mobil).

Golf: Der einzige Golfplatz (18 Loch, Par 72) auf Rhódos befindet sich bei Afándou an der Ostküste, 19 km von Rhódos-Stadt entfernt. Passionierte Spieler sollten allerdings nicht zu viel erwarten. Im Hochsommer sind weite Teile des Rasens verbrannt. Zur Anlage gehören Umkleideräume, Taverne und ein kleiner Laden, in dem Golfartikel verkauft werden. Das Equipment kann gemietet werden. Meist kann man ohne große Voranmeldung spielen. Allerdings kann der Platz nur mit Handicap 36 oder in Begleitung eines Golfers mit Handicap benutzt werden.

• *Information/Preise* Nähere Informationen unter ✆ 22410/51451, info@afandougolfcourse.com, www.afandougolfcourse.com. Green Fee pro Tag 20 € in der Nebensaison, 35 € in der Hauptsaison. Trolley 5 €, Golfschläger 16 €. Der Golfplatz ist ganzjährig geöffnet.

Fischen: Was dem Amerikaner sein Schießeisen, ist dem Griechen seine Angelrute. Angeln ist überall erlaubt. Die besten Fischgründe sind bei Kamirós, Kallithéa, Líndos und Gennádio.

Jagd: Das Jagen ist eine griechische Leidenschaft. Zwischen September und März, der offiziellen Jagdzeit, knallt es an allen Ecken und Enden der Insel. Früher war Rhódos ein Paradies für Jäger. Doch diese Zeit ist längst vorbei. Rebhühner, Schnepfen, selbst Hasen haben schon Seltenheitswert. Wer sich dennoch weidmännisch betätigen möchte, braucht auf alle Fälle eine behördliche Genehmigung. Nähere Auskünfte erteilt die Polizei.

Mountainbiking: Von Faliráki aus werden geführte Mountainbike-Touren in die rhodische Bergwelt unternommen. Mountainbikes sind in fast jedem Ort zu mieten. Vor allem der Inselsüden lohnt sich für Biker. Eine schöne Tagestour ist beispielsweise von Lárdos nach Láerma über Ágios Isídoros am Fuß des Attáviros über Istrios, Profiliá und Láerma wieder zurück nach Lárdos.

Segeln: Der Mandráki-Hafen in Rhódos-Stadt ist bei Seglern sehr beliebt, entsprechend viele Jachten liegen hier. Über Spezialagenturen können sie gechartert werden.

Surfen: Eine der populärsten Sportarten auf Rhódos. An fast allen viel besuchten Stränden der Insel kann ein Surfbrett stundenweise gemietet werden. Anfänger schätzen vor allem die Ostküste wegen der ruhigeren See. Das Kap Prasonísi und die Westküste verlangen dagegen schon einiges Können, um den Wellen zu trotzen. Für ein Surfboard sollte man pro Stunde mit 15 € rechnen. Surfschulen gibt es auf Rhódos ausreichend.

Tennis: Die meisten großen Hotels verfügen über eigene Tennisplätze, die in der Regel gebucht werden müssen. Weitere Tennisplätze befinden sich beim türkischen Friedhof im Norden der Neustadt. Der städtische Tennisclub von Rhódos-Stadt liegt an der Ausfallstraße nach Kallithéa (nach dem Friedhof).

Wandern: siehe S. 45 und bei den jeweiligen Orten.

Wasserski: Banana-Board, Kneeboard, Tube Rides: In Faliráki, Ixia und anderen großen Stränden, allerdings nichts für Leute mit einem sensiblen Gewissen in Sachen Umwelt. Wasserski kostet eine Viertelstunde rund 20 €.

Sprache

Neugriechisch ist nicht die einfachste Sprache. Nur wenige Urlauber beherrschen sie. Die Griechen haben sich daran gewöhnt. Ausreichende Englischkenntnisse genügen, um sich mit der Mehrzahl der Einheimischen zu verständigen. Dennoch sollte man sich die wichtigsten Alltagswörter der griechischen Sprache aneignen. Es ist gewiss etwas überheblich zu erwarten, dass jeder Grieche Englisch oder gar Deutsch spricht, während man selbst nicht bereit ist, wenigstens ein paar Brocken der Landessprache zu lernen. Am Ende des Buches finden Sie ab S. 250 einen hilfreichen, praxisorientierten Sprachführer.

Die Rhodier mit ihrer Jahrzehnte langen Erfahrung im Tourismus haben sich längst darauf eingestellt. Ausreichende Englischkenntnisse genügen, um sich mit der großen Mehrzahl der Einheimischen zu verständigen. In der Gastronomie ist Englisch längst zur lingua franca avanciert. Ab und zu trifft man auch auf Griechen mit deutschen Sprachkenntnissen. Meist sind es ältere Rhodier, beispielsweise aus dem einstigen Emigrantendorf Aphandou, die in den sechziger und siebziger Jahren längere Zeit in der Bundesrepublik gearbeitet haben. Ganz alte Rhodier sprechen häufig Italienisch. Denn in faschistischer Zeit war das Erlernen der italienischen Sprache in allen Schulen des Dodekanes Pflicht. Die Besatzer in den dreißiger Jahren machten sich aufgrund ihrer Überlegenheits-Ideologie ohnehin nie die Mühe, Griechisch zu lernen.

Ortsnamen, Hinweistafeln zur Fähre, zum Museum, zur Toilette, zum Parkplatz, zum Zeltplatz usw. sind fast immer sowohl in griechischen als auch lateinischen Buchstaben geschrieben.

Dem heutigen *Umgangsgriechisch* geht ein etwa 200-jähriger Streit um die Sprache voraus. Unterschieden wurde zwischen der *Dimotiki*, der vom Volk gesprochenen, täglichen Umgangssprache, und der *Katharevousa*, der von Philologen erschaffenen „reinen Hochsprache". Die Katharevousa war eine Zeit lang griechische Amtssprache, bevor die Volkssprache Dimotiki 1976 unter Ministerpräsident Karamanlis offiziell eingeführt wurde.

Strom (Révma)

In ganz Griechenland gibt es wie in Mitteleuropa 220 Volt. Nur auf Fährschiffen gibt es Gleichstrom mit 110 Volt. Elektrogeräte mit einem flachen Euro-Strecker passen normalerweise in griechische Steckdosen. Für andere Stecker benötigt man möglicherweise einen Adapter. Viele Hotels und Pensionen halten diesen für ihre Gäste bereit.

Private Zimmervermietung in Líndos

Telefonieren

Das Handy ist in Griechenland längst kein Statussymbol mehr, sondern einfach ein Alltagsgerät. Prozentual auf die Bevölkerung umgerechnet, ist die Handydichte in Héllas größer als in Deutschland. Eigene Handys funktionieren im GSM Roaming. Allerdings fallen erhebliche Zusatzgebühren an, da man auch für eingehende Anrufe zahlt. Zudem senden griechische Netzbetreiber oft Werbe-E-Mails auf die Mail-Boxen der Handybesitzer. Bei regelmäßigen Abrufen der Mail-Box in Griechenland können so schnell einige Euro an Gebühren anfallen, deren genaue Höhe man erst Wochen später mit der Rechnung erhält. Autofahrern ist Telefonieren während der Fahrt eigentlich untersagt. Allerdings hält sich in der Praxis fast niemand daran.

Telefonieren ist von den vielen öffentlichen Kartentelefonen aus problemlos in alle Welt möglich. Die Karten gibt es an jedem Kiosk.

Die meist schön gestalteten **Telefonkarten** erhält man in vielen Läden und Kiosken sowie in allen Postämtern und ÓTE-Büros. Es gibt sie bereits ab 4 €.

Beim Wählen zuerst die Auslandsvorwahl (Deutschland 0049, Österreich 0043, Schweiz 0041), dann die Ortsvorwahl ohne die Null und schließlich die Nummer des gewünschten Teilnehmers. Vor allem abends sind die Leitungen oft überlastet, dann am besten etwas warten und nochmals versuchen.
Wer innerhalb Griechenlands telefonieren will, muss die Vorwahl immer mitwählen. Wer sich auf Rhódos anrufen lassen will: 0030 (Vorwahl Griechenland) + 22410 (Vorwahl Rhódos-Stadt) + Nummer des Teilnehmers.

Toiletten

In den besseren Hotels, auf Flughäfen und in Museen erfüllen die Toiletten jedoch in der Regel den mitteleuropäischen WC-Standard. Der Unterschied: Fast immer muss das Toilettenpapier in einen dafür aufgestellten Papierkorb geworfen werden. Die Beschilderung: Herren = *ándron*, Damen = *ginaíkon*.

Trinkgeld

Obwohl das Trinkgeld üblicherweise im Preis inbegriffen ist, wird es mittlerweile auch in Griechenland erwartet. Es gibt aber keinen Richtwert wie beispielsweise in den USA. Bei schlechtem Service geben auch Griechen keinen Cent zusätzlich.

Übernachten

Auf der ganzen Insel kein Problem, Unterkünfte aller Art stehen en masse zur Verfügung, allein im Großraum von Rhódos-Stadt gibt es über 100 einschlägige Adressen. Hier im Norden konzentrieren sich die auf Pauschaltourismus ausgerichteten Hotelkomplexe, in den Dörfern des Südens findet man vor allem sehr preiswerte Privatzimmer. Falls kein Schild „rooms to let" zu sehen ist, fragen Sie einfach in der Dorftaverne.

Hotels/Pensionen: Die Hotels in Griechenland sind in Kategorien eingeteilt (Luxus, A, B, C, D und E). Die Klassifizierung erfolgt durch die Griechische Zentrale für Fremdenverkehr. Eine offizielle Preisliste muss in jedem Zimmer aushängen. Die meisten Hotels, ausgenommen die Pensionen der Kategorie D und E, verfügen über Duschen in den Zimmern. Mit folgenden Preisen müssen Sie in etwa rechnen:

Kategorie	Doppelzimmer (mit Bad)
Luxus	ab 130 €
Kat. A	ab 100 €
Kat. B und C	ab 70 €
Kat. D/E	ab 60 €

Preisangaben für Doppelzimmer (DZ) gelten immer für zwei Personen inkl. Frühstück und beziehen sich auf die Hochsaison. Vor bzw. nach den Monaten Juli und August sind Zimmer oft erheblich billiger (bis zu 50 %). Für ein zusätzliches drittes Bett im Zimmer werden Preisaufschläge erhoben.

Die Preise im Buch beziehen sich in der Regel auf ein Doppelzimmer (DZ). Angaben wie 40–55 € meinen die Spanne zwischen Nebensaison und Hauptsaison. Die Preise ändern sich häufig und differieren je nach Nachfrage ziemlich stark. Daher sind die angegebenen Preise nur eine Orientierung. Außerhalb der Hochsaison lohnt sich auf alle Fälle zu handeln. Auf Rhódos herrscht übrigens nicht nur in Juli und August Hochsaison. Auch im September sind oft alle Hotels ausgebucht und daher kaum preiswerter als im Hochsommer.

Privatzimmer: In fast jedem Ort finden Sie Schilder mit den Aufschriften *„rooms to rent"*, *„rooms to let"* oder *„Zimmer frei"*. Für ein Doppelzimmer müssen Sie im Durchschnitt mit 20 bis 30 € rechnen (Hochsaison). Erwarten Sie nicht den größten Komfort. Der Raum ist zumeist mit einem schlichten Bett, einem Tisch und meistens mit einem Schrank ausgestattet. Nicht selten befinden sich die Duschen auf dem Gang. Es gibt aber auch eine ganze Reihe von privaten Vermietern, die den Urlaubsgästen liebevoll eingerichtete, gemütliche Appartements mit Kochgelegenheit, eigenem Bad und Familienanschluss zu bieten haben – die Unterschiede zwischen Privatzimmer und Privatzimmer können sehr groß sein.

Verkehrsvorschriften

In Griechenland gilt Gurt- und Helmpflicht, wobei die Polizei nach dem Motto „Jeder ist für sich selbst verantwortlich" nicht besonders pingelig ist. Die Höchstgeschwindigkeit für Autos beträgt innerorts 50, außerhalb 110 km/h, für Motorräder innerorts 40, außerorts 70 km/h. Die Promillegrenze liegt bei 0,5.

Volkstänze

Die Palette der griechischen Tanzarten ist ungemein vielfältig. Einen Überblick gewährt das Griechische Tanztheater in der Altstadt von Rhódos-Stadt. Insgesamt zählt man in Hellas weit über 150 Tänze, von denen allerdings viele nur noch in manchen Orten oder kleinen Regionen praktiziert werden. Die meisten Tänze sind so genannte *Reigentänze* (*Sirtos*). Man bildet einen offenen Kreis, greift die Hände seines Partners oder legt die eigenen Hände auf dessen Schulter. Dem Vortänzer fällt dabei eine besondere Rolle zu, weil er nicht nur bestimmt, was getanzt wird, sondern auch sein ganzes Können präsentieren kann. In ganz Griechenland sind die Tänze Sirtos, Kalamatianos und Tsamikos verbreitet. Auf dem Dodekanes werden sie, wie beispielsweise in Rhódos-Stadt oder Émbonas, oft nur noch für Touristen getanzt.

Sirtos	Schneller Tanz im 2/4-Takt mit sechs Laufschritten. Einfach zu lernen und weit verbreitet.
Kalamatianos	Der älteste griechische Tanz mit zwölf Grundschritten im ungewöhnlichen 7/8-Takt. Die Bewegungen sollen an das ewig wogende Meer erinnern.
Tsamikos	Ein ehemaliger Kriegstanz.
Chasapikos	War das Vorbild für den weltberühmten „Sirtaki" im Film „Alexis Sorbas", der inzwischen zu *dem* Touristentanz schlechthin geworden ist. Früher war er etwas verrufen, vor allem Metzger tanzten ihn zu Liedern mit anrüchigem Inhalt. Drei bis vier junge Männer tanzen zunächst nach einem langsamen Musikteil, der sich mehr und mehr steigert und schließlich vom Tänzer ein enormes Durchhaltevermögen verlangt.
Seimbekikos	Solotanz für Männer ohne große Vorgaben, mit sehr langsamen Schrittfolgen und Sprüngen. Die Arme sind ausgestreckt, der Körper ein wenig nach vorn gebeugt und die Bewegungen werden leicht kreisend ausgeführt.

Volta

Eine griechische Tradition, die in vielen anderen Mittelmeerländern ihre Entsprechung findet und besonders in größeren Dörfern und den Städten zu beobachten ist: Die Promenade am Abend, die immer auf bestimmten Straßen stattfindet, in Küstenorten meist entlang des Hafenboulevards. Die Hafenpromenade von Rhódos-Stadt am Mandráki-Hafen ist dafür ein Musterbeispiel. Ganze Familien, Teenagergrüppchen und Soldaten auf Ausgang schlendern gemächlich auf und ab, an den Wochenenden aufs feinste herausgeputzt. Zweck der Übung: sehen und gesehen werden; für die Jugend natürlich auch Gelegenheit zum Anbahnen erster zarter Kontakte – klar, dass die Eltern da ein besonders wachsames Auge auf ihre Töchter haben.

Wasser

Wasser ist auf Sými und Chálki knapp, jedoch noch nicht auf Rhódos. Die Insel hat auf Grund ihrer großen Fläche und der hohen Gebirge ausreichend Wasserreserven. Rhódos exportiert sogar Mineralwasser. Die Qualität von Leitungswasser ist recht gut. Fragen Sie am besten Einheimische, ob es genießbar und verträglich ist. Überall können Sie jedoch Mineralwasser erhalten. In Griechenland wird es wie in anderen mediterranen Ländern üblicherweise ohne Kohlensäure getrunken.

Zeit

Auf dem Dodekanes gilt (wie in ganz Griechenland) die Osteuropäische Zeit (OEZ); sie ist der MEZ um eine Stunde voraus. Da es in Griechenland – genauso wie bei uns – eine Sommerzeit gibt, bleibt die Zeitdifferenz von 60 Minuten bestehen. Wenn in Deutschland die Tagesschau beginnt, ist es in Griechenland bereits 21 Uhr.

Bassin – Eleusa bietet so manche Überraschung

Zeitungen/Zeitschriften

Nicht nur in Rhódos-Stadt, sondern auch in vielen Touristenorten im Inselnorden bekommt man die wichtigsten deutschsprachigen Zeitungen wie Frankfurter Allgemeine Zeitung, Süddeutsche Zeitung, Handelsblatt und Magazine wie Spiegel, Stern und Wirtschaftswoche. Die Tageszeitungen sind mindestens einen Tag alt und zudem fast doppelt so teuer wie in Deutschland. Das gilt auch für Magazine wie den „Spiegel“ oder den „Stern“.

Die beiden größten Tageszeitungen in Griechenland sind „Eleftheros Typos“ (Freie Presse), rechtsoppositioneller Kurs, und „Ta Nea“ (Die Neuigkeiten), liberal. Den griechischen Lebensgewohnheiten entsprechend sind Nachmittag- oder Abendzeitungen beliebter als Morgenzeitungen; fast alle großen Tageszeitungen erscheinen abends. Abonnements gibt es nicht, man kauft seine Zeitung beim *Peripteros* (Kiosk).

Zoll

Seit der Einführung des Binnenmarktes 1993 ist für Bürger der Europäischen Union die Mitnahme von Waren zum eigenen Verbrauch unbegrenzt möglich. Zur Unterscheidung zwischen privater und gewerblicher Verwendung wurden folgende Richtmengen eingeführt:

800 Zigaretten, 400 Zigarillos, 200 Zigarren, 1 kg Tabak. 10 l Spirituosen, 20 l Zwischenerzeugnisse (Port/Sherry), 90 l Wein (davon max. 60 l Sekt/Schaumwein) und 110 l Bier. Auch die Mitnahme größerer Mengen ist möglich, sofern sie dem eigenen Verbrauch dienen – was Sie bei eventuellen Kontrollen allerdings glaubhaft machen müssen.

Druckfrisch aus deutschen Landen – Kiosk mit internationaler Presse in Rhódos-Stadt

Die Altstadt ist von einem gewaltigen Mauerring umgeben

Rhódos-Stadt

Seit jeher bewachen auf hohen Säulen Hirsch und Hirschkuh, die Wappentiere von Rhódos, die schmale Einfahrt am Mandráki-Hafen. Einst soll hier der legendäre Koloss der Insel, eine Bronzestatue des Sonnengottes Helios, gestanden haben. Nach dem Erdbeben von 227 v. Chr. ging die Statue, eines der sieben Weltwunder, jedoch für immer verloren.

Geschichte begegnet der Besucher in Rhódos-Stadt auf Schritt und Tritt. Bereits im 5. Jt. v. Chr. war die Insel besiedelt. Kein Wunder, dass die UNESCO die von einer vier Kilometer langen Stadtmauer umgebene Altstadt zum Weltkulturerbe erklärt hat. Die riesige Befestigungsanlage, einst von den Byzantinern im 13. Jh. errichtet und später von der Rittern des Johanniterordens über 200 Jahre immer wieder verstärkt, zählt zu den beeindruckenden Bollwerken des gesamten Mittelmeers. Und dennoch: Die meterdicken Mauern, hohen Bastionen und tiefen Gräben konnten nicht verhindern, dass die Türken 1522 die Stadt einnahmen. Sie blieben bis 1912. Viele Moscheen der Altstadt sind noch heute eindrucksvolle Zeugen der fast 400-jährigen Besatzung.

Rhódos-Stadt ist eine architektonisch zweigeteilte Inselmetropole: die Altstadt mit nur 5000 Bewohnern und die Neustadt mit knapp 50.000 Einwohnern. Einerseits mittelalterliches Gassengewirr mit Minaretten und Moscheen, andererseits kunterbunte Beton-Moderne. Die verwinkelte Altstadt mit ihrem labyrinthartigen Straßensystem sucht in ganz Griechenland ihresgleichen.

Ein dicker Mauerring umgibt das Gewirr an kopfsteingepflasterten Gassen, durch Wölbungen und Torbögen miteinander verbunden, als solle das Kartenhaus nicht zusammenbrechen. Hektisches Straßenleben und um die Ecke eine gottverlassene

Sonnenschirme schützen vor dem böigen Westwind

byzantinische Kapelle. Eine Stadt – zwei Städte – voller Widersprüche. Wer die Dimension dieser gewaltigen Festung erkunden möchte, sollte einen ausgedehnten Spaziergang im Graben machen. Die Stadtmauer wurde seit 1997 Stück für Stück renoviert. Die Arbeiten sind jedoch noch nicht abgeschlossen. Heute gleicht der Graben mit Rasen und Palmen einem riesigen Park, der auch abends geöffnet ist. Es gibt vier Eingänge, der beeindruckendste liegt hinter der Tankstelle beim Mandráki-Hafen, ganz in der Nähe der Tourist-Information.

Die mächtigen Mauern aus der Kreuzritterzeit begrenzen bis zum heutigen Tag die Altstadt mit ihrem *Türken-*, einem *Juden-* und einem *Ritterviertel*. Schlendert man durch die Gassen mit schattigen Hinterhöfen, urigen Kneipen, halb verfallenen Moscheen und fein herausgeputzten Ritterhäusern, scheint oft die Zeit stehen geblieben zu sein. Wer abseits der Sokrates-Straße, dem großen Einkaufsboulevard mit Souvenir- und Pelzgeschäften (!), geht, kann noch vieles entdecken. Immer wieder trifft man auf abgelegene, versteckte Plätze mit spielenden Kindern, auf Trümmer aus der Antike, auf heruntergekommene Relikte der türkischen Besatzung – ein Spaziergang voller Überraschungen.

Die Altstadt erlebt seit ein paar Jahren eine Renaissance. Exzentrische Bars und orientalisch anmutende Lounges sind bei Einheimischen und Besuchern gleichermaßen beliebt. Vor allem die Studenten der Universität von Rhódos, nur ein paar Schritte von der Altstadt, sorgen für neues Leben in den Altstadtgassen.

Bei Touristen, vor allem aus Großbritannien und Skandinavien, ist die Neustadt als Ausgehziel beliebt. Das quadratisch aufgeteilte Viertel, angrenzend an die Altstadt, ist ein Gemisch aus Hotels, Diskotheken, Cafés, Restaurants, Fastfood-Läden, Mopedverleihern und schicken Geschäften. Durch die Wiedereröffnung des Casinos in den neunziger Jahren gewann aber auch die Neustadt wieder an Glanz.

Eines der Sieben Weltwunder – der Koloss von Rhódos

Der Koloss von Rhódos ist allgegenwärtig: Jeder Souvenirladen präsentiert den „muscle-man“ in Plastik, in Ton, auf Postkarten, als Poster, als Briefbeschwerer ... Der über 30 m hohe Gigant – die mit Abstand größte Statue der Antike – wurde um 290 v. Chr. in zwölfjähriger Arbeit zu Ehren von Helios, dem Sonnengott und Beschützer von Rhódos, errichtet. Der Inselpatron hatte die Rhodier vor der Eroberung durch die Mazedonier bewahrt. Die Statue soll breitbeinig mit einer Fackel in der Hand über dem Eingang des Mandráki-Hafens gestanden haben. Doch dies ist mehr Legende als historische Wahrheit. Schon aus Gründen der Statik wäre ein solches Unternehmen gescheitert. Höchstwahrscheinlich stand die Riesenstatue in der Nähe des heutigen Großmeisterpalastes oder am Mandráki-Hafen. Andere Quellen platzieren ihn auf einen zentralen Platz in Rhódos-Stadt. Das vermutete auch der römische Schriftsteller Plinius, der schrieb: „Der Sonnenkoloss erregt selbst im Liegen das Staunen aller, die ihn sehen. Nur wenige können seinen Daumen umfassen.“

Ein langes Leben war diesem Weltwunder allerdings nicht beschieden. Nur 63 Jahre behauptete die Kolossalstatue ihren Platz. Bereits 227 v. Chr. (eventuell auch 224 v. Chr.) stürzte sie während eines Erdbebens ins Meer. Die Rhodier sammelten daraufhin fleißig Geld für den Wiederaufbau, doch das Orakel von Delphi warnte die Einwohner vor den schlimmen Folgen für die Stadt. Nichtsdestotrotz – Kitsch und Kult leben auch nach mehr als 2200 Jahren fort! Immer wieder geriet der Koloss in die Schlagzeilen der Weltpresse. Eine Australierin hatte beispielsweise 1987 in ihrem Urlaub auf Rhódos die Vision, der Koloss läge in drei Teilen vor der Hafeneinfahrt. Es folgte eine hektische Suchaktion mit Froschmännern der Hafenpolizei. Tatsächlich förderten sie aus 52 m Tiefe einen Steinblock zutage, der einer geballten Faust glich. Die schnell herbeigeeilten Experten hatten allerdings eine höchst profane Erklärung parat: Die faustähnliche Verformung stammt von einem Bagger!

Bis vor kurzem wurde verstärkt über einen Wiederaufbau am Hafen diskutiert. Die Stadtverwaltung träumte von einem Monument, das dem internationalen Frieden an der Schnittstelle zwischen Europa, Asien und dem Nahen Osten gewidmet sein sollte. In aller Welt sollten Spenden für die Wiedererrichtung des Weltwunders gesammelt werden. Bürgermeister Giorgos Giannopoulos kalkulierte danach für sein „Jahrtausend-Denkmal“ rund 30 Mio. € ein. Doch das Geld fehlt bis heute, die kühnen Plänen der Rhodier platzten. Die Frankfurter Allgemeine Zeitung schrieb zu dem Projekt: „Georgios Jannopoulos heißt der moderne Frankenstein, der antike Weltwunder wieder beleben will. Er ist Bürgermeister des heutigen Rhódos und will (...) einen Wettbewerb zur Revitalisierung des 292 vor Christus 30 Meter hohen Erzriesen, der schon 66 Jahre nach seiner Geburt zusammenbrach und im Jahr 2004 wieder den rhodischen Hafen bewachen soll.“ Doch daraus ist nichts geworden.

Der Legende nach soll der Koloss mit seinen gespreizten Beinen aus Bronze gewesen sein. Doch so weit wollte Bürgermeister Georgios Jannopoulos ohnehin nicht gehen. Die Künstler seien frei, sich vielfältige Lösungen auszudenken, verkündete der Bürgermeister. Nur müsse sich das Monument seiner Umwelt anpassen. Es müsse ja keine einfallslose Kopie werden. Es sei auch eine Säule oder gar eine Laserinstallation denkbar. Las Vegas lässt grüßen.

An der Nordspitze der Stadt liegen ausgedehnte Sandstrände, die im Sommer jedoch überlaufen sind. Die schönste Ecke der Neustadt ist die *Nea Agora*, der „Neue Markt“ (Busbahnhof) an der Hafenfront: ein Rundbau voller Läden und Leben.

Aus der tiefblauen Ägäis aufgetaucht

Als Zeus die Welt unter den Göttern des Olymp aufteilte, vergaß er Helios, den Herrn der Sonne. Er fehlte bei dem wichtigen Meeting der Unsterblichen. Kein Wunder, dass der übergangene Gott verärgert war. Als Helios von seiner Reise zurückkehrte und davon erfuhr, beklagte er sich bei Zeus über das Unrecht. Der Göttervater zeigte sich durchaus kompromissbereit und bot Helios eine neue Versammlung an. Doch der lehnte beleidigt ab. Er forderte, dass das Land, das mitten aus dem Meer auftauchen würde, ihm gehören sollte. Es war das sonnenüberflutete, fruchtbare Rhódos – die Perle der Ägäis. Auf der Insel kam Helios schnell zu Ehren. Drei seiner Enkel, Kamirós, Líndos und Ialyssós, beherrschten die drei wichtigsten rhodischen Städte, die seitdem deren Namen tragen.

Schenkt man der Mythologie Glauben, so hat die Insel ihren Namen von Helios' Frau, der Nymphe Rhodi oder Rhode. Rhodi bedeutet Rose, daher trägt Rhódos auch heute noch den Beinamen „die Roseninsel“.

Rhódos bemüht sich seit Jahren, seine architektonischen Kostbarkeiten immer besser zu schützen. Noch immer sind die äußeren Bereiche der Altstadt mit dem Auto befahrbar. Doch innerhalb der Altstadtmauern herrscht ein strenges Verkehrsverbot. Nur Einheimische mit Sondergenehmigung dürfen durch die Gassen fahren. Übrigens wurden schärfere Strafen für Falschparker verfügt und ein neues Parkkontrollsystem eingeführt.

Mit großzügiger Finanzhilfe der Europäischen Union werden derzeit zahlreiche Baudenkmäler innerhalb der Altstadt restauriert. Und auch die Zeiten, als die türkischen Kulturdenkmäler eher vernachlässigt wurden, sind längst vorbei. Heute sind die Rhodier stolz auf ihr islamisches Erbe und bewahren es für die vielen Besucher.

Das Verhältnis zur Türkei ist trotz mancher Streitigkeiten entspannter als früher. Von einem guten nachbarschaftlichen Verhältnis profitieren beide Länder, so denken viele auf der Insel. Die Zeiten, als Ausflüge in die nahe türkische Hafenstadt Marmaris noch umständlich zu organisieren waren, sind längst vorbei. Heute werden Tagesausflüge zum Nachbarn auf dem Festland angeboten.

Information

• *Information* Das gut ausgerüstete Büro der Griechischen **Fremdenverkehrszentrale (EOT)** liegt unweit vom Busbahnhof an der Ecke Alexandrou-Papagou-Str. 31/Makariou-Str. (zwischen Alt- und Neustadt), 85100 Rhódos. Es ist ganzjährig montags bis freitags von 8–14 Uhr geöffnet. Dort erhält man vom hilfsbereiten und kundigen Personal aktuelles Informationsmaterial zu Öffnungszeiten, Eintrittspreisen, Busverbindungen und Schiffabfahrtszeiten, außerdem Stadtpläne, Inselkarten, Broschüren etc. ✆ 22410/44335 oder 44335, ✆ 44336, eotrodos@otonet.gr, www.gnto.gr.

Es gibt außerdem ein **kleineres Tourist-Office am Mandráki-Hafen** (bei der Bushaltestelle/Taxistand). Dieses Büro, untergebracht in einem Gebäude im italienischen Stil, hat Mo–Sa 8–21 Uhr und So 8–14.30 Uhr offen. Hilfsbereiter Service, ✆ 35945.

Im Hafen von Rhódos findet jeder seinen Platz

HERAKLES I

Bei Problemen aller Art wenden Sie sich an die **Touristenpolizei**, ✆ 27423. Der Eingang befindet auf der Rückseite der EOT in der Karpathou-Str./Ecke Papagou-Str. über die Fußgängerzone. Geöffnet 24 Stunden. Die Beamten sprechen verschiedene Fremdsprachen, ein Anstecker mit den entsprechenden Flaggen weist auf die jeweiligen Sprachkenntnisse hin.

Hilfreich ist die gratis erscheinende englischsprachige **Rodos News**, die ausführlich über das Inselgeschehen informiert.

Verbindungen

• *Bus* Es gibt zwei große **Busbahnhöfe** in Rhódos-Stadt: In der Averof-Str. (an der Rückseite der Nea Agora) fahren die Busse zum westlichen Teil der Insel ab, am Rimini-Platz die Busse zur Ostküste. Eine weitere Busstation befindet sich an der Hafenfront (Nea Agora), hier fahren nur die Stadtbusse ab. Beim Touristenbüro gibt es einen Fahrplan, auf den halbwegs Verlass ist. Besser ist es, sich direkt am jeweiligen Busbahnhof zu erkundigen. Die Verbindungen im Nordteil der Insel sind hervorragend. Wer jedoch in abgelegenere Dörfer des Südens reisen will, leiht sich ein Auto.

An die Ostküste: vom Rimini-Platz geht es täglich stündlich von 8–21.30 Uhr nach Kallithéa (1,70 €), von 7–23 Uhr etwa stündlich nach Faliráki (1,70 €), rund alle halbe Std. nach Kóskinou (1,70 €), 1-mal nach Psínthos (1,90 €), 8-mal nach Kallithiés (1,70 €), etwa stündl. nach Afándou (1,70 €), 11-mal nach Kolímbia (2,20 €), 1-mal (morgens, zurück am Nachmittag) zum Tsambiká Beach (2,80 €), etwa stündl. nach Archángelos (2,30 €), 2-mal nach Charáki (2,80 €), rund 15-mal nach Líndos/Pefkí (4,30 €), 12-mal nach Lárdos (3,40 €), 1-mal nach Laérma (5 €), 9-mal nach Gennádio (5 €), Di und Do über Lachaniá nach Kattaviá sowie morgens täglich nach Kattaviá (6,40 €).

An die Westküste: von der Averof-Str. geht es täglich zwischen 5 und 23.30 Uhr etwa halbstündlich zum Flughafen (1,80 €), 2-mal zum Schmetterlingstal (3,60 €), etwa stündl. nach Theológos (2,10 €), 9-mal nach Kalavárda (2,80 €), 2-mal zum antiken Kamirós (4,40 €), 5-mal nach Salákos (3,40 €), 3-mal (nachmittags, retour am nächsten Tag) nach Émbonas (4,80 €), 1-mal nach Kritiniá (4,40 €), 1-mal nach Monólithos (6,50 €).

Stadtbusse: an der Nea Agora (Hafenfront), Tickets am Kiosk des Neuen Marktes, die Nr. 3 fährt alle 45 Min. zum Rodini-Park.

An Wochenenden verkehren erheblich weniger Busse! Achtung: Außerhalb der Hochsaison verkehren auch Schulbusse, erkundigen Sie sich bei den Busfahrern nach aktuellen Verbindungen!

• *Taxi* große Taxistation an der Platia Rimini (Mandráki-Hafen), nicht zu übersehen. Die Preise sind festgelegt und auf einer großen Anschlagtafel für jeden einsehbar. Preisbeispiele: Flughafen 15 €, Schmetterlingstal 23 €, Kóskinou 6 €, Faliráki 13 €, Líndos 36 €, Monolithos 65 €. Für Wartezeiten werden pro Stunde ca. 8,50 € veranschlagt. ✆ 64712 oder 69800.

Telefonnummern/Adressen

• *Telefonvorwahl* Für Rhódos-Stadt und den Insel-Norden gilt die Vorwahlnummer 22410.

• *ELPA (griech. ADAC)* ✆ 104 (Notruf) 83429

• *Erste Hilfe* ✆ 166 (Notruf), Krankenhaus in Rhódos-Stadt 80000

• *Feuerwehr* ✆ 199 (Notruf), 23333

• *Hafenamt* ✆ 22220

• *Polizei* ✆ 100 (Notruf), 22344

• *Touristenpolizei* ✆ 27423, 23329

• *Autoverleih* Große Firmen wie Hertz, Avis, Europcar haben Büros in Rhódos-Stadt und am Flughafen. Die kleineren einheimischen Firmen sind allerdings günstiger. Die billigsten Autos beginnen bei ca. 35 € für 1 Tag (mit 100 Freikilometern), ohne Kilometerbeschränkung gehen die Preise bei rund 45 € für 1 Tag los. Für ein Sonnendach muss man in aller Regel einen Aufschlag von ca. 10 € am Tag bezahlen. Im Programm sind zum einen Pauschalpakete (inkl. Versicherung und unbegrenzten Freikilometern) und zum anderen Angebote, bei denen pro gefahrenem Kilometer abgerechnet wird (etwa 0,20 €). Dazu kommt dann noch eine Basisgebühr (ab ca. 15 €). Welche Art von Verleih für Sie günstig ist, hängt entscheidend davon ab, wie viel Kilometer Sie auf Rhódos zurücklegen wollen.

Rhódos-Stadt: Paradies für Vespa-Fans

Die Pauschallösung erwies sich nach unseren Erfahrungen in der Regel als die preisgünstigere, da die Entfernungen auf der Insel doch erheblich sind.

Europcar, Airport, ✆ 83105, ℻ 82305, www.europcar.com.gr. Weitere Büros in Ixia und Pefkí bei Líndos.

Hertz, Airport, ✆ 82902, und Griva-Str. 16, ✆ 21819, www.hertz.gr.

Avis, Airport, ✆ 82896 und Dim.-Theodoraki-Str. 35, ✆ 24990 oder 23433, www.avis.gr.

Unser Tipp bei den kleineren Anbietern: **Motocar Rent a Car**, Ag.-Ioannou-Str. 32, zu Fuß etwa 10–15 Minuten vom Mandráki-Hafen. Etwas herber, aber doch freundlicher und hilfsbereiter Service. Man bekommt den Wagen auch zu Hotel oder Flughafen geliefert. Von April bis Oktober von ca. 9 Uhr bis spätabends geöffnet. ✆ 74538 oder 34239.

Sehr nett ist auch George Stavrias bei **Butterfly Rent A Car**, Al.-Diakous-Str. 26, ✆ 21330 oder 697-4123843 (mobil), ℻ 70120, oder in Theólogos an der Hauptstraße ✆ 81782, butterfly@rho.forthnet.gr, www.butterfly-rentacar.com.

• *Zweiradverleih* Macht nicht nur Riesenspaß, sondern ist auch das billigste individuelle Fortbewegungsmittel. Allerdings sollten Sie darauf achten, dass an den Fahrzeugen alles ordnungsgemäß funktioniert. Für ein **50-ccm-Moped** (meistens japanische Modelle) zahlt man pro Tag und ohne Kilometerbegrenzung ab 15 €, Vespas gibt es ab 26 €, vierrädrige Quads ab 47 €, für **Fahrräder** (meist ohne Gangschaltung) 6 €, Mountainbikes das doppelte. Mietet man sich ein Gefährt gleich für mehrere Tage, sollte man einen Rabatt aushandeln. Die Preisunterschiede sind gering. Händler gibt es fast an jeder Straßenecke, vor allem in der Neustadt. In der Altstadt: **Mandar Moto**, an der Platia Martyron (Dimosthenus-Str. 2), 50-ccm-Moped 15 €/Tag, 70 €/Woche; Scooter (80 ccm) ab 25 €. Die Preise beinhalten Steuern und Haftpflichtversicherung, Vollkasko kostet pro Tag 3 € extra (mit Selbstbeteiligung von etwa 100 €). Helme und Schlösser werden gestellt, in der Hochsaison sollte man das gewünschte Moped möglichst reservieren. Tägl. 8–20 Uhr geöffnet (April–Okt.), ✆ 34576. Es gibt auch ein eigenes Fahrradzentrum: Griva-Str. 31, ✆ 28315.

• *Banken* ausreichend in der Neustadt bei der Nea Agora und nahe dem Touristenbüro. Inzwischen fast standardmäßig mit Geldautomat (Eurocard/Visa, nicht immer ec-Karte) ausgestattet, Öffnungszeiten: Mo–Do 8–14 Uhr, Fr nur bis 13.30 Uhr.

• *Konsulate* **Deutsches Honorarkonsulat**, Artemidos-Str. 12 (in einem Wohngebiet am

Monte Smith), 85100 Rhódos, ✆ 63730. Mo–Fr 9–12 Uhr geöffnet.

Österreichisches Konsulat, (vertritt auch Schweizer Bürger) 25-Martiou-Str. 17, ✆ 20833.

• *Medizinische Versorgung* Das moderne Krankenhaus von Rhódos-Stadt liegt rund vier Kilometer außerhalb des historischen Zentrums. Es befindet sich in der Ágios Apostoli-Gegend auf einem Hochplateau oberhalb der Westküste. Der Weg ist gut ausgeschildert. ✆ 80000. In der Neustadt, Papalouka-Str. (Eingang). Ambulante Behandlung rund um die Uhr. Auf Rhódos gibt es alle gängigen Fachärzte, die fast ausnahmslos Englisch sprechen. Falls Sie ärztliche Hilfe brauchen sollten, lassen Sie sich eine Quittung über die bezahlten Arzthonorare geben, die sie gegebenenfalls dann zu Hause von Ihrer Krankenkasse ersetzt bekommen. Übrigens ist medizinische Hilfe in Griechenland deutlich billiger als in Mitteleuropa.

• *Post* An der Hafenstraße (Platia Eleftherias) liegt das Hauptpostamt; geöffnet Mo–Fr 7.30–20 Uhr (im Winter gelten andere Öffnungszeiten). Briefmarken können aber auch gegen einen kleinen Aufpreis an den Peripteros (Kiosken) und in vielen Hotels gekauft werden. Man kann bei der Post Travellerschecks und Postschecks einlösen.

• *Reiseagenturen* gibt es in Rhódos-Stadt wirklich an jeder Straßenecke. Wir möchten Ihnen **Castellania Travel** an der Platia Ippocratou empfehlen. Informationen über jede mögliche Fähr- oder Flugverbindung, Christos kennt sich auf Rhódos aus. Olympic Airways Agentur, Air Greece, Agentur für alle Fährlinien, hier werden auch ISICs ausgestellt und Studentenrabatte gewährt. Tägl. Von 8.30–21 Uhr geöffnet, ✆ 75860 oder 75862, 📠 75861.

Ausflüge bei **Colossus Travel**, Nea Agora 1 (in den Arkaden), sowohl Bus- als auch Bootsausflüge. April–Okt. tägl. 9–21 Uhr geöffnet, im Winter 9–14 Uhr und 17–21 Uhr; ✆ 20852 oder 27463, 📠 34537.

Olympic Airways Agentur, Ierou-Lohou-Str. 9, ✆ 39930 oder 24571–5, 📠 21992. Mo–Fr von 8 bis 16 Uhr geöffnet.

• *Tauchen* Am Mandráki-Hafen gibt es verschiedene Ausflugsschiffe. Die meisten fahren nach Kallithea. Dort kann man in 5 bis 6 m Tiefe tauchen. Teilnehmen können daher auch Anfänger. www.rodosdiving.com

• *Telefonieren* Von fast allen Telefonzellen können internationale Gespräche geführt werden. Die Telefonkarten ab 4 € erhalten Sie in Kiosken und Souvenirläden.

• *Waschsalon* „Laundromat", im Herzen der Altstadt, Platonos-Str. 33 (Seitenstr. der Sokrates-Str.). Pro Waschgang ca. 3,50 €, auch Trockner, ✆ 76047

Zentral in der Neustadt (Kosti-Palama-Str., nahe Mandráki-Hafen) liegt „Express Laundry", einmal Waschen und Trocknen kostet 3 €, ✆ 22514.

• *Zeitungen* An den Peripteros im Haupteingang des Neuen Marktes erhalten Sie überregionale Tageszeitungen wie FAZ, SZ, Handelsblatt, aber auch größere Regionalblätter und jede Menge Magazine wie Stern, Spiegel etc. In der Regel sind sie jedoch einen Tag alt. Übrigens: Manche Kioske am Mandráki-Hafen sind im Hochsommer fast rund um die Uhr geöffnet.

Übernachten (siehe Karten S. 83 und S. 86/87)

Kein Problem und doch ein Problem – im Großraum von Rhódos-Stadt finden sich weit über 100 Herbergen aller Kategorien. Hotels gibt es an jeder Straßenecke in der Neustadt, doch in der Regel sind sie auf Pauschaltouristen eingerichtet. Die Übernachtungskosten sind in Rhódos für griechische Verhältnisse überdurchschnittlich hoch. Die von uns ausgewählten Hotels liegen vornehmlich in der Altstadt – mehr Ruhe, weniger touristisch, preisgünstiger, mehr Atmosphäre. Vorsicht: Am Ende der Fanouriou-Straße, zwischen Omirou-Straße und Stadtmauer, beginnt das schäbige Bordellviertel. Wer viel Gepäck hat und sich mit dem Taxi direkt vor das Hotel fahren lassen möchte, hat allerdings oftmals Pech. Die schmalen Gassen sind meist zu eng für die breiten Blechkisten.

• *In der Altstadt* **Hotel Cava d'Óro (37)**, ruhiges Hotel in einer nicht besonders romantischen Straße (Nähe Hafen), das von einem freundlichen, griechisch-deutschen Ehepaar betrieben wird. Seit vielen Jahren eines der beliebtesten Hotels der Stadt. Außerdem gehört zu dem Altstadthotel auch die kleine Herberge Atha, die 2005 komplett

Übernachten
1 Hotel Cactus
2 Hotel Ibiscus
3 Grand Hotel
4 Esperia Hotel
5 Hotel Siravast
6 Hotel Mediterranean
8 Hotel Albergo delle Rose
10 Plaza Hotel
11 Annapolis Inn
12 Hotel Angela
13 Hotel Moschos
Essen & Trinken
7 Restaurant Red
9 Restaurant Ellinikon
14 Restaurant Le Palais
15 Café Aktaion
16 Restaurant Wonder
Rundgang (s. Seite 120)
Aquarium
Casino
Museum für moderne griechische Kunst
Türkischer Friedhof
Pl. Kountourioti
Murat-Reis-Moschee
Präfekturverwaltung
Theater
Evangelismos-Kirche
Rathaus
Ausflugsfahrten
O.T.E.
Mandraki-Hafen
Colossus Travel
Neuer Markt
n. West Rhódos
n. Ost Rhódos
Plan Rhódos Altstadt auf Seite 86/87
Pl. Simis
Aphrodite-Tempel
Großmeister-Palast
Ritterstraße
Byzant. Museum
Archäolog. Museum
Hafen
Fähren
Suleiman-Moschee
Märtyrer-Platz
Tradition. Tanztheater
Odeon
Antikes Stadion
Apollo-Tempel
Monte Smith
Rodini Park
300 m
Rhódos-Stadt
Rundgang (s. Seite 120)

Wohnen bei Modemachern

Die Lage der klassizistischen Villa könnte nicht besser sein: nur ein paar Schritte vom Großmeisterpalast. Hinter der schlichten Fassade verbirgt sich eine der außergewöhnlichsten Herbergen der Insel. Die beiden griechischen Modemacher Nikos und Takis ließen ihre Phantasie spielen. Heraus kam ein mit vielen architektonischen Details ausgestattetes Haus, das vor allem durch seine Stoffe, egal, ob Vorhänge, Bettbezüge oder Kissen, besticht. Der Orient scheint hier zum Greifen nahe. Die versteckt liegende Frühstücksterrasse über den Dächern der Altstadt mit Blick auf den Hafen ist ein Paradies. Das 2005 eröffnete Designerhotel hat freilich seinen Preis. DZ kosten zwischen 120 und 325 €. Suiten gibt es ab 225 €, besonders schön ist die Ontas-Suite mit ihrem Himmelbett. Empfehlenswert auch die Tzami-Suite mit ihrer großzügigen Sitzecke. Nikos und Takis betreiben übrigens im Erdgeschoss eine Designer-Boutique. Zu ihren Kunden gehören zahlreiche Künstler wie Nana Mouskouri, Sofia Loren oder Elizabeth Taylor. **Nikos Takis Fashion Hotel (17)** Panetiou 26, ✆ 70773, 📠 24643, www.nikostakishotel.com.

renoviert wurde. DZ je nach Ausstattung ab 75 € in der Hauptsaison, ab 55 € in der Nebensaison (inkl. Frühstücksbuffet). Kistiniou-Str. 15, ✆ 36980 oder 25537, 📠 77332.

Pension Andreas (56), sehr beliebte Traditionspension (seit 1986) in einer Seitengasse der Omirou-Str. (Hinweisschild), das Constance Rivemale neu und mit viel Geschmack ausgestattet hat. In dem 500 Jahre alten Haus befand sich früher ein Harem. Geräumige, freundliche, aufwändig dekorierte Zimmer, z. T. mit Dachterrasse und romantischem Blick über die Dächer der Stadt oder offenem Kamin. Teilweise sind die 11 Zimmer klein, aber kreativ eingerichtet. Es lohnt sich, die höchst unterschiedlichen Zimmer (teilweise mit eigenem Balkon) zu besichtigen. Kleinere Zimmer werden auch an Einzelpersonen vermietet, größere auch an drei Personen. Für eine vierköpfige Familie gibt es ein Appartement über zwei Ebenen, die Nr. 17, das zu zweit 84 € kostet. Großartig ist auch das Zimmer 21 (in der Hauptsaison 110 €) mit einem Panoramablick bis zur türkischen Küste. Das Zimmer ist 2005 neu ausgestattet worden. Von der großen Frühstücksterrasse mit Blick über die gesamte Altstadt (Frühstück zwischen 6 und 7,50 €) sind alles begeistert. DZ ab ca. 60 € in der Hauptsaison, ab 50 € in der Nebensaison. Wer mehrere Tage bleibt, kann über den Preis sprechen. Waschmaschine vorhanden. Intellektuelles Publikum. Omirou-Str. 28d, ✆ 34156, 📠 74285, andreasch@otonet.gr, www.hotelandreas.com.

Hotel Paris (53), eine seit über 30 Jahren im türkischen Viertel beliebte Herberge, sehr ruhig und trotzdem relativ zentral gelegen. Der ältere Besitzer namens Paris hat über viele Jahre das Hotel ausgebaut. 24 DZ mit Bad für je rund 100 €, Frühstück 7 €. Ein Pluspunkt ist der gepflegte Garten im Innenhof mit Zitronen- und Orangenbäumen. Das Hotel ist von April bis Okt. geöffnet. Fanouriou-Str. 88, ✆ 26356, 📠 21095.

Rooms to let Maria (26), sehr empfehlenswert, nur 50 m von der Sokrates-Straße entfernt, absolut im Zentrum. In den hinteren Zimmern kann es laut werden, weil ein Nachtclub um die Ecke liegt. Gepflegtes Haus mit idyllischem Innenhof. Die nette, ältere Wirtsfamilie sorgt für eine gute Atmosphäre. DZ ab 25 € (ohne Frühstück, aber mit Kaffee, so viel man möchte) Empfohlen auch von unserer Leserin Dorothea Schneider aus Auenwald: „Sehr sauber, täglich geputzt, hübscher Innenhof, sehr nette Vermieterin." Menekleous-Str., ✆ 22169.

Pension Minos (55). Von Kárpathos wanderte der Besitzer nach Kanada aus und verdiente sich dort harte Dollars. Vor ein paar Jahren erfüllte er sich zusammen mit seiner Frau Maria seinen Traum: Die Familie Lenti eröffnete in einem der urigsten Viertel der Altstadt eine kleine Pension mit nur 16 Zimmern. Die Zimmer sind schlicht, aber sauber und hell. Alle Bäder sind 2003 neu gestaltet worden. Von der Dachterrasse bietet sich ein fantastischer Ausblick über das Dächergewirr. Ein hübscher Vorgarten mit Granatapfelbäumen lädt zum Verweilen ein. Das DZ ab 40–45 € (ohne Frühstück), es gibt auch Drei- und Vierbettzimmer (ab 50 bzw. 80 €). Omirou-Str. 5, ✆ 31813, 📠 23189, minospns@otonet.gr, www.minospension.com.

Hotel Cactus in der Neustadt

Rhódos-Stadt
Karten S. 83 und S. 86/87

Pension Elefantos (57), in einem idyllischen Teil der Altstadt gelegen. 8 schöne, gepflegte Zimmer mit Bad, netter Innenhof, großer, üppig bewachsener Garten. Junges Publikum. DZ zwischen 40 und 55 €, stimmiges Preis-Leistungs-Verhältnis. Ganzjährig geöffnet. Irodotou-Str. 42, ✆ 22469, pinkelephantpension@yahoo.com, www.pinkelephantpension.com.

Pension Ólympos (45), zentral, aber sehr ruhig gelegen. Ein Klassiker unter den Pensionen in der Altstadt. Familiäre Atmosphäre, „George", der Besitzer, hat 27 Jahre lang in Hagen gelebt und spricht gut Deutsch. Die Besitzerfamilie kommt von der Nachbarinsel Kárpathos. Nach dem Heimatdorf ist die Pension benannt. Zimmer mit Bad und z. T. Balkon. DZ 40-50 €, Frühstück 5 €. Freitag Abend kann es durch die Musik des nahe gelegenen Tanztheaters laut werden. Sehr wohl gefühlt hat sich hier auch unser Leser Alexander Meyer aus Wetzlar. Gäste werden zu gängigen Taxipreisen auch vom Flughafen abgeholt, ab 10€. Ag.-Fanouriou-Str. 56, ✆ 33567 oder 67839 oder 694-5573265 (mobil), ✆ 33567.

Hotel Domus (42), inmitten des türkischen Viertels in der Altstadt, im ersten Stock über dem Restaurant Yiannis, empfehlenswerte Unterkunft. Saubere Doppelzimmer mit Du/WC zwischen 45 und 75 €, Frühstück 6 € pro Person. Apellou-Str. 41, ✆ 25965, ✆ 24766, domus@domusrodoshotel.gr, www.domusrodoshotel.gr.

Hotel La Luna (21), 100 m von der Suleiman-Moschee entfernt. Kleines, freundliches Hotel von Sabiha Kaimaktsis. Das gelbliche, turmartige Gebäude (ein früheres türkisches Bad) hat einfache, saubere Zimmer (ohne Bad). Schöner Garten mit Zitronenbäumen. Für die schlichte Einrichtung allerdings ziemlich teuer: DZ (ohne Bad) ab 25 €, Frühstück 5 €, ganzjährig geöffnet, Reservierung sinnvoll. Ierokleous-Str. 21, ✆ 25023, ✆ 25856.

Hotel Spot (48), im Herzen der Altstadt beim Märtyrer-Platz. Eine mit Kieselsteinen gepflasterte Gasse führt zu dem gelb getünchten, gepflegten Haus. Saubere Räume mit Bad und Aircondition. Sevasti Mavorstomou vermietet in seiner 9 Zimmer großen Pension Ein-, Zwei- und Dreibetträume. Von März bis Oktober offen, DZ ab 50 €, kein Frühstück. Perikleous-Str. 21, ✆ 34737, ✆ 34737, spothotel@otonet.gr, www.rodosisland.gr.

Niki's Rooms (52), Die kleine, verwinkelte Pension in der Nähe der Omirou-Straße vermietet Zimmer ab 35 € (mit Bad), teilweise mit Balkon. Waschmaschine vorhanden. Sofocleous-Str. 39, ✆ 25115, ✆ 36033.

Apollo Tourist House (56), neben der Pension Andreas vermietet Besitzer Umberto, der vorher in den Niederlanden gelebt hat, einfache Zimmer, Gemeinschaftsküche und -bad, viele junge Reisende. In dem von Weinreben überdachten Innenhof wird das Frühstück serviert (4€ pro Person), DZ ab 35€, Omirou-Str. 28c, ✆ 32003, hotelapollo@email.com, www.apollo-touristhouse.com.

Rooms to let Sofia (50), versteckt, aber zentral gelegene Pension mit einfachen Zimmern. Kein Frühstück. Wohl gefühlt hat sich hier unsere Leserin Christel Günther aus Berlin. DZ 30–40 €. Aristofanous-Str. 27, ✆ 30990 oder 36181.

Hotel Via-Via (39),durch eine dunkle Tür und eine verwinkelte Treppe hinauf geht es auf die umbaute Terrasse der Pension, die die Belgierin Beatrice und der Grieche Stratos betreiben. Jedes der sechs Zimmer ist individuell mit orientalischen Accessoires eingerichtet. Zum reichhaltigen Frühstück (mit 7 € pro Person ziemlich teuer) serviert Beatrice Café au lait. Die ruhige Lage haben unsere Leser Marie-France und Werner Bräunig aus Fränkisch-Crumbach geschätzt. DZ 47–65 €. Pythagoras-Str. 54, Ecke Lisipou-Str. 2, ✆ 77027, viavia@rho.forthnet.gr, www.hotel-via-via.com.

Hotel Isole (27),im Obergeschoss eines Altstadthauses haben Luisa und Guido Barone ihre Pension eingerichtet Die Zimmer sind alle sehr sauber und haben eigene Bäder. Den Gästen bietet sich ein schöner Blick über die Altstadt bis zum Hafen. Von März bis Oktober geöffnet. DZ 30–60 € (inklusive Frühstück), Evdoxou-Str. 75. ✆ 20682 oder 33684, 693-7580814 (mobil), 📠 33684, hotelisole@hotmail.com, www.hotelisole.com.

Rodos Youth Hostel (34), schon ziemlich abgewohnte private **Jugendherberge** für sehr bescheidene Ansprüche. Kleine Bar im Garten. Übernachtung im Mehrbettzimmer bzw. Schlafsaal ab 8 €, eine der billigsten Möglichkeiten in Rhódos-Stadt. Ergiou-Str. 12, ✆ 30491.

• *In der Neustadt* Nahezu alle Hotels sind ausschließlich auf Pauschaltouristen eingestellt. Für ein DZ in der Neustadt muss man ohne Pauschalarrangement in der Regel mit mindestens 50 € rechnen.

Hotel Grande Albergo delle Rose (8), ein Teil des 2002 wiedereröffneten Casinos dient als 5-Sterne-Hotel. Passend zu dem in den 20er Jahren des vorigen Jahrhunderts erbauten Art-déco-Hotels ist die Einrichtung der Luxusher-

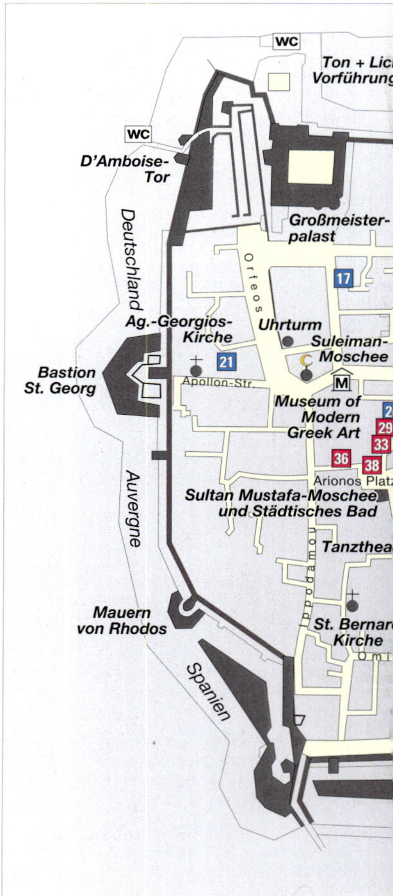

Übernachten
17 Fashion Hotel Nikos Takis
21 Hotel La Luna
26 Rooms to let Maria
27 Hotel Isole
34 Youth Hostel
37 Hotel Cava d'Oro
39 Via Via
42 Hotel Domus
45 Pension Olympos
48 Hotel Spot
50 Rooms to let Sofia
52 Nikis's Room
53 Hotel Paris
55 Pension Minos
56 Pension Andreas & Tourist House Apollo
57 Pension Elefantos

Rhódos-Stadt
Karten S. 83 und S. 86/87

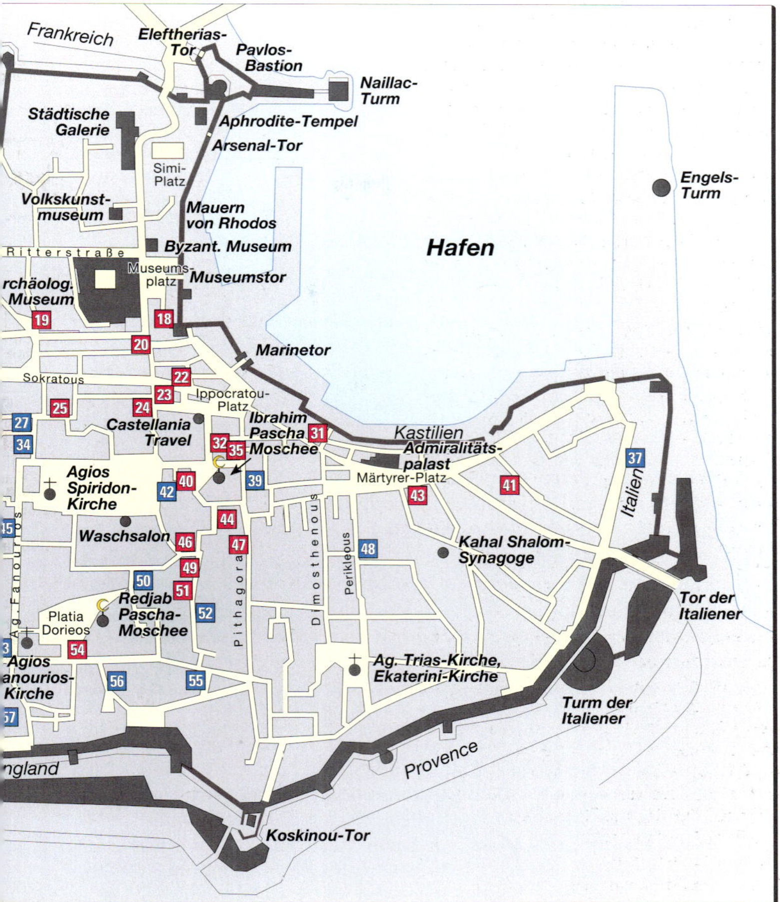

E ssen & Trinken

18 M. Dinoris
19 Rest. Myrovolies
20 Golden Oympiade
22 Alexis
23 Taverne Mikes
24 Pizza de Spillo
25 Restaurant Bombay
28 Rest. Melathron
29 Fotis
30 Restaurant Romeo
31 Rest. Alexis 4 Seasons
32 Astra
33 Taverne Full Moon
35 Restaurant Pythagoras-Chez Tonton
36 Symposium
38 To Diafani
40 Pizanias
41 Taverne Hatzikelis
42 Restaurant Yiannis
43 Restaurant Ippotikon
44 Restaurant Nireas
46 Restaurant Casbah
47 Kostas Hagicostas
49 Nektar & Ambrosia
51 Restaurant Mandala
54 Oasis

Rhódos Altstadt

herberge von zurückhaltender Eleganz. Es werden nur Suiten angeboten. Der Clou: Jeder Suite steht ein persönlicher Butler zur Verfügung. Eine 50 qm große Suite kostet ab 420 € pro Tag. Der Höchstpreis liegt bei 2500 €! Papanikoaou-Str. 4, ✆ 97400, ✆ 97504, www.casinorodos.gr.

Grand Hotel (3), ein beliebter Klassiker unter den Fünf-Sterne-Hotels auf Rhódos. Der in den siebziger Jahren erbaute „Kasten" beherbergte früher das Casino von Rhódos. Mittlerweile ist das Haus zum größten Teil prachtvoll renoviert und besticht durch Eleganz und Service. Schöner Mosaikboden. Das Grand Hotel verfügt nicht nur über zwei Meerwasserpools, sondern auch über Hallenbad, Gymnastik- und Massageraum, Tennisanlage und Pianobar. Am Pool kann

Viron Perellis und die gemalten Urlaubserinnerungen

In früheren Zeiten gehörte ein Porträt des Ehepartners und der Kinder zur Grundausstattung der Wohnung einer wohlsituierten Familie. Der Fotoapparat hat dieser Tradition schon vor mehr als einem Jahrhundert ein Ende gesetzt. Der Beruf des Porträtmalers ist seitdem nicht mehr gefragt.

Doch auf Rhódos gibt es sie noch, die Porträtmaler. Wie an einer Perlenschnur aufgereiht sitzen die Autodidakten, Kunststudenten und Meisterschüler an der Straße an der Platia Martirion in der Altstadt, beim Großmeisterpalast oder am Mandráki-Hafen. Die meisten von ihnen beherrschen das zur Kundengewinnung nötige Vokabular in den verschiedensten Sprachen ebenso meisterhaft wie ihre Kunst selbst.

Der Arbeitstag ist für die Maler besonders in der Hochsaison hart, denn die Erstellung eines Porträts erfordert höchste Konzentration, und es geht manchmal zu wie am Fließband. Die Maler haben sich längst zu einer Kooperative zusammengeschlossen. Alle Einnahmen fließen in eine Kasse und werden dann durch die Anzahl der Mitglieder brüderlich geteilt. Das ist nicht nur gerecht, sondern auch eine Art Versicherung, wenn einer der Maler krank wird. Durch die Kooperative wurde es auch möglich, sich in den Sommermonaten einen freien Tag zu gönnen.

Viron Perellis, ein bärtiger Mittfünfziger aus Lesbos, ist einer von ihnen. Er gilt unter seinen Kollegen als der Erfahrenste. Seit Jahrzehnten findet er mit der Malerei auf Rhódos sein Auskommen. Meistens legt er sein Handwerkszeug im Hochsommer nicht vor Mitternacht aus der Hand. Schließlich ist die Porträtmalerei immer auch ein Kampf gegen die Zeit und nur in der Hochsaison wirklich lukrativ. Nach der Arbeit geht es heim in das Bauerndörfchen Koskinou, nur wenige Kilometer südlich von Rhódos-Stadt. In einem historischen Haus inmitten des malerischen Dorfzentrums findet Viron die Ruhe, die er nach seiner anstrengenden Tätigkeit braucht.

Die Einnahmen aus der Porträtmalerei reichen für den Lebensunterhalt über das ganze Jahr nicht aus. Wenn Ende Oktober die letzten Touristen die Insel verlassen, versiegen auch die Verdienstmöglichkeiten. Viele der Porträtmaler gehen daher in den Wintermonaten „Ersatzbeschäftigungen" nach, die meistens im künstlerisch-dekorativen Bereich angesiedelt sind. Fast keiner bleibt in der touristenlosen und damit arbeitslosen Zeit auf der Insel. Viele zieht es auch nach Asien. Dort sind die Lebenshaltungskosten gering. Auch Viron Perellis zieht es am Ende der Saison in die Ferne. Vor allem der Süden Indiens mit seiner Farbenpracht und Lebensfreude hat es dem Maler angetan. Doch jedes Frühjahr kehren er und seine Kollegen wieder nach Rhódos zurück und malen wieder Porträts.

Der Porträtmaler Viron Perellis bei der Arbeit

es im Hochsommer schon mal eng werden. Hier hat auch schon Ex-Bundeskanzler Helmut Kohl genächtigt. DZ ab 90 €, EZ ab 75 €, jeweils mit Bad, Balkon, Frühstück, Frühstück 12 €, Mittagessen 22 €. Je nach Saison große Preisunterschiede. Buchbar über alle großen Reiseveranstalter. Miaouli-Str. 1, ca. 1 km vom Zentrum (Mandráki), am nördlichen Strand, nahe dem Aquarium. Auf den Balkonen kann es durchaus windig werden. Ganzjährig geöffnet. ✆ 54700, ℻ 35589, www.mitsishotels.com.

Hotel Angela (12), ein stilvolles, 2002 renoviertes Haus mitten in der Neustadt; das Interieur mit echter moderner Kunst an den Wänden ist von minimalistischer Eleganz. Es werden nur Suiten (meistens 45 Quadratmeter) zum Preis von 110 € vermietet, besonders schön ist die Penthouse-Suite auf dem Dachgeschoss mit Jacuzzi und einem tollen Blick über die Stadt. Das Hotel besitzt eine schöne Terrasse mit Sofas, doch wegen des vielen Verkehrs ist es relativ laut. Straße des 28. Oktober 7 (beim Academia-Platz), ✆ 78906, ℻ 78948, www.angelasuites.gr

Annapolis Inn (11), das Eckhaus mit der langgezogenen Terrasse ist renoviert und neu eingerichtet worden. Es ist ein gemütliches und stilvolles Haus. Jede der 44 Suiten besitzt eine Kochnische. Hinter dem Haus lässt es sich in einem kleinen, ruhig gelegenen Swimmingpool planschen. Freundlicher Service. Bei Familien beliebt. Suiten (inkl. Frühstück) 80–120 €, Straße des 28. Oktober/Ecke Ionos-Dragoumi-Str., ✆ 24538 oder 26130, ℻ 31910, anapolis@otonet.gr, www.annapolisinn.gr.

Hotel Capitol, Lesertipp von Sabine Kunz aus Gau-Odernheim: „Das 200 Jahre alte, renovierte Haus hat 9 Zimmer, alle mit Bad und Dusche, sehr sauber, familiäre Atmosphäre. Wir haben uns dort sehr wohl gefühlt." Das B-Klasse-Hotel von Elis Mavrakis liegt in der Dilberaki-Str. 65, ca. 200 m zum Strand des Grand Hotels. DZ ab 30 €, Frühstück 4 €. Ab März geöffnet, ✆ 74154.

Mitsis Petit Palais Rhodes, das mit viel Marmor edel eingerichtete Hotel der A-Klasse ist komplett renoviert worden. Im Eingangsbereich empfangen Springbrunnen die Gäste. Eine genaue Auskunft über das Zimmer lohnt sich, Meerblick möglich, aber es kann sehr windig werden. Mitten in der Neustadt mit großer Terrasse zur Straße, auf der unzählige Mopeds vorbeirauschen. Schöner Pool. DZ 85-280 €. Gen. Griva 3, ✆ 22781, ℻ 21411. www.mitsishotels.com.

Ibiscus (2), modernes Mittelklassehotel neben dem Mediterranean. Hell, sauber und funktional. Teilweise haben die Zimmer einen schönen Blick aufs Meer. Das Ibiscus

– beim Aquarium – besitzt ein sehr gutes Preis-Leistungs-Verhältnis. Der Pool wurde stilvoll mit Holzpanelen gestaltet. A-Klasse, 207 Zimmer, EZ ab 73 €, DZ ab 93 €. Nisirou-Str. 17, ✆ 24421, 📠 27283, ibiscus-hotel@rho.forthnet.gr, www.rhotel.helios.gr/hotels/ibiscus.

Cactus (1), direkt gegenüber vom Aquarium. Vor allem bei griechischen Touristen beliebtes Hotel in einem recht originellen Rundbau mit großzügigem Blick auf das Meer, ca. 1,5 km vom Mandráki-Hafen entfernt an der Nordspitze der Insel. Mittlerweile ist das Mittelklassehotel jedoch in die Jahre gekommen. Vor allem die Südwestseite ist nicht gerade ein Schmuckstück. Hier bläst meist ein böiger Wind. Wer kurzfristig (am besten vor Ort) bucht, kann über den Zimmerpreis verhandeln. DZ ab 65 €, EZ ab 52 €, Zimmer mit Bad und Balkon (Meerblick), inkl. Frühstücksbuffet. ✆ 26100 oder 26088, 📠 23376, hocactus@otonet.gr, www.cactus-hotel.gr.

Hotel Mediterranean (6), kastenförmiges Hotel, das seit seiner Renovierung mit seiner geschmackvollen Ausstattung viele Stammgäste gewonnen hat. Es zählt zu den beliebtesten Hotels in Rhódos. Die eindrucksvolle Empfangshalle mit einem riesigen Bodenmosaik ist das Schmuckstück des Hauses. Unbedingt Zimmer mit Meeresblick verlangen. Die renovierten Zimmer nach hinten zur Straße sind weniger schön und laut. Die Bäder sind mittlerweile in die Jahre gekommen. Der Service ist verbesserungswürdig. Reichhaltiges Frühstücksbuffet. Kleiner, gepflegter Pool. Über die Straße der stets volle Stadtstrand. Auch viele griechische Gäste. Kos-Str. 35–37, EZ ab 68 €, DZ ab 92 €. ✆ 24661, 📠 22828, info@mediterranean.gr, www.mediterranean.gr.

Siravast (5), A-Klasse-Hotel beim Aquarium, wurde stilvoll restauriert. Leider ist die Lobby etwas trist ausgefallen. Die Gäste dürfen Bar und Swimmingpool des Hotels Cactus nebenan benutzen, denn beide Häuser gehören demselben Besitzer, Konstantinos Vassiliadis. Die Lage am Strand mit dem grünen Vorplatz und dahinter der Platz mit den 100 Palmen ist dennoch prima. Die Zimmer sind nüchtern eingerichtet, aber sehr hell. EZ in der Hochsaison 76 €, DZ 90 €. Gravrill-Haritou-Platz, ✆ 23551-7, 📠 23311, hocactus@otenet.gr, www.siravast-hotel.gr.

Plaza Hotel (10), in einem ruhigen Viertel der Neustadt gelegenes Haus der Best-Western-Kette mit 140 Zimmern. Das Hotel wurde renoviert, schöner Pool im Garten, gediegene Atmosphäre. Vor allem bei griechischen Gästen, aber auch bei Ausländern sehr beliebt. Ganzjährig geöffnet. DZ mit Bad und Balkon ab 60 €, EZ ab 50 €, Frühstück kostet 10 €. Ierou-Lochou-Str. 7, ✆ 22501, 📠 22544, plaza@otonet.gr, www.rhodes-plaza.com.

Hotel Moschos (13), über einem Benetton-Laden, zentral gelegen, sehr nettes Personal. Viele skandinavische Gäste. Sauberes, funktionales Hotel, 34 Zimmer mit Bad und Balkon. DZ 52–80 € (Handeln ist möglich!), C-Kat., Dodecanissiou-Str. 7, ✆ 24764 oder 36900, 📠 25983.

Esperia Hotel (4), an einem schattigen, von Palmen bewachsenen Platz gelegenes, großes Haus nahe dem Petit Palais. Swimmingpool vorhanden. Sehr gutes Preis-Leistungs-Verhältnis. Alle Zimmer mit Klimaanlage DZ ab 62 €, EZ ab 51 €. In der Nebensaison gibt es große Preisnachlässe. G.-Griva-Str. 7, ✆ 23941, www.esperia-hotels.gr.

Hotel Blue Sky, der große Pool des modernen Hotels ist der größte Trumpf. Die Zimmer sind minimalistisch-stilvoll eingerichtet, große Fenster mit Blick zum Meer. Nachteil: Die Straße ist relativ laut, außerdem liegt die beliebteste Ausgehstraße der Neustadt gegenüber vom Hotel. EZ ab 86 €, DZ ab 104 €, Frühstück 10 €, Platia Psaropoulas, ✆ 24091, 📠 22363, www.blueskyhotel.gr.

• *Außerhalb* **Hilton Rhodes Resort,** das stufenförmig in den Hang hineingebaute 5-Sterne-Hotel in dem Touristenvorort Ixia (4 km vom Zentrum) zählt zu den besten der Insel. Das 1993 gebaute Luxushotel – das zweitgrößte der Insel – bietet nicht nur 401 geschmackvolle Zimmer, sondern auch Klimaanlage, diverse Restaurants, Pianobar und zwei Swimmingpools, alles sehr schick. Allerdings ist die eigenwillige Architektur der kubischen Anlage nicht jedermanns Geschmack. Zwischen Hotel und Strand verläuft allerdings die viel befahrene Küstenstraße (zum Flughafen), durch einen Fußgängertunnel gelangt man jedoch bequem zum hoteleigenen Strand. Vertragshotel namhafter deutscher Reiseveranstalter. EZ ab 170 €, DZ ab 190 €, mit Frühstück; über Pauschalanbieter sind die Zimmer jedoch billiger zu haben. ✆ 75000, 📠 76690, sales_rhodes@hilton.com, www.hilton.com.

Taverne in der Altstadt

Essen und Trinken (siehe Karten S. 83 und S. 86/87)

In Rhódos-Stadt kann jeder auf seine Kosten kommen – vom zünftigen Tavernengrill bis hin zu leckerer Nouvelle cuisine auf Griechisch. Vor allem die Altstadt ist ein wahres Schlemmerparadies. Hier finden sich eine ganze Reihe hervorragende *Psarotavernas* (Fischtavernen), die zwar nicht immer ganz günstig sind, dafür aber Allerfeinstes aus der Ägäis bieten.

• *Fischrestaurants (Altstadt)* **Fischrestaurant Fotis (29)**, das 1970 gegründete Restaurant liegt nur ein paar Schritte von der Sokrates-Straße (Menekleous-Str. 8), umgeben von anderen Tavernen. Das Fotis zählt zu den besten Fischrestaurants der Stadt. Das Erfolgsgeheimnis sind die exzellenten Rohprodukte. Auf der Speisekarte findet man auch ausgefallenere Gerichte wie z. B. Seeigelsalat. Der Tagesfang bestimmt die Speisekarte. In der Regel sind Langusten, Brassen, Oktopus darauf zu finden. Gehobenes Preisniveau, für einen Fisch sollte man mit rund 20 € rechnen, beliebt auch bei den Rhodiern, ganzjährig geöffnet. Die einsehbare Küche wirkt appetitanregend. Hier kann man auch am späten Abend unter einem riesigen Ficus-Baum essen. Viele Griechen kehren hier erst gegen 21 oder 22 Uhr ein. ✆ 27359.

TIPP! **Restaurant Nireas (44)**, das mit Stil eingerichtete Restaurant von Theodoros Tsikkis liegt an einem Platz abseits des Trubels und bietet feine mediterrane Küche. Hier kommt frischer Fisch auf den Teller. Vor allem der Oktopus, die Miesmuscheln und der Seeigelsalat schmecken gut. Lecker ist auch das wilde Gemüse, das gekocht und mit frischen Zitronen verfeinert wird. Der Hauswein hingegen ist eine Enttäuschung. Die mit Pflanzen überdachte Terrasse ist ideal für einen romantischen Abend. Zur guten Stimmung trägt auch die Wirtsfamilie bei. Wenn das Lokal voll besetzt ist, muss man in dem Familienbetrieb allerdings etwas Geduld mitbringen. Sofokleoustr. 22, ✆ 21703.

Fischrestaurant Pizanias (40), der „Seestern", unauffällige, einfache Psarotaverna abseits der gängigen Touristenrouten, unser Tipp! Zur Auswahl stehen nur Fisch und Salate, dazu eine große Auswahl an Meeresfrüchten (hervorragende Muscheln), relativ preisgünstig. Der Fisch ist hier garantiert frisch, man sitzt gemütlich auf einer weinüberdachten Terrasse und schaut

Dimitris zu, wie er den Fisch grillt. Viele Griechen schätzen die einfache Taverne (gegenüber von Nireas). Mittags und abends geöffnet, Sofokelous-Str. 24, am gleichnamigen Platz, ✆ 22117 oder 31884.

Restaurant Manolis Dinoris (18), Fischkenner schwören seit vielen Jahren auf das stimmungsvolle Restaurant (offener Kamin) im Zentrum der Altstadt. Seit 1967 werden in dem ehemaligen Reitstall Meeresfrüchte (alle Arten von Fischen, Hummer, Krabben, Tintenfisch etc.) serviert. Vor allem Lokalpolitiker und Kirchenleute schätzen das mehrfach ausgezeichnete Traditionslokal, das innen modern, aber einfach eingerichtet ist. Oberes Preissegment, für ein dreigängiges Menü plus Getränke sollte man mit 45–55 € rechnen. Das Dinoris liegt versteckt an der Platia Moussiou 14a, schräg gegenüber vom Archäologischen Museum die kleine Gasse hinein. Museum-Platz 14a, ✆ 25824, 📠 35530, www.dinoris.com.

Taverne Alexis (22), ob Mikis Theodorakis, Jackie Onassis oder die Bandmitglieder von Pink Floyd – es haben sich schon viele mehr oder weniger populäre Zeitgenossen in dem Traditionslokal (seit 1957) inmitten der Altstadt wohl gefühlt. Das überwiegend ältere Publikum sitzt dicht gedrängt an der Sokrates-Str. 18 und genießt, was aus der Ägäis gefischt wird: Langusten, Schwertfisch ... Eine Spezialität ist die Shrimpsuppe. Überhaupt sind Krustentiere der Schwerpunkt der Küche. Das Essen ist besser als der Service. Man sollte pro Person mit 50 € rechnen. Wem der Trubel auf der Terrasse in der Sokrates-Straße zu viel ist, der kann auch auf einer ruhigeren Terrasse nach hinten hinaus Platz nehmen. Sonntags geschlossen. Eine Zweigstelle des Restaurants, Alexis 4 Seasons, gibt es am Märtyrer-Platz. ✆ 29347.

Restaurant Melathron (28), in einer kleinen Seitengasse zur Sokrates-Straße ist dieses Luxus-Restaurant zu finden. Das verwinkelte Haus bietet zahlreiche private Speiseräume. Viele Promis, wie beispielsweise die Sängerin Nana Mouskouri, schätzen das elegante, nostalgisch eingerichtete Feinschmecker-Restaurant. Die Qualität und die Preise stimmen dennoch. Das Restaurant mit einem elegant eingerichteten Innenhof gehört zur bekannten Fischtaverne Fotis. Par. Sokrates 41t, ✆ 24272, 📠 26090, www.fotisgroup.com.

Restaurant Myrovolies (19), zwischen Sokrates- und Ritterstraße liegt versteckt diese Taverne, die sich der traditionellen Küche Griechenlands verschrieben hat. Im Innenhof sitzt man sehr stimmungsvoll. Freundlicher Service. Lachitos 13, ✆ 38693.

Restaurant Alexis 4 Seasons (31), für seinen Fisch ist das ambitionierte Lokal in der Nähe des Märtyrer-Platzes bekannt. Von den Kitschläden links und rechts des Eingangs sollte man sich nicht abschrecken lassen. Das Restaurant ist innen elegant mit offenem Kamin eingerichtet. Bezaubernd ist der versteckte Innenhof. Etwas für Romantiker. Fischgericht für 2 Pers. 33 €. Aristoteleous-Str. 33, ✆ 70522.

Fischrestaurants an der südöstlichen Strandpromenade im Stadtteil Zefyros (Klaudiou-Pepper-Str.) einfache Gaststätten mit vorzüglichem frischem Fisch, bei Griechen beliebt. Einige sind daran zu erkennen, dass auf den Terrassen Tintenfische an Haken zum Trocknen hängen.

• *Weitere Restaurants (Altstadt)* **Restaurant Ippotikon (43)**, das Restaurant von Chrisostomos Mitsiniotis zählt zu den besten der Altstadt. Verfeinerte griechische Küche, netter Service, Piano-Musik, nicht gerade billig. Die Riesenbohnen, gefüllte Weinblätter, Auberginenvorspeise und Fisch schmecken ganz ausgezeichnet. Für ein Menü mit Wein sollte der Gast rund 30 € rechnen. Von einem der Balkons hat man einen schönen Blick. Ganzjährig geöffnet. Platia Martyrion Evreon 5, ✆ 25293.

TIPP! **Restaurant Casbah (46)**, Orient im türkischen Viertel. Das geschmackvoll eingerichtete Restaurant mit mediterran-arabischer Küche bietet mehr als griechische Hausmannskost. Viele junge Einheimische und Besucher schätzen das vielseitige Restaurant mitten in der Altstadt. Das historische Gebäude aus türkischer Zeit wurde geschmackvoll restauriert. Schönes, rustikales Porzellan. Mittlere Preislage. Kleine Speisekarte, dafür aber lecker. Sehr aufmerksamer, herzlicher Service. Platonos-Str. 4–8, ✆ 78633.

Restaurant Symposium (36), bekanntes Altstadtlokal, das vor allem bei Reisegruppen hoch im Kurs steht. Das Symposium zählte früher zu den renommiertesten Lokalen der Stadt, mittleres bis gehobenes Preisniveau. Schöner, hinter einer hohen Mauer versteckter, L-förmiger Innenhof. Guter rhodischer Wein. Aufmerksamer Service. Archealou-Str. 3 (100 m von der Sokrates-Str.), ✆ 28598.

Eine Institution in der Altstadt: die Fischküche von Dinoris

Restaurant Yiannis (42), in einer kleinen Seitengasse der Sokrates-Str. (20 m), auf den ersten Blick sieht es aus, wie ein Touristenlokal. Doch Yiannis, der Koch und Namenspatron des sympathischen Restaurants, hat sein Handwerk in New York gelernt und kocht wirklich mit Liebe. Leckere Salate, verfeinerte griechische Küche, mittleres Preisniveau. Ruhige, einladende Terrasse. Menüs ab 9 €. Platonos-Str. 41, ✆ 36535.

Restaurant Pythagoras – Chez Tonton (35), Emmanuel, der Patron des gediegenen Restaurants im Herzen der Altstadt, ist stolz auf seine Eintragung im „Guide Bleu". Die hat er sich mit seiner exzellenten Küche aus seinem gallischen Heimatland auch wirklich verdient. Den Ruf erwarb er sich mit seinen hervorragenden Fischgerichten, die auch verwöhnten Gaumen schmeicheln. Bekannt sind seine Muscheln in Weinsauce. Pythagoras-Str. 22, ✆ 23711.

Restaurant Bombay (25), indisches Restaurant in einer ruhigen Altstadtgasse. Attraktion ist eine mit bunten Polstern ausgelegte orientalische Liegewiese unter einem Baldachin, die man nur über eine schmale Treppe erreicht. Freundlicher Service, Hauptgerichte ab 9 €. Ag.-Fanouriou-Str. 14, ✆ 70527.

Restaurant Kostas Hagicostas (47), die vielen Lobeshymnen seiner Gäste hängt der Wirt gerne auf einer Pin-up-Wand als Empfehlung vors Lokal. Er kann es sich leisten, denn die gebotene griechische Hausmannskost ist schmackhaft und preiswert. Pythagoras-Str. 62, ✆ 26217.

Restaurant To Diafáni (38), schräg gegenüber vom städtischen Bad gibt es preiswerte und einfache Hausmannskost in großen Portionen. Nette Atmosphäre im gemütlichen Garten, sehr einladend. Der Wirt ist von eher herbem Charme. Besonders empfehlenswert: Dolmadakia (gefüllte Weinblätter). Geschmeckt hat es hier unseren Lesern Hajo Güniker aus Paderborn sowie Hubert und Dietgard Maus aus Hagenow. Platia Arionos 3.

Restaurant Oasis (54), an einem stillen Platz gegenüber der halb verfallenen Redjab-Pascha-Moschee. Der hilfsbereite Nikos Baláskas und seine Familie bieten griechische Hausmannskost – deftig und sehr preisgünstig. In dem seit vielen Jahren beliebten Lokal sitzt der Gast unter Schatten spendenden Bäumen; schon zum Frühstück geöffnet. Dorieos-Platz 12, ✆ 34253.

Taverne Hatzikelis (41), bereits seit 1982 besteht diese Taverne in der Nähe eines kleinen Parks, unweit des Märtyrer-Platzes und der Ruine der Marienkirche, auf den Teller kommen vor allem Fleischgerichte, auch viele Griechen schätzen den romantischen Ort, Solomou-Alhadef-Str. 9, www.hatzikelis.gr

Taverne Full Moon (33), gute Mittagsmenüs ab 7 €. Griechische Hausmannskost mit viel Fisch, Terrasse am Rande des kleinen Platzes, in der Nähe einer Moschee, Menekleous-Str. 22.

TIPP! **Pizza de Spillo (24),** das unauffällige Lokal nahe der Sokrates-Straße bietet kleine, aber exzellente Pizzen. Das Geheimnis sind die guten Zutaten. Vor allem Einheimische schätzen die Taverne. Preiswert. Apellou-Str. 41 (Platonos-Str.), ✆ 33286.

Taverne Astra (32), recht unscheinbar, in einer Seitengasse von der Pythagoras-Str., keine 50 Meter von der Platia Ippocratou entfernt. Gut und außerordentlich günstig, einfache Hausmannskost, dennoch empfehlenswert.

TIPP! **Restaurant Mandala (51)**, der „evolutionären Küche" hat sich dieses Restaurant verschrieben, das eine Schwedin zusammen mit ihrer Tochter betreibt. Es handelt sich um eine internationale Küche mit stark asiatischem Einschlag. Die Produkte sind frisch und von guter Qualität. Schöner Garten, nette, relaxte Atmosphäre, am späten Abend verwandelt sich das Restaurant in eine auch bei Griechen beliebte Bar. Vor allem Künstler zieht das Mandala an. Im Sommer gibt es bis Mitternacht warmes Essen aus der offenen Küche. Sofokleos-Str. 38, ✆ 38119.

Taverne Mikes (23), gemütlich ist die Taverne bei der Sokrates-Straße (gegenüber dem Restaurant Alexis) gerade nicht. Doch darauf kommt es den Gästen nicht an. Viele Griechen der Altstadt kommen hier nach Ladenschluss vorbei. Sie lieben die guten und preiswerten Fischgerichte. Fragen Sie nach dem Tagesfang. Nette Bedienung.

Restaurant Romeo (30), wenige Schritte von der Sokrates-Straße liegt dieser Klassiker unter den Restaurants der Altstadt. 500 Jahre altes, kubisches Haus. Großer Innenhof, netter Service. Beliebt bei den Stammgästen sind vor allem die Fischgerichte, z.B. Baby-Shrimps von der Insel Sými. Menüs ab 10 €. Abends Livemusik. Menekleous-Str. 7/9, ✆ 25186, 📠 23664, www.romeo.gr.

Restaurant Golden Olympiade (20), anspruchsvolle griechische Küche, oberes Preissegment. Speiseraum auf zwei Ebenen, sehr schöne Terrasse, leckere, hausgemachte Süßspeisen, aufmerksamer Service. Evdimou-Str. 8–10 (50 m von der Sokrates-Str.), ✆ 20119, bereits zum Frühstück geöffnet.

Nektar & Ambrosia (49), modern eingerichtete Weinstube in einem alten Ritterhaus abseits des Altstadttrubels. Wechselnde Auswahl an Weinen und kleinen Speisen, die Köchin Ornella aus Italien mit viel Sorgfalt zubereitet. Mehr griechische Stammgäste als Touristen. Glas Wein ab 4 €. Sofokleous-Str. 9, ✆ 30363.

TIPP! **Restaurant Ellinikon (9)**, schickes Restaurant beim Casino an lauter Durchgangsstraße. Die Villa aus italienischer Zeit wird wegen ihrer guten Küche von vielen Rhodiern geschätzt. Innen schön mit alten Stichen von Rhódos eingerichtet. Das Essen lobt auch unser Leser Hajo Güniker aus Paderborn, aber „das Restaurant sollte man nur ansteuern, wenn einem der starke Verkehr von zwei Seiten der Terrasse nichts ausmacht". Aufmerksamer, freundlicher Service, leckerer Fisch ab 9 €, für das Gebotene recht günstig. Zum Essen gibt es manchmal Live-Piano-Musik, angenehme Atmosphäre, Eckhaus in der Kos-Str., ✆ 28111.

• *Restaurants (Neustadt)* **Restaurant Palia Storia – The Old Story**, in einem modernen Viertel (Richtung Kallithéa/Faliráki) außerhalb der Altstadt liegt eines der besten Restaurants der Insel. Das Restaurant mit seinem schwergewichtigen Besitzer gleicht einer Bildergalerie. Frauen werden vom Patrone mit Handkuss begrüßt. „The Old Story" hat sich auf der Insel einen Namen für seine traditionelle, verfeinerte rhodische Küche gemacht. Dem Gast werden die besten Ilios-Weine und andere griechische Spitzenweine kredenzt. Unsere besondere Empfehlung: Muscheln Saganaki. Oberes Preisniveau. Sehr schwierig zu finden, man nimmt sich am besten ein Taxi. Mit dem eigenen Fahrzeug: die Ausfallstraße Richtung Kallithéa/Faliráki fragen, das Palia Storia ist bekannt. Mitropoleos-Str. 108/Ecke Dendrinou-Str., ✆ 32421 (Tischreservierung empfehlenswert).

Red (7), das 2005 eröffnete Restaurant bietet mediterrane Küche zu erschwinglichen Preisen. Das Lokal mit der roten Wand ist geschmackvoll mit bequemen Korbsesseln eingerichtet. Auf den Tisch kommen griechische Gerichte wie Auberginen-Roulade, aber auch italienische Klassiker wie Tagliatelle mit Shrimps oder Panna Cotta.

Frischer Fisch ab 13 €. Papanikolaou Str. 25 (beim Casino), ✆ 30377.

Restaurant Wonder (16), drei Schweden betreiben das beliebte Restaurant mit der großen Gartenterrasse. Den skandinavischen Einfluss erkennt man an der Einrichtung, die Küche allerdings bietet Speisen über alle Kontinente hinweg. Wiener Schnitzel gibt es für 10 €, Couscous-Salat für 9 €. Sonntags geschlossen, Reservierung empfehlenswert, El. Venizelou Str. 16–18, ✆ 39805, ✆ 25569, www.restaurantwonder.com.

Le Palais (14), das Café/Restaurant in einem postmodernen, hellbraunen Gebäude am Mandráki-Hafen ist ein beliebter Treffpunkt. Internationale, preiswerte Küche. Durch die Nähe zu den Hafenbehörden sind hier auch viele Segler zu treffen. Jeden Tag Livemusik. Am Beginn der Seitenstraße Makarioy, 25-Maritou-Str., www.LePalais.gr.

Dionysos lässt grüßen

Die Rhodier sind stolz auf ihren Wein. Tatsächlich kann sich die Ernte aus den Weingärten der Insel sehen lassen. Ein Garant für Top-Weine sind die Initialen VQPRD, die für „vin de qualité produit aux regions determinées“ stehen. Dieses Prädikat bekommt ein Winzer nur, wenn er auf einer Fläche von 1000 Quadratmetern nicht mehr als 800 Kilo Trauben erntet.

Ein hervorragender und dennoch preiswerter Wein ist der „Ilios“: ein rhodischer Weißwein aus Trauben, die von den Einheimischen *Athiri* genannt werden und am Fuß des Attáviros bei Émbonas wachsen. Der Ilios von der bereits 1928 gegründeten und größten Weingenossenschaft der Insel, Cair, bekam schon verschiedene Auszeichnungen. „Chevalier de Rhodes“ ist ein exzellenter, trockener Rotwein, der aus der Mandilari-Traube im Nordwesten der Insel hergestellt wird und den bereits die Kreuzritter zu genießen wussten. Die Genossenschaft Cair verarbeitet seit ihrer Gründung 1954 rund 97 % des Weintraubenertrags auf Rhódos. Das sind immerhin jährlich 150 Tonnen Weinmost. Nur rund ein Viertel der Produktion wird ins Ausland exportiert, der Rest wird in Griechenland selbst verbraucht. Es dominieren insbesondere Weiß- und Roséweine. Bekannt ist Rhódos auch für seine Süßweine und vor allem für Sekt. Die bereits 1928 gegründete Genossenschaft Cair, Compagnie Agricole et Industrielle de Rhodes, ist in Griechenland die einzige Adresse für nach französischen Champagnerverfahren veredelten Wein. Der aus der weißen Athiri-Traube gewonnene Sekt hat auf dem griechischen Markt seit vielen Jahren Kultcharakter.

Das Weingut an der Straße nach Líndos kann von Mo-Fr von 10-17 Uhr besichtigt werden. Adresse: am Kilometer 2 an der Straße von Rhódos nach Líndos, ✆ 22410/68770-3, ✆ 22410/62575, www.cair.gr.

Cafés (siehe Karte S. 83)

Café Aktaion (15), wer in Rhódos etwas zu sagen hat oder zu sagen glaubt, trifft sich in dem noblen Café 100 m vom Neuen Markt (Mandráki-Hafen) an der lang gezogenen Platia Elefterias. Auf der großen Terrasse unter schattigen Bäumen lässt es sich in den bequemen Sesseln gut ausspannen. Selbst wenn es einmal regnen sollte, kann man sich unter die Arkaden zurückziehen. Hier trifft sich tagtäglich eine bunte Mischung aus alten Männern, Geschäftsleuten, Hausfrauen und – ab und zu – auch mal Touristen. Schönes Traditionscafé.

Cafés an der Nea Agora (Neuer Markt), an den außerordentlich kundenorientierten Kellnern am Neuen Markt kommt niemand vorüber: „Very good cakes, very good.“ Ihre freundliche Anmache schreckt mehr Besucher ab, als sie anzieht. Doch tatsächlich kann man hier vorzügliche griechische

Kuchen verspeisen. Fragen Sie aber nach, ob die Süßspeisen tatsächlich frisch zubereitet sind. Wundern Sie sich nicht über hohe Preise, denn die Stadt schröpft die Besitzer ganz beachtlich mit Standgebühren. Ein Klassiker unter den Cafés ist das Demetriades. Das bereits 1922 gegründete Lokal mit freundlichen Kellnern hat täglich ab 7 Uhr offen.

Café Central, postmodern gestyltes Café, im gleichen Haus das Parteilokal der konservativen Nea Dimokratia, an der Platia Kiprou in der Neustadt.

• *Internet-Cafés* **Cosmonet,** klimatisiertes, schmales Ladenlokal am Märtyrer-Platz. Hilfsbereite Mitarbeiter, schnelle Rechner. 6 € für eine Stunde, wer länger surft, bekommt Rabatt. Evreon-Martyron-Platz 45b, ✆ 24838, 📠 35707, cosmonet69@hotmail.com

Control Net Cafe das zentral in der Neustadt gelegene Café besitzt neben den Internet-Computern auch einen Billardtisch. Die Leitungen ins Netz könnten allerdings noch ein wenig schneller und die Tastaturen sauberer werden. 3 € pro Online-Stunde. Al.-Diakou-Str. 44, ✆ 24564, 📠 64195, controlc@otonet.gr, www.controlcafe.gr.

Minoa Internet-Café, weiträumige Cocktailbar in der Neustadt, in der laute Musik läuft. Wer sich davon nicht stören lässt, surft mit Hilfe schneller Leitungen ins Netz. Rund 2 € für eine halbe Stunde im Internet. Iroon Politexniou 13, ✆ 20210, Webmaster@minoacafe.gr, www.minoacafe.gr.

Nachtleben

Es gibt ein Synonym für das (touristische) Nachtleben in Rhódos-Stadt: *Orfanidou Street*. Auf den wenigen hundert Metern dieser – bei Licht betrachtet – zugegebenermaßen etwas heruntergekommenen, man könnte fast sagen *anrüchigen* Straße reiht sich Bar an Bar: Bars für holländische, englische („Red Lion") und deutsche Touristen („Berlin Bar"). Es gibt sogar eine Bar namens „Pacha", benannt nach der berühmten Madrider Diskothek. Am Abend ist die Orfanidou-Str. voll mit zumeist nordeuropäischen Amüsierwilligen um die Zwanzig. Selbst ein Sex- und Tattoo--Laden fehlt hier nicht.

Auch andere Teile der Neustadt sind bestens ausgestattet mit Diskotheken, Tropical Bars und Straßencafés. Wer sich in Rhódos-Stadt amüsieren will, wird sicher keinen Mangel leiden: Kaum eine andere griechische Stadt hat mehr Nachtleben zu bieten. Aber: Gerade das Nachtleben unterliegt großen Veränderungen. Was 2007 die Nr. 1 war, kann im nächsten Jahr schon hoffnungslos „out" sein. Wir bitten daher um Nachsicht, wenn folgende Empfehlungen nicht mehr dem allerneuesten Stand entsprechen.

Musik-Café Chantant, eine Institution auf der Insel. In dem schönen Altstadthaus gibt es qualitativ gute Livekonzerte. Die düstere Musikkneipe ist kein billiges, aber dafür ein uriges Vergnügen in einer engen Altstadtgasse. Vor 23 Uhr gar nicht geöffnet und erst gegen Mitternacht kommt hier richtig Stimmung auf. Offiziell bis 3 Uhr morgens und manchmal noch viel länger. Musik irgendwo zwischen Bouzouki und griechischem Pop. Eintritt 9 € mit einem Freigetränk. Di Ruhetag. Aristoleous-Str. 22, ✆ 32277 oder 75169.

TIPP! **Café Besara**, das orientalisch eingerichtete Nachtcafé einer Australierin in einem restaurierten Haus aus türkischer Zeit zählt zu den beliebtesten Ausgehzielen in der Altstadt. Viel junges, internationales Publikum, aber auch Einheimische drängen sich am späten Abend in der Altstadtgasse zusammen. Die Live-Konzerte auf der kleinen Bühne des Besaras sind sehr beliebt. Gute Getränkeauswahl. Schön zum Draußensitzen. Sofokleous-Str. 11/13, ✆ 30363.

Mon Café, dieses Café (beim Restaurant Kasbah) in einem der schönsten Teile der Altstadt ist vor allem bei jungen Griechen angesagt. Hier sitzt man auf beiden Seiten der Altstadtgasse auf Hockern an Holztischen und plaudert durch die halbe Nacht. Sehen und gesehen werden. Platonos-Str.

Besalto Club, hier gibt es Livemusik. Der Club in einem klassizistischen Haus am Platz mit einen Brunnen aus türkischer Zeit verlangt keinen Eintritt. Der Gast muss jedoch ein Getränk für 5 € konsumieren. Beim Café Besara.

Senso-Bar, gestylte Bar an der Ecke Sokrates/Platanos-Str., mitten in der Altstadt. Nicht vor 23 Uhr kommen.

Casino

Zweifelsohne das schönste Casino Griechenlands. Die historische „Grande Albergo delle Rose" – das von den Italienern erbaute Prachthotel in der Neustadt – dient als Casino (American Roulette, Black Jack etc.). Die Besucher können sowohl an Tischen als auch an einer der 300 Slotmaschinen spielen. Personalausweis und entsprechende Kleidung nicht vergessen. Minimumalter 23 Jahre. Das Casino ist Mo–Do 15–6 Uhr, Fr–So 12–6 Uhr geöffnet. An den Slotmaschinen kann man 24 Stunden täglich spielen. Eintritt 15 €.
Im Garten gibt es unter offenem Himmel abends Konzerte. Eintritt 15 € (davon bekommt man 5 € in Coupons zurück). Tagsüber dient das Café als Restaurant. Hier gibt es leckeres Essen. Die Tagesgerichte kosten rund 12 €.
Ein Teil des Casinos wird auch als Suitenhotel genutzt. Es ist die teuerste Unterkunft der Insel. Das „einfache" Doppelzimmer gibt es ab 300 €. In den Wintermonaten ist das Casino etwas „billiger".
Adresse Papanikolaou-Str. 4, ✆ 97400, 📠 97504. www.casinorodos.gr.

Buddha Bar, mitten in der Neustadt, klassizistische Villa mit asiatischem Interieur, bei Einheimischen und Touristen angesagt, 25. Martiou-Str. 30–32.

Kitchen, stilvolle Bar und Lounge in der Nähe der Buddha Bar, klassizistische, auffallend getünchte Villa (beim Gebäude der Telefongesellschaft OTE), ganztägig geöffnet. Bequeme Sessel und leckere Drinks machen das Aufstehen schwer. Amerikis-Str./25. Martiou-Str.

Ionos, Bar in der Nähe der Ibrahim-Pascha-Moschee. Von der oberen Terrasse hat man einen schönen Rundblick auf die Stadt. Besitzer Dimitris legt am liebsten griechische Popmusik auf. Platonos-Str. 18, ✆ 28457.

Boulevard, schöne Bar in der Mitte der Orfanidou-Str. Bei Griechen ebenso beliebt wie bei überwiegend englischen Touristen. Lauter Mainstream, Pop- und Rock-Klassiker, große Cocktailkarte.

Beer-Academy, eines der beliebtesten Abendtreffs im Zentrum. In diesem alten Herrenhaus in der Neustadt (hinterm Großmeisterpalast) lässt es sich vortrefflich feiern. Der schöne, eingewachsene Garten ist selbst in der Nebensaison gut gefüllt. Junges Publikum und Bier für jeden Geschmack. Alexandrou-Diakou-Str.

Blue Lagoon, Odos 25. Martiou. Absolut kuriose Einrichtung: ein durchgesägtes Piratenboot im Pool, dazu passendes Seeräuberambiente. Schicke Open-Air-Bar, ziemlich teuer, besonders die Cocktails. Geöffnet täglich von März bis Okt., direkt daneben die **Diskothek Gas (www.gasclub.gr)**. Weitere Bars, Nachtcafés etc. finden sich in der Iroon Polytechniou, z. B. das **Bambolo** oder das **Casmir**. Die Auswahl ist groß.

Ton und Licht, populäres Touristenvergnügen im Stadtgarten beim Großmeisterpalast. Von April bis Oktober tägliches Programm in wechselnden Sprachen, auch in Deutsch. Achten Sie auf ein Hinweisschild am Eingang, wann die deutsche Vorstellung beginnt. Tickets 5 € (Studenten 3 €). Information und Eintrittskarten bei der Kasse am Eingang oder im Verkehrsamt.

Volkstanz-Theater: Mehr als nur Sirtaki

Spätestens seit Anthony Quinn als Alexis Zorbas im Sirtaki-Rhythmus das Tanzbein auf der Leinwand schwang, weiß jedes Kind, dass Griechenland und Tanz eins sind. Noch immer sind Volkstänze und Trachten beliebt und kommen stets an Festtagen zu neuen Ehren. Einen lohnenswerten Überblick zu dieser Volkstradition bieten die Aufführungen unter freiem Himmel in der Altstadt (jeden Mo, Mi, Fr von Mitte Mai bis Mitte Oktober). Um 21.20 Uhr wird unter der Regie von Nelly Dimoglou getanzt. Es kommen jedoch nicht nur Tänze aus Rhódos oder Kárpathos zur Aufführung, sondern auch aus anderen griechischen Regionen wie dem Epirus. Eines ist jedoch sicher: Am Schluss der Vorstellung gibt es den unvermeidlichen Sirtaki. Eintritt 12 €, Kinder und Studenten 8 €, Andronikou-Str., ✆ 20157.

Shopping

Privilegien – zumindest steuerlicher Art – haben auf Rhódos Tradition. Schon der Sultan, ein nicht gerade zimperlicher Okkupant, gestand den Rhodiern manchen Steuervorteil zu. Diese Tradition wurde von der Athener Regierung fortgeführt, als der Dodekanes 1947 an Griechenland fiel. Den Inseln, vor allem Rhódos, wurde eine ermäßigte Mehrwertsteuer zugestanden. Das war damals nach dem Zweiten Weltkrieg eine strukturpolitische Maßnahme, da der Dodekanes vor dem wirtschaftlichen Aus stand. Dieses kleine Steuerprivileg wurde sogar über das Jahr 1981 hinaus gerettet, als Griechenland der EG beitrat. So sind bis auf den heutigen Tag Schmuck, Elektrogeräte, aber auch Lebensmittel auf Rhódos preiswerter zu haben als anderswo in Griechenland. Neben dem Kauf eines Pelzman-

Markt am Mandráki-Hafen – ein sinnliches Erlebnis

Der Markt von Rhódos ist für Liebhaber von Fisch, Obst, Gemüse und Gewürzen aller Art nicht nur eine Augenweide, sondern auch ein duftendes Erlebnis. Die *Nea Agora*, der „Neue Markt“, lohnt sich für einen Besuch am Vormittag. Hier kommt alles vom Dodekanes frisch auf den Tisch. Der achteckige Rundbau, zwischen Madráki-Hafen und Rimini-Platz gelegen, ist voller Läden und Leben. Wer eine kleine Verschnaufpause möchte, dem seien die Cafés zum Mandráki-Hafen empfohlen. Hier gibt es die besten Kuchen und Torten der Stadt. Wer es handfester liebt, kann in einer der Tavernen im Innenhof einkehren. Frisch ist hier die Ware garantiert. Einen weiteren Markt gibt es donnerstagmorgens in der Vironos-Straße an der Stadtmauer (beim Stadion), zwischen Kóskinou-Tor und Akandia-Tor. Hier werden nicht nur Lebensmittel wie Obst, Gemüse, Fisch und Fleisch, sondern auch Kleidung und Haushaltswaren angeboten.

tels lohnt sich vor allem Schmuck aus Silber oder 14- bzw. 18-karätigem Gold. Die meisten Geschäfte auf Rhódos garantieren gute bis sehr gute Qualität. Oft werden die Schmuckstücke nach Gewicht verkauft, sodass die Preise von den Schwankungen des Goldmarktes abhängen und nicht angeschrieben sind. Und noch etwas hat in Rhódos paradoxerweise Hochkonjunktur: Regenschirme aller Art – vom billigen 5-Euro-Knirps bis zum noblen Stockschirm.

Exhibition of Casts and Reproduction, der Laden des Kulturministeriums ist ein Paradies für Freunde klassischer Kunst. Verkauf vorzüglicher Reproduktionen (Reliefs, Statuen, Büsten etc.) berühmter Skulpturen aus den griechischen Museen. Neben dem Archäologischen Museum. Mo–Fr von 8–14.30 Uhr geöffnet, Sa 9–14.30 Uhr, So geschlossen.

Valsami, das Bekleidungsgeschäft, bereits 1935 gegründet, bietet qualitativ hochwertige Sport- und Freizeitbekleidung. Am nördlichen Ende des Fischmarktes.

Diakosavas, Freizeitmode von Ralph Lauren bis Lacoste, Neustadt, an der Platia Kiprou.

Schnapsbrennerei Nikolas, in Neonfarben glitzert der Alkohol in der Schaufensterauslage. In der Pythagoras-Str., mitten im jüdischen Viertel: Schnaps vom Feinsten – destilliert und abgefüllt. Auf wenigen Quadratmetern agiert Herr Sifonios. Seine Spezialität ist der „Koriandolino", ein Likör mit einem Zweig in der Flasche, an dem der Zucker kristallisiert (ca. 5 €). Milchig, blau, orange und giftgrün schimmert Hochprozentiges. Am besten das seltsame Gesöff einfach probieren. Ab ca. 2 € ist man mit einem Flachmann dabei. In den grünen Regalen lagert alles, was die Leber begehrt. Ouzo, Rum, Wodka, Sherry, Amaretto, Coconut ... Der Laden ist bis spätabends geöffnet. Nur die Siesta von 14–17 Uhr wird genauestens eingehalten.

Harley-Davidson-Laden, hier schlägt das Herz der Harley-Freunde höher. Wem ein Motorrad zu teuer ist, kann zum T-Shirt mit Firmenemblem greifen, Alex.-Diacou-Str.

In der Neustadt, besonders in direkter Umgebung der Nea Agora, finden sich einige Filialen namhafter Markenhersteller – Kookai, Body Shop, Benetton, Triumph Unterwäsche, Iceberg usw. Der nördliche Teil der Neustadt ist das teuerste Shopping-Paradies der Stadt, am günstigsten sind die Markenartikel-Imitate in den Touristenshops der hochfrequentierten Altstadtgassen.

Schwämme werden zumeist an den Ständen zwischen den Altstadt-Mauern und dem Mandráki-Hafen verkauft. Große Qualitätsunterschiede, wenn man Pech hat, merkt man erst zu Hause, dass man übers Ohr gehauen wurde. Ein Schwamm von allerbester Qualität kostet etwa ab 8 € und sollte weich sein – nicht *nass* und *weich*.

Ouzo-Fabrik Emery

Emery ist nicht das größte, aber das bekannteste Weingut der Insel (siehe auch Émbonas). Das Traditionsunternehmen der Familie Triantafilou – mittlerweile in der dritten Generation – ist über Rhódos hinaus für seinen guten Ouzo bekannt. Der hochprozentige Alkohol wird in einer Destillerie am Hafen in der Acandia-Bucht gebrannt. Die kleine Fabrik, inmitten von Industrieanlagen, liegt 500 Meter südlich der Altstadt. Einfach am Kai 10 Minuten laufen. Die Brennerei an der Afstralias-Straße ist nicht zu verfehlen. In einem stimmungsvollen Anbau kann der Gast die beiden Sorten von Ouzo – Ouzo Rodini mit 38 % und Ouzo 13 mit 40 % – probieren. Übrigens: Der Ouzo, den die Kellner in vielen Gaststätten nach dem Essen servieren, besitzt meist nur 26 %. Daher schmeckt er nicht so intensiv wie Ouzo Rodini oder Ouzo 13. Aber auch die Weine von Emery sind von bester Qualität und stehen in der Ouzo-Fabrik zur Probe bereit. Besonders beliebt sind der Villaré aus den Athiri-Trauben und der Granrosé aus Amorjiano-Trauben. Für eine Flasche sollte der Kunde mit rund 6 € rechnen. Geöffnet Mo–Fr 10–16 Uhr, Sa 10–14 Uhr. www.emery.gr

▸ **Baden**: An der Nordspitze und der anschließenden Westflanke von Rhódos-Stadt gibt es ausgedehnte **Kies-Sand-Strände** mit allem, was ein Touristenherz begehrt: Tretboote, Surfbretter, Sonnenschirme etc. Besonders beliebt ist der Elli-Strand zwischen Mandráki-Hafen und Aquarium, denn er liegt windgeschützt. Für Familien ist der Strand aber nur bedingt geeignet, denn er fällt relativ steil ab. Schon nach wenigen Metern kann man nicht mehr stehen. Von Juni bis Anfang September sind alle Strände innerhalb des Stadtgebietes übervoll. In der Hochsaison gilt die Losung: ganz früh oder ganz spät kommen.

An der Westspitze der Neustadt kann es sehr windig sein

Wer der vollen Stadtstrände überdrüssig ist, dem sind die Ausflugsfahrten (nicht ganz billig) zu den Stränden an der Ostküste empfohlen. Mehrere Schiffe fahren täglich ab Mandráki-Hafen zu Stränden an der Ostküste. Preiswerter ist ein Ausflug mit dem Bus in die Badeanlage von Kallithéa (11 km von Rhódos-Stadt, hervorragende Verbindung).

Biberpelz bei 35 Grad

Trotz 35 Grad im Schatten offerieren redselige Händler („Man spricht Deutsch") winterliche Pelze in allen Variationen. Kaum eine Altstadtgasse rund um die Sokrates-Straße ohne einen vornehm-kitschigen Pelzladen. Das Geschäft mit der Naturware blüht auf Rhódos noch immer, nicht zuletzt wegen der besonderen Steuergesetzgebung. Denn für Pelze müssen keine Abgaben an den Staat gezahlt werden. Das Kürschnerhandwerk hat in Griechenland eine lange Tradition; es entstand bereits um 800 in Kastoria (Makedonien). Während früher vor allem Pelze aus der Ukraine verarbeitet wurden, importieren die rhodischen Kürschner heute die Ware aus Nordamerika und Australien. Im Zug der Zeit hat sich auch die Klientel verändert: Den Part der deutschen Pelzliebhaberin nehmen heute vermehrt Kundinnen aus Skandinavien und zunehmend auch aus Russland ein.

Es gibt annähernd hundert Geschäfte auf Rhódos. Übrigens: Die billigsten Pelze sind die aus kleinen Stücken zusammengenähten Mäntel und Jacken. Umgekehrt gilt: Je länger und breiter die Häute eines Pelzmantels, desto teurer. Auch zwischen den Läden bestehen erhebliche Preisunterschiede. Vergleichen lohnt sich deshalb. Achtung: Wenn Sie Ihren Mantel nicht schmuggeln wollen, zahlen Sie erst einmal in Deutschland die Mehrwertsteuer nach. Außerdem dürfen Pelze, die gegen das Washingtoner Artenschutzabkommen verstoßen, nicht importiert werden.

Die Strände an der Westküste zwischen Rhódos-Stadt und Triánda liegen alle in unmittelbarer Nähe von Großhotels und sind an heißen Tagen überlaufen. Außerdem führt eine viel befahrene Straße am Strand entlang. Kleine Buchten, die etwas abgelegener sind, gibt es 2 km weiter in Richtung Flughafen. Die Straße schlängelt sich an einem Berg entlang, unterhalb des Abhangs liegen die kleinen Strände, die zu Fuß zu erreichen sind.

Sehenswertes

(Karte der Altstadt siehe S. 86/87)

Den nördlichsten Teil der Altstadt, angrenzend an die Nordstadt, bildet das Ritterviertel, das leicht an dem alles überragenden, wuchtigen Großmeisterpalast zu erkennen ist. Man gelangt in den Festungsring über eine Außenmauer, einen Graben und den eigentlichen Befestigungswall. Da die gesamte Anlage gut erhalten ist, kann man sich ein sehr anschauliches Bild von der mittelalterlichen Militärtechnik machen.

Tempel der Aphrodite: Man betritt – vom Mandráki-Hafen kommend – die Altstadt durch das Eleftherias-Tor (Freiheitstor), das die Italiener 1924 nicht ohne Hintergedanken in Sachen Symbolik errichteten. Gegenüber liegen in einem umzäunten Areal die Reste des dorischen Aphrodite-Tempels aus dem 3. Jh. v. Chr. Lediglich ein paar Grundmauern und Säulentrommeln sind noch erhalten. Der Tempel ist eines der wenigen Relikte aus der Antike in der Altstadt. Dahinter sieht man die Herberge der Auvergne, die heute Verwaltungsbüros beherbergt.

Konsul auf Rhódos: Viel Arbeit, viel Ehr'

„Die Arbeit ist von Jahr zu Jahr mehr geworden", stöhnt Athanasios Dilanas, Honorarkonsul der Bundesrepublik Deutschland auf Rhódos. Der heutige Pensionär und frühere Direktor des Elektrizitätswerkes in Soroní hilft bereits seit 1977 Bundesbürgern auf der Insel. Mit den steigenden Besucherzahlen nahm auch seine Arbeit kontinuierlich zu. Als Konsulat dient ihm seine Villa in einer ruhigen Seitenstraße am Monte Smith. Hier hat er sich im Untergeschoss ein Büro eingerichtet. Seine aus Deutschland stammende Ehefrau unterstützt den hilfsbereiten Maschinenbau-Ingenieur, der einst in Karlsruhe studierte. Die Liste der Probleme mancher Urlauber ist lang: Passverlust, Geldmangel, Ärger mit der Motorradvermietung, Todesfälle, Straftaten. Herr Dilanas spricht mit Behörden, besorgt die notwendigen Papiere und stellt Dokumente aus. Die Arbeit wird noch zunehmen, ist er sich sicher: „Viele Deutsche kaufen ein Haus oder ein Grundstück auf Rhódos." Wie viele Deutsche bereits auf der Insel wohnen, wissen weder die rhodische Verwaltung noch der hilfsbereite Konsul. Denn im Gegensatz zu Deutschland gibt es in ganz Griechenland keine Einwohnermeldepflicht. Insider gehen davon aus, dass ganzjährig bereits rund 500 Deutsche auf Rhódos leben.

Bei der diplomatischen Vertretung handelt es sich um ein Honorarkonsulat, also der Ehre wegen. Doch neben dem Kampf mit der Bürokratie gibt es auch Highlights. Als 1988 der EU-Gipfel auf Einladung des griechischen Ministerpräsidenten Andreas Papandreou auf Rhódos stattfand, kümmerte sich Herr Dilanas um einen besonderen Gast, den damaligen Bundeskanzler Helmut Kohl, der im Grand Hotel logierte.

Ritterstraße – Odos Ippoton: Die originalgetreu restaurierte Straße, die vom Hospital, dem heutigen Archäologischen Museum, hangaufwärts zum Großmeisterpalast führt, ist ein Musterbeispiel für die Architektur zur Zeit der Johanniterherrschaft. Die spätgotischen Fassaden reflektieren das einfache, strenge Leben der Ritter. Meist spazieren nur wenige Besucher durch die berühmteste Straße der Insel, schließlich ist sie auch die einzige ohne Läden und Tavernen. Während der türkischen Besatzung wurden die Wohnhäuser der Ritter, die jeweils einer Nation zugeordnet waren, total umgebaut. Italienische Archäologen stellten den Originalzustand wieder her. Auf den ersten Blick wirkt die schnurgerade, kopfsteingepflasterte Straße enttäuschend. Eine Ritterherberge sieht wie die andere aus. Doch wer genauer hinschaut, entdeckt viele interessante Details an den Fassaden. Schilder an den Häuserwänden erklären, zu welcher nationalen Rittergemeinschaft das Gebäude gehört hatte. Heute befinden sich in den schönen Gebäuden vor allem Büros der Archäologen des Dodekanes oder Außenstellen des griechischen Kulturministeriums. Die beiden schönsten Gebäude in der Ritterstraße sind das italienische und französische Konsulat, leicht zu erkennen an der jeweiligen Nationalflagge.

Die Suche nach einer deutschen Herberge ist übrigens vergebens. Es gibt keine historische Quelle, mit denen sich ihr Haus lokalisieren lässt. Die deutschen Ritter waren im Vergleich zu ihren „Kampfesbrüdern“ arm.

Großmeisterpalast: Das mit Zinnen gekrönte, die Altstadt überragende Gebäude ist nicht so alt, wie der Name vermuten lässt. Der Palast (Grundfläche 80 x 75 m), der heute ein Museum beherbergt, wurde nach alten Plänen erst 1940 unter den italienischen Faschisten fertig gestellt. Das ursprüngliche Gebäude aus dem 14. Jh. war nämlich bereits 1481 nach einem Erdbeben größtenteils zerstört. Für eine weitere Schädigung der alten Bausubstanz sorgte eine schwere Explosion im Jahre 1856, die weite Teile der Altstadt in Schutt und Asche legte. Nur die unteren Teile der Außenmauer, das wuchtige Außenportal mit den flankierenden Rundtürmen und ein Teil der Großmeisterwohnung blieben übrig.

Die Italiener bauten das Ordensritterschloss als Sommerresidenz für *Mussolini* und *Viktor Emmanuel III.* aus. Erst wenige Tage vor Beginn des Zweiten Weltkriegs war die Inneneinrichtung komplett. Doch zum „dolce vita“ des Duce auf der Roseninsel sollte es nicht mehr kommen. Weder Mussolini noch der König konnten den Palast jemals als Residenz benutzen.

In den Großmeisterpalast gelangt man durch das Hauptportal an der Südseite. Zwei Rundtürme flankieren den imposanten Eingang. Im Inneren führt vom Foyer eine Treppe zu den repräsentativen Räumen im ersten Stock. Geradeaus geht es in den schlichten Innenhof mit seiner Freitreppe, dessen Nordseite von späthellenistischen Statuen aus Kos begrenzt wird. Im ersten Stock gibt es mehr als ein Dutzend Räume, deren Besichtigung sich vor allem wegen der Mosaikfußböden lohnt. Besonders eindrucksvoll ist die Gipskopie der legendären Laokoon-Gruppe, eines Werkes der rhodischen Bildhauer Hagesander, Athenodor und Polydor aus dem 1. Jh. v. Chr. Die Skulptur zeigt den trojanischen Priester Laokoon, der sich gegen das Vorhaben der Trojaner ausspricht, das Holzpferd in die Stadt zu holen. Daraufhin wird er mit seinen Söhnen von zwei gottgesandten Schlangen getötet.

Faszinierend sind auch die sorgfältig restaurierten Mosaikfußböden von der Insel Kos, vor allem aus hellenistischer, aber auch aus frühchristlicher Zeit. Zu den schönsten

Eingang zur Altstadt

zählen das Haupt der Medusa, die Darstellung einer Nymphe, die auf einem Seepferd reitet (1. Jh. v. Chr.), und die neun Musen. Ein späthellenistisches Mosaik zeigt die Köpfe der personifizierten Musen. Im gleichen Saal (letzter Raum des Rundgangs) erinnert ein offener Kamin mit dem Wappen von *Viktor Emmanuel III.* an die Rekonstruktion des Palastes durch die Italiener.

Im Erdgeschoss gibt es zwei sehr sehenswerte, didaktisch ansprechend gestaltete Ausstellungen zur 2400-jährigen Geschichte von Rhódos zu sehen.

Im südwestlichen Bereich des Erdgeschosses (bei der Kasse) sind in sieben Räumen Fundstücke aus frühchristlicher Zeit bis zur Eroberung durch die Türken 1522 ausgestellt. Darunter zahlreiche Gegenstände des täglichen Lebens und Waffen.

Eitle Großmannssucht italienischer Faschisten

Bis heute erinnert eine graue Marmortafel von 1940 an den italienischen Diktator Benito Mussolini. Der Faschistenführer wollte mit allen Mitteln – koste es, was es wolle – einen pompösen, antikisierenden Großpalast in der Altstadt von Rhódos. Die Rekonstruktion des Palastes stellte sich allerdings für die Architekten als schwierige Aufgabe heraus. Das beispielsweise seit Mitte des 19. Jh. völlig verfallene Obergeschoss wird zwar häufig in historischen Quellen erwähnt, jedoch in keiner Quelle genauer beschrieben. Doch schon bald spielte historische Genauigkeit keine Rolle mehr. Der faschistische Gouverneur hatte längst ganz andere Pläne, als Anfang 1937 der Wiederaufbau beschlossen wurde. Der italienische Architekt Vittorio Mesturino, der die dreijährigen Bauarbeiten leitete, musste vor allem den Ansprüchen an ein imposantes, protziges Gebäude genügen. So wurden die Räume im Erdgeschoss ohne Rücksicht auf deren einstige Funktion vollkommen verändert, außerdem im West- und Ostflügel ein Zwischengeschoss geschaffen und über die gesamte Gebäudefläche ein Obergeschoss gebaut. Bis heute wird die Restaurierung des Großmeisterpalastes kontrovers diskutiert, da sie nicht auf baugeschichtliche Genauigkeit setzte, sondern nur die eitle Großmannssucht der Faschisten befriedigte. Doch die Griechen haben sich mit der Vergangenheit arrangiert. Und die vielen Besucher wissen meist nur wenig über den Neubau, der als Altbau erscheint.

Eine weitere Ausstellung im nordöstlichen Teil des Erd- und Untergeschosses (von der Kasse aus gesehen, überquert man den Innenhof) zeigt in zwölf Räumen vor allem Exponate aus antiker Zeit, darunter eine Darstellung des Sonnengottes Helios (Raum 3), rhodische Mosaike (Raum 4) und die Entwicklung rhodischer Amphoren (Raum 10).

• *Öffnungszeiten* von April–Oktober tägl. 8–19.30 Uhr, im Juli/August bis 20 Uhr, montags 12.30–19 Uhr, So 8–15 Uhr. Im Winter (November–März) Di–So 8.30–19 Uhr, Mo geschlossen. Erwachsene 6 €, Kinder und Studenten mit ISIC frei. In den Wintermonaten sonntags freier Eintritt. www.culture.gr.

Achtung: Für 10 € erhält man ein Ticket, das den Eintritt in das Archäologische Museum, in den Großmeisterpalast, in das Museum für dekorative Volkskunst und in das Byzantinische Museum erlaubt.

Aufgrund wechselnder Ausstellungen lohnt sich die Mitnahme eines aktuellen Museumsplanes. Er ist an der Kasse kostenlos zu haben.

Der Großmeisterpalast bietet auch eine stilvolle Bar mit Selbstbedienung in einem alten Gewölbe (Innenhof).

Stadtmauer: Sie ist 4 km lang und bis zu 14 m breit. Eine Stadtmauer, die in Griechenland ihresgleichen sucht. Aus Furcht vor türkischen Angriffen ließen die Johanniterritter die Befestigungen unter ungeheuren Mühen und Kosten ausbauen. Zweihundert Jahre nahm die Verwirklichung des Mammutprojektes in Anspruch. 1480 wurde die Mauer nach einer türkischen Belagerung noch durch Bastionen und eine Verbreiterung verstärkt. Doch letzten Endes war die ganze Arbeit umsonst. Sie war noch nicht einmal richtig fertig, als die Bastion am Rande Europas 1522 in die Hände der Türken fiel.

Die Stadtmauer der Johanniterburg war in acht Abschnitte unterteilt, die von Rittern aus Frankreich, Deutschland, der Auvergne, Spanien, England, der Provence, Italien und Kastilien verteidigt wurden. Der Rundgang beginnt im Hof vor dem Großmeisterpalast und führt über das D'Amboise-Tor mit seinen eindrucksvollen Rundtürmen in Richtung Süden bis zum Kóskinou-Tor. Nicht zugänglich ist das Innere der Militäranlage mit seinen Wehrgängen und Munitionsräumen, die von starken Mauern umgeben sind. Der Besucher wird allerdings mit einem grandiosen Panorama auf die Altstadt, den Hafen und den gigantischen Festungsgraben entschädigt.

Öffnungszeiten nur Di und Sa, Einlass 14.45 Uhr. Eintritt 6 €, Kinder und Studenten mit ISIC frei, Rentner 3 €. Beginn des Rundgangs beim Großmeisterpalast; hier gibt es auch die Tickets. Dauer bis zum Kóskinou-Tor ca. 30 Min. (2 km Länge).

Uhrenturm: Überblick ist alles

Die höchste Erhebung der Altstadt von Rhódos fällt auf den ersten Blick kaum auf. Biegt man am Ende der Sokrates-Straße nach rechts in die touristische Orfeos-Straße ab, trifft man nach wenigen Metern auf einen Uhrturm aus dem Jahr 1852. Die Uhr funktioniert noch heute. Einst sollte sie den Griechen die türkische Zeit sagen. Die Türken erließen für das öffentliche Leben strenge Regeln. Sie hatten genau festgelegt, wann und wer die strategisch so wichtige Stadt betreten und verlassen durfte.

Heute kann man den Turm gegen ein Eintrittsgeldbesteigen. Eine steile Holztreppe führt nach oben. Historische Fotos dokumentieren die umfangreichen Restaurierungsarbeiten. Der Genuss der Aussicht hält sich allerdings in Grenzen. Die vier kleinen Fenster auf Kniehöhe erlauben keinen tollen Rundblick auf das steinerne Labyrinth der Altstadt. Entschädigend wirkt evtl. das im Eintrittspreis beinhaltete Getränk, das im Open-Air-Café beim Uhrturm serviert wird. Doch nur selten verlieren sich Besucher hierher. In dem schmucken Wohnhaus neben der Bar wohnt übrigens der Besitzer, der den Turm vor vielen Jahren erwarb und renovierte.

Öffnungszeiten April–Oktober tägl. 9–23 Uhr, Orfeos-Str. 1, Eintritt 4 €, Kinder frei.

Türkisches Viertel: Südlich der Ritterstraße beginnt der lebendigste Teil der Altstadt. Die Architektur der Häuser, die Moscheen, der Basar – man spürt, die Türkei ist nahe. Die Sokrates-Straße mit ihren vielen Souvenirshops, Schuh-, Pelz- und Schmuckläden ist das Herz der Altstadt. Touristenmassen wälzen sich von der Suleiman-Moschee hinunter zur Platia Ippocratou, in Stoßzeiten ist kaum ein Durchkommen möglich. Hier herrscht ein ständiges Kommen und Gehen, Cafés und Restaurants sind immer voll. Doch nur ein paar Schritte abseits, in den kleinen

Strenge Symmetrie: Innenhof des Großmeisterpalastes

verwinkelten Gassen, kann man auch ein anderes, beschaulicheres türkisches Wohnviertel kennen lernen.

Suleiman-Moschee: Auf einem Hügel am oberen Ende der Sokrates-Straße liegt die große Moschee des legendären Rhódos-Eroberers. Das nicht einmal 200 Jahre alte Gotteshaus steht an der Stelle einer älteren Moschee. Es ist ein quadratischer Bau mit einem großen, schlichten Kuppelsaal. Die Moschee fällt auch durch ihre „schiefe" Lage zu den anderen Gebäuden auf – sie wurde in Richtung Mekka gebaut. Die früher stark einsturzgefährdete Moschee wurde mit Unterstützung der EU restauriert. Das Minarett der Moschee, ehemals das höchste der Stadt, war einst zur Hälfte eingestürzt.

„Islamischer Leuchtturm"

Wie Bleistiftspitzen ragen die Türme der Moscheen aus dem Häusergewirr der Altstadt heraus. Der Name „Minarett", von dem aus der Muezzin die Gläubigen zum Gebet rief, leitet sich vom arabischen Wort „manara" ab, was so viel bedeutet wie „Platz, auf dem Feuer und Licht ist". Tatsächlich wurde der Turm während des Fastenmonats Ramadan nachts beleuchtet.

Seit dem 8. Jh. kennt man das Minarett in der islamischen Welt. Nach Rhódos kam es erst durch Suleiman II., der die Insel 1522 einnahm. Ruck, zuck verwandelte er einige byzantinische Kirchen durch den Anbau eines Minaretts in Moscheen! Den höchsten „islamischen Leuchtturm" besaß die Suleiman-Moschee in der Sokrates-Straße. Reich mit Ornamenten verziert ist das Minarett der Murad-Reis-Moschee inmitten eines türkischen Friedhofes in der Neustadt.

Redjab-Pascha-Moschee: Auf der abgeschiedenen Platia Dorieos unweit der Fanourios-Straße steht eines der ältesten türkischen Gebäude der Insel. Aus dem Material christlicher Kirchen und Rittergebäude errichteten die Türken 1588 die prächtige Moschee, die leider sehr heruntergekommen und stark einsturzgefährdet ist. Mittlerweile sind dünne Metallwände als Absperrung rund um die Moschee aufgebaut worden. Ein Indiz dafür, wie wenig die Griechen ihre türkische Vergangenheit schätzen. Auf dem Vorplatz steht noch das alte Brunnenhaus.

Städtisches Bad (Municipal Bath): Ein Badespaß, den man sich nicht entgehen lassen sollte. Man betritt es (Männer und Frauen getrennt) durch eine Halle, die zum Umkleiden dient. Sie wird von einer Kuppel überdacht, deren Glasbausteine kleine Farbkleckse auf den hellen, ausgetretenen Boden werfen. Danach geht es in kleinere Räume mit uralten Marmorbecken. Im Wechselbad zwischen kaltem und warmem Wasser lässt es sich herrlich relaxen. In dem 1558 errichteten Gebäude hat sich seit Jahrhunderten wenig verändert. Das erst kürzlich umgetaufte, ehemalige türkische Bad liegt zwischen der morbiden *Sultan Mustafa Moschee* und dem Volkstanztheater am Arionos-Platz. Die wunderbar entspannende Prozedur kann Dienstag bis Samstag genossen werden. Handtücher, Seife und Badeschuhe sind mitzubringen. Vielen ersetzt das städtische Bad die heimische Badewanne. Den traditionellen Masseur gibt es jedoch längst nicht mehr und die Bar in der Kuppelhalle ist seit Jahren verwaist.

Öffnungszeiten für Männer: Mo, Mi, Fr 11–18 Uhr, für Frauen: Di, Do 11–18 Uhr, Sa 8–18 Uhr. Sonntag geschlossen. Eintritt ca. 1,50 €.

Kahal-Shalom-Synagoge und -Museum: Noch immer finden nur wenige den Weg zu der versteckt liegenden Synagoge (Symiou-Str., Fortsetzung der Dosiadou-Str.),

Einkaufsboulevard Sokrates-Straße

Beeindruckend: die Kahal-Shalom-Synagoge

die von den Überlebenden des Faschismus wiederhergerichtet wurde. Die meisten Besucher kommen aus Israel oder den USA und sind Nachfahren der ausgewanderten rhodischen Juden. Einer von ihnen ist Aron Hasson, ein Anwalt aus Los Angeles, der auf den Spuren seiner Großeltern nach Rhódos kam und maßgeblich am Aufbau des im Oktober 1997 eröffneten Museums neben der Synagoge beteiligt war. Ausgestellt sind überwiegend Fotos aus der jüdischen Gemeinde vor und zu Beginn des Zweiten Weltkrieges wie auch Dokumente der Emigrierten aus den USA, dem Kongo, Simbabwe, Argentinien usw., die in englischer Sprache erläutert sind. Einst gab es 6 Synagogen auf Rhódos. Es gab sogar eine spanische Wochenzeitschrift auf der Insel namens „El Boletín".

Die mit einem Mosaikfußboden aus Kiesel ausgestattete *Kahal-Shalom-Synagoge* ist die älteste Griechenlands und stammt aus dem Jahr 1577. Im Jahr 2004 wurde sie mit Hilfe der Europäischen Union renoviert. Heute ist die Synagoge weniger kunsthistorisches Zeugnis als vielmehr ein bedrückendes Mahnmal. Früher war die betagte Lucia Sulam Mondiano, eine Überlebende des KZs Auschwitz, fast immer in der Synagoge anzutreffen. Sie arbeitete viele Jahrzehnte als eine Art Hausmeisterin und gab Interessierten gerne Auskunft. Lucia zählt heute zu den letzten Mitgliedern der jüdischen Gemeinde, die noch das Judeo-Espanol – auch *Ladino* genannt – sprechen. Daneben verfügt die alte Dame, die ihre Familie im Konzentrationslager verlor, über griechische, italienische und französische Sprachkenntnisse. Wegen Krankheit musste sie jedoch vor Jahren ihre Tätigkeit in der Synagoge aufgeben.

In den 20er Jahren des vorigen Jahrhunderts gab es auf Rhódos noch 4000 Griechen jüdischen Glaubens. Heute zählt die jüdische Gemeinde auf Rhódos nicht einmal mehr 40 Mitglieder, denn die wenigen Juden, die den Holocaust überlebten, kehrten nicht mehr nach Rhódos zurück. Ab und zu kümmert sich ein Rabbiner aus der nahen Türkei oder aus Belgien um die verbliebenen Gläubigen.

• *Öffnungszeiten* Die Synagoge ist täglich von 10–15 Uhr geöffnet. Vom Märtyrer-Platz führt eine unauffällige, mit Kieselsteinen gepflasterte Gasse (Dosiadou-Str.) zu der Synagoge. Ein kleines bronzenes Schild weist durch die Synagoge am Märtyrer-Platz hin. Polidorou-Str. 5, ☎ 22364, 📠 73039. Detaillierte Informationen über die jüdische Gemeinde in Rhódos gibt's auch im Internet (www.rhodesjewishmuseum.org).

Im Viehwaggon nach Deutschland

In den Gassen des Südostteils der Altstadt tönte es im 19. Jh. noch spanisch, eigentlich judeo-espanol. Auf der Flucht vor der Inquisition, die die Iberische Halbinsel tyrannisierte, kamen viele Juden nach Rhódos. Durch das „Edikt von Torrequemada" (1492) setzten Ferdinand von Aragon und Isabella von Kastilien in Spanien praktisch jeglicher *convivencia* (= das friedliche Nebeneinander verschiedener Glaubensrichtungen) ein Ende. 1200 bis 1500 Menschen verließen Spanien in Richtung Portugal und Navarra, wo sie bald wieder Freiwild wurden. Darum emigrierten viele nach Nordafrika, Italien, in die Türkei und auch nach Griechenland. Die *Sephardim*, wie die spanischen Juden und ihre Nachkommen sich nennen, wohnten seit dem 16. Jh. in Rhódos. Ob als Bankiers, Lastenträger oder Bootsleute – die fleißigen Emigranten brachten es zu Ansehen und Wohlstand. Heute leben im jüdischen Viertel längst Griechen. Weniger als 40 Mitglieder, das sind gerade mal sieben Familien, zählt die jüdische Gemeinde noch und einen eigenen Rabbiner hat sie auch nicht mehr. Es war Nazi-Deutschland, das die Juden in diesem entlegenen Winkel Europas ausrottete. Bereits 1940 besuchte Reichspropagandaminister Joseph Goebbels die Roseninsel. Rund die Hälfte der damals 4000-köpfigen Gemeinde flüchtete bald darauf nach Palästina und Afrika (Simbabwe, Südafrika, Kongo). Die übrigen Juden wähnten sich in Sicherheit und blieben. Als die damals italienischen Staatsbürger (Rhódos gehörte seit 1912 zu Rom) nach der Landung der Deutschen im Juli 1944 per Frachter ins KZ von Haidari bei Athen gebracht wurden, gab es ein böses Erwachen. Kurz danach wurden sie in Viehwaggons in das deutsche Vernichtungslager Auschwitz transportiert. 1673 rhodische Juden wurden ermordet, nur 151 überlebten den Holocaust. Heute erinnert eine Gedenktafel auf der rechten Seite des Eingangs der etwa 400 Jahre alten Synagoge daran. Außerdem gibt es im östlichen Teil des Stadtviertels die Platia Martirion Ebreon, den Märtyrer-Platz, als mahnendes Andenken an das grausame Schicksal der jüdischen Gemeinde auf Rhódos. Doch das wissen die wenigsten.

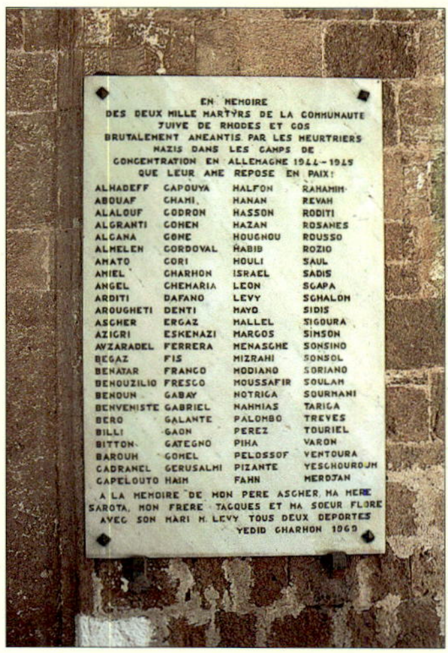

Erinnerungstafel für die KZ-Opfer an der Synagoge

Ágios-Georgios-Kirche: Sie ist eine der sehenswertesten byzantinischen Kirchen (14. Jh.). Das Gotteshaus gehörte früher zu einem Kloster, das die Türken 1522 zur „Koranschule mit den Dattelbäumen" umfunktionierten. Das Kirchlein liegt in der Apollonion-Straße beim Georgs-Tor. Zurzeit ist es jedoch leider geschlossen und wird mit EU-Geldern restauriert.

Ibrahim-Pascha-Moschee: 1531 kurz nach der türkischen Eroberung gebaut und damit die älteste Moschee der Stadt. Sie liegt in der Platonos-Str., einer Seitenstraße der Pythagoras-Str. (Nahe der Platia Ippocratou), und ist unschwer am hohen Minarett zu erkennen, das von den Italienern restauriert wurde. Leider ist auch dieses islamische Bauwerk nicht von innen zu besichtigen.

Sultan-Mustafa-Moschee: Das Gotteshaus stammt aus dem 18. Jh. und liegt inmitten des pittoresken türkischen Viertels (Platia Arionos, beim städtischen Bad). Ebenfalls nur von außen zu bewundern.

Moscheen prägen die Silhouette der Altstadt

Ágios-Fanoúrios-Kirche: Das Kirchlein in der Form eines griechischen Kreuzes stammt aus dem 14. Jh. und besitzt sehenswerte, aber größtenteils stark verwitterte Fresken. Es wurde über Jahrhunderte von den Türken als Moschee benutzt. Tagsüber geöffnet, zur Kapelle führen Treppen hinunter. Ag.-Fanourios-Str./Ecke Omirou-Str.

Admiralitätspalast: Inmitten des jüdischen Viertels, an der Nordseite der Platia Efreon Martirion (Platz der jüdischen Märtyrer), findet man den zweistöckigen gotischen Palast aus der Ritterzeit, im Erdgeschoss befindet sich ein Souvenirgeschäft. Das Gebäude trägt fälschlicherweise die Bezeichnung Admiralitätspalast, höchstwahrscheinlich handelt es sich um den früheren Sitz des Metropoliten von Rhódos. Auf dem Märtyrer-Platz steht ein Monument aus schwarzem Marmor. Die Inschriften in verschiedenen Sprachen, darunter auch in dem von sephardischen Juden gesprochenen Spanisch, erinnern an die Ermordung von 1604 Menschen, die am 23. Juli 1944 von den Deutschen in die Konzentrationslager geschafft wurden.

Marienkirche in der Burg: Nur wenige Schritte vom Märtyrer-Platz in östlicher Richtung liegt auf der rechten Seite der Pindarou-Straße die Ruine der Marienkirche in der Burg (Virgin of the Burgh). Einst war sie die größte katholische Kirche der Altstadt. Heute dient die gotische Ruine als Kulisse für klassische Konzerte im Sommer. Die im 14. Jh. erbaute Kirche besitzt noch Teile des ursprünglichen dreiteiligen Kirchenschiffs.

Museen

Archäologisches Museum: An der Platia Mussiou inmitten der Ritterstadt, nur ein paar Schritte von der berühmten Ritterstraße (Odos Ippoton) entfernt, liegt das ehemalige Krankenhaus des Johanniterordens. Der durch seine Schlichtheit beeindruckende Bau wurde nach fast einem halben Jahrhundert Bauzeit unter Großmeister D'Aubusson 1503 fertig gestellt. Seit Jahrzehnten dient das einstige Hospital als archäologisches Museum für Rhódos und die benachbarten Dodekanes-Inseln.

Die medizinische Versorgung war zur Ritterzeit vorbildlich. Jeder Kranke hatte sein eigenes Bett. Das Essen wurde den Patienten auf kostbaren Tellern gebracht. Damit wollten die Ritter einschließlich des Großmeisters, die regelmäßig als Krankenpfleger arbeiteten, ihre Demut vor den einfachen Menschen demonstrieren. Außerdem wurden im Hospital Patienten unterschiedlicher Religion aufgenommen und behandelt – ein für die damalige Zeit außergewöhnliches Verständnis von Krankenpflege.

Johanniter – eine protestantische Rittergemeinschaft

Das ehemalige Krankenhaus der Johanniterritter ist gleichsam Symbol des Ordens, der sich bis heute vor allem für Kranke und Hilfsbedürftige einsetzt. Als die Johanniter 1522 Rhódos verlassen mussten, fanden sie auf Malta 1530 eine neue Heimat. Von diesem Ordenssitz leiten die heutigen katholischen Malteserritter mit Sitz in Rom ihren Namen ab. Im 19. Jh. wurde der in Vergessenheit geratene Johanniterorden von Protestanten wieder belebt. Er versteht sich heute als geistliche Ritterschaft. Die Vereinigung protestantischer Gleichgesinnter arbeitet ehrenamtlich. Die Ritter verpflichten sich, für den Glauben einzutreten und vor allem Kranken zu helfen. Um eine Mitgliedschaft kann man sich nicht bewerben. Der Orden wählt seine Mitglieder selbst aus. Jeder Bewerber braucht mindestens eine Bürgschaft zweier Reichsritter. Der Orden nimmt pro Jahr rund 100 Männer auf. Derzeit gibt es rund 3400 Mitglieder, die alle Mitglieder der evangelischen Kirche sind. Katholiken sind ausgeschlossen. Gescheiterte Existenzen sind ebenso unerwünscht. Wer sich im Orden bewährt hat, wird nach siebenjähriger Zugehörigkeit in den Reichsritterstand erhoben. Heute ist die Johanniter-Unfallhilfe der bekannteste Ableger der Elitevereinigung. Außerdem werden zahlreiche Sozialeinrichtungen wie Kindergärten und Altenheime betrieben. In Kuratorien von mehr als fünfzig Hospitälern und Altenheime erfüllen die Ritter ihre ehrenamtliche Aufgabe. An der Spitze der Vereinigung steht der Herrenmeister, der immer Mitglied des Hauses Preußen sein muss. Derzeit leitet Oskar Prinz von Preußen den Orden mit dem achtspitzigen Kreuz, der sich auf eine 900-jährige Vergangenheit berufen kann.

In dem Gebäude werden alle wesentlichen archäologischen Funde des Dodekanes ausgestellt. Das einstige Krankenhaus betritt man durch einen hohen Eingang. Er führt in einen großen Innenhof, der von zweigeschossigen Arkaden umgeben ist. In den Ecken sind Kanonenkugeln aus der Ritterzeit zu kleinen Pyramiden aufgeschichtet. Dazwischen wacht eine späthellenistische Löwenskulptur über einen Mosaikboden. Er stammt aus einer frühchristlichen Basilika von der Nachbarinsel Kárpathos.

Eine breite Treppe führt zum Obergeschoss, dem großen Krankensaal der Ritter. Er ist 51 m lang und 12 m breit. Dort findet man heute eine Vielzahl von Grabsteinen und Waffenreliefs ausgestellt. Das Museum besitzt eine umfangreiche Sammlung von Bildhauerarbeiten aus hellenistischer und römischer Zeit, u. a. auch Grabstelen aus spätrömischer Zeit.

Die größte Kostbarkeit ist die *Kauernde Aphrodite* (s. Kasten S. 113), eine kleine Marmorstatue, die um 100 v. Chr. entstanden ist. Es handelt sich um eine Kopie einer noch älteren Aphrodite-Darstellung. Besondere Beachtung verdient auch die Darstellung der *großen Aphrodite*, die in der Nähe des heutigen Casinos Ende der zwanziger Jahre in der Ägäis entdeckt wurde. Die Skulptur entstand im 4. Jh. v. Chr. aus weißem Marmor.

Sonnengott Helios: Schutzpatron von Rhódos

Für unzählige Postkarten und Prospekte muss sein Konterfei herhalten: Der Sonnengott Helios ist in Rhódos allgegenwärtig. Meist wird die Skulptur aus der Sammlung des Archäologischen Museums abgebildet. Es handelt sich hier um eine Plastik aus der ersten Hälfte des 2. Jh. v. Chr. Vermutlich stammt sie aus einer Giebelgruppe eines ihm geweihten Tempels, der an der Stelle des heutigen Großmeisterpalastes stand. Ursprünglich besaß die Darstellung des Schutzpatrons der Insel einen vergoldeten Strahlenkranz. Die Bohrlöcher dafür sind noch sichtbar. Die Gesichtszüge der Skulptur erinnern ein wenig an die uns bekannten Darstellungen von Alexander dem Großen.

Ein weiteres Meisterwerk der Antike ist eine sehr gut erhaltene Grabstele aus der Zeit um 420 v. Chr. Die Inschrift nennt Krito und ihre Mutter Timarista (rechts). Interessant auch die Statue von *Asklepios mit Stab und Schlange* aus dem 2. Jh. n. Chr.

In zahlreichen Räumen werden über 2500 Jahre alte Keramikarbeiten ausgestellt. Hübsch ist der kleine Museumsgarten, der die Vorliebe der Rhodier für männliche Kolossalstatuen zumindest „bruchstückhaft" dokumentiert.

• *Öffnungszeiten* von Juni–Oktober Di–Fr. 8–17Uhr, Sa/So 8–17 Uhr, Mo geschlossen. Von November–Mai Di–So 8–14.30 Uhr, Mo geschlossen. Eintritt 3 €, Kinder und Studenten mit ISIC frei. Ein detaillierter Museumsführer in deutscher Sprache wird für 6 € an der Kasse verkauft. Achtung: Für 10 € erhält man ein Ticket, das den Eintritt in das Archäologische Museum, in den Großmeisterpalast, in das Museum für dekorative Volkskunst und in das Byzantinische Museum erlaubt.

Museum für dekorative Volkskunst: Die hohe Kunst handwerklichen Geschicks seit dem 16. Jh. auf dem Dodekanes präsentiert seit 1966 das kleine Museum an der Platia Argirokástrou (neben dem Symi-Platz). Die Ursprünge der Sammlung gehen auf Marica Montessanto zurück, die sich während der italienischen Okkupation für die Volkskunst des Dodekanes interessiert. Die teilweise jahrhundertealten Exponate reichen von Trachten aus Sými, Kárpathos und Astipálea über rhodische Keramik bis zum Webstuhl. Das Gebäude war bis Ende des 15. Jh. ein Krankenhaus.

Öffnungszeiten Di–So 8.30–14.40 Uhr, Mo geschlossen. Eintritt 2 €, Kinder und Studenten mit ISIC frei.

Byzantinisches Museum: Für Liebhaber byzantinischer Kunst empfiehlt sich das kleine Museum in der Marienkirche (Panagía tou Kastrou) schräg gegenüber vom Archäologischen Museum, das 1988 eröffnet wurde. In der Ritterzeit wurde die Kirche zu einer Basilika samt gotischem Kreuzrippengewölbe umgebaut. Die Türken wandelten sie später in eine Moschee um. In dem weiträumigen, hohen Kirchenraum sind Kunstschätze ausgestellt: Mosaike frühchristlicher Kirchen (5./6. Jh.), illustrierte Bibeln und andere religiöse Texte, Ikonen (14.–18. Jh.) und Fresken, z. B. von der Insel Chálki (14. Jh.). Beachtenswert einige Wandmalereien (17. Jh.), die aus dem Kloster Thári auf Rhódos stammen.

Öffnungszeiten im Sommer Di–So 8.30–15 Uhr, Mo geschlossen. Eintritt 3 €, Studenten mit ISIC und Kinder frei.

Antikes Rokoko – die „Kauernde Aphrodite"

Sie streicht mit beiden Händen ihre Haare aus dem Gesicht, um etwas sehen zu können, als wäre sie im Moment durch ein Geräusch während des Badens überrascht worden. Die kleine, blank polierte Marmorstatue der Schönheitsgöttin, bekannt als *Kauernde Aphrodite*, ist das berühmteste Exponat des Museums (Saal V). Das Werk aus dem 1. Jh. v. Chr. geht wahrscheinlich auf ein 200 Jahre älteres Original zurück. Die Statue ist hervorragend erhalten, nur an den Händen fehlen die kleinen Finger. Der Künstler wollte nur den Augenblick festhalten. Die Plastik ist ein Beispiel für antikes Rokoko – eine ästhetisch-oberflächliche Darstellung weiblicher Körperlichkeit. Solche Statuen schmückten einst die noblen Häuser und Gärten auf Rhódos.

Hafi-Ahmed-Agha-Bibliothek: Gegenüber der Suleiman-Moschee, am Ende der Sokrates-Straße, liegt die 1793 erbaute und 1995 renovierte türkische Bibliothek *Hafiz Ahmed Agha.* Über einen mit Kieselmosaiken verzierten Innenhof betritt der Besucher das Bücherhaus. Der Zwei-Kuppel-Bau birgt bis heute wertvolle Handschriften in Arabisch, Persisch und Türkisch. Hier wird auch eine Chronik der türkischen Eroberung (1522) aufbewahrt. Für den Besucher steht jedoch nur einer der beiden Räume zur Verfügung. In Vitrinen ist ein kleiner Teil des Bücherschatzes zu sehen. Neben dem Eingang ein altes türkisches Haus mit typischem Holzvordach.

Öffnungszeiten Mo–Sa 9.30–16 Uhr, Orfeas-Str., Eintritt frei.

Theofilos – der „Naive"

Der auf Lesbos geborene Maler Theofilos (1867–1934) verband wie kein anderer seiner Generation die Tradition der Volkskunst mit historischen und mythologischen Sujets. Seine Malerei ist lieblich-naiv, oft sind Anatomie und Perspektive vernachlässigt. Nik. Damdoumis, Theofilos-Experte, beschreibt seinen Stil so: „Diese Malerei wird von einer Lebendigkeit, einer Frische und Spontaneität und von munteren Farben gekennzeichnet. Es handelt sich um eine Malerei, in der sich verliebte Mädchen, junge Männer, Helden aus der griechischen Mythologie, (...) Volksfeste, Krieg und zarte Szenen angenehm und gleichzeitig sanft miteinander mischen."

Theofilos gilt heute in Griechenland als einer der wichtigsten Vertreter der Volksmalerei. Der eigensinnige Künstler führte zeitlebens ein unruhiges Dasein. Bereits als Kind soll er nach Izmir ausgewandert sein. Danach ging er ins Pilion-Gebirge nach Thessalien. 30 Jahre wanderte er in der Uniform eines „Tzolia" (wie Alexander der Große) von einem Dorf zum anderen. Als Maler, Geschichtenerzähler und Theaterspieler verdiente er sich sein Brot. Nach der Befreiung der Insel Lesbos von den Türken kehrte er in seine Heimat zurück und widmete sich mit Hilfe eines Mäzens ganz der Volksmalerei. 1934 starb der große Maler Griechenlands an einer Lebensmittelvergiftung.

Die Kunstgalerie des 20. Jahrhunderts besitzt ein paar besonders schöne Arbeiten Theofilos' wie „Der Held Militiadis Yataganas" oder „Das Treffen von Erotocritus und Aretousa". Besonders eindrucksvoll ist das Bild zu einem Kampf am 25. März 1886 zwischen griechischen Freiheitskämpfern und türkischen Besatzern.

Museum für moderne griechische Kunst: Das klassizistische Gebäude an dem langgestreckten Platz mit unzähligen Palmen ist nicht zu übersehen. Nach einer aufwendigen Restaurierung fand mitten in der Neustadt, nur ein paar Minuten vom Aquarium entfernt, die zeitgenössische Kunst ein neues Zuhause. Das Gebäude mit den auffälligen dorischen Säulen ist ein Geschenk der Familie Nestoridis an den Staat. Die Sammlung von rund 150 Gemälden und Plastiken im ersten und zweiten Stock ist sehenswert, denn sie gibt einen guten Überblick über die griechische Gegenwartskunst. Sie beginnt mit Impressionen des frühen 20. Jahrhunderts, führt über die Neue Sachlichkeit und den Expressionismus bis hin zu Abstrakter Kunst und Pop-Art (z. B. Yanis Gaitis). Die berühmtesten Werke stammen von Theofilos (1867–1934), einem Maler von der Insel Lesbos (siehe Kasten oben).

Öffnungszeiten tägl., außer So und Mo, 8–14 Uhr, Fr auch 17-20 Uhr, Haritou-Platz 100, Eintritt 3 €, Schüler/Stud. 1,50 €.

Zentrum für zeitgenössische Kunst: In der Sokrates-Straße 179 befindet sich, ein wenig versteckt in einer Kapelle, dieser Ort für wechselnde Kunstausstellungen. Nur wenige Besucher finden hierher. Ursprünglich stammte das Anwesen aus dem 15. Jh. In Schautafeln ist die Geschichte des Gotteshauses dokumentiert. Hier lebte

Romantisch: die Einfahrt in den Mandráki-Hafen

einst die venezianische Familie von Jacobus de Priolis, der hier 1476 starb. Noch heute sind die Gräber zu sehen, im Untergeschoss wurden Mauern freigelegt. Ein Teil des Gebäudes dient als Museum.

Öffnungszeiten tägl., außer Mo und Di, 10–14 und 18–21 Uhr, Eintritt frei.

Sehenswürdigkeiten außerhalb der Altstadt

Mandráki-Hafen und Nea Agora: Am nördlichen Ende der Altstadt liegt der Mandráki-Hafen: Verkehrsknotenpunkt, Markt, Café-Boulevard, Jachthafen, Ausflugsdampfer – kurzum, die gute Stube der Stadt. Die Hafeneinfahrt markieren *Elafos* und *Elafina* – Hirsch und Hirschkuh –, die beiden zierlichen Wappentiere der Insel. Die zwei Bronzefiguren stehen wahrscheinlich exakt an der Stelle, an der der berühmte Koloss von Rhódos seine wuchtigen Füße auf die Erde setzte. Am östlichen Ende wird der Hafen von einer rund 400 m langen Mole begrenzt. Hier stehen noch drei mittelalterliche Mühlen, die schon längst ausgedient haben. Am Ende des Kais befindet sich die Festung Ágios Nikólaos, ein gewaltiger Rundturm aus dem 15. Jh., der die damalige Ritterstadt schützen sollte (nicht zu besichtigen). Auf der Landseite liegt der von den Italienern erbaute Neue Markt *(Nea Agora)*, ein quirliger Basar am Morgen und mit seinen Tavernen ein beliebter Treffpunkt am Abend. Im Innenhof steht ein kleiner Pavillon, der als Fischhalle dient. Zwischen dem Neuen Markt und der Altstadt, am Rimini-Platz, befinden sich auch die Abfahrtsstellen der Busse und ein großer Taxistand. Den zur Meerseite gewandten Haupteingang der Nea Agora flankieren zwei Peripteros, die keinen Zeitungswunsch offen lassen. Hier beginnt die *Platia Eleftherias*, die Freiheitsstraße, die von den italienischen Kolonisatoren unter ihrem Führer Mussolini aus dem Boden gestampft wurde. Hauptpost (erbaut von Florestano di Fausto), Hafenmeisterei, Gerichtsgebäude, Rathaus und das Theater sind Beispiele dieser „schrägen" Architektur zwischen

Moderne und Historismus. Ein Beispiel ist das Aktain im Mandráki-Hafen. Das zweistöckige Gebäude mit seinem Flachdach und den Arkaden ist wegen seines schattigen Gartens bis heute ein beliebter Treffpunkt. Es wurde 1925 in einer Mischung aus orientalischem und gotischem Stil erbaut. Von 1936 unter dem faschistischen Gouverneur De Vecchi wurden alle dekorativen Bauelemente beseitigt und das Gebäude auf die faschistischen Architekturlinie gebracht. Das Haus – in dieser Zeit *Circolo Italia* genannt – diente den italienischen Offizieren als Treffpunkt.

Festung Ágios Nikólaos: Am Ende der Mole des Mandráki-Hafens steht die noch sehr gut erhaltene Festung Ágios Nikólaos. Sie wurde in der zweiten Hälfte des 15. Jh. erbaut. Das Geld für den inneren Rundturm kam aus dem Herzogtum Burgund. Die Ostseite des runden Turms schmückt u. a. auch ein burgunder Wappen. Das Musterbeispiel mittelalterlicher Festungsarchitektur war während der türkischen Belagerung einer der am meisten umkämpften Orte der Stadt. Die Festung kann täglich zwischen 9.30 und 14.30 Uhr besichtigt werden.

Evangelismos-Kirche: Direkt am Mandráki-Hafen, schräg gegenüber der Post, liegt die Evangelismos-Kirche. Sie ist die Kathedrale des Metropoliten von Rhódos. So alt, wie die Kirche aussieht, ist sie nicht. Die einstige Johanneskirche, religiöses Zentrum der Ritter, wurde im 19. Jh. zerstört. Nach alten Zeichnungen rekonstruierten die Italiener 1925 die Basilika. 1947 wurde, quasi über Nacht, aus der katholischen eine griechisch-orthodoxe Kirche. Der Glockenturm ist allerdings eine Zugabe der italienischen Architekten. Das Innere wurde im neubyzantinischen Stil ausgemalt. Vor allem im Frühjahr und Sommer finden in der Evangelismos-Kirche zahlreiche Trauungen statt. Sie gilt bei den Einheimischen als elegantester Ort der Insel für eine Eheschließung. Hinter der Kirche steht noch ein interessantes Gebäude: der Sitz der Präfektur des Dodekanes. Das frühere Gebäude des Gouverneurs entstand während der italienischen Besatzungszeiten. Der italienische Architekt Florestano di Fausto vermischte 1927 verschiedene Baustile. Das Haus erinnert in seiner Strenge und in seinem Stil ein wenig an den Dogenpalast in Venedig.

<u>Öffnungszeiten</u> tägl. 7–12 und 17–19.30 Uhr. Eintritt frei, um dezente Kleidung wird gebeten.

Immer Richtung Mekka – auf dem türkischen Friedhof

Türkischer Friedhof: Im Schatten von hohen Eukalyptusbäumen, Palmen und staubigen Oleanderbäumen ruhen die türkischen Moslems vergangener Jahr-

Bilderbuchmotiv: Monte Smith

hunderte. Typisches Merkmal: Kopf- und Fußteil sind von Grabsteinen eingefasst, die Gräber sind nach Mekka ausgerichtet. Für die Ruhestätten prominenter Paschas und Großwesire wurden größere Grabbauten errichtet. Der Friedhof am Ende der Platia Eleftherias wurde offensichtlich bald nach der türkischen Eroberung eingerichtet. Zwischen den Gräbern, die Würde und Rang des Verstorbenen durch das Abbild seiner Kopfbedeckung zeigen, fand *Murat Reis,* der berühmte Admiral von Suleiman, in einem auffälligen Grabgebäude seine letzte Ruhestätte. Am Nordende des Friedhofs steht die nach ihm benannte Moschee. Die Murat-Reis-Moschee und das Murat-Reis-Grab wird Ihnen auf Wunsch aufgeschlossen, eine kleine Spende wird erwartet. Der türkische Friedhofswärter spricht Griechisch, Türkisch, Italienisch, Arabisch und ein paar Brocken Englisch. Übrigens, hinter dem Friedhof liegt die eindrucksvolle Rohbau-Ruine eines Nobelhotels aus den Anfängen des rhodischen Tourismus.

Monte Smith: Von dem grünen, 110 m hohen Hügel, der idyllisch über der Stadt thront, bietet sich nicht nur ein wundervoller Ausblick auf die Stadt, sondern auch auf die Überreste der *Akropolis* des antiken Rhódos. Man kann sogar bis zur türkischen Küste, nach Kárpathos und Sými sehen. Attraktion des „Monte Smith“ (im 19. Jh. nach einem englischen Admiral benannt) sind die drei wuchtigen, von den Italienern wieder aufgerichteten Säulen des *Apollontempels.* Hangabwärts das *Theater,* das in weißem Marmor während der italienischen Besatzungszeit nachgebaut wurde und 800 Zuschauer fasst. Es diente wahrscheinlich der legendären Rednerschule als Versammlungsort, wo selbst Cäsar, Cicero und Pompejus den Rhetorikprofessoren lauschten. Von dem antiken Original blieben nur die Orchestra und drei Sitze in den vorderen Reihen erhalten. Heute finden hier gelegentlich noch Konzerte und Theateraufführungen statt. Gleich daneben, umgeben von schattigen Bäumen, das 200 m lange und 35 m breite, ebenfalls

Das nachgebaute Stadion ist eine beliebte Arena für Jogger

nachgebaute *Stadion* der antiken Stadt. Abends beliebter Treffpunkt für einheimische Jogger.

Unweit des Apollontempels (in nördlicher Richtung, links von der Straße), auf dem höchsten Punkt des Monte Smith, liegt der *Tempel der Athena* und *des Zeus*. Doch außer ein paar Trümmern ist davon nichts mehr zu sehen.

Fußweg vom Großmeisterpalast: Man verlässt durch das nur wenige Meter entfernte D'Amboise-Tor die Altstadt, überquert den Festungsgraben und trifft auf die Dimokratias-Str. (parkähnlicher Boulevard). Dieser folgt man nach links und erreicht nach ca. 300 m eine Kreuzung. Man überquert sie und folgt der Agiou-Ioannou-Str. Nach ungefähr 350 m geht es rechts bergauf in die schnurgerade Diagoridon-Str.; sie führt zum Monte Smith. Außerdem gelangt man mit der Stadtbuslinie 5 ab der Platia Eleftherias zur Akropolis.

Aquarium: Allein schon die Architektur des Aquariums ist einen Besuch wert. Im Jahr 1935 errichtete der italienische Baumeister Armando Bernabiti das markante Gebäude im Art-déco-Stil. Seit seiner Eröffnung hat das Aquarium, das einen guten Überblick zur Unterwasserwelt der Ägäis gibt, nichts von seiner Anziehungskraft verloren.

Das Aquarium liegt 15 Minuten von der Altstadt entfernt. Ein fast autofreier Spazierweg entlang des Strandes, vorbei am prächtigen Casino, führt zum Museum, das auch als ozeanographisches Institut dient. Das Aquarium – übrigens das erste seiner Art in Griechenland – ist weitgehend in seiner Originaleinrichtung erhalten geblieben. Mit seinen tropfsteinhöhlenartigen Gängen ist es gerade für Kinder ein besonderes Erlebnis. Es gibt Muränen, Rochen, Krebse, Aale, Goldbrassen und andere Fischarten zu sehen, die heute schon zu den Raritäten in griechischen Gewässern zählen. Interessant ist das Becken mit den Meeresschildkröten (Caretta caretta). Diese Tierart ist heute in der Ägäis vom Aussterben bedroht.

Der Stolz des Museums ist neben den präparierten Haien, Seeteufeln und dem präparierten Delfin das eher unauffällige Becken mit Gizani-Fischen (Ladigesocypris ghigii). Die grau-silbernen Tiere werden nur 3-5 cm lang und maximal 3 Jahre alt. Sie leben in den Gebirgsbächen von Rhódos, zum Beispiel im Loútani-Fluss, der bei Kolimbia ins Meer mündet, oder im Fluss Gadourás (südlich von Charaki) und gelten als sehr bedroht. Informationen im Internet unter www.life-gizani.gr.

Öffnungszeiten von April–Oktober tägl. 9–20.30 Uhr, im Winter 9–16.30 Uhr geöffnet. Eintritt 4,50 €, Kinder und Studenten zahlen die Hälfte.

House of Three Waves

Die Villa für Schriftsteller und Übersetzer aus ganz Europa steht am Hang der Westküste, hoch über der Neustadt. Hier leben und arbeiten Stipendiaten für ein paar Monate ungestört und genießen unter Palmen die traumhaften Sonnenuntergänge an der Westküste. Das „House of Three Waves" dient – wie es sich für das multikulturelle Rhódos gehört – dazu, das Gespräch zwischen unterschiedlichen Kulturen in Europa voranzubringen. Unregelmäßig gibt es auch kulturelle Veranstaltungen der Stiftung. Das Haupthaus – die so genannte *Pascha-Villa* – liegt an der Laskou-Straße (Hausnr. 10a, 25100 Rhódos, ✆ 32510), in der Nähe der Papalouca-Straße, am Weg zum Monte Smith von der Westküstenstraße. Oben am Monte Smith gibt es einen kleinen Wegweiser.

Die auf einem Kap vor rund 2400 Jahren gegründete Inselhauptstadt war schon in der Antike ein intellektueller Treffpunkt. Daran knüpft diese griechische „Villa Massimo" an. Seit 1997 gewährt sie bereits mehr als hundert Dichtern, Publizisten, Denkern und Übersetzern einen sorglosen Aufenthalt. Das Künstlerhaus mit seinem sensationellen Ausblick auf Kap und Meer, bis hinüber zu Türkei, ist ein sowohl durch die Europäische Union als auch die UN unterstütztes Kulturprojekt. Es sollen Brücken geschlagen werden in Europa – zwischen Ost und West, Nord und Süd. „Seit antiker Zeit, war Rhódos nicht nur das Zusammentreffen verschiedener Kulturen, sondern auch ein Zentrum der Bildung, Kultur und der Ideen", sagt der rhodische Bürgermeister George Giannopoulos über den Hintergrund des Künstlerhauses.

Rodini-Park: Eine Oase der Ruhe ist der kleine Park an der lauten Ausfallstraße nach Líndos. In einem tief eingeschnittenen Tal am Rand der Stadt liegt das beliebteste Ausflugsziel der Rhodier – nicht zuletzt an heißen Sommertagen, denn in dem kühlen Tal sind die Temperaturen weitaus angenehmer als in der Innenstadt. Die Schlucht mit Teichen, einem Flüsschen und altem Baumbestand ist eine Mischung aus Zoo und Stadtpark. Rodini liegt 3 km vom Stadtzentrum entfernt (an der Straße nach Líndos) und ist mit der städtischen Buslinie 3 von der Platia Eleftherias (Fischmarkt) schnell zu erreichen. Für Kinder gibt es einen kleinen Tierpark mit Hirschen, Steinböcken, Ziegen und Pelikanen. Die Stille des Parks wird nur durch das exotische Kreischen der frei umherlaufenden Pfaue unterbrochen. Der Bach ist mehrmals aufgestaut und bietet Lebensraum für Enten und anderes Getier.

• *Anfahrt* Der Rodini-Park ist halbstündlich vom Neuen Markt mit dem Bus Nr. 3 zu erreichen. Haltestelle am Eingang. Mit dem eigenen Fahrzeug: die große Ausfallstr. Richtung Líndos nehmen, der Park liegt auf der rechten Seite, ca. 3 km vom Zentrum (Platia Eleftherias).

Grab der Ptolemäer: Das Felsengrab liegt oberhalb des Rodini-Parkes auf einem Ausläufer des Monte Smith. Der kleine Spaziergang vom Rodini-Park lohnt sich, denn der bewachsene Grabhügel an der Nordseite mit seinem großen Monolithen, der durch Säulen gegliedert ist, wirkt durchaus eindrucksvoll. Die Grabkammern des im Grundriss quadratischen Felsengrabes sind jedoch heute längst verschüttet. Wegen eines Absperrgitters kann man vom Inneren – eine Vorhalle und ein langer, schmaler Hauptraum – nur wenig sehen.
Ein echter Ptolemäer freilich wurde an diesem Ort nie bestattet. Wer anstatt solch eines ägyptischen Herrschers hier seine letzte Ruhe fand, ist bis heute ein Rätsel.

Anfahrt von der großen Ausfallstraße nach Líndos beschildert, kurz nach dem Rodini-Park rechts ab.

Die Mittelmeer-Zypresse auf Rhódos

Ein wahrhaft mediterraner Baum: Die Zypresse ist neben Pinie und Olivenbaum die auf Rhódos am weitesten verbreitete Baumart. Sie ist leicht an ihrer schlanken, hohen Form zu erkennen. Viele Griechen verbinden mit der Zypresse vor allem den nächst gelegenen Friedhof. Denn viele Gottesäcker – nicht nur auf dem Dodekanes – sind von Zypressen umgeben.

Die Mittelmeer-Zypresse besitzt kugelförmige, rund 3 cm große Zapfen, die an kurzen Stielen hängen und aus acht bis vierzehn holzigen Schuppen bestehen. Heutzutage wird die Zypresse vor allem gegen Bodenerosion eingesetzt. Die Blätter und Zweige sind jedoch seit der Antike wegen ihrer Heilwirkung beliebt. So lindern die aus ihnen gewonnenen ätherischen Öle beispielsweise Erkrankungen der Atemwege. Sie werden auch für Parfüms und Raumsprays verwendet.

Rundgang vom Aquarium über Großmeisterpalast und Monte Smith ins Rodini-Tal

(siehe Karte S. 83)

Anfahrt: Alle Ziele sind in Rhódos-Stadt gut erreichbar auch mit dem Bus Linie 21.

Beste Tageszeit: Man sollte spätnachmittags loslaufen, um einen schöneren Ausblick vom Monte Smith zu bekommen. Denn von diesem Bergrücken bietet sich am Abend eine romantische Aussicht auf die Westküste mit der untergehenden Sonne.

Dauer und Strecke: 1–2 Std., vorwiegend Asphaltstraßen. Nur im Rodini-Park und auf dem Monte-Smith gibt es Feldwege.

Verpflegung: Es gibt unterwegs immer einen Kiosk. Im Rodini-Park gibt es auch eine schöne Einkehrmöglichkeit.

Ausrüstung: Leichter Sonnenschutz, normale Schuhe.

Die Route: Die Wanderung führt vorbei an den sehenswerten Orten von Rhódos-Stadt. Man erhält sowohl einen Einblick in die Neustadt als auch in die Altstadt. Darüber hinaus lernt man auch die Außenviertel der Inselhauptstadt kennen. Hierher verirrt sich normalerweise kaum ein Tourist. Höhepunkte der Rundwanderung sind der Monte Smith – die Akropolis des antiken Rhódos – und der kühl-schattige Rodini-Park.

Startpunkt ist das am nördlichsten Punkt von Rhódos direkt am Meer gelegene Aquarium. Von hier aus geht man nach links auf das Casino zu und folgt der Straße rechts. Man stößt auf eine Kreuzung und biegt nach links auf die Georgiou Papanikoloustr. Sie macht am Ende eine Biegung nach rechts. Man läuft nun an der Evangelischen Kirche und am berühmten Hafen Mandráki vorbei. Nach ca. 5 Minuten passiert man ein Tor und geht rechts die kleine Straße hinauf.

Da erreicht man das Tor zur Altstadt. Geradeaus durch Gassen gelangt man zur Hauptsouvenirstraße Socratous. Man biegt rechts ab und trifft auf eine T-Gabelung. Rechts folgend stößt man auf den Großmeisterpalast.

Nach Verlassen des Palastes hält man sich rechts, geht durch das D'Amboise-Tor, überquert den Festungsgraben und trifft auf die Hauptstraße Dimokratias. Man folgt ihr nach links und erreicht nach ca. 300 m eine Kreuzung. Man überquert sie und folgt der Agiou-Ioannou-Str. Nach ungefähr 350 m geht es rechts bergauf in die schnurgerade Diagoridon-Str., die direkt zum Monte Smith führt. Hier lohnt es sich, eine Ruhepause einzulegen. Der tolle Ausblick auf die Stadt und die Ägäis lädt zum Verweilen ein. Für Sportliche: Im Stadion – der Antike nachgebaut – kann man ein paar Runde drehen.

Auf der Diagoridon-Str. verlässt man wieder den Monte Smith bis zur ersten großen Kreuzung und biegt rechts ab auf die Sofouli-Str. Nach 5 Min. erreicht man auf der linken Seite einen Park und trifft auf eine Kreuzung, an der sich zwei große Straßen teilen. Man wählt die größere Straße links, kommt nach ca. 50 m zu einer Tankstelle und biegt in die Straße rechts ein, die steil bergauf verläuft. Nach ca. 10 Min. endet die Straße in einer T-Gabelung. Man geht nach links und dann sofort in die kleine Straße rechts. Sie führt zu einem verlassenen Feld mit zwei Pfaden. Dort zeigt ein Schild mit dem Hinweis Hellenistic

Eisschlecken am Eingang zur Altstadt

Funerary Monument nach links. Man folgt geradeaus diesem Pfad und gelangt zum Rodini-Park.

In diesem Park findet man den totalen Gegensatz zu der Stadt, vor allem, weil der Weg zuvor durch die quirligen Straßen führte. Man trifft auf Ruhe und Erholung, da der Park recht angenehme Temperaturen hat und Natur pur bietet.

Wenn man den Park wieder verlässt, trifft man auf die Hauptstraße, die nach Líndos führt. Vor allem am Abend ist diese Hauptverkehrsstrecke stark überlastet. Nach links geht es dann wieder Richtung Rhódos-Stadt. Nach 10 bis 15 Minuten erreicht man die T-Kreuzung, bei der man sich links hält, und schon sieht man auf der rechten Seite den Eingang zur Altstadt.

Wer will, kann nun noch deren Labyrinth aus verwinkelten Gassen erkunden und sich in einem der unzähligen Restaurants niederlassen.

Traumhaft: Tsambiká-Beach

Die Ostküste

Die über 70 km lange Küste bietet fast überall wunderschöne Strände. Je weiter südlich, desto menschenleerer. Ein Erlebnis ist der Besuch der Tsambiká-Bucht – zwischen schroffen, kahlen Bergen ein traumhafter Sandstrand mit Dünen. Anziehungspunkt Nr. 1 ist das 1000-Einwohner-Dorf Líndos mit seinen weiß getünchten, kubischen Häusern und engen, gepflasterten Dorfgassen.

Das am Hang gelegene Dörfchen schmiegt sich wie ein weißes Band um den Berg am Rand der idyllischen Bucht, auf dessen Gipfel eine *Akropolis* und eine später errichtete *Burganlage* stehen. Nachteil: Im Sommer wird das Dörfchen täglich von unzähligen Besuchern heimgesucht.

Die Landschaft an der Ostküste besitzt die besten Badestrände der Insel. Feinsandige Dünen oder kindskopfgroße Kiesel – Strände en masse. Wer Ruhe sucht, sollte sich ein Quartier weit im Süden suchen, in Dörfern wie **Kiotári** oder **Gennádio**. Die beiden Orte mit ausgedehnten Stränden bieten vom Luxushotel bis zur familiären Pension viele Möglichkeiten eines individuellen Urlaubs. Wer es noch einsamer mag, ist im Künstlerdorf **Lachaniá** oder dem malerischen Bergdörfchen **Asklipion** gut aufgehoben. Dorthin verirrt sich noch immer kaum ein Fremder für einen längeren Ferienaufenthalt.

• *Verbindungen* Die **Straße** an der Ostküste ist hervorragend ausgebaut und auch die **Busverbindungen** zu den größeren Orten der Ostküste sind ausgesprochen gut. Es bestehen mindestens stündliche Verbindungen nach Kallithéa und Faliráki sowie 16-mal tägl. nach Líndos (Genaueres s. „Rhódos-Stadt/Verbindungen").

Kóskinou

Zwischen der Küstenstraße und der weiter östlich gelegenen Schnellstraße nach Líndos liegt dieses Dorf auf einer Anhöhe. Von den eher unansehnlichen Außenbezirken mit vereinzelten Hotelbauten an der Ostküste darf man sich nicht abschrecken lassen: Kóskinou mit seinen engen Gassen und klassizistischen Hausportalen hat sich noch viel von seinem ursprünglichen Charme bewahrt. Im 19. Jh. war Kóskinou ein prosperierender Vorort von Rhódos. Davon zeugen noch heute die historischen Gebäude mit schönen, blumengeschmückten Innenhöfen und verzierten Fassaden. Typisch für Kóskinou ist das gemusterte Chochlaki-Pflaster. Vor allem Türken wohnt

en in dem Dorf neun Kilometer südlich von Rhódos-Stadt. Der Ortskern steht mittlerweile unter Denkmalschutz. Eines der aus wenigen Räumen bestehenden Häuser mit Chochlaki-Pflaster und Webarbeiten an der Wand kann man auch besichtigen. Für den Chochlaki-Boden in dem rund 100 Jahre alten Haus war ein Jahr Arbeit nötig.

Öffnungszeiten Mo–Fr 10–13 Uhr und 18–20 Uhr, Eintritt 1 € (✆ 87760, ℻ 87766).

• *Essen* Wer in Kóskinou zum Essen ausgehen will, sollte seinen Wagen außerhalb des historischen Ortskerns parken. Im Sommer kann die Parkplatzsuche schon mal mühsam werden.

Taverne Giannis, viele Einheimische schwören auf die kleine, versteckt liegende Taverne. In einer lauschigen Loggia kommt beste griechische Landküche auf den Tisch. Preiswert ist der frische Fisch aber nicht. Für ein Fisch-Hauptgericht sollte man mit rund 17 € rechnen. Dafür sind die lokalen Weine preiswert. Die Flasche gibt es bereits ab 7 €. Viele Stammgäste.

Taverna Kóskinou, hier schwingt Jorgos aus Pátmos den Kochlöffel. Das Ergebnis: gute griechische Küche mit türkischem Einschlag. Ein wahres Gaumenvergnügen für rund 10 €. Wenn Jorgos besonders gut gelaunt ist, setzt er sich stolz seine Kochmütze auf. Allerdings sollte man sich nicht zu den „Spezialitäten des Hauses" überreden lassen, warnt unser Leser Oey aus Emmerthal: „Der Preis dafür ist übertrieben." Die Taverne im Dorfzentrum (gegenüber der Schule, ausgeschildert) ist bis heute Treffpunkt der Einheimischen.

• *Einkaufen* **Rodos Gold Vogiatzis**. Der größte Goldschmuckladen Griechenlands liegt etwa 2 km vor Faliráki (10 km von Rhódos-Stadt) an der Küstenstraße. Das weiße, kastenförmige Gebäude mit seinem Palmenvorgarten ist nicht zu verfehlen. Das riesige Geschäft wird beliefert von der hauseigenen Goldherstellung. Im ersten Stock ist ein kleines Museum mit antikem Goldschmuck eingerichtet. Wer übrigens keinen fahrbaren Untersatz besitzt, für den wird ein kostenloser Transfer organisiert. ✆ 22410/86670 oder 86155. www.rodosgold.gr

Verträumt: Gasse in Kóskinou

Immobilien: Was kostet ein Platz an der Sonne?

Historisches Chochlaki-Pflaster soll den Boden zieren, eine sonnige Terrasse wäre schön, die Fassade bitte sorgsam gestrichen und im Inneren des urigen Bauernhauses würde sich ein Kamin gut machen. Die Klienten von Ruth Müller-Zisimos haben gewisse Ansprüche. Oft sind es deutsche Rentner oder Vorruheständler, die die Maklerin in dem Immobilienbüro an der Akti-Miaouli-Straße in Rhódos berät. Sie haben lange Zeit gearbeitet, jetzt wollen sie sich etwas gönnen – ein Ferienhaus auf der Insel des Sonnengottes soll es sein.

„Die Nachfrage nach Immobilien auf Rhódos nimmt zu", sagt Frau Müller-Zisimos. Sie vertritt die bisher einzige deutsche Immobilienfirma, die eine Filiale auf der Insel aufgemacht hat. Pro Jahr informieren sich bis zu 250 Kunden in dem Büro der Maklerin. Von denen unterschreiben allerdings weniger als zehn tatsächlich einen Kaufvertrag. Denn erstens sind die Haus- und Appartementpreise auf Rhódos relativ hoch. Zweitens ist das Angebot an geeigneten Objekten ziemlich gering.

Die romantischen alten Bauernhäuser, für die sich die meisten Käufer interessieren, sind nur schwer zu finden. Und die Griechen haben oft auch kein Interesse daran, sie zu verkaufen – selbst wenn sie die Häuser nicht nutzen und lieber in schicken Appartements wohnen. Für die Einheimischen zählt Land oft mehr als Geld. Sie behalten Grund und Boden, so lange sie nicht in finanziellen Nöten stecken. „Aber wenn ein Ausländer solch ein Haus erworben hat, nehmen ihn die Nachbarn sehr herzlich auf", sagt Frau Müller-Zisimos. Einem ihrer Klienten brachte die Großmutter von nebenan warmen Eintopf, weil sein Herd anfangs noch nicht angeschlossen war.

Der Preis für das eigene Heim auf Rhódos bewegt sich zurzeit – je nach Lage und Ausstattung – zwischen 100.000 und 400.000 €. In Rhódos-Stadt sollte man pro Quadratmeter mit etwa 2200 € rechnen. Tendenz steigend. Vor allem Briten kaufen sich überall auf der Insel ein. Doch vor dem Ausruhen im eigenen Haus oder Appartement im Süden gibt es bürokratische Hürden: Für den Erwerb von Immobilien auf Rhódos müssen deutsche Staatsbürger sich eine Genehmigung besorgen. Voraussetzung dafür ist eine von der Polizei ausgestellte Aufenthaltserlaubnis. Anders als in Deutschland besteht in Griechenland beim Immobilienkauf sowohl für Käufer als auch für Verkäufer eine Anwaltspflicht. Bisher seien keine Fälle bekannt, in denen deutschen Bürgern der Erwerb einer Immobilie verweigert wurde, heißt es in einem notariellen Gutachten.

Kallithéa

Die Thermenanlage von Kallithéa ist mittlerweile leider zur Baustelle verkommen. Das ehemals so unwirklich anmutende Fantasieprodukt der italienischen Baumeister, die die Bucht an der felsigen Küste südlich von Rhódos-Stadt zu einem beliebten Thermalbad ausbauten, besitzt wieder seine frühere Anziehungskraft. Ein Besuch des renovierten Thermalbades ist lohnend.

Durch einen mittlerweile restaurierten Arkadengang betritt man die immer noch gut besuchte Anlage, breite Treppen führen hinab zu einem Kuppelbau, der über dem Brunnen mit seinem gesunden, schwefelhaltigen Wasser errichtet wurde. Die

Kallithéa erstrahlt im neuen Glanz

auf der Landzunge angelegten Räume und Terrassen sind ebenfalls wiederhergestellt.

Kallithéa gehört heute der griechischen Tourismusorgansiation EOT. Doch genau darum gibt es seit vielen Jahren einen Streit. Die Auseinandersetzung zwischen der kleinen Gemeinde, der EOT und dem griechischen Staat brachten die Bauarbeiten über Jahre praktisch zum Erliegen. Nun aber steht Kallithéa vor der Vollendung.

Baden: Der kleine, von Palmen gesäumte **Sandstrand** zählt zu den Attraktionen der Insel. Da kann es im Sommer schon mal eng zugehen. Oft machen kleine Ausflugsschiffe Halt, um ihren Gästen in der Bucht eine Schnorchelpartie in dem kristallklaren Wasser zu ermöglichen, ebenso werden vom Mandráki-Hafen in Rhódos-Stadt Tauchausflüge hierher unternommen. Sonnenschirme, Liegestühle und eine kleine Bar mit eisgekühlten Getränken verwöhnen die Gäste, schwimmende Holzplattformen erleichtern den Einstieg. Ein weiterer, etwas größerer Sandstrand mit Bar, Sonnenschirm- und Liegestuhlverleih liegt etwas südlich unterhalb vom Parkplatz.

Übrigens: Südlich von Kallithéa bietet die steile Felsenküste traumhafte, einsame Badeecken. Bei den kleinen Kletterpartien, die zum Erreichen dieser Buchten unumgänglich sind, sollte man gute Strandschuhe besitzen, denn die Felskanten sind messerscharf (10 km von Rhódos-Stadt entfernt). Hier befindet sich auch die inoffizielle **FKK-Bucht**, die einzige der Insel.

Ruhiger als in der Bucht von Kallithéa geht es am sich südlich anschließenden **Oasis- bzw. Tassos-Strand** zu: Drei kleine Buchten, jeweils mit Sonnenschirm-/Liegestuhlverleih und Snackbar. Allerdings sind die Einstiege nicht gerade ideal. Von der Küstenstraße Kallithéa–Faliráki aus beschildert.

Zwischen Kallithéa und Faliraki befindet sich auf der linken Seite (aus Kallithéa kommend) die Taverna to Allotino mit einer reichhaltigen Auswahl an Bieren aus

Bitte ohne oben ohne

In den touristischen Hochburgen wie Faliráki, Ixia, Triánda und Rhódos-Stadt ist Oben-ohne-Baden an der Tagesordnung. Die Rhodier haben sich daran gewöhnt. Und dennoch: Ihre Zustimmung finden entblößte Brüste bis heute nicht. Entkleidungswütige Damen müssen aber darauf gefasst sein, dass sie angestarrt oder auch verächtlich behandelt werden. Griechische Eltern schätzen es nicht, dass ihre Kinder barbusige Frauen zwischen 18 und 80 Jahren am Strand treffen. Als Gast sollte man auf die landesüblichen Gepflogenheiten Rücksicht nehmen und dazu gehört, das Bikini-Oberteil zu tragen.

aller Welt. Auch die Cocktails sind empfehlenswert. Die Lage direkt an der stark befahrenen Küstenstraße ist zwar günstig, bietet aber auch laute Hintergrundgeräusche zum Essen.

Der Faliráki-Beach wartet auf Touristen

Faliráki

Ein Retortendorf aus Beton und Zement. Im Herbst, wenn die letzten Touristen abgereist sind, bleibt eine Geisterstadt mit Tausenden von leeren Betten zurück. Faliráki ist der zu Stein erstarrte Erfolg der Insel für den Massentourismus, der längst Probleme verursacht. „Faliráki hat Probleme. Faliráki hat dem Ruf von Rhódos schwer geschadet", sagt ein langjähriger Tourismusexperte in der Inselhauptstadt, der lieber ungenannt bleiben möchte.

Im Sommer treten sich die Sonnenhungrigen an dem 5 km langen Sandstrand, der früher zu den schönsten der Insel zählte, gegenseitig auf die Füße. Fastfood, Andenkenläden, Sportbars, Billigherbergen, Riesenhotels usw. – Faliráki könnte überall sein. Doch seit einigen Jahren wachsen die Probleme. Drogen, Vergewaltigungen und Diebstahl haben Faliráki einen miserablen Ruf eingebracht. Die hässliche Seite des Massentourismus. Mittlerweile bleiben viele Gäste weg. Vor allem junge Briten, die früher die Aparthotels bevölkerten, fehlen für das Geschäft. Heute geht es selbst in der Hochsaison in Faliráki im Vergleich zu früheren Zeiten fast schon beschaulich zu. Der Niedergang des Badeortes hat Folgen. Viele billige Hotelanlagen stehen leer, Bars mussten schließen, Läden wurden zugesperrt.

Auf Streife in der Bar-Street

Eigentlich könnten sie auf allen Vergnügungsmeilen dieser Welt stehen. Das „Poozer's", das „Breeze", das „Ritz" und am Ende der Ermoy-Straße das schon obligatorische Burger-Restaurant. Statt Cocktails aus Gläsern trinken die Bar-Besucher hier rote, gelbe, grüne Flüssigkeiten aus Salatschüsseln. Statt griechisch spricht man Englisch. Statt Tavernen mit weiß-blauen Tischdecken säumen hier Bars mit chromglänzenden Hockern den Weg. Aus ihren Boxen dröhnen die Hits von Britney, Justin und Robbie bis auf die Straße hinaus. Man lädt zur Kneipentour mit Reiseführer oder wählt die „Miss Hintern" – wie überall, wo Urlauber Spaß ohne Ende suchen. Falirakis Bar-Street ist für Engländer ungefähr das, was Mallorcas Ballermann für Deutsche ist.

Jährlich kommen etwa 460.000 Touristen in den Ferienort an der Ostküste von Rhódos. Einige kommen wegen des schönen Strandes, einige wegen ein paar nach wie vor exklusiven Hotels in Faliráki – und einige eben, weil sie jeden Abend gezielt die Partymeile im Zentrum ansteuern wollen. Auf diese vergnügungssüchtigen Gäste würden manche Einheimische nun gerne verzichten, obwohl sie viel Geld in Faliráki lassen. Sie haben Angst um den Ruf des Ortes. Falirákis Bürgermeister Giannis Iatridis sagt, seine Stadt werde „von Billigtouristen terrorisiert".

Das ausgelassene Treiben erregt in Faliráki mehr Aufsehen als anderswo. Der Grund: Im Sommer 2003 kamen drei britische Touristen ums Leben. Der eine, nachdem ein Betrunkener in einem Nachtclub mit einer Flasche auf ihn eingeschlagen hatte. Der zweite geriet unter einen Müllwagen und erlag seinen Verletzungen. Ein weiterer starb an einer Überdosis Heroin. Als dann noch TV-Leute einen Oralsex-Wettbewerb am Strand filmten, hatten die griechischen Behörden genug von den jungen englischen Besuchern.

Jetzt gehen Polizisten auf Streife durch die Bar-Street und kontrollieren, wie wenig Stoff die Urlauberkörper bedeckt. Wer sich in der Öffentlichkeit nackt auszieht und erwischt wird, muss in Griechenland mit bis zu 40 Tagen Gefängnis oder etwa 2000 € Strafe rechnen. Das harte Durchgreifen soll nun wieder mehr Anstand nach Faliráki bringen. Die 18-jährige Teilnehmerin einer Strip-Show landete schon mal eine Nacht in der Zelle.

Doch Faliráki ist nicht nur ein touristischer Sanierungsfall. Im Norden des Ortes (in Richtung Rhódos-Stadt) gibt es eine Reihe von sehr komfortablen Hotels wie das luxuriöse „Palladium", „Esperos Village", „Esperos Palace" oder „Grecotel Rhodos Royal", deren Gäste vom Rest des Rummels unbehelligt bleiben. Eine Attraktion für sich ist der **Waterpark** mit Wellenbad und Wasserrutschen jeden Schwierigkeitsgrades. Ein Spaß vor allem für Familien. Allerdings ist der Waterpark auch ein teures Vergnügen.

Öffnungszeiten/Information Kinder ab 12 Jahren und Erwachsene zahlen 20 €, Kinder von 3-12 15 €, Kleinkinder haben freien Eintritt. ✆ 22410/84400, www.water-park.gr.

• *Telefonvorwahl* 22410

• *Verbindungen* **Bus**: Verbindungen jede halbe Stunde von 8.30 bis 23 Uhr, Preis einfach 2,00 €. Eine schöne Art, nach Rhódos-Stadt zu reisen, ist das „Sea-Shuttle": Das Fährboot fährt jeweils 6-mal täglich, 5 € einfache Fahrt, Fahrzeit halbe Stunde, bezahlt wird an Bord. Eine Taxifahrt nach Rhódos-Stadt kostet 16 €.

• *Essen* **Restaurant Sarantis**, die Taverne liegt an der Straße nach Lindos (rechte Seite). Auf der Speisekarte stehen Klassiker wie Souvlaki und Moussaka, aber auch die Käsespezialität Saganaki oder die frittierten Käsebällchen Tirokeftedes. Es gibt auch hausgemachte Desserts wie Baklawa. Klimatisierte Innenräume. Vasilis Sarantis ist bekannt für seinen netten Service. www.faliraki-info.com/sarantis

Baden

▸ **Faliráki-Beach**: der beliebteste Strand der Insel. Es gibt optimale Wassersportmöglichkeiten und wer sich lieber in der Luft bewegt, kann es auch mit Bungee-Jumping von einem Kran probieren. Das Sport- und Vergnügungsangebot ist enorm.

• *Sport* **Wassersport**, am Faliráki-Beach mehrere Anbieter (www.watersports-faliraki.com), z. B. *Sotos & Akis* auf Höhe des Faliráki-Beach-Hotels. Wasserski 20 € (15 Min.), Paragliding 35 €/Person (Tandem 60 €), Banana-Boat 15 € (einstündiger Ausflug), Tretboot 15 €/Std., Jet Ski 30 € (15 Min.). Mitte Mai bis Ende Oktober geöffnet, ✆ 694-5333385 (mobil).

Motorboote, bei *Captain Nemos*, nördlich am Faliráki-Strand (zwischen Pegasos und Calypso Hotel). Boote je nach Größe 45–60 € in der Stunde (inkl. Sprit). In der Hochsaison evtl. vor Ort reservieren.

Mountainbiking, *Faliraki Bike Center* verleiht Mountainbikes für 6–10 € am Tag. Außerdem werden geführte Mountainbike-Touren zum Profítis Ilías, nach Kolimbia oder Afandou angeboten (rund 40 €). In Faliráki an der großen Kreuzung mit Ampel auf der Straße Richtung Líndos auf der rechten Seite. Vormittags und am frühen Abend geöffnet, besser anrufen unter ✆ 22410/86875.

▸ **Ladikó-Bucht**: empfehlenswert, um dem Rummel am Faliráki-Beach zu entkommen. Von der Hauptstraße Richtung Líndos führt eine beschilderte Straße zu einer Bay an der Felsküste mit ein paar Metern Sand-Kies-Strand. Liegestühle und Duschen vorhanden. Sehr gepflegter Strand, sauberes Wasser, dennoch: Badeschuhe tun hier gute Dienste, da im Wasser einige spitze Felsen aufragen. Das Restaurant Ladikó ist das Einzige am gleichnamigen Strand. Alternative: die gemütliche kleine Snackbar mit herrlicher Terrasse oberhalb der benachbarten Anthony-Quinn-Bucht.

• *Übernachten* **Ladikó Hotel**, oberhalb der malerischen Bucht liegt dieses von Palmen und Bananenstauden umgebene Hotel mit vier Nebengebäuden von Diamantis Sotirakis. Das von Lesern empfohlene Haus verfügt über 50 Zimmer, ruhig, buchbar auch über Pauschalanbieter. Leckeres Essen. Viele Stammgäste. „Die Zimmer wurden sehr gepflegt und das Personal war äußerst freundlich", berichtet Leserin Isolde Listmayer aus Feldkirch. DZ mit Frühstück ab 53 €. ✆ 85536, ℻ 85560, www.ladikohotel.gr.

Hotel Atalandi, B-Kat., schönes Hotel auf einer Anhöhe, mit Panoramablick auf Faliráki, sehr ruhig, grüner Garten mit Swimmingpool, frei laufende Pfaue, sympathisches Haus zum Wohlfühlen. 3-mal tägl. Bus-Service zum Faliráki-Strand. 60 Zimmer, alle mit Bad/Balkon. DZ 40–50 €, jeweils inkl. Frühstück. Fast ausschließlich britische Gäste. Ende April bis Mitte Oktober geöffnet. ✆ 85980, ℻ 85255. Anfahrt: von der Hauptstraße Richtung Líndos links ab Richtung Ladikó, dann links den Berg hinauf (beschildert).

▸ **Anthony-Quinn-Bucht**: eine wunderschöne, aber auch sehr populäre Bucht. Das Wasser schimmert einladend blau-türkis, aber der Meeresboden ist steinig. Selbst bei windigem Wetter ist die Wasseroberfläche der geschützten Bucht spiegelglatt. Ein wahres Schnorchelparadies. Optimal auch für Kinder, denn viele Strandabschnitte sind ziemlich flach. Die Bucht wurde durch den amerikanischen Schauspieler Anthony Quinn berühmt. Zum Dank, dass er hier den Film „Die Kanonen von Navarone", in dem er eine der Hauptrollen spielte, gedreht hatte, schenkte ihm die griechische Militärregierung diese Küstenabschnitte. Diese Großzügigkeit wurde jedoch von der späteren demokratischen Regierung rückgängig gemacht.

Nichts für Individualisten: der Strand von Faliráki

An dem kleinen Kiesstrand gibt es einen Liegestuhlverleih, oberhalb liegt ein schattiger Parkplatz mit WC sowie eine gemütliche, sehr günstige Taverne (Lammsteak 6 €) mit wunderschöner Terrasse. Von hier geht es über Treppen hinunter zum Strand. In nördlicher Richtung führt ein Pfad über die Felsen nach Faliráki.

Anfahrt zunächst Richtung Ladikó, dann rechts ab (beschildert), 500 m auf gut befahrbarer Straße.

Traganou-Beach: weitläufiger, noch nicht überlaufener Kiesstrand, der einen Umweg lohnt. Exzellente Wasserqualität. Dafür bürgt die blaue Flagge. Die Traganou-Bucht schließt südlich an die Ladikó-Bucht an. Am nördlichen Rand kann eine Meereshöhle entdeckt werden. Es gibt Stranddusehen, Snackbar, Liegestuhl- und Sonnenschirmverleih. Neben dem Strand gibt es einen militärischen Beobachtungspsoten. Selbst in der Hochsaison geht es hier gemächlich zu. Von der Hauptstraße Faliráki–Afándou links ab (beschildert).

Afándou

Das unscheinbare, verwinkelte Dorf, ein paar Kilometer von der Küste entfernt, hat sich seinen bäuerlichen Charakter bewahrt. Der Name rührt von „Afanía" her, was so viel wie *Unsichtbarkeit* bedeutet.

Vor vielen Jahrhunderten errichteten die Einwohner nach Überfällen die heutige, abseits vom Meer gelegene Siedlung. In dem typischen Bauerndorf verstehen viele Deutsch, denn manch einer arbeitete in bundesdeutschen Fabriken. Afándou, am Rand eines meist ausgetrockneten, breiten Flusslaufes gelegen, ist ein lebendiges Dorf, das auf den ersten Blick keine Touristenidylle verspricht. Zentrum des geschäftigen Ortes ist die Platia mit Tankstelle, Läden und Kafenion. An der Straße zum Strand hat man sich dennoch auf ein wenig Fremdenverkehr eingerichtet: Es

Ein Zug nach Gummersbach

Niemand versteht Georgios, als er in Köln am Bahnhof ankommt. Es ist ein Tag, irgendwann Anfang der sechziger Jahre. Deutsche Unternehmen suchen Gastarbeiter, Georgios sucht Arbeit. Das passt gut zusammen. Doch in Köln wird der junge Grieche aus dem Dorf Afándou trotzdem nicht fündig. Auf dem Gymnasium hat er zwar ein paar Brocken Englisch gelernt. Aber hier, auf dem Bahnsteig, kann keiner mit ihm sprechen. Er ist verzweifelt.

„Leute, ich werde den Zug nehmen – wohin er mich auch bringt", sagt Georgios an dem Abend zu den drei Männern, mit denen er auf der Suche nach Arbeit über Athen bis ins Rheinland gereist ist. Es ist bereits elf Uhr geworden. In irgendeinen Wagon steigt Georgios ein, ohne zu wissen, wohin die Reise geht.

Endstation ist Gummersbach, etwa 50 km von Köln entfernt. „Es war das, was die Deutschen Bergisches Land nennen", erinnert sich Georgios vierzig Jahre später. „Und es war sehr schön, es gefiel mir". Georgios bleibt, findet Arbeit und viele, viele Bewohner aus seinem Dorf folgen. Afándou – Gummersbach, das steht heute als Beispiel für eine Kettenmigration. Die ersten Migranten ziehen weitere an. Der eine Gastarbeiter erzählt etwa seinem Bruder, er habe in der fremden Stadt Arbeit gefunden, der neue Nachbar sei in Ordnung und das Wetter erträglich. Den Bruder zieht es auch an diesen Ort, und wenn er dort angekommen ist, erzählt er vielleicht seinem Schwager, wie gut er alles vorgefunden habe. Und so weiter. Im Laufe der sechziger Jahre ziehen etwa 1000 Einwohner aus Afándou nach Gummersbach. Das ist mehr als ein Viertel der damaligen Dorfbevölkerung.

Heute leben die meisten von ihnen wieder in ihrem Heimatort. Das ist das Besondere an den Auswanderern aus Afándou. Die Migranten aus einem bestimmten Ort wandern in einen einzigen anderen Ort aus – und kehren (nahezu) geschlossen wieder zurück. Wissenschaftler sprechen von einem „abgeschlossenen Migrationszyklus".

Auch wenn die ehemaligen Gastarbeiter wieder in Afándou leben, ist ihre Bindung zu Gummersbach immer noch vorhanden. Es gibt eine Städtepartnerschaft zwischen den beiden Orten. Und Kyriakoula Symiakou, die sieben Jahre im Bergischen Land gelebt hat, betreibt ein Café namens „Gummersbach" in Afándou. Wo es zu finden ist? Am Platz „Gummersbach" natürlich, ganz in der Nähe der Platia.

gibt einige Auto- und Zweiradverleiher sowie diverse Restaurants, Cafés und ein paar Unterkünfte. Lohnenswert ist auf alle Fälle der breite, langgestreckte Sand-Kies-Strand, der selbst im August nie überfüllt ist, aber auch nicht unbedingt idyllisch wirkt (2 km vom Ortszentrum).

Den meisten Rhódos-Touristen ist Afándou vor allem ein Begriff wegen seines **18-Loch-Golfplatzes** am Ortsstrand. Er ist der ganze Stolz rhodischer Tourismus-Manager. Der vom britischen Architekten Donald Harradine gestaltete Platz ist ganzjährig geöffnet. Doch im Hochsommer leidet der Rasen unter der unbarmherzigen Sonne beträchtlich. Ursprünglich gab es ehrgeizige Ausbaupläne mit dem Golfplatz. Eine Hotelruine mit einem leeren Swimmingpool in olympischen Ausmaßen sind steinerne Zeugen des gescheiterten Vorhabens.

Auf der Insel besitzt Afándou auch einen kulinarischen Ruf. Die beliebte Spezialität heißt *Pitarudia*, eine Art Kichererbsenpüree.

Folklore- und Kirchenmuseum: Gleich hinter der Marienkirche im Zentrum gelegen, eine ältere Dame kümmert sich um die beiden Ausstellungsräume und schließt interessierten Besuchern das Museum auf. Ein Webstuhl, Teppiche und Tischdecken dokumentieren die Handwerkskunst in Afándou. Daneben gibt es allerhand Haushaltsgeräte zu sehen. Gezeigt wird auch die schlichte Frauentracht mit bunten Kopftüchern. Die traditionelle Kleidung der Männer bestand aus schwarzer Hose, Jacke und Mütze, einem roten Tuch und einem Geldbeutel, der über der Brust getragen wurde. Der zweite Raum ist sakralen Gegenständen wie silberbeschlagenen Bibeln, prachtvollen Priestergewändern und jahrhundertealten Ikonen gewidmet.

Öffnungszeiten offiziell tägl. 11–12 und 17-20 Uhr. Eintritt 1 €. Sollte niemand da sein, fragen Sie am besten im gegenüberliegenden Kafenion nach.

• *Telefonvorwahl* 22410

• *Übernachten* **Hotel Golden Days**, C-Kat., angenehmes, zweistöckiges Haus mit 41 Zimmern, aber leider an der lauten Dorfausfallstraße gelegen. Deshalb sollten Sie ein Zimmer nach hintenheraus nehmen (Blick auf Orangen- und Zitronenbäume). Schöner Swimmingpool, DZ mit Bad/Balkon ab 46 €, EZ ab 38 €, je mit Frühstück. Große Preisunterschiede je nach Saison. 700 m von der Platia an der Straße zum Strand auf der rechten Seite. ✆ 52302, 52346, ℻ 52324, www.goldendays.gr.

Hotel Kastelli, freundlicher Familienbetrieb mit 22 Zimmern, viele Stammgäste, sehr ruhig, aber auch etwas weit ab vom Schuss gelegen, 500 m vom Zentrum. Es gibt einen kleinen Swimmingpool. DZ 40-45 € (inkl. Frühstück). Schlichte, saubere Zimmer mit Balkon, entweder mit Blick auf die Berge oder Richtung Meer. Von Ostern bis Ende Oktober geöffnet, ✆ 51961, ℻ 51502. Anfahrt: Von der Platia die Straße Richtung „Butterflies" und dann Richtung Líndos. Nach der EKO-Tankstelle vor der Brücke links ab, nach 100 m auf der linken Seite.

• *Essen/Trinken* **Restaurant Katholiki**, Eleni Simiakou serviert typische griechische Küche. Günstige Preise. Besonders gut schmeckt hier die Dorfspezialität Pitarudia. Man sitzt auf einer großen, überdachten Terrasse. An der Straße zum Strand auf der linken Seite. Mo–Sa ab 18.30 Uhr, So ab 12 Uhr. ✆ 52066.

La Notte-Bar, idyllische Terrasse unter Pinienbäumen, auf einem kleinen Hügel gelegen, nur 50 m von der Platia. Lassen Sie sich in einem der Cafés an der Platia die Gasse zeigen, die zur Bar führt. Nur abends geöffnet.

Gelateria Moka, „erstklassige Konditorei mit köstlichen Kuchen, Törtchen und Süßspeisen", Lesertipp von Hans Ritter aus Bietigheim-Bissingen. Große Auswahl, aber nur wenig Stühle zum Sitzen. Kuchen lieber mitnehmen. Von der Platia im Zentrum die Straße Richtung Strand nehmen, nach 300 m auf der rechten Seite.

• *Sport* **Golf**: Der 18-Loch-Platz mit einer Länge von rund 6 km liegt an der Afándou-Bay. Das Clubhaus ist ziemlich einfach, besitzt jedoch alle Einrichtungen wie Schließschränke, Duschen, Bar. Der Green-Fee beläuft sich auf 20–35 € (je nach Saison). Geöffnet 7.30 bis 20.30 Uhr. Eine halbe Stunde Unterricht 30 €, Golfschläger 16 €. Weitere Infos unter ✆ 51122, www.afandougolfcourse.com.

Die Ostküste

Psínthos

Das beschauliche Dorf liegt 9 km von der Ostküste entfernt im Inselinneren und ist noch relativ ruhig geblieben.

Lediglich mittags wird es touristischer, denn dann machen viele Inselrundfahrten hier ihre Rast und rund um die fußballplatzgroße Platia buhlen mehrere Tavernen und Cafés um die Gunst der Gäste. Abends jedoch gehört der gemütliche Dorfplatz wieder den Bewohnern von Psínthos.

Der in einem grünen Tal gelegene Weiler lohnt sich jedoch nicht nur für einen Zwischenstopp, sondern auch aufgrund seiner Nähe zu Rhódos-Stadt als Ausgangsquartier für Besucher, die dem Rummel an den Küsten entfliehen möchten. Übrigens, für Rhodier ist Psínthos ein geschichtsträchtiger Ort. Denn hier besiegten 1912 die Italiener die Türken und beendeten damit die jahrhundertelange Herrschaft der Osmanen.

In Psínthos findet man noch den vom Aussterben bedrohte Gizani-Fisch. Im Bächlein Fassouli tummelt sich die seltene Spezies. Sogar ein eigener kleiner Damm wurde angelegt, um den fingergroßen Fischen das Überleben zu sichern. Ein Spaziergang über einen Steinpfad durch das kleine, dicht bewachsene Tal ist nicht nur wegen der seltenen Fische lohnenswert. Entlang des Fassouli-Baches tummeln sich im Sommer Tausende seltener Quadriga-Schmetterlinge. Die Insekten lieben das Harz der Storaxbäume, die entlang des Baches wachsen. Übrigens, von Psínthos führt eine romantische Bergstraße nach Westen, nach Petaloúdes, dem Tal der Schmetterlinge. Im Gegensatz zum Fassouli-Tal kostet dort der Spaziergang Eintritt.

• *Telefonvorwahl* 22410

• *Verbindungen* 1-mal tägl. fährt ein Bus nach Rhódos-Stadt (1,80 €).

Essen wie Gott in Psínthos

Psínthos ist ein Feinschmeckerziel: Empfehlenswert ist die Taverne Pigi Fassouli, die am östlichen Dorfrand liegt (ausgeschildert). Im Sommer sitzen die Gäste unter einer riesigen, verknöcherten Platane am Bächlein Fassouli auf einfachen Holzstühlen. Schöner kann man auf dem Land nicht speisen. Auf den Tisch kommt leckere, frische, griechische Landküche. Einheimische schwören besonders auf die Fleischgerichte. Vor allem die Lammgerichte sind beliebt. Dazu gibt es hausgemachte frittierte Kartoffeln. An Sonntagen kehren in der Taverne ganze Familien ein, denn das Preisniveau ist relativ niedrig. Während der Woche hat die Familientaverne nur abends geöffnet. Der Service des Familienbetriebs ist sehr freundlich und schnell. Bei größeren Gesellschaften empfiehlt sich eine Reservierung. ✆ 50071, ✆ 50256.

Taverne Artemida, knapp 1 km außerhalb (beschildert, Straße Richtung Archípoli). Hier kann der Gast, während das Essen in einem großen Ofen zubereitet wird, nach Herzenslust im hauseigenen Swimmingpool (mit Blick auf die Berge) planschen. Es werden auch Zimmer vermietet (DZ ca. 35 €, 4er-Appartement 70 €, jew. mit Frühstück), ✆ 50003, 50095, www.rodosvitrina.gr/artemida-house.htm. Die Küche bietet mehr als sonst: Hier gibt es z. B. Koteletts von der Ziege oder Zucchiniblüten mit Schafskäse gefüllt. Honig und Olivenöl stammen aus eigener Produktion. Gerhard Helmreich aus Gundelsheim bestätigt unser positives Urteil: „(...) vorzügliche Küche, Spezialität der Hausfrau sind leckere Honigpfannkuchen. (...) Bekannt ist die Taverne bei den Leuten von Rhódos-Stadt und Líndos auch wegen des selbst geschleuderten Honigs, des selbst gebackenen Brots und des Olivenöls." Die beliebte Taverne hat auch im Winter offen, dann aber nur am Wochenende.

Die Taverne Smaragd mit ihrer überdachten Terrasse an der Platia in Psínthos ist ebenfalls eine Reise wert. Vor allem Lamm schmeckt ganz ausgezeichnet. Leser sind immer wieder begeistert. Alexander Meyer und Miriam Klempel aus Wetzlar: „Besonders empfehlen möchten wir das Restaurant Smaragd in Psínthos direkt am Dorfplatz. Georgios spricht nicht nur hervorragend Deutsch, sondern ist auch ungemein gastfreundlich. Die Küche ist fantastisch (unser bestes Essen auf ganz Rhódos!!). Eine von vielen Spezialitäten ist sein Stifado. Georgios bietet ausgezeichnete griechische Küche zu außergewöhnlich günstigen Preisen. Nebenbei hat er einen köstlichen Hauswein im Ausschank." Christian Hees aus Schwerin: „In Psínthos waren wir bei Georgios im Smaragd, wunderbares Essen, günstig, Sein Stifado war leider noch im Ofen ..."

Der Überlebenskünstler: Gizani

Er ist nicht länger als 5 cm, wiegt nur ein paar Gramm und wird lediglich drei Jahre alt. Aber während dieser Zeit sei er ein „Meister des Überlebens", loben die Biologen, Hydrologen und Geologen, die sich ihm widmen. Sein Name: Gizani. Sein Lebensraum: die Gewässer auf Rhódos, ausschließlich.

Der kleine Fisch ist nur in den Seen und Flüssen auf der Insel zu finden, nirgendwo sonst. Entdeckt hat ihn zu Beginn des 20. Jh. der italienische Professor Alessandro Ghigi . Er gab dem Fisch seinen Namen – „Gizani" umgangssprachlich und „Ladisgesocypris ghigii" als korrekte wissenschaftliche Bezeichnung. Der Gizani liebt langsam fließendes Wasser. Er hält sich gerne nahe am Ufer auf, unter Felsen, zwischen Baumwurzeln oder Algen. Der Süßwasserfisch hat eine silber-graue Farbe, dunkler auf dem Rücken, heller am Bauch.

Am ehesten bekommt man den kleinen Fisch im Aquarium in Rhódos-Stadt zu Gesicht oder in einer der beiden Beobachtungsstationen auf der Insel – die eine auf dem Weg zum Profitis Ilias, etwa 200 m entfernt von der Platia in Eleoussa, die andere in Fassouli, am Ortsausgang von Psínthos. Beide Stationen sind ausgeschildert. Dort tummeln sich die kleinen Überlebenskünstler in Wasserbecken. Außerdem gibt es Info-Tafeln.

Wer mehr erfahren möchte, kann den Gizani auch auf der Internetseite www.life-gizani.gr besuchen. Die Seite hat ein Team von Wissenschaftlern eingerichtet, um über den kleinen Fisch und seinen Lebensraum zu informieren. Denn der Gizani ist vom Aussterben bedroht. Das hat vor allem zwei Gründe: Erstens macht ihm die Natur das Überleben ziemlich schwer. Im Sommer trocknen die Gewässer der Insel Rhódos fast vollständig aus und auch im Winter führen sie nicht immer alle Wasser. Zweitens ist der Wasserverbrauch auf der Insel gestiegen und die zunehmenden Waldbrände bringen das ökologische System aus dem Gleichgewicht. Beides verursacht ein weiteres Austrocknen der Flüsse und beschränkt den Lebensraum des Gizani.

Griechenland hat zusammen mit der Europäischen Union ein Projekt zum Schutz des Fisches gestartet. Einheimische und Touristen auf Rhódos sollen mehr über die bedrohte Spezies erfahren und sich so verhalten, dass es dem Fisch nicht schadet. Projekt-Mitarbeiter sammeln zurzeit Daten zur Größe der Population und zu den Verhaltensweisen der Fische. So wollen sie mehr über den kleinen Überlebenskünstler erfahren. Zudem haben sie im Aquarium von Rhódos-Stadt einen eigenen Ausstellungsbereich für den Gizani eingerichtet

Kolímbia

Das kleine Straßendorf zählt zu den wichtigsten Badeorten an der Ostküste. Die günstige Lage zwischen Líndos und Rhódos-Stadt sowie der kinderfreundliche Strand machen Kolímbia zu einem begehrten Ziel. Die touristische Karriere hat aber Folgen. Der Bauboom machte aus Kolímbia ein Dorf ohne Gesicht. Im Winter ist Kolímbia einsam und verlassen.

Trotz der vielen Hotels ist Kolímbia selbst im Sommer relativ ruhig geblieben. Die 2 km lange, schnurgerade Eukalyptusallee am Rand der weiten, flachen Afándou-Bucht führt zu einem weitläufigen, sehr schönen und sauberen Kies-Sand-Strand vor imposanter Felskulisse. Leider wurde er durch Hotels wie das „Irene Palace“, einen 458-Betten-Protz, in den letzten Jahren zunehmend entstellt. Außerdem liegen die Häuser so weit auseinander, dass man ein gemütliches Dorfzentrum vergebens sucht.

Der Strand von Kolímbia liegt südlich des kleinen Hafens (mit Taverne), nördlich grenzt das Südende des Afándou-Strandes an. Am *Kolímbia Beach* gibt's eine Wasserskischule (Kurse nur im Sommer), eine Snackbar und einen Liegestuhl- und Sonnenschirmverleih. Der verhältnismäßig breite Strand aus Sand und Kiesel fällt flach ab und ist daher besonders für Kinder gut geeignet.

Einst waren es die Italiener, die das Dörfchen südlich des Loutani-Flusses prägten. Sie hinterließen ein großes *Pflegeheim mit Campanile* an der Ostküstenstraße und einige funktionelle *Kolonialbauernhäuser*, die teilweise leer stehen. An der Eukalyptusallee (rechte Seite) liegen auf einem eingezäunten Grundstück die Fundamente einer frühchristlichen *Basilika* aus dem 5./6. Jh.

- *Telefonvorwahl* 22410
- *Verbindungen* 11-mal tägl. Busse von Kolímbia Beach nach Rhódos-Stadt (2,80 €).
- *Übernachten* **Hotel Atlantica Imperial Beach Hotel,** die weitläufige Anlage am Strand von Kolímbia ist stilvoll eingerichtet. Großartiger Blick von der Terrasse. Sportlichen Gästen fehlt es an nichts. Tennis, Volleyball, sogar einen Kanuverleih gibt es. Netter Service. DZ mit Meerblick ab rund 125 € mit

Erdbeerbaum: Rausch oder Übelkeit

Wer um Kolímbia, überhaupt im Süden von Rhódos, durch die Macchia wandert, muss schon genau aufpassen: Der Erdbeerbaum, der gerne aus Flussufern wächst, ist alles anderes als leicht zu erkennen. Das ändert sich zwischen Oktober und März. Dann trägt der baumartige, immergrüne Strauch, der zu den Heidekrautgewächsen zählt, kleine rote Früchte. Die Kugeln erinnern jedoch weniger an Erdbeeren als vielmehr an Litschis. Der dekorative Anblick verschaffte dem Erdbeerbaum auch eine Karriere als Gartenpflanze auf Rhódos. Bereits seit der Jungsteinzeit werden die Früchte des Arbutus unedo – so die botanische Bezeichnung – geschätzt. Doch aufgepasst: Die weiche, nur scheinbar stacheligen Früchte mit dem gelben Fruchtfleisch sind verführerisch. Denn zum einen schmecken sie aromatisch und lecker, zum andern können sie auch rauschartige Zustände oder Übelkeit hervorrufen. Vor allem von nicht gereiften, harten Früchten sollte man lieber die Finger lassen. Nach zu üppigem Verzehr kommt schon mal eine Ziege oder ein Esel ins Taumeln. In unseren Breiten sind die Früchte nahezu unbekannt, denn sie sind kaum haltbar. In der Saison findet man die Früchte beispielsweise auf dem Markt in Rhódos-Stadt. Meistens werden sie jedoch für Liköre oder zu Marmelade verarbeitet.

Frühstück. Das Hotel wurde 2002 eröffnet, ✆ 57000, www.atlanticahotels.com.

Hotel Irene Palace, beliebtes Mittelklassehotel in Form eines Ypsilons direkt am Strand, dennoch mit Süßwasserpool, von Bananenstauden umgeben, Kinderbecken, Whirlpool, großzügige Eingangshalle, Balkon mit Meerblick, Klimaanlage vorhanden, ruhige Lage, weitläufige Liegewiese. DZ 48–110 € inkl. Frühstück, April bis Oktober geöffnet, ✆ 56265, 📠 56262, info@irenepalace.gr, www.irenepalace.gr.

Hotel Eukalyptus, ziemlich genau zwischen der Ostküstenstraße und dem kleinen Hafen liegt das einstöckige, schon etwas in die Jahre gekommene Haus (Richtung Strand auf der linken Seite). Nur 7 Zimmer, einfach, alle mit Blick nach hinten zum Garten. Preiswertestes Hotel des Dorfes mit Restaurant. Die 1-Sterne-Herberge ist nur etwas für Anspruchslose. DZ mit Du/WC 20-25 €, EZ gleicher Preis, jeweils inkl. Frühstück. ✆ 56218. Ca. 1,5 km vom Strand, Bushaltestelle vor der Haustür.

• *Essen/Trinken* **Restaurant Limanaki**, Terrasse mit schönem Blick auf den Strand von Kolímbia und die schroffen Felsen. Günstiges Fischrestaurant, frischer Fisch, besonders die Meeresfrüchte sind eine Empfehlung wert, guter Service. Hier trocknet der Chef seine Tintenfische noch selbst. Das Limanaki hat viel Stammkundschaft.

• *Wassersport* **Michael's Water Sports**, am Strand von Kolímbia. Wasserski 15 €, Banana-Boat 8 €, Parasailing ca. 30 €, Jet Ski 30 € (20 Min.). Von Mitte Mai bis ca. Mitte Oktober geöffnet.

Ausflüge mit Nico: „Mit seinem relativ kleinen Boot mit dem Namen ‚Monachus Monachus' fährt Nicolas Diakidis kleine, sonst kaum erreichbare Buchten an, in denen man ausgiebig baden und schnorcheln kann. Die siebenstündige Fahrt mit guter Verpflegung erschien uns sehr preiswert, 30 €." (Lesertipp: Dr. Christoph Hägele, Tübingen.) Nico spricht Englisch, 693-24944457 (mobil).

Rast bei den Sieben Quellen

Eptá Pigaé (Sieben Quellen)

In einem romantischen Wald – knapp 4 km von Kolímbia – liegen die Eptá Pigaé. Die „Sieben Quellen" waren einst ein beliebtes Ausflugsziel der Rhodier an Sonntagnachmittagen. Heute zieht es die Rhodier nur noch in der Nebensaison an die Quellen. Die Eptá Pigaé sind jedoch fester Bestandteil jeder Inseltour. Trotz des großen Andrangs lohnt sich ein Zwischenstopp.

Die Kühle des Waldes mildert angenehm die sengende Sommerhitze. Weitläufig stehen die Tische mit Holzstühlen in dem kleinen Tal idyllisch unter Platanen auf verschiedenen Ebenen verstreut. Gleich hinter der Taverne, die für ihre leckeren Forellen bekannt ist, liegen die Quellen. Glasklar sprudelt das kühle Nass aus dem

Kloster Ágios Nektarios: Die Platane des Apostel Paulus

Auf vielen Inselkarten ist das Kloster Ágios Nektarios nicht einmal eingezeichnet. Und dennoch: Jeder Rhodier kennt diesen Ort. Die Klosterkirche ist ein beliebtes Ausflugsziel am Sonntag. Auch bei Brautpaaren steht der malerische Flecken hoch im Kurs. Ein kunsthistorisches Schmuckstück ist Ágios Nektarios jedoch nicht. Das Gotteshaus mit frei stehendem Glockenturm wurde erst 1966 errichtet. Es hat sich schnell zu einem beliebten Zwischenstopp an der Straße nach Éleusa im Inselinneren entwickelt. Das Innere der Kirche ist mit modernen Fresken bemalt, die z. T. mit Widmungen an die Geldgeber versehen sind. Zu den edlen Spendern zählt auch die homöopathische Ärzteschaft von Detmold und Hamburg. Berühmt ist Ágios Nektarios jedoch wegen seiner angeblich 2500 Jahre alten Platane. Sie befindet sich am Treppenaufgang zur Klosterkirche, ist innen völlig hohl und begehbar und hat ein Guckloch zur Straße. Hier soll bereits Apostel Paulus auf seiner zweiten Missionsreise übernachtet haben, berichtet eine Insellegende. Wahr oder falsch – auf alle Fälle eine schöne Geschichte zu diesem außergewöhnlichen Naturdenkmal. Das Kloster unterhalb eines Pinienwaldes am Loutani-Fluss verfügt über eine Süßwasserquelle und verschiedene Wanderwege. Ein Pfad führt hinauf zu einem Aussichtspunkt. Von dem Felsvorsprung am Hang des kahlen Berges hat man eine schönen Ausblick auf die Umgebung. Außerdem gibt es Möglichkeiten zum Picknick. Die meisten Besucher kehren jedoch in der populären Taverne Krioneri ein. Das durchaus stilvoll eingerichtete Lokal hat sich bei den Einheimischen wegen seiner leckeren Grillgerichte einen Namen gemacht. Hauptgerichte gibt es bereits ab 6 €.

Anfahrt Von Kolímbia die Straße nach Éleusa nehmen, 4 km nach den Eptá Pigaé befindet sich das Kloster auf der linken Seite.

Boden. Eine gute Gelegenheit, die leere Wasserflasche zu füllen. Der Nachwuchs hat seinen Spaß auf einem Kinderspielplatz inmitten des schattigen Pinienwaldes. Während der Kolonialzeit setzten die Italiener die Quellen für die Bewässerung der Ebene von Kolímbia ein. Sie bauten Anfang der dreißiger Jahre ein Leitungssystem, das heute noch zu sehen ist.

Der Tunnel: Unterhalb des Parkplatzes beim Restaurant (s. u. Anfahrt) stößt man auf einen dunklen Eingang am Berghang. Knöcheltief steht das Wasser im Hochsommer in den Betonrohren. Mit einer Taschenlampe kann man den 182 m langen, nicht ganz mannshohen Wassertunnel durchqueren. In der Mitte (an der Straße nach Eptá Pigaé) fällt durch einen Schacht Tageslicht hinein. Am Ende des Tunnels öffnet sich ein kleiner Stausee, der früher das dringend benötigte Wasser zu den Zitrus-Plantagen in die Ebene geleitet hatte. Der völlig ungefährliche Spaziergang durch den Tunnel ist ein Riesenspaß. Vom Ausgang führt ein Pfad in Serpentinen bergauf zurück zur Taverne.
Tipp: Es ist ratsam, den Tunnel nur zu durchschreiten, wenn nicht gerade eine Touristengruppe das Gleiche tut, da es sonst im Tunnel nicht vorwärts geht und die Luft ziemlich knapp wird. Ebenso ratsam ist es, eine Taschenlampe mitzunehmen.

Antike Wassermühle: Das Wasser der Sieben Quellen wurde bereits in antiker Zeit genutzt. Es gibt noch heute die Reste einer antiken Wassermühle zu bestaunen. Außer eine paar Mauern ist aber nicht viel geblieben. Die Wassermühle liegt versteckt unweit der Verbindungsstraße von Kolímbia nach Archipoli. Bei der Abbiegung zu den Sieben Quellen gibt es eine Tafel mit einer Karte. Von hier aus sind es nur wenige Minuten zu Fuß zur Wassermühle. Der Pfad oberhalb des Baches ist einfach zu gehen.

Anfahrt von Kolímbia die Straße nach Archípoli nehmen, nach ca. 3 km links hinauf, von hier noch ca. 1 km, beschildert. Bei den Quellen gibt's ein Restaurant mit Selbstbedienung. Übrigens führt von Eptá Pigaé aus ein Fußweg nach Archángelos (beschildert).

Tsambiká-Bucht

Sand, Sand, Sand ... Zwischen hohen, gewaltigen Bergen liegt die wohl schönste Badebucht der Insel. Der Strand ist gut besucht, aber selbst im Hochsommer kaum überfüllt. Stürmisch bläst der Wind den Sand an den Südhang. Am nördlichen Rand der Bucht ein steiler, 240 m hoher Berg, auf dessen Gipfel eine blendend weiße Wallfahrtskirche thront.

Der Strand, ein beliebtes Ziel von Ausflugsschiffen, ist noch immer unverbaut. Es gibt Wassersportmöglichkeiten, Strandduschen, einen Liegestuhl- und Sonnenschirmverleih, mehrere Tavernen und Snackbars; man kann Beachvolleyball spielen. In der Hochsaison kann es hier schon mal eng werden. Der Sand heizt sich in den heißen Monaten so auf, dass ein Spaziergang nur mit Sandalen möglich ist.

- *Anfahrt/Verbindungen* Von der Ostküstenstraße zum Strand (beschildert) sind es 1,5 km. Täglich eine Busverbindung mit Rhódos-Stadt (2,80 €). Der Bus fährt in Rhódos-Stadt in der Regel um 9 Uhr los. Rückfahrt ist um 16 Uhr.
- *Essen/Trinken* **Taverne Edem**, das junge Wirtspaar serviert in dem Olivenhain an der Straße vom Strand zur Küstenstraße leckere, gut gewürzte Salate. Die Gäste sitzen auf bunten Holzstühlen im Garten unter Olivenbäumen und genießen die Natur. Die Kinder können auf einer eigens angelegten Wiese spielen. Nette Atmosphäre. Ideal für Besucher, die dem Rummel am Strand entfliehen wollen. „Sehr gutes Preis-Leistungs-Verhältnis", schreibt unser Leser Hajo Güniker aus Paderborn.

Restaurant Panoramic, am Parkplatz unterhalb der Wallfahrtskirche, vielfach gelobtes Ausflugslokal in idyllischer Lage.

Gemütlich isst man auch in der vor allem bei Griechen beliebten Taverne im Kloster.

Wandern für kinderlose Ehepaare – Wallfahrtskirche Tsambiká

Eine unglaublich steile, 1,5 km lange Betonpiste windet sich in vielen Serpentinen stetig bergauf. Je weiter man sich hoch kämpft, desto schöner wird der Ausblick auf die Bucht. Das Panorama wird von Meter zu Meter traumhafter. Von dem kleinen Parkplatz führen lang gezogene Treppenstufen das letzte Stück zu der Wallfahrtskirche (ca. 20 Min.). Die Kapelle selbst ist nicht besonders sehenswert, die Fresken sind verwittert, nur die Ikone der Muttergottes erstrahlt wie eh und je. Es ist ein kleines, unscheinbares Kirchlein, im Innenhof links und rechts von zwei Schlafräumen flankiert. Bettähnliche Gestelle und Decken liegen bereit. Wer sich tatsächlich dazu entschließt, hier oben zu nächtigen, muss wissen: Die Kapelle ist der Muttergottes geweiht und verhilft kinderlosen Ehepaaren zum ersehnten Nachwuchs. Die Frauen, die nach einem Pilgeraufenthalt in der Wallfahrtskirche tatsächlich schwanger wurden, nennen ihr Kind traditionell Tsambikos oder Tsambiká. Der Aufstieg lohnt sich auf alle Fälle, denn die Aussicht ist einfach grandios. Ein besonderer Tag ist übrigens der 8. September: Da feiert die Kirchengemeinde den Geburtstag der Muttergottes.

Archángelos

Archángelos – zu Deutsch *Erzengel* – ist ein ideales Ausgangsquartier, um die Ostküste zu entdecken. Mit 7500 Einwohnern ist es die größte Siedlung der Insel nach Rhódos-Stadt (30 km entfernt). Die bäuerliche Kleinstadt hat sich ihren ländlichen Charakter bewahren können.

Trotzdem wirkt der am Rande einer weiten Ebene gelegene Ort mit seinen weiß getünchten Häusern und engen Gassen alles andere als hektisch. Archángelos ist trotz der großen Zahl von Besuchern ein weitgehend typisch griechischer Ort geblieben. Die meisten leben von der Landwirtschaft, dem Handwerk und natürlich vom Tourismus.

Die Töpferei hat in dem verwinkelten Dorf eine lange Tradition. Doch nicht jedes Stück, das in einem der Läden angeboten wird, ist „handmade". Achten Sie deshalb genau auf die Verarbeitung und betrachten Sie die Gegenstände von allen Seiten. Es soll schon vorgekommen sein, dass ein Mitbringsel sich zu Hause als maschinengefertigtes Produkt der griechischen „Souvenir-Branche" entpuppte.

Lokaler Treffpunkt ist die breite Hauptstraße unterhalb des alten Ortskerns. Dort ist eine traditionelle Teppichknüpferei zu besichtigen. Vom Verkehr der viel befahrenen Ostküstenstraße bleibt Archángelos verschont, denn sie führt im weiten Bogen um das Dorf.

Die harte Arbeit um das gelbe Gold – Olivenöl

An der Ostküste gibt es weitläufige Olivenhaine. Die Arbeit um das gelbe Gold, das Olivenöl, ist beschwerlich. Der Anbau von Olivenbäumen erfordert Geduld und nochmals Geduld. Erst nach fünf bis zehn Jahren trägt der Baum erste Früchte. Doch wirklich lukrativ wird es erst nach rund zwei Jahrzehnten. Rund 20 Kilogramm kann dann ein Baum abwerfen. Die Investition in Olivenbäumen lohnt sich für viele Generationen. Bei guter Pflege können sie mehrere Jahrhunderte alt werden. In Griechenland gibt es mehrere Dutzend Sorten, die alle unterschiedlich schmecken. Doch eines haben sie gemeinsam. Die Bäume vertragen nur wenige Frosttage pro Jahr. Sie mögen ein warmes und trockenes Klima – wie in Rhódos. Nur wenn diese Bedingungen erfüllt sind, zeigen sich in den Monaten Mai und Juni die gelb-weißen Blüten. Die Früchte reifen von September bis November. Der Winter ist Erntezeit. Dann sieht man im Spätherbst große Netze unter den Bäumen ausgelegt. Der Wind bläst die vielen Oliven herunter. Der Rest wird mit Stangen und Kämmen geerntet. Kluge Bauern passen auf. Denn wird die Haut der Oliven bei der Ernte verletzt, sinkt die Qualität des Öles. In die Ölmühlen wandern die von Ästen und Blättern befreiten Oliven spätestens drei Tage nach der Ernte. Sie werden gewaschen, gemahlen und gepresst. Die Kaltpressung liefert das beste Öl, das auch *natives Olivenöl* genannt wird.

Auf einem Felsplateau oberhalb von Archángelos thront die 1467 fertiggestellte **Johanniterburg**. Von der ehemaligen Pracht des teilweise wiederaufgebauten Kastells mit eindrucksvollen Außenmauern ist heute noch relativ viel erhalten. Im Inneren steht

Ursprünglich geblieben: Archángelos

nur noch die kleine *Ágios-Ioánnis-Kapelle*. Vom Zentrum von Archángelos zur Festung sind es rund 20 Minuten zu laufen.

Telefonvorwahl/Verbindungen/Adressen

• *Telefonvorwahl* Für Archángelos und die südlich gelegenen Orte gilt die Vorwahl 22440.

• *Verbindungen* etwa stündliche **Busverbindung** nach Rhódos-Stadt (2,80 €). **Taxistation** im Zentrum, ✆ 24111. Eine Fahrt zum Strand von Stegna (s. u.) kostet 7 €.

• *Autoverleih* **Rent a Car Antonios** im Zentrum, ✆ 22524 oder 22832.

• *Zweiradverleih* bei **Stelios** an der Haupteinfallstraße nach der Gabelung auf der linken Seite (gegenüber dem PASOK-Büro). 80-ccm-Moped 15 €, auch größere Motorräder, ✆ 22949, ℻ 23513, www.steliosrent.com.

• *Bank* **National Bank of Greece** im Zentrum, Mo–Fr 8–13 Uhr geöffnet.

• *Medizinische Versorgung* Krankenstation am Ortsrand, 24 Stunden am Tag offen, die Ärzte sprechen Englisch, ✆ 22400 oder 22255 oder 697-7891108 (mobil). Von der Hauptstraße Rhódos–Líndos bei der ersten Abzweigung nach Archángelos auf der linken Seite, nicht zu übersehen.

Übernachten/Essen

• *Übernachten* **Hotel Karavos**, das 2-Sterne-Hotel am südlichen Ortsrand vermietet einfache Appartements mit Terrasse oder Balkon ab 28 €. Frühstück: 4 €. Die verwinkelte Anlage mit Pool liegt außerhalb des Dorfes. Hier ist es ruhig, aber auch ein wenig einsam. Von der Küstenstraße nach Líndos gibt es eine ausgeschilderte Zufahrt (1 km). ✆ 22961, ℻ 23263.

Hotel Anagros, zweistöckiger Zweckbau in der 2-Sterne-Klasse mit Swimmingpool am nördlichen Dorfende, 10 Min. vom Ortszentrum. Schöner Blick ins Landesinnere, Nachteil: liegt nahe der viel befahrenen Küstenstraße (Zimmer nach Süden nehmen). April–Sept. geöffnet, DZ 21-25 € (inkl. Frühstück), ✆ 22248, ℻ 23996. Vom Ortszentrum einfach Richtung Norden den Berg hinauf, das Hotel liegt etwas zurückversetzt gegenüber von *Ceramic Papas* auf der linken Seite. Von der nördlichen Einfallstraße nach 300 m auf der rechten Seite. Geöffnet Mai bis Oktober.

Hotel Semina, das 2-Sterne-Haus bietet saubere und große Zimmer mit Kochecke. Für Kinder gibt es einen kleinen Swimmingpool mit 1,2 m Wassertiefe. DZ 30–40 €, Drei-Bett-Zimmer 35–45 €. Von der großen Straße aus Rhódos kommend nach dem Taxistand rechts abbiegen (hinein in die Straße vor der Schule). ✆ 22210, ℻ 23236.

Hotel Meandros, ca. 5 Min. vom Ortszentrum. Die 20 Zimmer in dem kleinen Hotel sind eher schlicht, aber gepflegt, der Besitzer ist um seine Gäste bemüht und spricht gut Deutsch. Neben dem Haus gibt es einen Swimmingpool. DZ 30–35 €, EZ 20–25 € (inkl. Frühstück). ✆ 22896, ℻ 23896. Von der großen Einfallstraße kommend, geht's bei der Straßengabelung (vor *Dakas Keramik*) rechts ab, nach 500 m auf der rechten Seite (beim Getränkelager). Geöffnet von April bis Oktober. C-Klasse.

Hotel Varelis, das Hotel liegt etwa 800 m von Archángelos entfernt. „Diese kleine Hotel wird von dem netten Besitzer, Herrn Varelis, und seiner Tochter geführt und verfügt über einen kleinen Garten und über einen Swimmingpool. Umfang und Qualität des Frühstücks sind für den geforderten Zimmerpreis sehr gut." (Lesertipp von Stephan Piekarski) Die Zimmer sind eher zweckmäßig eingerichtet.

• *Essen/Trinken* **Taverne George Mavrious**, beliebter Treffpunkt im Ortskern mit schattiger Terrasse. Von Griechen und Ausländern gleichermaßen geschätzt, George ist im Dorf für gute Lammgerichte bekannt.

Taverne Hellas, urige Taverne im Ortszentrum, gemütliche, überdachte Terrasse. Erkennbar am Krefelder Stadtwappen über dem Eingang (dort hat die Familie Sakellaris lange Jahre gelebt). Sehr gute griechische Küche, besonders das Hähnchen-Souvlaki hat unseren Lesern Reiner und Georgia Furtwängler aus Ravensburg geschmeckt (bestätigt wird das Urteil von Uta Hannemann aus Siegen).

Taverne To Steki, das blaue Haus an der Hauptstraße ist leicht zu finden. Hier wird Hausmannskost im Schatten einer Pappel serviert. Preiswert.

Taverne Aiwali, die freundlichen Besitzer Barbara und Georgios bewirten ihre Gäste mit traditioneller griechischer Küche. Sehr leckere Grill- und Fischgerichte. Bisweilen auch Livemusik. (Lesertipp von Bernhard Vetter, Schorndorf)

Wanderung: Von Archángelos zu den Sieben Quellen (Eptá Pigaé)

Anfahrt: Busse von Rhódos-Stadt nach Archángelos fahren schon um 6.45 Uhr morgens los und dann etwa stündlich. Allerdings sollte man Ausdauer und Gelassenheit mitbringen, da auf die Busse nicht immer Verlass ist. Wer am Endpunkt bei den Sieben Quellen nicht wieder zur Bushaltestelle in Archángelos zurücklaufen möchte, für den gibt es nur die Möglichkeit, ein Taxi zu rufen oder einen Ausflügler zu fragen, ob man bis zur nächsten Bushaltestelle in Kolímbia oder Tsambiká-Beach mitgenommen wird.

Beste Tageszeit: Man sollte früh morgens starten, da es wenig Schatten auf der Route gibt und es somit ziemlich heiß werden kann.

Dauer und Strecke: Ca. 2 Std. für die einfache Wegstrecke, es gibt Pisten und gut ausgetretene Pfade; relativ gut zu finden.

Verpflegung: Man sollte Trinkwasser mitnehmen, da es unterwegs keine Quellen gibt. Am Ziel in Eptá Pigaé gibt es allerdings eine schattige Taverne am kühlen Wasser.

Ausrüstung: Feste Schuhe, Sonnenschutz, eventuell Badezeug. Denn ein Ausflug zu Stränden wie Tsambiká zum Abschluss der Wanderung bietet sich an.

Die Wanderung von Archángelos zu den Sieben Quellen ist ein leicht zu bewältigendes Vergnügen. Auf breiten Feldwegen geht es an Olivenhainen und Feldern vorbei, wobei man zum Schluss einen sehr schönen Ausblick auf das grüne Tal bekommt.

Route: Man fährt mit dem Bus von der Hauptstraße in das kleine Dorf Archángelos hinein. Dabei überquert man eine weiße Brücke und erreicht ca. 100 m weiter die Bushaltestelle. Sie ist Startpunkt der Wanderung. Von hier aus geht man wieder Richtung Tsambiká, d. h. zurück über die weiße Brücke. Danach biegen wir in die erste Straße links. An der T-Kreuzung gehen wir nach rechts und erreichen nach ein paar Metern die Ortsumgehungsstraße bzw. Hauptstraße, die nach Rhódos oder auch Líndos führt. Wir überqueren sie und gehen auf dem gegenüberliegenden Pfad weiter. Ein Schild mit „7 Pigaé" weist uns den Weg. Auf dieser Straße wird es zusehends ruhiger, da nur noch einzelne Häuser den Weg säumen.

Wir folgen der Straße, bis wir nach ca. 20 Min. eine Weggabelung erreichen. An der Mauer zeigen uns zwei weiße Pfeile den Weg nach links. Es beginnt eine Schotterpiste, auf der wir nun ganz allein und einsam unterwegs sind. Ab und zu trifft man dennoch auf Einheimische mit alten Eselskarren. Wir erreichen nach weiteren 5 Min. eine

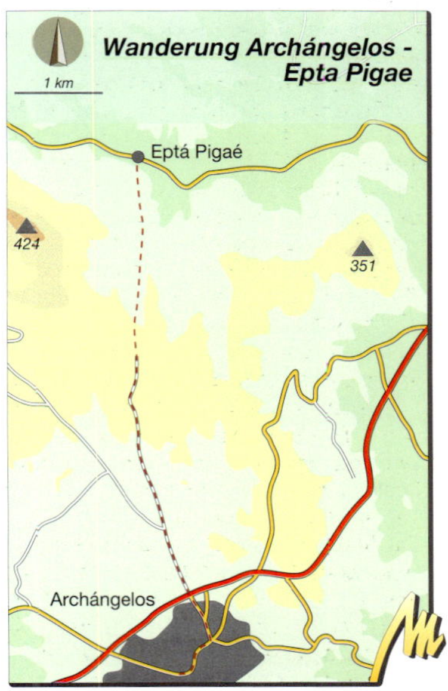

Die Ostküste

Gabelung, wo uns ein Schild den Weg nach links weist. Es geht bergauf, rechts um die Kurve und nach weiteren 20 Min. hat man schon einen herrlichen Ausblick auf das Tal. Es folgt eine Gabelung und wir halten uns rechts, es geht bergab. Nach 10 Min. sehen wir zur rechten Seite eine kleine Kirche. 5 Min., nachdem man die Kirche passiert hat, geht von der Piste ein Weg steil nach rechts ab. Er ist nicht zu verfehlen, da ein rotes Schild mit weißem Querbalken uns am Weitergehen hindert und zudem ein Schild mit „7 Pigaé" uns den Weg weist. Man folgt dem Weg hinunter, der zusehends unebener wird, bis man wieder auf die Hauptpiste trifft. Wir biegen links ab und erreichen nach weiteren 5 Min. die Hauptstraße, auf der wir uns wenige Meter rechts halten. Zur linken Seite sieht man schon den Lüftungsschacht des Tunnels. Ab hier ist dann auch die Einsamkeit wieder vorbei. Denn die Sieben Quellen zählen zu den beliebtesten Ausflugszielen der Insel. An dem Schacht führt links ein kleiner Pfad hinauf zur Taverne bei den Quellen.

Kühles Erlebnis: der Tunnel von Eptá Pigaé

Man kann nun den Wassertunnel begehen oder in der Taverne essen. Wegen seiner Kühle ist Eptá Pigaé ein idealer Rastplatz. Bei der Taverne gibt es zahlreiche Sitzmöglichkeiten rund um die Quellen. Das Plätschern des Wassers lädt dazu ein, einfach die Seele baumeln zu lassen. Es ist ein traumhafter, paradiesischer Abschluss eines Wandertages.

Wenn man sich später an einem Strand erholen möchte, fährt man am besten zum Tsambiká-Beach, da er zu den schönsten Stränden der Insel zählt. Das glasklare Wasser lädt zum Schwimmen ein und ist auch sehr gut für Familien mit kleinen Kindern geeignet, da der Strand flach abfällt und es kaum Wellen gibt. Er ist ungefähr 6 km von den Sieben Quellen entfernt. Allerdings gibt es keine Busverbindungen nach Tsambiká. Daher gibt es nur drei Möglichkeiten: zurück nach Archángelos, Taxi rufen (ab und zu steht auch an eins in Eptá Pigaé bereit) oder einen der vielen Besucher bei den Sieben Quellen fragen, ob er einen bis Tsambiká mitnimmt.

Stegená

Von Archángelos führt eine breite Asphaltstraße über den Bergrücken hinab zur beliebten Bucht von Stegená, dem Hausstrand und Hafen von Archángelos (3 km

Beliebtes Ausflugsziel: Stegená

entfernt). Manch einer aus dem Dorf baute sich dort früher sein eigenes „Wochenendhaus". Mittlerweile wird der kleine Hafen vom Tourismus dominiert. Viele unansehnliche Neubauten entstanden hier in den letzten Jahren. Die viel besuchte Bucht (Sand-Kies, Duschen vorhanden) mit zwei Inselchen lohnt einen Ausflug wegen des attraktiven Strandes (mit Duschen), der auch für Familien geeignet ist. An der Uferstraße reihen sich einige Tavernen auf, am Südende der Bucht werden Motorboote und Tretboote vermietet. Im Sommer Wassersport (Paragliding, Wasserski) sowie Sonnenschirm- und Liegestuhlverleih, die Bucht ist zum Schnorcheln geeignet.

- *Telefonvorwahl* 22440
- *Übernachten* **Pension Athina**, am Nordende der Bucht. Lesertipp von J. Schmidt und H. Clausnitzer aus Dresden: „Die Unterkunft ist eine kleine, gepflegte Pension, bestehend aus sechs einfachen Studios mit Küchenzeile, Dusche/WC und Balkon. Umgeben ist die Pension von einer Vielzahl von Apfelsinenbäumen sowie einem kleinen Garten." DZ ca. 30 €, ✆ 23730 oder 22106.

Stegna Sun Studios, oberhalb von Antonio, an der Straße von Archángelos auf der rechten Seite (ca. 100 m vom Strand). Die Studios von Kostas Konstanturas sind nett eingerichtet und liegen um einen schattigen, herrlich überwucherten Garten. Studio für 2 Pers. ab 40 € (bzw. 65 € für zwei Tage), ✆ 22639 oder 22860.

Panorama Studios, die Taverne Panorama gibt es zwar nicht mehr, aber Sarantis Yiakoymakis, der Enkel des ehemaligen Besitzers, vermietet jetzt zwölf Zimmer in zwei neu gebauten Appartementhäusern im Ortskern. DZ 30–40 € (ohne Frühstück), ✆ 22516, ℻ 23532.

- *Essen/Trinken* **Restaurant Stegna**, die 1932 gegründete Taverne genießt einen exzellenten Ruf, denn Panos Kozas serviert frischen Fisch und griechische Spezialitäten (z. B. die Fischsuppe für 5 €). Tintenfische und Krabben zählen zu den Spezialitäten. Direkt am Strand liegt die Fischtaverne, die sich seit 70 Jahren im Familienbesitz befindet. Von den Tischen an den Fenstern bietet sich ein eindrucksvoller Blick auf das Meer. Sehr freundlicher Service. Fragen Sie nach dem Tagesfang. ✆ 22632.

Taverne Tasos, einfaches Lokal am Strand, leckere Meeresfrüchte, gutes Preis-Leistungs-Verhältnis. Schattiger, gemütlicher Garten.

Moní Kamirou

Das einsam gelegene Kloster beim Weiler Másari ist in jedem Fall einen Ausflug wert, allein schon wegen des reizvolles Weges (siehe auch Wandertipp) entlang eines ausgetrockneten Flussbettes und der herrlichen Lage. Die Anlage ist verschlossen, aber der Schlüssel hängt links oben an der Eingangstür. Heute ist das gepflegte Kloster am Hang nicht mehr bewohnt. Es hat einen schönen Innenhof mit hübschem, gemusterten Kieselboden. Erhalten geblieben sind noch die Mönchszellen, zu denen man jedoch keinen Zutritt hat. Leben kehrt im Moní Kamirou nur am 12. und 13. Juli ein. Dann feiert das Bauerndörfchen Másari dort seine Kirchweih. Die Kirche stammt vermutlich aus dem 14./15. Jh. Im Inneren kann man wenige Fresken aus dem frühen 16. Jh. bewundern. Ein besonderes Schmuckstück ist die geschnitzte Ikonostase mit ihren Weinreben-Verzierungen und die riesige, moderne Darstellung des Erzengels Michael.
Für Durstige: Rechts vom Klostereingang gibt es eine Quelle. Aus der Leitung im Kloster sollte man, so sagte uns ein Bauer, lieber nicht trinken. Toiletten sind vorhanden.

▸ **Kapelle Ágios Geórgios Lorima**: Kehrt man vom Kloster Kamirou zurück auf die „Old National Road“ und biegt nach rechts (südlich) ab, stößt man nach 400 m auf die unscheinbare weiße Kapelle. Das einschiffige Kirchlein stammt aus dem 14. Jh. Die Kapelle – kaum 6 m lang – beinhaltet einige noch erhaltene, uralte Fresken.

• *Anfahrt* Von Másari die „Old National Road“ in südliche Richtung nehmen, nach 2,5 km rechts ab auf einen Schotterweg zum Kloster (beschildert). Von hier weitere 2,5 km, zunächst Schotter (durch ein ausgetrocknetes Flussbett), beim letzten Stück ist der Asphalt nicht mehr der beste. Das Kloster sieht man schon von weitem.

Charáki

In dem romantisch gelegenen Bauern- und Fischerdorf (2 km von der Ostküstenstraße) sind die Griechen noch größtenteils unter sich. Die modernen Häuser sind im Halbkreis um die sichelförmige Bucht gebaut, die von einem Felsvorsprung begrenzt wird. Charáki ist vor allem Ziel für Individualtouristen, die keinen großen Rummel wollen oder brauchen.

Charáki wird vom Inseltourismus auf Rhódos kaum beachtet. Umso gemütlicher wirkt das Dorf auf seine Gäste. Der Dorfstrand (überwiegend Kies, z. T. auch Sand) ist selbst in der Hochsaison nicht überlaufen. Mittlerweile gibt es sogar Duschen und Umkleidekabinen. Die meisten Cafés, Tavernen und Appartementhäuser befinden sich direkt an der Strandpromenade. Einige Appartements sind nur noch über britische Reiseagenturen zu buchen. Dementsprechend kommen mittlerweile viele Urlauber in Charáki von der britischen Insel.

Eine architektonische Schönheit ist Charáki nicht. Am Dorfrand, nahe dem Strand, liegt eine kleine Militärkaserne. Oberhalb des Dorfes entdeckt man die Mauerreste einer byzantinischen Burg. Der Berg war bereits seit der Antike besiedelt. Die Burg wurde von den Johannitern im 14. und 15. Jh. ausgebaut. Sie war eine der letzten Befestigungen, die 1522 an die Türken fielen.

Gegenüber der Kirche stehen noch die Grundmauern einer frühchristlichen *Basilika*. Rund um Charáki gibt es schöne Strände. Am besten hat uns Agathi-Beach gefallen (20 Min. zu Fuß in nördlicher Richtung). Übrigens: Ein Auto- und Zweiradverleih schafft in Charáki Mobilität.

In Charáki gibt es noch immer hauptberufliche Fischer. Doch die Bedeutung der Fischerei ging dort und anderswo auf Rhódos kontinuierlich zurück. Nicht nur bietet der Tourismus mittlerweile lukrativere Möglichkeiten zum Geldverdienen, auch die Fischgebiete rund um Rhódos sind fast leer. Wer in einem der Restaurants in Charáki fragt, wird erfahren, dass die eigene Fischerei schon lange nicht mehr ausreicht, um die Nachfrage vor allem in den Sommermonaten zu befriedigen. Meistens kommt der Fisch von anderen Dodekanes-Inseln.

• *Telefonvorwahl* 22440

• *Übernachten* **Hotel Charáki Bay**, professionell geführtes und gemütliches Haus am Nordende der Bucht mit Palmen vorm Haus. Alle 13 modernen Zimmer mit Balkon zum Meer und mit Bad, gut eingerichtet. Im EG Taverne, angenehme Atmosphäre, Fischgerichte rund 10 €, DZ 50–65 € (inkl. Frühstück), Klimaanlage 5 € pro Tag. ✆ 5168-0/-1, ✆ 51682.

Charáki Village, letzter Komplex am Ende der Bucht, drei neue Häuser in kubischem Stil, gepflegt, schöner Blick, eine empfehlenswerte Adresse, ✆ 519423.

Privatzimmer gibt es genug, z. B. **Studios Alia**, einfache, gepflegte Appartementanlage (Flachbau) mit 18 Einheiten plus Terrasse inmitten einer Steinwüste. Die Lage ist nicht besonders verlockend, aber der nette Besitzer schafft eine sehr angenehme Atmosphäre. Vor dem Haus eine Wiese und ein Blumengarten. Liegt an einer recht ruhigen Straße am Ortseingang, ca. 200 m vom Strand. 2er-Appartement 35–45 €. Die Studios verfügen über eine Klimaanlage, die gegen Aufpreis freigeschaltet wird. „Das Besitzer-Ehepaar vermittelt eine familiäre, herzliche Atmosphäre und ist sehr um die Gäste bemüht. Das Ehepaar ist immer für alle Belange ansprechbar", berichtet Leser Konrad Schilheim aus Meschede. ✆ 51065 oder 51269, ✆ 51359.

Studios Joanna, dreistöckiges, weißes Haus direkt an der Strandpromenade neben Charáki Village. Petros Papadopoulos vermietet einfache Zweier- und Vierer-

Strand von Charáki

Appartements mit einem schönen Blick auf die Bucht. Über die Straße geht es zum Strand. 2er-Appartement 35–50 €. ✆ 51031 oder 51030, Joannastudio@yahoo.gr.

• *Essen/Trinken* **Restaurant Argo**, ein Klassiker an der Ostküste, die idyllische Lage des halbrunden Baus mit Blick auf die Festung ist ein guter Grund, hier einzukehren. Schickes Restaurant mit gutem Service, geboten wird die etwas verfeinerte griechische Küche. Gehobenes Preisniveau.

Taverne Maria, typisch griechische Taverne, hier gibt es leckere Fischgerichte. Frischer Fisch für 2 Pers. 26 €, vergleichsweise preiswert für das Gebotene. Auch viele Griechen kehren bei Maria gerne ein. Nette Bedienung.

• *Auto- und Zweiradverleih* **Rent a Car Simon**, im Zentrum. Während der Saison tägl. 8–13 und 18–22 Uhr geöffnet, ✆ 51036 oder 693-2778885 (mobil). „Als wir mit einer kleinen Panne am Strand liegen blieben, schickte uns der Besitzer, Simon Agious, nach 30 Minuten seinen Vater als Pannenhelfer, der den Defekt sofort erkannte und behob. Eine Auto- und Zweiradvermietung, die sich durch die freundliche, angenehme Art des Simon Agious von anderen unterscheidet", befindet Leser Konrad Schilheim aus Meschede. xaraki@hol.gr, www.charaki.com

Wanderung vom Dorf Masári durch ein Flusstal zum Moní Kamírou

Anfahrt: Nach Másari, einem 3 km östlich von Charáki gelegenen Bauerndorf, fahren in Rhódos-Stadt täglich Busse ab 9 Uhr morgens. Sie fahren aber nur 4-mal am Tag und die Fahrt dauert mit 1,5 Std. recht lange. Außerdem halten sich die Busse bei der Rückfahrt nicht unbedingt an die Abfahrtszeiten. Unter Umständen kann es vorkommen, dass man bis zur Bushaltestelle an der Ortsumgehungsstraße von Masári, die nach Rhódos führt, laufen muss. An dieser wichtigen Küstenstraße halten nämlich die vielen Busse, die Rhódos-Stadt mit Líndos verbinden.

Beste Tageszeit: Am besten nimmt man den ersten Bus nach Másari, damit man früh genug loslaufen kann. Die Wege sind nicht überschattet. Es kann daher in den Sommermonaten ausgesprochen heiß werden.

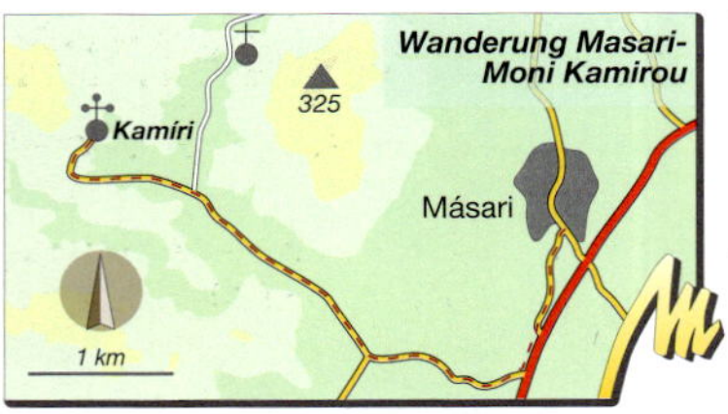

Dauer und Strecke: Insgesamt 2 Std., vorwiegend wenig befahrene Asphaltstraßen, ab und zu gibt es Wanderwege.

Verpflegung: Man sollte Proviant und ausreichend Trinkwasser mitnehmen, da es unterwegs keine Quellen gibt. Auch das Kloster Kamirou verfügt über keine Taverne oder Café. Doch hier kann der Wanderer zumindest die Wasserflasche wieder auffüllen.

Ausrüstung: Keine besondere Ausrüstung erforderlich, bequeme Schuhe reichen. Sonnenschutz sehr empfehlenswert.

Die Wanderung vom wenig besuchten Masári – ein Zentrum des Orangenanbaus auf Rhódos – durch ein in den Sommermonaten ausgetrocknetes Flusstal nach Moní Kamirou findet vorwiegend auf einer Asphaltstraße statt und ist somit für echte Wanderprofis ein wenig ernüchternd. Dafür entschädigt das hübsche, kleine Kloster am Ende der Wanderung.

Route: Man geht von der Bushaltestelle in Masári auf der alten Hauptstraße Richtung Líndos. Ein Schild weist uns den Weg zum Kloster. Auf dieser Straße herrscht so gut wie kein Verkehr. Es ist aber auch ein relativ unspektakulärer Weg, da man keine Aussicht hat.

Man läuft nun ca. 3 km auf der alten Straße, bis man ein Flussbett erreicht und uns nach der Brücke ein Schild den Weg nach rechts zeigt. Die Straße geht in eine Buckelpiste über. Sie führt im Zickzack zum Kloster hinauf, das schon von weitem durch einen großen weißen Torbogen angekündigt wird. Das Kloster mit seinem Glockenturm ist recht klein, aber es hat einen sehr schön verzierten Innenhof. Zu den anderen Räumen hat man allerdings keinen Zutritt. Oft ist man der einzige Besucher. Bei unserer Wanderung kam uns nur ein einziges Auto entgegen. Vom Kloster geht es auf demselben Weg wieder zurück nach Masári.

Wer den Tag am Strand ausklingen lassen möchte, dem sei Charáki empfohlen. Hier gibt es nicht nur den gepflegten Dorfstrand, sondern die malerische Agáthi-Bucht (1,5 km nördlich von Charáki). Der Fischerort liegt 3 km von

An der Küste von Charáki

Masári entfernt. Eine breite Asphaltstraße (ohne Schatten) führt in östliche Richtung. Die kurze Strecke ist leider ziemlich befahren und als Wanderweg nicht unbedingt zu empfehlen.

Feraklós-Burg: Wer gegen die Regeln des Ordens verstoßen hatte, wurde auf die Festung nach Charáki verbannt. Das frühere byzantinische Kastell eroberten die Johanniter bereits 1306. Wie viele andere Verteidigungsanlagen fiel es 1522 in die Hände der Türken. Die Anlage erhebt sich weithin sichtbar auf einem Berg nördlich von Charáki. Aus der Ferne betrachtet, ist sie interessanter als aus der Nähe, denn viel mehr als den äußeren Mauerring gibt es nicht zu entdecken. Der halbstündige Aufstieg lohnt sich dennoch wegen des fantastischen Panoramas.

Agáthi-Bucht: Familienstrand mit Blick auf nicht einstürzende Neubauten

Die Agáthi-Bucht ist der Hausstrand von Charáki. Die 500 m breite, dünenartige Sandstrand-Bucht steht vor allem bei Familien hoch im Kurs. Die idyllische Lage wird seit Jahren nur durch eine grässliche Beton-Hotel-Ruine am Hang beeinträchtigt. Beliebter Treffpunkt für Surfer. Es gibt sogar einen Surfbrettverleih. Einer der schönsten Sandstrände von Rhódos, mit drei Strandbars, Sonnenschirmverleih, Beachvolleyball und Wassersportmöglichkeiten. WC vorhanden.

• *Anfahrt* Eine Asphaltstraße zweigt von der Einfallstraße nach Charáki links ab. Rechter Hand passiert man einen Pfad, der zur Feraklós-Burg hinaufführt. Die letzten 400 m sind nur geschottert.

• *Übernachten* Agáthi Studios, an der Abzweigung von der Hauptstraße von Charáki zur Agáthi-Bucht liegt diese vergleichsweise einsame Anlage (kein Meeresblick). Zum Strand rund 1,5 km. ✆ 51345 oder 51346.

- **Agathi-Kapelle**: Urig ist die kleine, 700 oder 800 Jahre alte Höhlenkapelle in einer winzigen Strandhöhle am nördlichen Ende der Bucht. Sie ist leicht durch ihren weiß getünchten Eingang, umgeben von schattigen Bäumen, zu finden (auch Grillplatz). Der trapezförmige, dunkle Innenraum beherbergt zahlreiche Fresken, die teilweise noch aus der Erbauungszeit stammen. Neben der Kapelle findet man zwei in den Felsen gehauene Räume, die teilweise zugemauert sind.
- **Ágios-Nikólaos-Kapelle**: Vom Strand aus erkennt man die blendend weiß gestrichene Kapelle mit der blau getünchten *Kuppel* auf der Südseite des Bergrückens. Sie ist in der Regel unverschlossen. Ein Spaziergang zu dem schlichten Kirchlein lohnt sich, obwohl der Zahn der Zeit schon recht an den Wandmalereien aus dem 17. oder 18. Jh. genagt hat.

• *Wegbeschreibung* Am Dorfende, in Richtung Ostküstenstraße, biegt nach rechts der Weg zur Agáthi-Bucht und Feraklós-Burg ab. Nach ca. 800 m gelangt man auf einen Bergrücken (vor der Feraklós-Festung), dort biegt ein unscheinbarer Pfad zur Kapelle ab.

- **Vlichá-Bucht**: Die Bay (südlich von Charáki) zwischen den kahlen Bergen ist fest in der Hand von Pauschaltouristen. Grund dafür sind das mächtige, halbkreisförmige „Líndos-Bay-Hotel" und die architektonische Merkwürdigkeit „Steps of Líndos" mit zusammen fast 700 Betten. Der Kiesstrand besitzt Duschen und mehrere Bars, hier auch Wassersportmöglichkeiten. Besser gefiel uns der noch unverbaute **Kiesstrand von Kalathos**: ein sehr weitläufiger, aber nicht gerade idyllischer Kiesstrand mit Snackbars, 1 km von der Ostküstenstraße entfernt (beschildert). Das 5-Sterne-Hotel Atrium Palace steht allein auf weiter Flur, der Ort Kalathos selbst bietet nichts Außergewöhnliches.

Líndos

Gleich einer Fata Morgana leuchtet Líndos strahlend weiß aus der kargen, felsgrauen Küstenlandschaft. Nach jeder Kurve wird die traumhafte Schönheit des Dorfes deutlicher: die trutzige Johanniterburg und antike Säulen auf einem mächtigen Berg, das Konglomerat kubischer Ägäis-Architektur, die sichelförmige, sandbraune Badebucht mit Surfern, die wie fröhliche Farbkleckse auf den unbeschreiblich blauen Wellen tanzen.

Am Ziel: hektisches Treiben auf der kleinen Platia am Dorfrand. Der Ortspolizist fuchtelt mit den Armen und ruft immer wieder laut über den Platz: „No parking, no parking!" Denn hier ist Endstation für Autofahrer. Wer das Labyrinth der Gassen des zweifellos **schönsten Dorfes der Insel** betritt, merkt schnell, dass Líndos längst keine abgeschiedene Idylle mehr ist. Unzählige Souvenirläden, Bars und Tavernen reihen sich aneinander. Menschenmassen schieben sich durch die längst zu eng gewordenen Gassen in Richtung Akropolis. Im Sommer platzt Líndos schier aus allen Nähten.

Dennoch ist Líndos ein Muss für jeden Rhódos-Besucher. Folgt man dem Gedränge, kommt man zur zentral gelegenen *Panagía-Kirche* (mit Kirchenmuseum), die trotz des Rummels noch immer eine Oase der Ruhe ist. Gönnen Sie sich eine Pause im kühlen, von schönen Fresken geschmückten Kircheninnern.

Durch die engen Gässchen des 1500-Einwohner-Dorfes geht es hoch zur legendären Akropolis. Vorbei an dem über zwei Jahrtausende alten, in die Felswand gemeißelten *Schiffsrelief* gelangt man durch die mächtige *Johanniterzitadelle* zur antiken *Tempelterrasse*. Seit Jahren wird hier restauriert – eine Arbeit ohne Ende.

Die Bucht von Líndos: Strandleben im Schatten der Johanniterburg

Blickfang ist eine einst 87 m breite Säulenformation, die jetzt teilweise wieder aufgebaut wurde. Im Zentrum steht der *Athenetempel* – 166 m über dem Meeresspiegel. Wer den mühsamen Aufstieg per pedes zur Akropolis scheut, kann sich von einem Esel hinauftragen lassen. In der Hauptgasse, wenige Meter von der Platia entfernt, warten die Mulitreiber auf Kundschaft. Von dem Hauptplatz, heute Bushaltestelle und Taxistand, windet sich die Asphaltstraße hinunter zum Sandstrand. In den heißen Sommermonaten ist dort jedes Plätzchen heiß begehrt. Surfer und Tretbootfahrer beleben zusätzlich das Bild. In den Tavernen werden Kalamari und Retsina aufgetragen. Kulinarisches Vergnügen mit Blick auf die „Skyline" von Líndos.

Wer Ruhe sucht, biegt in der Hauptgeschäftsgasse auf dem Weg zur Akropolis rechts ab. Nach 1,5 km gelangt man zur *Apostel-Paulus-Bucht*. Am südlichen Ortsende grenzt das Meer an bizarre Kalksteinfelsen, dahinter die überdimensionale Badewanne mit türkis-blauem Wasser. Hier soll Apostel Paulus im 1. Jh. n. Chr. erstmals rhodischen Boden betreten haben.

Líndos ist heutzutage für jeglichen Autoverkehr gesperrt. Selbst die Straße zum Strand ist mittlerweile für den Individualverkehr zum Tabu erklärt worden. Das gesamte Dorf – zweifellos eines der schönsten der ganzen Ägäis – steht unter Denkmalschutz. Kein hässlicher Betonbau stört das einmalige Ensemble. Die meisten der würfelförmigen Patrizierhäuser stammen noch aus dem 17. Jh. Vermögende Kapitäne und Reeder ließen sich die aufwändige Gestaltung ihrer Wohnhäuser etwas kosten. Detailreiche Ornamente an Fenstern und Türen dokumentieren Schönheitssinn und Wohlstand. Die meisten Gebäude verfügen über pittoreske Innenhöfe mit Mosaiken aus Kieselstein. Aber kaum ein Haus ist älter als 350 Jahre, denn Líndos wurde im Jahr 1610 von einem Erdbeben weitgehend zerstört.

Mit einem einfachen Trick kann man dem Rummel, besonders im Hochsommer, einigermaßen entgehen: Beginnen Sie Ihre Sightseeing-Tour möglichst früh am Morgen. Wer bereits um 8 Uhr die Akropolis besichtigt und somit dem Ansturm der in unzähligen Reisebussen herbeigekarrten Urlauber zuvorkommt, wird ein ganz anderes Líndos erleben als drei Stunden später. Nach 19 Uhr, wenn der Großteil längst abgefahren ist, kehrt etwas mehr Ruhe ein. Dann wagen sich sogar die Einheimischen wieder in ihre Tavernen.

Ab November erholen sich die Einwohner von Líndos von den Besucherscharen, lebhaft wird es erst wieder im März, wenn die ersten Reisenden die Ferienwohnungen beziehen. Viele Häuser vermieten meist sehr stilvolle, wenn auch nicht gerade preiswerte Appartements (ab 50 € pro Tag), die fast immer ausgebucht sind. Die Suche nach einem preisgünstigen Hotel ist in Líndos (fast) vergeblich. Selbst wer glaubt, vor Ort kurzfristig noch zu einer der pittoresken Ferienwohnungen zu kommen, merkt schnell, dass das ein schwieriges Unterfangen ist. Vor allem Engländer fühlen sich in den alten, weiß getünchten Gemäuern wohl. Líndos ist mittlerweile ein teures Pflaster geworden. Sowohl bei den Übernachtungen als auch beim Essen wird kräftig zugelangt.

Geschichte

Líndos, eine Gründung aus der Bronzezeit, war, abgesehen vom kleinen Mandráki-Hafen in Rhódos-Stadt, der einzige natürliche Ankerplatz der Insel. Als die Dorer um die Wende vom 2. zum 1. Jahrtausend nach Rhódos kamen, vermischten sie sich innerhalb kurzer Zeit mit der einheimischen Bevölkerung. Folglich trat auch eine Verschmelzung der Kulturen und der religiösen Traditionen ein. Mit 17.000 Einwohnern war Líndos in der Antike die bedeutendste der drei dorischen Städte. Alte Chroniken berichten, dass bereits im 8. Jh. Teile der Bevölkerung die Insel verließen, um – beispielsweise auf Sizilien – neue Kolonien zu gründen.

Eingangsportal in Líndos

Seine Blütezeit erlebte Líndos im 6. Jh. v. Chr. unter dem Tyrannen Kleobulos, dem man auch dichterische und philosophische Ambitionen nachsagt. Mit der Gründung der Stadt Rhódos (408 v. Chr.) verlor Líndos zwar seine einstige politische und ökonomische, offenbar jedoch nicht seine religiöse Bedeutung. Denn Jahrzehnte später wurden die Tempel auf der Akropolis ausgebaut.

Zur Zeit der Römer begann der Verfall des berühmten Athene-Heiligtums. Viele Kultgegenstände wurden nach Rom und später nach Byzanz gebracht. Vom 6. bis 12. Jh. gab es auf der Akropolis eine byzantinische Burg, die später von den Rittern ausgebaut und verstärkt wurde. Als 1522 die Türken landeten, avancierte die Akropolis zur türkischen Festung samt Moschee und Minarett.

Fluchen wie die Linder

Bei alten Griechen ist es ein geflügeltes Wort für cholerische Zeitgenossen: Er schimpft wie ein Linder. Dass den Einwohnern diese Charaktereigenschaft nachgesagt wird, verdanken sie einem gewissen Herakles (auch als Herkules bekannt). Als der antike Supermann um die Erde reiste, verschlug es ihn auch nach Líndos, wo er das Heiligtum der Göttin von Líndos (später Heiligtum der Athena Lindia) besuchte. Kurz vor der Stadt, in einem Gebiet, das den Namen Fourka (= Zorn) trägt, begegnete er einem Bauern mit seinen Kühen. Von Hunger geplagt, schlachteten Herakles und seine Gefährten die Tiere. Der selbstbewusste Landwirt, außer sich vor Wut, ließ sich nicht einschüchtern und verfluchte die brutalen Diebe. Herakles war begeistert von der Unerschrockenheit des Mannes und seinen Schimpfkanonaden. Als Anerkennung für den Mut brachte er ein Opfer. So entstand ein Ritual, das noch heute zelebriert wird: Das Schlachten eines Tieres erfolgt unter den Verwünschungen und Flüchen eines Bauern.

Telefonvorwahl/Information/Verbindungen

- *Telefonvorwahl* 22440
- *Information* Das offizielle Büro der Tourist-Info liegt an der Platia Eleftherias (Bushaltestelle), ✆ 31900. Lassen Sie sich von der teils unfreundlichen Art der Mitarbeiter nicht abschrecken. Dort erhält man Auskunft über Abfahrtszeiten der Busse und Fähren sowie einen kostenlosen kopierten Stadtplan; außerdem hilft das Personal bei der Suche nach Privatzimmern. Wer ein Appartement mieten möchte, sollte sich an **Pallas Travel**, ✆ 31494, wenden. Das Büro liegt 100 m östlich von der Dorfkirche entfernt. Dort gibt es kostenlos auch eine kleine, hilfreiche Broschüre (in englischer Sprache). Während der Saison tägl. von 8–22 Uhr geöffnet.
- *Verbindungen* **Bus**, von 7–19 Uhr ca. stündlich nach Rhódos-Stadt (über Kolímbia und Faliráki), Abfahrt am Hauptplatz, Platia Eleftherias. Der Trip dauert etwa 1,5 Std. und kostet 4 €. Außerdem 10-mal tägl. von Líndos über Pefkí nach Lárdos (1,20 €) und weiter nach Kiotari (1,80 €). Weitere Verbindungen nach Kolímbia, Archángelos und Charáki.

  Zum Strand von Líndos gibt es einen kostenlosen **Shuttle**. Die Busse fahren ebenfalls vom Hauptplatz ab.

  Taxis stehen am Hauptplatz, können aber auch über ✆ 31466 angefordert werden. Vereinbaren Sie unbedingt vor dem Einstieg den Preis. Denn immer wieder gibt es mit den Taxis in Líndos Ärger. Hier einige Preisbeispiele: Nach Rhódos 31 €, zum Flughafen 40 € und in den Nachbarort Pefkos 7 €. Eine Preistafel hängt aus.

  Eine teure Taxifahrt zum Strand kann man sich sparen. Neben dem Taxistand am Ortseingang fahren die kostenlosen Busse zum Strand ab.

Adressen

- *Apotheke* einige im Dorfzentrum.
- *Autoverleih* in Líndos mehrere Anbieter, z. B. **Pefkos Rent a Car** von John Mousellis, an der Hauptgasse. Ganztägig geöffnet, ✆ 31387, 📠 31264, mouselli@otonet.gr.
- *Bank* Es gibt zwei Banken in Líndos: National Bank und Commercial Bank. An der Platia mit Taxistand gibt es einen EC-Automaten. Öffnungszeiten im Sommer: Mo und Mi 9.15-13 Uhr, Fr nur bis 12.30 Uhr, Sa. 9–12.30 Uhr.
- *Medizinische Versorgung* Krankenstation nahe der Platia, Öffnungszeiten: täglich 9–

Armer Esel

14 Uhr, ✆ 31224 oder 31849 oder 32153, für Notfälle 693-394909 (mobil).

• *Parken* Mittlerweile ist Parken in Líndos kostenpflichtig. In der Hochsaison ist insbesondere von einer Autofahrt zum Hauptstrand abzuraten, denn die schmale Straße ist überlastet und das Wenden schwierig. Wer dennoch zentrumsnah parken möchte, sollte sein Auto am südlichen Ortsende oberhalb der Apostel-Paulus-Bucht abstellen. Diese Plätze sind auch kostenlos.

• *Post* von der „Eselstation" aus geschildert, Mo–Fr 8–13 Uhr geöffnet.

• *Reiseagentur* **Pallas Travel**, in der „Hauptgasse" von Líndos im Zentrum. Organisiert Ausflüge nach Rhódos-Stadt, Inselrundfahrten, Bootstrips (Hydrofoil) nach Sými (42 €) und in die Türkei (77 €), außerdem Tauchausflüge (45 €). Des Weiteren Zimmervermittlung (ab 50 € für ein DZ), Zweiradverleih (Scooter ab 20 €/Tag). In der Hochsaison tägl. von 9–23 Uhr geöffnet, ✆ 31494, 📠 31595. Pallas besitzt auch ein Büro in Pefkos, ✆ 48371, 📠 48020.

• *Wäscherei* Es gibt in der Bibliothek von Líndos Waschmaschine, Trockner und sogar ein Bügeleisen. Mo–Sa 9–21 Uhr, in der Nähe von Pallas Travel.

Übernachten/Essen und Trinken/Nachtleben

• *Übernachten* In Líndos gibt es einige Privatzimmer und Ferienappartements, jedoch nahezu keine Hotels. Die meisten Wohnungen können allerdings **nur über Reiseveranstalter** vor Reiseantritt gebucht werden. So ist es im Sommer fast hoffnungslos, als Individualtourist ein Appartement oder Zimmer zu finden. Eine Chance auf Unterkunft hat man vielleicht bei den Zimmervermittlungen der Reiseagenturen. Aus dem genannten Grund beschränken wir uns hier auf folgende Hinweise:

Hotel Melenos Lindos, im historischen Ortszentrum ist dieses luxuriöse Boutique-Hotel zu finden. Es werden ausschließlich Suiten vermietet, von denen jede seinen eigenen Charakter hat. Uns gefiel besonders die Suite Nr. 3. Von der Privatterrasse aus bietet sich ein eindrucksvoller Blick auf die Bucht. Eine große Schlafebene lädt zum Relaxen ein. Schönes, mit Marmor ausgestattetes Bad. Das verwinkelte 5-Sterne-Haus besitzt auch ein Restaurant mit kulinarischem Ehrgeiz. Die Terrasse lässt sogar die Herzen von Nicht-Romantikern höher schlagen. Kein Wunder, dass das Melenos Lindos gerne von Hochzeitspaaren besucht wird. Heiraten kann man in der

ΠΗΓΕΣ ΚΑΛΛΙΘΕΑΣ
KALLITHEA SPRINGS

№ 3 8·9

ΕΛΕΓΧΟΣ

ΔΗΜΟΣ ΚΑΛΛΙΘΕΑΣ
ΡΟΔΟΥ

ΠΗΓΕΣ ΚΑΛΛΙΘΕΑΣ
KALLITHEA SPRINGS

№ 31849

TERME CALITEA
Πηγές Καλλιθέας

ΠΕΛΑΤΗΣ

ΕΙΣΙΤΗΡΙΟ - TICKET (επέχει θέση Α.Π.Υ.), **ΤΙΜΗ - PRICE: 1,50 €**
ΑΘΕΩΡΗΤΑ βάσει απ. 20640 / 6 - 7 - 2007 Προϊστ. ΔΟΥ ΡΟΔΟΥ

ΙΣΧΥΕΙ ΓΙΑ 1 ΑΤΟΜΟ - VALID FOR 1 PERSON

ΠΗΓΕΣ ΚΑΛΛΙΘΕΑΣ Α.Ε.
Δημ. Αν. Μονομ. Ετ. συντ/σης, αξ/σης, εκμ/σης Καλλιθέας
Α.Φ.Μ. 998498722 - Δ.Ο.Υ. ΡΟΔΟΥ 7542
Καλλιθέα 85100 Ρόδος, Τηλ.: 22410 65691
www.kallitheasprings.gr, info@kallitheasprings.gr
ΑΡ.Μ.Α.Ε 63398/80/Β/07/16

ΔΗΜ. ΑΝ. ΜΟΝΟΜ. ΕΤ. ΣΥΝΤ/ΣΗΣ, ΑΞ/ΣΗΣ, ΕΚΜ/ΣΗΣ ΚΑΛΛΙΘΕΑΣ
Α.Φ.Μ. 998498722
Δ.Ο.Υ. ΡΟΔΟΥ 7542
Καλλιθέα 85100 Ρόδος
Τηλ.: 22410 65691
ΑΡ.Μ.Α.Ε 63398/80/Β/07/16
ΠΗΓΕΣ ΚΑΛΛΙΘΕΑΣ Α.Ε.

visit the
HELLENIC CENTRE FOR MARINE RESEARCH
AQUARIUM
HYDROBIOLOGICAL STATION OF RHODES
museum
HELLENIC CENTRE FOR MARINE RESEARCH
YDROBIOLOGICALSTATION OF RHODES
AQUARIUM - MUSEUM
KOS STR. 85100 RHODES, TEL. +30 22410 27308
e-mail: hsr@hsr-ncmr.gr, www.hcmr.gr
επισκεφθείτε το
ΕΛΛΗΝΙΚΟ ΚΕΝΤΡΟ ΘΑΛΑΣΣΙΩΝ ΕΡΕΥΝΩΝ
ΕΝΥΔΡΕΙΟ
ΥΔΡΟΒΙΟΛΟΓΙΚΟΣ ΣΤΑΘΜΟΣ ΡΟΔΟΥ
μουσείο
ΕΛΛΗΝΙΚΟ ΚΕΝΤΡΟ ΘΑΛΑΣΣΙΩΝ ΕΡΕΥΝΩΝ
ΥΔΡΟΒΙΟΛΟΓΙΚΟΣ ΣΤΑΘΜΟΣ ΡΟΔΟΥ
ΕΝΥΔΡΕΙΟ - ΜΟΥΣΕΙΟ
ΟΔΟΣ ΚΩ, 85100 ΡΟΔΟΣ, ΤΗΛ. 22410 27308

nur wenige Schritte entfernten Kapelle Ágios Dimitrios. Der Luxus hat freilich seinen Preis. Die Suiten kosten in der Regel 350 € die Nacht, die „billigste" ist übrigens die Suite Nr. 7 für 380 €. Fragen Sie in der Nebensaison nach Angeboten. ✆ 32222, ℻ 31720, info@melenoslindos.com, www.melenoslindos.com.

Pension Electra, in einer kleinen Altstadtgasse liegt dieses Eckhaus. Die freundliche Besitzerfamilie Agouros, die wie die meisten Hoteliers den Winter in Athen verbringt, vermietet zwischen April und Oktober saubere Zimmer mit Kühlschrank für 40 € (Gemeinschaftsbad) oder 50 € (Privatbad). Von den Zimmern schöner Blick aufs Meer. Familiäres Ambiente, ✆ 31266 (bzw. in Athen 210-2028326). Von der Platia einfach der Eselsroute Richtung Akropolis folgen, die Pension liegt auf der linken Seite. Für den Sommer empfiehlt es sich, frühzeitig zu buchen. Geöffnet April bis Ende Oktober.

Pension Katholiki, gegenüber der Pension Electra. Schönes Sandsteinhaus mit Verzierungen und einem kleinen Lebensmittelladen. Dachterrasse und malerischer Innenhof. Sehr einfache, kleine Zimmer mit Bad und Kochgelegenheit für 40–50 €, für das Gebotene immens teuer. ✆ 31445.

Villa Marietta, saubere, einfache Zimmer mit Kühlschrank. Von der Terrasse aus bietet sich ein schöner Blick auf die Bucht von Líndos. Die Pension liegt in dem Eckhaus mit der Nr. 96, von der Platia aus die erste Straße nach links, Richtung Akropolis. Vorsicht: Kirchenglocken in der Nähe läuten schon um 6 Uhr morgens. Die betagte, sehr freundliche Besitzerin spricht Italienisch (Lesertipp von Marie-France und Werner Bräunig aus Fränkisch-Crumbach). DZ 40 €. ✆ 59312.

Eine weitere Übernachungsmöglichkeit bieten die **Studios von Manolis**, einfach mit Holzmöbeln eingerichtet und mit Klimaanlage ausgestattet, ✆ 31609.

• *Essen/Trinken* 4000 saisonbedingte Einwohner in der Hauptreisezeit und rund 8000 Ausflügler täglich ließen die Preise auf den Speisekarten nach oben klettern. Die rund 60 Bars und Restaurants in Líndos sind deshalb, verglichen mit dem übrigen Rhódos, relativ teuer. Die Entschädigung: schönes Ambiente für romantische Abende. Vor allem die Dachterrassen bieten atemberaubende Ausblicke.

Restaurant Mavrikos, ein Klassiker unter den Restaurants von Líndos. Der deutsche Filmregisseur Hans-W. Geißendörfer („Lindenstraße") zählt zu den Stammgästen, die Liste der Prominenten ist lang. Bereits in der dritten Generation bewirtschaftet die Familie Mavrikos das ehemalige Kafenion. Die Brüder Dimitris und Michalis bieten heute feine griechische Küche, die wegen ihrer Kreativität mehrmals ausgezeichnet wurde. Alles frisch und von guter Qualität. Man sollte pro Person mit rund 25 € rechnen. Platia Eleftherias, ✆ 31232.

Restaurant Il Palazetto, gilt als der **beste** Italiener in Líndos. Nur abends ab 18 Uhr geöffnet, stimmungsvoller Innenhof. Eine Adresse für romantische Feinschmecker am südl. Dorfende (in der Nähe des antiken Theaters). Das Palazetto bezeichnet sich selbst als das „beste italienische Restaurant von Rhódos". Ob das zutrifft, muss jeder für sich selbst entscheiden.

Restaurant Arkontiko, das Kapitänshaus aus dem Jahre 1605 beherbergt heute ein gutes Restaurant der gehobenen Preisklasse. Lamm oder Risotto mit Meeresfrüchten knapp 14 €. Von der Dachterrasse hat der Gast einen schönen Blick, ✆ 31992.

Eiscafé Geloblu, leckeres Eis, teuer, aber sehr gut. Für eine Kugel zahlt man 1,40 €. Schöner Mosaikboden, schattiger Innenhof zum Entspannen. Schon zum Frühstück geöffnet.

Restaurant Aphroditi, die Taverne in dem alten Bürgerhaus ist etwas für Romantiker. Speisen auf dem Dachgarten mit Blick auf die Líndos-Bucht. Gute Auswahl. Empfehlenswert sind der lecker zubereitete Schwertfisch (ab 7,50 €) und das Nationalgericht Souvlaki. Das Restaurant, Hausnummer 181, ist leicht an dem Aphrodite-Plakat am Eingang zu erkennen.

Hermes Taverna, von der Platia die Hauptgasse nehmen, dann die erste Gasse links. Lesertipp von Manuela Hrubesch aus Laatzen: „Herausragend ist der überaus freundliche und zuvorkommende Service. Man kommt als Gast und geht als Freund. Besonders lecker: Souvlaki Hermes (mit Schafskäse überbacken) und die Weinblätter." Es gibt aber auch Pizzas. Schöner Dachgarten.

Restaurant Líndos, preiswert ist Líndos nicht, auch nicht das gleichnamige Restaurant. Doch der Fisch schmeckt. Gespeist wird in einem kleinen Innenraum (mit Aircondition). Große historische Fotos dokumentieren, wie das Dorf früher mal ausgesehen hat. Schöner Dachgarten.

TIPP! **Casa della Pizza**, das etwas abseits, am Hang gelegene Restaurant wird in Líndos wegen seiner großzügig belegten Pizzas geschätzt (ab 6 €). Der Chef Pierro hat sich auf einem Wandgemälde verewigt. Am späten Abend gibt es auch Livemusik; 20 m von der Hauptgasse am westlichen Dorfende.

Bar Three Brothers, ab mittags bis nachts um 1 Uhr geöffnet, ideal zum Frühstücken. Herrlicher Garten mit Zitronenbaum, von hier hat man einen schönen Blick auf Líndos. Viele Biersorten, große Cocktailkarte, Fußballtrikot-Sammlung an den Wänden, laute Popmusik, besonders bei Briten beliebt. Die Bar liegt in einer Sackgasse an der schmalen Hauptstraße.

Bar-Restaurant Triton, die größte Taverne von Líndos mit gutem und nicht ganz preiswertem Essen (Hauptgerichte um 9 €) am Strand. Von der pflanzenüberwucherten Terrasse kann man die fantastische Aussicht auf das Dorf und die Akropolis genießen.

Restaurant Panorama, 2 km nördlich von Líndos an der Ostküstenstraße gelegen. Wirklich toller Blick, das Restaurant macht seinem Namen alle Ehre.

• *Nachtleben* **Manolis Cocktail Bar**, ziemlich zentral auf der Hauptgasse gelegen, von der Platia kommend auf der rechten Seite. Laute, gute 70er-Jahre-Musik. Beste Stimmung, viele junge Biertrinker, hauptsächlich aus England. Mit Garten, bis spät in die Nacht geöffnet. Sandsteinhaus in kleiner Seitengasse.

Yannis-Bar, bereits seit 1976 gibt es diese Bar mit der langen Theke und den Segelschiffmodellen. Viele Stammgäste, auch ideal für ein spätes Frühstück.

Swedco, abends oder zum Frühstück, die frisch gepressten Obstsäfte schmecken immer, auch leckerer Kaffee, netter Service, an der Gasse zum antiken Theater.

Bar Red Rose: Die geschmackvolle Villa ist ein beliebter Abendtreff. Jede Menge Biersorten von Corona bis Mythos. Bei Manolis Bar. Es wird auch Frühstück serviert. Großer Fernseher für Fußballspiele.

60's Bar, von der Platia immer die Hauptgasse durch, dann auf der linken Seite. Die Bar macht ihrem Namen alle Ehre: Musik nur aus den Sixties, aber vom Allerfeinsten. Ausgelassene Stimmung, es darf getanzt werden, witzige Kellner. Etwas gediegener geht es in der **Colossus Bar** direkt gegenüber zu.

Il Sogno Cocktailbar, Eckhaus in der Hauptgasse, schon etwas älteres Publikum, gehobenes Preisniveau und schickes Ambiente.

• *Internet-Café* **Lindianet**, kleines Café mit freundlichem Service. Das Angebot umfasst außer dem Surfen im Internet auch das Senden/Empfangen von Faxen. Eine Online-Stunde kostet 4,50 €. Täglich geöffnet von 9–23 Uhr. ✆/℻ 32142, lindianet@lindianet.gr, www.lindianet.gr.

Sehenswertes

Akrópolis

Auf einem 116 m hohen, braunen Felsen thront das Wahrzeichen von Líndos, die Akropolis. Schon von fern sieht man die rekonstruierten Säulen auf dem Gipfelplateau majestätisch aufragen. Und auch wenn die Zeit ihre Spuren hinterlassen hat – man bekommt eine Vorstellung von der architektonischen Glanzleistung antiker Baumeister. Höhepunkt ist zweifellos der Tempel der Athena Lindia. Seit mehr als einem Jahrzehnt arbeiten die Restauratoren bereits an der Akropolis, um einen weiteren Verfall aufzuhalten.

Der Aufstieg kann im Hochsommer (Mittagshitze vermeiden) äußerst anstrengend werden. Vorbei an den Dorffrauen, die ihre Web- und Strickwaren ausgebreitet auf den Steinen feilbieten, gelangt man (nach dem Kassenhäuschen) auf eine zypres-

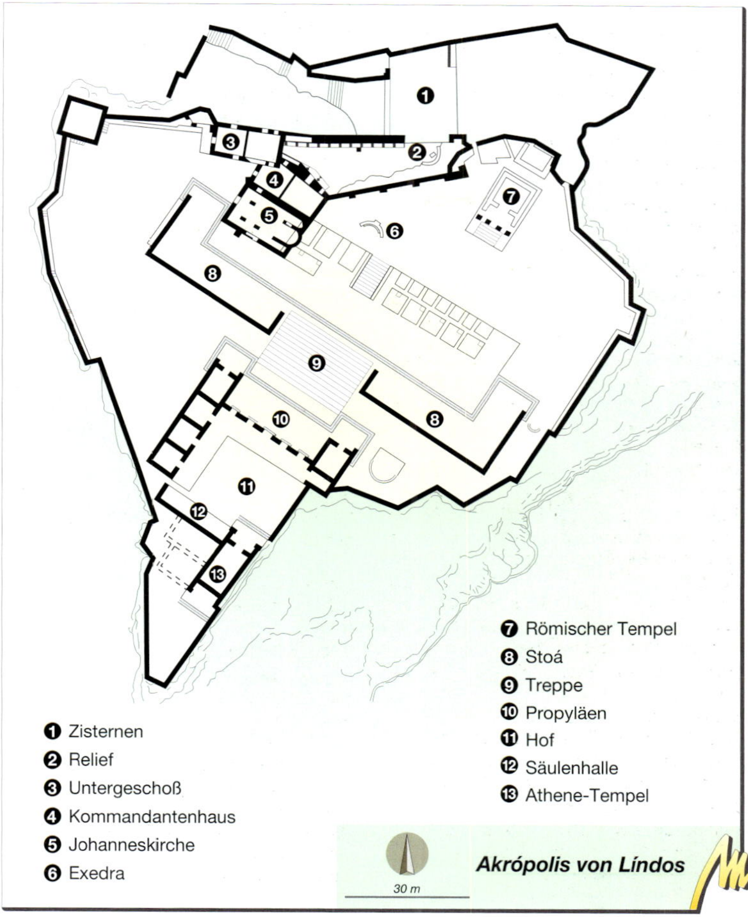

sengesäumte Terrasse. Zunächst führt der Weg auf einen Platz unterhalb der Burgmauern. Dort befanden sich die *Zisternen* (1). Von hier hat man einen tollen Blick auf die Bucht. Gleich daneben entdeckt man ein in den Fels gemeißeltes *Relief*, das Heck eines griechischen Kriegsschiffes (2) aus dem 2. Jh. v. Chr. Das Denkmal entstand zu Ehren eines rhodischen Admirals, der – mit einem goldenen Kranz ausgezeichnet – den Vorsitz bei den Spielen zu Ehren der Göttin Athene innehatte. Eine steile Treppe endet an einem Tor, durch das man das *Untergeschoss* (3) der ehemaligen Ritterburg aus dem 14./15. Jh. betritt. Zum Bau der Anlage verwendeten die Ritter die Steine antiker Bauwerke, was noch heute deutlich zu erkennen ist. Links vom Untergeschoss steht das *Kommandantenhaus* (4), daran angebaut ist die byzantinische *Johanneskirche* (5) aus dem 13. Jh. In der Kirche sieht man noch Säulenreste. Dahinter öffnet sich ein großer Hof. Gleich vorn erkennt man eine hohe

Seit Jahren wird an den antiken Überresten der Akropolis von Lindos gearbeitet

halbrunde Nische, die *Exedra* (6) aus dem 2. Jh. v. Chr. Die Inschrift am obersten Stein erinnert daran, dass hier das Denkmal für den Priester Pamphilidas stand.

An der Nordseite des Hofes liegen die Reste eines *römischen Tempels* (7), der um 200 n. Chr. gebaut wurde. Blickt man von dort nach Süden, erkennt man oben auf der Terrasse die große, u-förmige *Stoa* (8). Die *Hellenistische Halle* war das größte Gebäude der Akropolis. Mit ihren 87 Metern nimmt sie fast die gesamte Breite der Akropolis ein. Sie entstand Ende des 3. Jh. v. Chr. Die Stoa diente als eine Art überdimensionales Foyer. Ihr einziger Zweck bestand darin, dem dahinter liegenden Heiligtum einen prächtigen Rahmen zu verleihen. Die heute wieder aufgerichteten dorischen Säulen – besonders die Italiener machten sich zwischen 1936 und 1938 um die Restaurierung verdient – vermitteln nur noch einen schwachen Eindruck von der einstigen Pracht. Mit Mitteln der Europäischen Union und des griechischen Kulturministeriums wurde die Halle nun originalgetreu wiederhergestellt und damit die Fehler der italienischen Restauratoren aus den 30er Jahren beseitigt. Vor allem die von den Italienern benutzten Eisenstücke für die Statik des Baus verrosteten wegen des Meeresklimas und setzten den Originalteilen schwer zu.

Von der Stoa führt eine 21 m breite *Treppe* (9) zum oberen Plateau der Akropolis. Sie entstand – ebenso wie die dahinter liegenden *Propyläen* (10) – im 3. Jh. v. Chr. Angeschlossen war ein von Säulen gesäumter *Hof* (11), dessen Südseite von einer später errichteten *ionischen Säulenhalle* (12) begrenzt wurde. Davon ist heute nichts mehr zu sehen. Gleich dahinter, am äußersten Ende der ummauerten Hochfläche, steht das bedeutendste Bauwerk der Akropolis: der *Tempel der Athena Lindia* (13), direkt an die steil abfallende Felswand gebaut. Die Restauratoren arbeiteten fünf Jahre lang an der Erhaltung des Tempels. Die Struktur der antiken Bauteile erwies sich schlechter als gedacht. Steinmetze mussten einzelne Teile ersetzen, um den Verfall des berühmtesten Monuments von Líndos zu erhalten. 2005 wurden die umfangreichen Bauarbeiten, die 3,5 Millionen Euro gekostet haben, abgeschlossen.

Die wiederaufgestellten Säulen und Mauern geben einen ungefähren Eindruck vom früheren Aussehen des Tempels. Der Bau ist – verglichen mit den umliegenden Gebäuden – relativ bescheiden. Der älteste Tempel wurde an dieser Stelle bereits Ende des 8./Anfang des 7. Jh. v. Chr. errichtet. Um 550 v. Chr. wurde das Heiligtum der Athena Lindia von Kleobulos umgebaut. Im Jahr 392 v. Chr. fiel der zweite Tempel einem Brand zum Opfer. Es war ein bescheidener Bau in dorischem Stil mit einem Grundriss von 22 x 8 m. Zunächst besaß er nur vier Säulen an der Vorderseite, ca. 300 v. Chr. kamen nochmals vier Säulen an der Rückseite hinzu. Einst stand in dem Tempel ein wertvolles Standbild der Athena Lindia. Es soll aus Marmor, Gold und Elfenbein gefertigt und später vom byzantinischen Kaiser Theodosius nach Konstantinopel gebracht worden sein. Bis zum heutigen Tag blieb die Athena verschwunden. Die einmalige Lage des Tempels bietet einen traumhaften Ausblick in Richtung Süden mit der malerischen Apostel-Paulus-Bucht und der weißen Dächerlandschaft von Líndos.

• *Öffnungszeiten* tägl. von 8–19 Uhr geöffnet, montags erst ab 12.30 Uhr, im Winter montags geschlossen. Eintritt 6 €, Kinder und Studenten frei. Im Winter sonntags freier Eintritt. Unterhalb des Eingangs gibt's einen Kiosk mit Getränken. **Tipp**: Kommen Sie so früh wie möglich am Morgen, selbst im Oktober ist die Akropolis von Líndos ab ca. 9.30 Uhr hoffnungslos überlaufen!

Antikes Theater: Leider kann man das Theater am südlichen Ortsrand nicht betreten, da das Grundstück eingezäunt ist. Trotzdem lohnt sich der kurze Abstecher, denn das Theater ist eindrucksvoll am Fuß der Akropolis in den Felsen gehauen. Man vermutet, dass es im 4. Jh. v. Chr. entstand. 1800 Besuchern bot es Platz; der untere Rang besaß 19 und der obere 7 Sitzreihen. 28 m betrug der Durchmesser der kreisrunden Orchestra. Vom Bühnenhaus ist heute nichts mehr zu sehen. 2006 wurde vor dem antiken Theater ein Platz angelegt, der zum Picknicken einlädt.

Antikes Theater von Lindos

Panagía-Kirche: ein nachbyzantinisches Bilderbuch

An der Hauptgasse, im Zentrum von Líndos, steht die Marien-Kirche, wichtigstes Gotteshaus des Dorfes. Angesichts der Rummels in den Dorfgassen ist der Innenhof mit Zitronenbäumen samt seinem fünfgeschossigen, klassizistischen Glockenturm ein Ort der Ruhe. Ursprünglich im 14. Jh. erbaut, wurde die Kirche unter den Johanniterrittern 1489/90 erheblich erweitert. Ihr Grundriss erhielt die Form eines christlichen Kreuzes. Das Innere bietet eine Überraschung: Georgios, Mönch von der Dodekanes-Insel Sými, bemalte 1779 die Kirchenwände. Seine Fresken mit wahrer enzyklopädischer Vollständigkeit zählen in Griechenland zu den bedeutendsten Werken in nachbyzantinischem Stil. Die Wandmalereien erläutern nicht nur das Leben Christi und der Muttergottes oder die Erschaffung der Erde, sondern auch lokale Begebenheiten. Über allem thront in der Kuppel – eine Metapher für den Himmel – Christus als Weltenherrscher, als Pantokrator. Beachtenswert auch die aufwändig geschnitzte und vergoldete Altarwand (Ende des 17. Jh.), die das Allerheiligste vom übrigen Kirchenraum abtrennt.

Im angeschlossenen Kirchenmuseum, das über den Innenhof zu erreichen ist, werden alte Schriften (16.–18. Jh.) ausgestellt, außerdem die Abbildung eines Freskos aus dem 12. Jh. Zu den Exponaten zählen auch Ikonen (17. Jh.), wertvolle, seidengestickte Altartücher sowie ein Prozessionskreuz aus dem 11. Jh. und goldene Schmuckstücke. Für Kirchen-Interessierte sehr sehenswert.

Öffnungszeiten Kirche und Museum sind nur von April bis einschl. Oktober geöffnet. Kirche: tägl. 9–15 Uhr und 16.30–18 Uhr. Um dezente Kleidung wird gebeten, Fotografieren verboten. Museum: tägl. 9–15 Uhr. Eintritt 1,50 €.

Grab des Archokrates: Von der einst prachtvollen Fassade des hellenistischen Grabdenkmals ist so gut wie nichts mehr übrig geblieben. Am westlichen Berghang, gegenüber der Akropolis, liegt oberhalb der Häuser die letzte Ruhestätte des Archokrates. Er war 225 v. Chr. Priester des Athene-Heiligtums. Die imponierende Säulenfassade des in den Felsen hineingearbeiteten Grabmals wurde 1841 durch eine Steinlawine stark zerstört. Noch im Mittelalter benutzten die Ritter das Grabmal als Kirche. Nur für speziell Interessierte, denn die kaum mehr als solche erkennbaren Ruinen gleichen eher einer Müllhalde als einer Grabstätte.

Wanderung zum „Grab des Kleobulos"

Anfahrt: Das „Grab des Kleobulos" liegt auf der Halbinsel nördlich von Líndos. Das Kap von Aemilianos schützt die Bucht von Líndos vor rauen Nordwinden. Oberhalb des Strandes gibt es auch Parkplätze. Nur im Sommer herrscht akuter Platzmangel. Deshalb lohnt es sich bei individueller Anreise, das Fahrzeug bereits oberhalb des historischen Ortskerns abzustellen. In rund 10 Minuten ist man an der Bucht. An der leider viel befahrenen Straße, die zum Strand führt, gibt es ein Hinweisschild auf der linken Seite. Wer mit dem Bus anreist, läuft ebenfalls von der Platia bergab in Richtung Strand. Außerdem gibt es einen kostenlosen Shuttle von der Platia zum Strand.

Dauer und Strecke: Man läuft ungefähr 1,5 Stunden. Es sind gute Pfade bis zum „Grab des Kleobulos" vorhanden.

Wandern in Lindos: auf dem Weg zum Grab des Kleobulos

Verpflegung: Keine besondere Verpflegung notwendig, da am Strand und in Líndos genügend Tavernen und Supermärkte vorhanden sind. Man sollte angesichts der prallen Sonne auf der Halbinsel unbedingt ausreichend Wasservorrat mitnehmen.

Ausrüstung: Auf der baumlosen Halbinsel lohnt sich ein Sonnenschutz bzw. eine Sonnenbrille. Angesichts der steinigen Weges sind feste Halbschuhe von großem Vorteil.

Eines gleich vorweg: Die Bezeichnung „Grab des Kleobulos" ist nichts weiter als eine liebenswerte Mystifizierung – was in Griechenland noch heute sehr beliebt ist. Hier ist weder der Tyrann Kleobulos begraben, noch stammt das Grab aus dieser Zeit. Tatsächlich handelt es sich um das Grab eines reichen Bürgers aus Rhódos aus vermutlich hellenistischer Zeit. Wie dem auch sei – der Wanderweg von der Líndos-Bay (nördliche Bucht) durch die karge Landschaft ist von besonderem Reiz.

Route: Vom Strandparkplatz (Schild) folgt man einem links abbiegenden, anfangs ziemlich steilen Pfad, der auf ein Plateau führt. Dort biegt man nach rechts (in östlicher Richtung) zu einer Windmühlenruine ab, die schon von fern auszumachen ist. Die Windmühle wurde einst in dieser „Steinwüste" Mitte des 19. Jh. errichtet. Auf dem Weg bietet sich ein fantastischer Blick auf Líndos und die Akropolis. Von der einsam gelegenen Windmühle sind es nur noch wenige Meter zu dem Hügel, auf dem das Kleobulos-Grab steht. Das schlichte Steinmonument fügt sich ideal in die Landschaft ein. Es ist ein runder Bau mit ungefähr neun Metern Durchmesser. Bei den Einheimischen wird das Bauwerk als Ágios Aimiliános bezeichnet, wie auch das Kap der Halbinseln. Es ist ein wahrer Genuss, auf dem Hügel inmitten der herben Küstenlandschaft auszuruhen und die Stille und das Panorama von Líndos zu genießen.

Baden

▸ **Bucht von Líndos**: Die unterhalb des Dorfes gelegene Bilderbuch-Bay – der heutige Hafen von Líndos – ist ein überlaufener Rummelplatz für Badefreaks. Auf knapp 0,5 km Sand tummeln sich Hunderte von Sonnenhungrigen. Jeder Quadratmeter ist da an heißen Sommertagen hart umkämpft: Es ist die wohl überlaufenste Badeecke der ganzen Insel! Am Strand Liegestuhl- und Sonnenschirmverleih sowie Tretboote. Mehrere Tavernen und ein Kiosk sorgen für das Wohl der Badegäste, an der Anlegestelle starten auch die Glasbodenboote zu einstündigen Rundfahrten, wo beispielsweise Szene des Hollywood-Streifens „Die Kanonen von Navarone" gedreht wurden.

• *Fahrpreis* Erwachsene 10 €, Kinder 5 €. Tägl. um 12.30, 14 Uhr und 15.30 Uhr. Außerdem gibt es täglich um 17 Uhr eine Verbindung mit dem Glasbodenboot nach Pefkí (ohne Rückfahrt) für 7,50 €, Dauer 30 Minuten. Übrigens gibt es in der Zeit von 9–15 Uhr einen kostenlosen Bus zur Platia am Eingang des historischen Ortskerns von Líndos.

Apostel-Paulus-Bucht: türkisfarbene Badewanne

Die Apostel-Paulus-Bucht verschlägt einem den Atem. Sie zählt zweifellos zu den schönsten Naturhäfen des Dodekanes. Im Gegensatz zu der im Sommer überlaufenen Bucht von Líndos geht es in der Apostel-Paulus-Bucht beschaulich zu. Die Bay mit zwei kleinen Sandstränden und einer kleinen, weiß getünchten Kirche liegt südlich vom Dorf und ist zu Fuß in ca. 10 Min. zu erreichen (in der Hauptgasse hangabwärts rechts ab, später am Sportplatz von Líndos vorbei, betonierte Wege führen zur Bucht hinab). Inmitten einer eindrucksvollen, herben Landschaft glitzert das türkisfarbene Wasser. Die Bucht gleicht einer überdimensionalen Badewanne, denn der Zugang zum offenen Meer ist kaum breiter als 40 m. Am Süd- und am Nordende erstrecken sich kleine Sandstrände mit Liegestuhlverleih, außerdem ist eine Taverne vorhanden. In der halbrunden Bucht soll Apostel Paulus 51 n. Chr. gelandet sein. Bereits in der Antike war sie Heimathafen der Flotte von Líndos. Heute schaukeln nur noch ein paar Fischerboote.

Pefkí

Kaum ein anderer Ort an der Ostküste hat einen solchen Boom erlebt wie das einst kleine Pefkí. Viele, denen es in Líndos zu teuer geworden ist, lassen sich in dem 4 km südlich von Líndos gelegenen Dorf nieder. Die kleinen Sandstrände, unterbrochen von Felsen, machen Pefkí inmitten einer kargen Landschaft zu einem beliebten Urlaubsort. Hotels, Appartements, Restaurants, Supermärkte – und das war's dann auch schon. Seit Jahren wird in Pefkí gebaut und gebaut, wobei man aus den architektonischen Fehlern der Vergangenheit gelernt hat. Im Sommer ist der Ferienort, der übersetzt so viel wie Kiefernwald heißt, fest in englischer und deutscher Hand.

• *Telefonvorwahl* 22440

• *Verbindungen* 11-mal tägl. **Busse** über Líndos nach Rhódos-Stadt (4 €), 7-mal tägl. nach Lárdos (1,50 €).

• *Übernachten* **Hotel Ilyssion**, schöne, sehr gepflegte Gartenanlage, im Haus weißer Marmor, große Zimmer mit riesigen Sofas, Blick aufs Meer. DZ 70–85 €, (mit Frühstück).

Apostel-Paulus-Bucht in Lindos

Ca. 1,3 km südlich von Pefkí an der Küstenstraße Richtung Lárdos auf der linken Seite (teilweise etwas laut), Bushaltestelle vor der Tür. Das geschmackvolle Haus liegt direkt am Strand (teils Sand, teils Felsen). Auto oder Moped empfehlenswert. ✆ 481-49/-50 oder 48364, ℻ 48148, hotelilyssion@yahoo.gr.

Appartements Maria, in Pefkí an der Straße zum „Central Beach" (beschildert) auf der rechten Seite. Elf schlichte Zweier- oder Vierer-Appartements mit großer Küche, Bad, Balkon, pro Woche 250–365 € (2-App.), 480–585 € (4-App.). Gepflegtes, zweistöckiges Haus. Ca. 400 m vom Sandstrand. Fragen Sie nach Thanassis im Supermarkt im Erdgeschoss, ✆ 48326, ℻ 48127, maria-apts@rho.forthnet.gr.

Pefkos Beach Hotel, moderne, gepflegte Anlage mit Pool und Garten im „Zentrum" an der Parallelstraße zum Strand gelegen (am Hang). Hauptsächlich auf Pauschaltouristen ausgerichtet, DZ mit Bad und Balkon 45–60 € (inkl. Frühstück). ✆ 48008 oder 694-4594548 (mobil), ℻ 48334, www.pefkosbeach.gr. Geöffnet April bis Okt.

Hotel Thalia, von der Straße, die parallel zum Strand verläuft beschildert. 90 Zimmer, sehr ruhig, nicht mehr das neueste Modell, Pool mit Poolbar. Hauptsächlich deutsche, nicht mehr ganz junge Gäste. DZ mit Bad und Balkon 35–58 € (inkl. Frühstück), alles schon leicht abgewohnt. ✆ 48248 oder 44458, ℻ 48108.

Pilónas

Der Weiler hinter dem 458 m hohen Marmári-Berg ist noch weitgehend unentdeckt. Kaum ein Rhódos-Besucher biegt auf der Küstenstraße in das Ortszentrum ab. Daran hat auch das Hinweisschild auf einen Friedhof aus mykenischer Zeit nichts geändert. Oberhalb des Dorfes gibt es zwei vermutlich im 15. Jh. erbaute Kirchen, Kirá Piloná und Ágios Geórgios, die noch schöne Fresken besitzen. Wahrzeichen des Dorfes ist die oberhalb des Ortes gelegene und architektonisch gelungene Kirche von St. Gerasimos mit dem auffälligen Campanile.

Lárdos

Im Gegensatz zur kargen Küste ist Lárdos überraschend grün. Wer dem lauten Líndos entkommen möchte, ist hier genau richtig. Allerdings hat sich das 2 km entfernt von der Küste gelegene Bauerndörfchen in den letzten Jahren stark verändert. Rund ein Dutzend Restaurants haben aufgemacht, selbst Diskotheken locken neuerdings Besucher an. Auf der Platia dominieren längst nicht mehr die Einheimischen. Im Vergleich zu Líndos und Pefkí ist Lárdos jedoch geradezu beschaulich-gemütlich. Zum Wandern ist der Ort eine gute Ausgangsbasis, beispielsweise bietet sich ein Spaziergang zum rund 4 km entfernten Kloster Ipseni mit seiner wundertätigen Marienikone an.

• *Telefonvorwahl* 22440

• *Verbindungen* 11-mal tägl. fährt ein **Bus** über Líndos nach Rhódos-Stadt (5 €).

• *Übernachten* **Studios Spanos**, an der Straße Richtung Láerma nach 200 m auf der rechten Seite, etwas versteckt in zweiter Reihe gelegen. Zehn gepflegte Studios mit großem Balkon, Bad und Kochgelegenheit, überall viele Blumen. Vasilios Spanos spricht Deutsch und Englisch und unterhält sich gerne bei einem Glas Wein mit seinen Gästen. Wer möchte, kann sich im Weingarten von Vasilios direkt an den Reben bedienen. Gutes Preis-Leistungs-Verhältnis. ✆/📠 44306, 693-2774375 (mobil), basili@acn.gr. Sehr wohlgefühlt haben sich hier auch unsere Leserin Inge Peters aus Rheinbach sowie Jutta und Rüder Obermaier aus Miesbach.

Hotel Fedra, kubischer Bau an der Ortsstraße, von der Platia die Straße bei der Taverne Zorbas hinein. Kleines Hotel der 1-Sterne-Kategorie (10 Zimmer) für einfache Ansprüche, ganzjährig geöffnet. DZ 30 €. Der Besitzer, Panaiotis Agelidis, ist in der Reiseagentur Zorbas nebenan zu finden. Er vermietet auch Appartements in der **Villa Marietta** und kann weiterhelfen, wenn er

Kapern: eine Hinterlassenschaft der Venezianer

Mit Ausnahme der Ionischen Inseln (Korfu, Zakynthos etc.) vor der Westküste Griechenlands haben die Italiener keine andere Inselgruppe so stark geprägt wie den Dodekanes. Die Hinterlassenschaften sind auch kulinarisch. Es waren die Venezianer, die die Kapern auf die Insel brachten. Die eingelegten Blütenknospen des anspruchslosen Kapernstrauches (Capparis spinosa) gehören zum festen Bestandteil der rhodischen Küche. Kapern – berühmtes Produkt von Sizilien und den Liparischen Inseln – gedeihen an den heißen, felsigen Küsten hervorragend. Der Strauch wächst wild, ist ungefähr 1 m groß und bringt nur maximal 3 kg pro Pflanze. Noch immer werden die Knospen in Handarbeit gelesen. Jedoch auf Rhódos stehen im Gegensatz zu Italien nicht die Knospen im Mittelpunkt, sondern der zarte, obere Teil der bis zu 4 m langen Zweige. Beim Pflücken werden die Dornen entfernt und dann heiß gewässert. So verlieren sie einen Teil der Bitterstoffe. Anschließend werden die Zweige in der Sonne getrocknet, gesalzen und in einem Glasbehälter in Weinessig eingelegt. Die Kapernzweige haben zwei Funktionen: Zum einen als Vorspeise, zum anderen als Salatbeilage. Der Echte Kapernstrauch ist nicht leicht zu erkennen. Am besten lässt er sich im Mai oder Juni identifizieren. Denn dann tragen die dornigen Zweige mit den rundlichen, blau-grün bereiften Blättern zierliche, weiß-rosa Blüten.

selbst ausgebucht ist. ✆ 44218 oder 44257, ✆ 44174.

• *Essen/Trinken* **Restaurant Louka's**, das kleine Eckhaus mit den blauen Fensterläden an der Abzweigung nach Láerma ist außerordentlich gemütlich. Hübscher Garten, freundlicher Service, griechische Küche in abgewandelter Form: Spaghetti, Steaks etc. Günstig, bereits zum Frühstück geöffnet. Es wirbt mit authentischer griechischer Küche.

Internetcafe Fantastico, ein versteckt liegender Palmengarten mit Springbrunnen. „Leckere, preiswerte Cocktails, die Besitzerfamilie ist äußerst freundlich und zuvorkommend. So richtig zum Wohlfühlen und Genießen." (Lesertipp von Tanja Gerl und Michael Sengenleitner, Roth). Surfen im Internet kostet 3 € pro Stunde. Öffnungszeiten: 9–13 Uhr, abends ab 17 Uhr. ✆ 44555, fantastico@rho.forthnet.gr, www.lindosguide.com.

Kloster Ipsénis

Kloster Ipsénis: die wundertätige Panagía

Ein hellblaues Schild, 200 m außerhalb von Lárdos, weist den Weg zu dem einsam gelegenen Kloster. Vorbei am Sportgelände von Lárdos, Orangen- und Olivenbäumen, durch Kiefernwälder führt die Asphaltstraße zu dem erst 1855 errichteten Gebäude. Kunstspezialisten werden von einem Besuch eher enttäuscht sein, denn das Kloster birgt keine großartigen Kostbarkeiten. Auf der Insel ist das Moní wegen seiner wundertätigen alten Marienikone bekannt. Sie wird noch immer verehrt. An Festtagen ist der große Parkplatz vor dem Kloster völlig überfüllt. In den letzten Jahren wurde das wieder bewirtschaftete Kloster aus- und umgebaut. Im Klosterhof findet man die typisch rhodischen Kieselmosaike. Gegenüber vom Eingang führt ein Kreuzweg, der – von fern gesehen – den Hügel seltsam weiß punktet, den Hang zu einer Kapelle hinauf (von Lárdos 4 km, beim Hotel Fedra ortsauswärts, beschildert).

▸ **Baden**: Auf Badefreuden braucht man nicht zu verzichten, vorausgesetzt ein Moped oder Auto steht bereit. 2 km südlich von Lárdos gibt es einen 1 km langen Kiesstrand mit Tavernen, der allerdings nicht gerade idyllisch ist, weil er direkt unterhalb der stark frequentierten Küstenstraße liegt. Anstatt den Lárdos-Beach zu besuchen, empfiehlt es sich, 2 km weiter südlich von der Küstenstraße links ab zum *Glystra Beach* (beschildert) zu fahren. Hier findet man eine schöne, seichte Sandbucht mit Kantina, Liegestuhl- und Sonnenschirmverleih sowie Stranduschen. Die oberhalb vorbeiführende Straße stört hier nur wenig.

Láerma

Die meisten Besucher kommen in dieses ruhiges, sehr griechisch gebliebene Dorf im Inselinneren wegen des berühmten Klosters Tharí. Die 12 km lange Straße von Lárdos nach Láerma führt durch herrliche Landschaft. Láerma ist ein idealer Zwischenstopp auf dem Weg zum Kloster Tharí.

Das Dorf hat sich mittlerweile auf die Tharí-Besucher eingerichtet. An der Kirche befindet sich unter Platanen eine Taverne, die ausgezeichnete Souvlaki bietet.

In Láerma biegt man an der Dorfkreuzung nach links zum Kloster ab (auch als *Monastery of the Archangel Michael* ausgeschildert, 4 km). Es liegt in einer Senke inmitten von Pinienwäldern und gehört bis heute zu den meistbesuchten Klöstern der Insel. Die schöne Anlage besitzt noch eine kostbare byzantinische Basilika aus hellem Naturstein, deren Grundmauern auf das 9. Jh. zurückreichen. Die Fresken im Altarraum stammen größtenteils von 1506, wie die Inschriften dokumentieren. Die anderen Wandmalereien kamen erst später hinzu. In der Kuppel ist (allerdings schwer erkennbar) Christus als Weltenherrscher dargestellt, der von 16 Propheten umgeben ist. In den Ecken erkennt man die Evangelisten Markus, Johannes, Lukas und Matthäus, unterhalb davon Fresken mit den Erzengeln. Beachtenswert ist auch die schöne Ikonostase mit den beiden Hauptikonen, die Christus und Maria darstellen und von zwei weiteren Ikonen flankiert werden.

Das entlegene Kloster wurde unter der Führung des Metropoliten von Rhódos reaktiviert. Die Mönche öffnen jedoch nur die Tür, wenn die Besucher „züchtig“ gekleidet sind. Übrigens findet am 21. Mai jährlich das idyllische Klosterfest mit viel griechischer Folklore statt.

• *Öffnungszeiten* Das Kloster ist bis zum Abend geöffnet. Von Besuchern wird bei einer Kirchenbesichtigung entsprechende Kleidung erwartet (keine Bermudas!), lange

„Habe Mut“

Der Name des berühmten Klosters basiert – wie so oft – auf einer schönen Geschichte: Einst kam eine byzantinische Prinzessin im 6. oder 7. Jh. nach Rhódos, um hier in aller Ruhe zu sterben, denn sie war von einer unheilbaren Krankheit befallen. Es erschien ihr jedoch der Erzengel Michael und verkündete: „Aechis tharri“ – *Habe Mut, du wirst gesund!* Und tatsächlich wurde die Prinzessin zur Überraschung aller geheilt. Dort, wo dies geschah, warf sie ihren kostbaren Ring weg. Ihr Vater ließ aus Dankbarkeit das gleichnamige Kloster an diesem Ort errichten.

Röcke liegen bereit. Fotografieren ist in der Klosterkirche verboten.

• *Anfahrt* Von Lárdos sind es nach Láerma 12 km auf einer bergigen, gewundenen Asphaltstraße. Im Dorfzentrum links abbiegen (beschildert). Ca. 4 km südöstlich vom Dorfzentrum liegt das Kloster. Zu Fuß dauert es von Láerma zum Kloster auf der Schotterpiste, die durch Olivenhaine und Pinienwälder führt, rund 1,5 Std.

Rundwanderung von Láerma nach Moní Tharí

Anfahrt: Es empfiehlt sich die Anreise mit dem eigenen Fahrzeug. Nach Láerma fährt zwar einmal pro Tag ein Bus von Lárdos aus. Allerdings kommt man dann nicht mehr am gleichen Tag zurück. Ein Taxi für die Rückfahrt zu bekommen, ist äußerst schwierig.

Dauer und Strecke: Man geht etwa 2,5 Std. Der Hinweg zum Kloster Moní Tharí verläuft über eine asphaltierte, aber nur sehr wenig befahrene Straße. Auf dem Rückweg geht man über Waldwege. Rund um das Dorf Láerma wachsen viele Pinien, die leicht in Brand geraten. Deshalb sollte man die Wanderung nur machen, wenn es nicht allzu heiß ist und keine Waldbrandgefahr besteht. Schon das Rauchen von Zigaretten kann gefährlich sein. Sowohl Hin- als auch Rückweg bieten relativ viel Schatten.

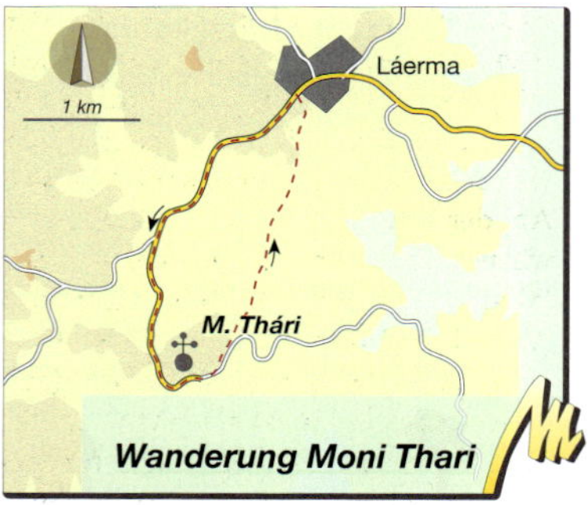

Seien Sie nicht überrascht: Auf dem Rückweg durch den Wald kommt man an einem Militärgelände vorbei – allerdings nur wenige Minuten. Warnschilder, die es Wanderern verbieten, sich dem Gelände zu nähern, haben wir nicht entdeckt.

Wem der Rückweg durch den Wald zu unsicher erscheint, der kann zurück genauso gehen, wie er zum Kloster gekommen ist. Eine schöne Wanderung bietet sich allemal.

Verpflegung: Nach halber Strecke, beim Kloster Moní Tharí, gibt es einen Brunnen, um die Wasserflasche aufzufüllen. Eine Gelegenheit, Essen zu kaufen, bietet sich nicht. Also genug einpacken.

Ausrüstung: Man sollte feste und bequeme Schuhe anziehen, ein Sonnenhut ist ratsam.

Route: Vom Ortskern in Láerma ist der Weg zum Kloster Moní Tharí ausgeschildert. Es geht (von Lárdos aus kommend) nach links aus dem Ort hinaus den Berg hinauf. Wir folgen der Betonpiste und lassen die kleineren Wege links und rechts liegen. Kurz vor der Kuppe des Berges passieren wir die letzten Häuser.

Immer der asphaltierten Straße nach geht es bergab ins Tal, Pinien, Kakteen und kleine Sträucher säumen den Weg. Nachdem wir einen links abzweigenden Schotterweg liegen lassen und weiter der Straße folgen, weist uns ein Schild den Weg zum Kloster – noch 3 km.

In einer Talsenke überqueren wir eine kleine Brücke über ein (meist ausgetrocknetes) Flussbett, danach wird es etwas anstrengender: es geht bergauf und Schatten wird seltener. Etwa zehn Minuten nach der Talsenke steht auf der linken Seite eine kleine Kapelle jüngeren Baudatums. Kurz darauf ist der Weg zum Kloster nach links ausgeschildert (geradeaus geht es auf einem Schotterweg nach Profilia, 10 km). Wir biegen nach links ab. Olivenbäume, Pinien und Sträucher wechseln sich am Straßenrand ab. Wir überqueren eine weitere Brücke über ein (meist ausgetrocknetes) Flussbett.

Etwa 15 Min. nach der Brücke erscheint in einer Linkskurve auf der rechten Seite das Kinderheim des Klosters. Hier wartet der erste Brunnen, an dem durstige Wanderer ihre Wasserflasche auffüllen können. Besonders sehenswürdig ist das Gebäude allerdings nicht. Es empfiehlt sich, die letzten Meter bis zum eigentlichen Kloster zurückzulegen. Geht man die Straße weiter bergab, erreicht man den Vorplatz des Klosters mit einem Brunnen und schattigen Bänken zum Ausruhen. Seit 1989 leben wieder Mönche in dem Kloster, nachdem es fast siebzig Jahre zuvor verlassen worden war.

Zurück geht es durch den Wald. Erkundigen Sie sich bei den Mönchen, ob Waldbrandgefahr besteht und sie besser den Rückweg über die asphaltierte Straße antreten. Falls Sie sich für die Route durch den Wald entscheiden, schlagen Sie vom Klostervorplatz aus die Schotterpiste ein, die rechts hoch in den Wald führt.

Nach etwa 100 m kommt die erste Weggabelung, wir gehen nach rechts. An der nächsten Weggabelung nehmen wir den Weg geradeaus (mit leichtem Schwenk nach rechts) und gehen bergauf. Nun geht es über einen unbefestigten, etwa 7 m breiten Schotterweg bergauf und bergab, vorbei an zahlreichen Pinien. Etwa eine halbe Stunde, nachdem wir das Kloster verlassen haben, erreichen wir eine Anhöhe. Von hier ist Láerma zu erkennen.

Es geht wieder bergab. Wir überqueren eine Kreuzung, es geht immer geradeaus. Etwa fünf Minuten später überqueren wir ein ausgetrocknetes Flussbett.

An der nächsten Weggabelung geht es dann links. Für kurze Zeit bietet sich ein ungewöhnlicher Anblick auf ein eingezäuntes Militärgelände. An der nächsten Gabelung schlagen wir den Weg nach rechts ein und lassen das Militärgelände links liegen. Mittlerweile hat die Zahl der Bäume abgenommen, wir befinden uns auf einem Feldweg. An der nächsten Weggabelung gehen wir nach links und damit wieder in den Wald hinein. Etwa 10 Min. nach dem Abzweig führt ein kleiner Weg nach links, aber wir halten uns weiter geradeaus. Kurz darauf ist am Horizont wieder Láerma zu erkennen. Wir gehen geradeaus auf den Ort zu. Durch einen Olivenhain hindurch wandern wir bergauf. Wenn der Weg eine scharfe Rechtskurve macht, führt in der Kurve ein Weg nach links – diesen Weg schlagen wir ein und gehen bergauf. Der Pfad schlängelt sich den Berg nach oben, bis er auf die Asphaltstraße stößt. Wenn wir sie erreicht haben und uns nach rechts wenden, sind wir wieder im Ortskern angekommen.

Was haben Sie entdeckt?

Haben Sie eine freundliche Taverne weitab vom Trubel gefunden, ein nettes Hotel mit Atmosphäre, einen schönen Wanderweg auf Rhódos?

Wenn Sie Ergänzungen, Verbesserungen oder neue Tipps zum Buch haben, lassen Sie es uns bitte wissen!

Dr. Hans-Peter Siebenhaar
Stichwort „Rhodos“
c/o Michael Müller Verlag
Gerberei 19, 91054 Erlangen
E-Mail: hp.siebenhaar@michael-mueller-verlag.de

Der Isthmus von Prasonísi

Der Süden

Kontrastprogramm zum dicht bevölkerten Inselnorden: Nur wenige Touristen verirren sich in den oftmals menschenleeren Süden von Rhódos. Wer hier seine Zelte aufschlägt, vergisst leicht, dass Rhódos eines der meistbesuchten Urlaubsziele Griechenlands ist. Der Inselsüden ist noch immer ein Ziel für Individualisten.

Die Straßenverhältnisse im Süden sind recht gut, die Küstenstraße ist mittlerweile komplett asphaltiert und auch abgelegenere Ziele wie beispielsweise das *Kloster Skiádi* lassen sich über gut befahrbare Schotterpisten bequem erreichen. Ein eigenes Fahrzeug (am besten ein Auto) ist für einen Aufenthalt in Süden von Rhódos allerdings unbedingt notwendig, die Busverbindungen hierher sind bescheiden und interessante Ziele wie z. B. das *Kap Prasonísi* lassen sich mit öffentlichen Verkehrsmitteln überhaupt nicht erreichen. Übernachtungsmöglichkeiten sind aber selbst in diesem abgelegenen Teil von Rhódos ausreichend vorhanden, meist einfache Hotels oder Privatquartiere.

Asklipio

Abseits der Küstenstraßen, inmitten einer gottverlassenen Hügellandschaft, wirkt das kubische Häuserkonglomerat wie eine Fata Morgana: ein Wirrwarr von Gassen und Häusern. Am Nachmittag herrscht in dem 350-Seelen-Weiler Totenstille. Selbst im Kafenion neben der Schule verstummt das Gespräch der wenigen Gäste. Asklipio, am Rand eines meist ausgetrockneten Flussbettes gelegen, ist vom rhodischen Tourismus (fast) vergessen worden.

Die 500 Jahre alte Johanniterburg oberhalb des Dorfes wurde einst während der italienischen Besatzungszeit (1912-43) restauriert. Der 20-minütige Spaziergang zur Festung lohnt in jedem Fall: Von hier oben hat man eine herrliche Aussicht auf die

Küste und die südrhodische Hügellandschaft sowie auf das Dorf selbst. Mittlerweile führt auch eine steile Betonpiste zur Ruine hinauf (Hinweis im Dorf).

Namenspatron Asklepios

Nein, noch immer wurde kein Heiligtum des Asklepios in der Umgebung des Dorfes entdeckt. Vielleicht ruhen die Reste noch unter dem Schutt vergangener Epochen. Der Sohn des Apollon und Gott der Heilkunde wurde überall in Griechenland seit dem 5. Jh. v. Chr. verehrt. Die berühmtesten Heiligtümer sind Kos und Epidaurus (Peloponnes). Wenn auch die Tempel längst in Trümmern liegen, so ist doch sein Schlangenstab bis heute das Emblem der Heilkunde.

Die meisten Besucher kommen wegen der am Ortseingang gelegenen *Kirche Mariä Entschlafung* (*Kimesis tou Theotókou*), die vermutlich aus dem 11. Jh. stammt. Damit gehört sie zu den ältesten der Insel überhaupt – eine griechische Kirche wie aus dem Bilderbuch. Das Innere der Kuppelkirche, deren Grundriss einem christlichen Kreuz ähnelt, ist übersät mit Fresken aus dem 17. Jh (siehe S. 170). Ein Eldorado für Fans griechischer Wandmalereien. Es werden Darstellungen aus der Offenbarung des Johannes (Apokalypse) gezeigt, wie sie sonst nur selten auf dem Dodekanes zu sehen sind. Den Altarraum, der die Muttergottes mit Christus zeigt, ziert eine prächtig geschnitzte Ikonostase. Nebenan wurde in einem Priestergebäude aus dem 19. Jh. ein kleines, sehr sehenswertes Museum eingerichtet, das aus zwei Räumen besteht. Hier sind vor allem Ikonen, kirchliche Gegenstände und Bücher, teilweise noch aus venezianischer Zeit aus dem 17. Jh., zu sehen. Der Eintritt kostet 1 €.

Stilles Dorf: Asklipio

Kirche Mariä Entschlafung: der Freskenzyklus

Die Kirche wurde im 17. Jh. mit Fresken ausgemalt, die dann Anfang des 20. Jh. restauriert wurden. Die Renovierung ist jedoch nicht immer gut geglückt. Die schönsten Fresken:

Altarraum: Thronende Muttergottes mit Christuskind, flankiert von zwei Engeln, darunter die Apostelkommunion. In der Wölbung des Altarraums ist die Himmelfahrt zu sehen. An der Nordwand die Opferung Isaaks und der Diakon Stefanos. An der Südwand das Gastmahls Abrahams und der Diakon Laurentius.

Kuppel: In der Kuppel ist Christus Pantokrator, umgeben von Engeln dargestellt.

Nördlicher Kreuzarm, östliches Gewölbe: Der Scheitel des Gewölbes ist mit zwei Reihen von Medaillons mit Propheten ausgestattet. Der Rest des Gewölbes zeigt das Leben Christi, insbesondere Szenen, die mit Heilungen verbunden sind, z. B. Christus heilt einen Kranken, der mit seinem Bett auf dem Rücken davongeht, oder die Heilung des Aussätzigen. An der Ostwand des Nordraums findet sich eine überlebensgroße Darstellung des Erzengels Michael.

Südlicher Kreuzarm: Im Gewölbe und an den Seitenwänden gibt es die für Rhódos seltenen Darstellungen der Apokalypse. Es wird mit einer farbigen Bildersprache die betende, kämpfende Kirche gezeigt. Zu erkennen sind beispielsweise die sieben apokalyptischen Reiter und der als Tier aufsteigende Antichrist. Gemeint ist der römische Kaiser und Christenverfolger Nero. Im Scheitel des Gewölbes ist Christus vor den geflügelten Symbolen der Evangelisten zu sehen.

Südwand: Im Giebel ist der Marientod dargestellt. Darunter links neben dem Fenster Gregorius, Basilios und Christosomos sowie rechts die 40 Märtyrer.

Westlicher Kreuzarm: Die Fresken können wie ein Bilderbuch gelesen werden. In der südlichen Wölbung in der oberen Reihe von links (an der Kuppel beginnend), Erschaffung der Welt, Erschaffung des guten und bösen Engels, Erschaffung von Erde und Wasser, Erschaffung von Sonne und Mond, Erschaffung Adams und der Tiere, Erschaffung Evas, Gott übergibt die Welt den Menschen, Schlange und Eva, Essen der Frucht vom Baum der Erkenntnis, Gott erscheint Adam und Eva. In der oberen Reihe des nördlichen Gewölbes (an der Eingangshalle beginnend) wird die Geschichte fortgesetzt. Darstellung des Paradieses, Vertreibung aus dem Paradies, Adam und Eva beginnen sich zu bekleiden, Beginn der Arbeit, Geburt von Kain, Kain arbeitet auf dem Acker, hütet die Herden, Opfer von Kain und Abel, Kain tötet Abel, Kain wird von Gott gezeichnet, Gott reicht Abel die Hand. In den mittleren Reihen beider Gewölbehälften sind Szenen aus dem Leben Christi zu sehen wie zum Beispiel Geburt, Tempelgang, Taufe im Jordan, Verklärung, Erweckung des Lazarus, Einzug in Jerusalem, Abendmahl und dann im nördlichen Teil der Gewölbehälfte Judasverrat, Christus vor den Hohenpriestern, Verleumdung von Petrus, Christus vor Pilatus, Verspottung Christi, Geißelung, Judas bringt die Silberlinge zurück, Simon von Cyrene trägt das Kreuz. Im unteren Teil der nördlichen Gewölbehälfte gibt es verschiedene Heiligenszenen aus dem Alten Testament wie z. B. aus dem Leben des Propheten Daniel den Kniefall vor einem Engel, Daniels Traumdeutung oder Daniel in der Löwengrube.

• *Telefonvorwahl* 22440

• *Öffnungszeiten* Kirche und Museum sind Mo–Sa von 9–18 Uhr geöffnet, So bis 16 Uhr, Eintritt 1 €. Für Kirchenliebhaber: Es gibt einen Postkartenverkauf.

• *Übernachten/Essen* Gegenüber der Kirche befindet sich die **Taverne Agapitos**. Hier treffen sich die Einheimischen. Von der Terrasse bietet sich ein schöner Blick auf den Berg Attáviros. Es werden auch einige einfache Zimmer vermietet. ✆ 41255.

▶ **Baden**: 4 km sind es von Asklepios zur Küste von Kiotári. Parallel zur Ostküstenstraße führt ein Weg viele Kilometer die Küste entlang, die sowohl sandige als auch kiesige Strandabschnitte besitzt. Wer Abgeschiedenheit sucht, findet sie hier.

Kiotári

Lange Zeit war die Ostküste im Inselsüden vergessen. Das hat sich in den neunziger Jahren geändert. Rund um den Weiler Kiotári entstanden eine Handvoll Hotels. Dazu zählen beispielsweise die beiden 4-Sterne-Hotels Rodos Princess und Rhódos Village mit jeweils über 600 Betten. Bei den im Stil eines Resorts errichteten Hotelbauten wurden die Bausünden wie beispielsweise in Faliráki vermieden. Die Hotelanlagen passen sich der Landschaft ganz gut an. Vor allem die langen Sand-Kiesstrände machten Kiotári zu einem begehrten Ferienort auch für Individualtouristen.

• *Übernachten* **Paraktio Beach Appartements,** ganz in der Nähe der beiden Luxus-Hotels Rodos Beach und Rodos Maris, liegt die neue, geschmackvoll eingerichtete Appartement-Anlage der Familie Sofos. Unter der Leitung des sprachversierten Filippos (Englisch und ein wenig Deutsch) offeriert die Pension 6 Ferienwohnungen (mit Klimaanlage, Kühlschrank, Herd und Geschirr) teilweise mit großen Terrassen und Balkonen zum Strand, die Preise schwanken zwischen 50 bis 80 € je nach Größe, max. können 4 Pers. in einem Studio übernachten. „Die Appartments in der ersten Etage haben eine Empore, die als Schlafzimmer mit Doppelbett ausgestattet ist, was wir sehr romantisch fanden", berichten Nicole und Georg Schmidt-Brücken aus Dortmund. Die kleine Anlage – Paraktio heißt auf Deutsch *am Strand* – ist sehr gepflegt, auf Wunsch wird das Frühstück auf der hauseigenen Terrasse (überdacht und vom Wind geschützt) serviert. Auch einheimische Speisen werden auf Bestellung von der Familie zubereitet. Der Strand befindet sich unmittelbar unter der Anlage. Geöffnet von April–Okt. ✆ 22440/47278 oder 47350, ℻ 22440/47278, paraktio@mail.gr, www.paraktio.com.

Gennádio

Gennádio ist ein bei vielen Rhódos-Kennern beliebtes Bauerndorf, das sich seinen eigenen Charakter erhalten konnte. In den letzten Jahren gewann der Ort durch die Ferienanlagen an der Küste zusätzliche Bedeutung. Dennoch geht es in dem weitläufigen Dorf eher gemächlich zu. Gennádio ist ein ideales Ausgangsquartier, um den noch immer einsamen Süden von Rhódos kennenzulernen.

Der gemütliche Ort mit seinen 300 Einwohnern liegt 1 km vom Meer – ein paar Tavernen, ein paar Gassen und eine Platia. In den letzten Jahren bemühte sich das Dorf um den Fremdenverkehr. Mittlerweile mit einigem Erfolg, trotzdem hält sich die Besucherzahl noch in Grenzen. Am Dorfrand entstanden ein paar Hotels und die beiden Tavernen am Strand vermieten jetzt auch Liegestühle und Sonnenschirme für anspruchsvollere Badegäste. In Gennádio sollten Sie sich zumindest ein Zweirad leihen, da die Busverbindungen Richtung Süden sehr schlecht sind und der Ort doch ziemlich verlassen auf weiter Flur liegt, sodass auch hart gesottene Fußgänger nicht allzu weit kommen.

• *Telefonvorwahl* 22440

• *Verbindungen* 9-mal tägl. mit dem **Bus** nach Rhódos-Stadt (über Lárdos und Líndos, 5 €), 1-mal tägl. nach Láerma und Apolakkía.

• *Übernachten* Hotel Gennadi Beach, die blau-weiß getünchte Appartement-Anlage von Emmanouel Dimitriou liegt unmittelbar am Dorfstrand, gegenüber der Taverne Antonis, zweckmäßige Zimmer, DZ 35 €, ab dem zweiten Tag 30 €. ✆ 43641, ℻ 43142.

Hotel Evangelos, eine Brücke führt zum Eingang des terrassenartig am Hang gebauten Hotels am Ortsrand. Von den gepflegten Zimmern (mit Bad/Balkon) netter Blick aufs Meer in nördlicher Richtung. Freundliche Besitzer, persönliche Atmosphäre, mit Dachterrasse. DZ mit Frühstück ab 45 €. Von April bis Oktober geöffnet. Am nördlichen Ortsrand (nördliche Einfallstraße nehmen) gelegen. ✆ 43329, ℻ 43083.

Betty Studios-Appartements, 50 m von der Platia neben der Apotheke. Blitzsaubere Studios mit Küche, Bad und Balkon, ruhige Lage mitten im Ortszentrum. Bei Maria Skandalidis kostet ein 2er-Appartement 30-40 €, das Preis-Leistungs-Verhältnis stimmt! Von April bis Ende Oktober geöffnet, ✆/℻ 43020, im Winter 22410/64154 (Lesertipps von Carsten Rückert aus Seevetal-Hörsten und von Dorothea Schneider aus Auenwald).

• *Essen/Trinken* **Taverne Klimis**, beliebte Taverne am Beach mit preiswertem Fisch. Vergleichsweise günstig der Hummer (Kilopreis rund 45 €).

Taverne Antonis, gegenüber vom Klimis, das Lokal liegt auf der rechten Seite des Dorfstrandes. Frisches und preiswertes, bodenständiges Essen. Frischer Fisch kostet rund 12 €. Sehr leckerer Melitzanasalat. Bei windigem Wetter kann man auch drinnen sitzen.

• *Zweiradverleih* **Dimitris' Rent a Motorbike**, 50 m von der Platia an der Straße zum Strand auf der linken Seite. Fahrrad 6 €, Scooter ab 11 € am Tag, es werden auch einige Enduros vermietet. Besitzer Dimitris Manias ist freundlich und hilfsbereit, ✆ 43064 oder 43606 oder 697-7665745 (mobil).

Vati

In den Weiler mit seinen weißen, kubischen Häusern, 7 Kilometer nordwestlich von Gennádio, verirrt sich kaum ein Besucher, denn die asphaltierte Straße von Gennádio nach Apolakkía führt an dem Dörfchen mit seinen engen Gassen vorbei. Vati liegt in einer hügeligen Landschaften mit zahlreichen Olivenhainen. Am nördlichen Ortsrand finden sich auf einem umzäunten Gelände Reste einer frühchristlichen Kirche. Eine Pause in Vati lohnt sich nicht nur wegen des malerischen Ortsbildes, sondern auch wegen der Dorftaverne Plátanos.

Essen **Taverne Plátanos**, „Deutsch sprechen, griechisch essen" heißt der Leitspruch dieser großen, gepflegten Taverne, die vom deutsch-griechischen Ehepaar Savas und Inge (aus der Pfalz) betrieben wird. Leckeres Essen. Do. geschlossen.

Lachaniá

Lachaniá – das Künstlerdorf im Süden. Abseits des Rummels wurde der Weiler in den letzten Jahren zum Sommerziel für Intellektuelle aus ganz Europa. Ruhe und nochmals Ruhe bietet das kleine, von kaum mehr als hundert Menschen bewohnte Dörflein in 3 km Entfernung von der Küste.

Auf den ersten Blick erscheint der Weiler eher langweilig, doch wer unterhalb der Dorfstraße durch die paar Gassen mit teilweise noch typischen Einraumhäusern schlendert, ändert bestimmt seine Meinung. Hier bekommt man einen Eindruck, wie Rhódos ausgesehen hat, bevor der Massentourismus einsetzte.

Vor einigen Jahren haben sich hier Maler, Bildhauer, Theaterleute und andere Künstler verfallene Häuser gekauft und renoviert, sodass zumindest in den Sommermonaten neues Leben Einzug hält. Mittlerweile gibt es auch einige Privatzimmer zu mieten, man sollte für die Hochsaison jedoch unbedingt reservieren.

An der Kirche trifft sich Lachaniá

Der schönste Platz liegt zweifellos bei der Kirche am unteren Dorfende, wahrscheinlich die romantischste Dorfplatia von ganz Rhódos. In der Taverne Plátanos sitzt man unter dem riesigen, gleichnamigen Baum und blickt auf das ocker-bordeauxrot gestrichene Gotteshaus mit seinem kunstvollen Barock-Glockenturm. Mit kühlem Brunnenwasser lässt sich die leere Wasserflasche wieder auffüllen. Einfach dasitzen und relaxen.

Die Kirche Agía Iríni entstand 1760 und besitzt an der Südseite an der Außenwand eine Taufbecken, das noch aus frühchristlicher Zeit stammt.

Ostern – das Fest aller Feste

An Ostern kehrt ganz Rhódos heim. Die vielen Fähren, die in Piräus ablegen, sind bereits Wochen vorher ausgebucht. Wer jetzt noch nach einem Flugticket fragt, erntet bei Olympic Airways nur bedauerndes Kopfschütteln. An Ostern trifft sich die Familie, das Dorf, die ganze Insel. Die im Winter halb verlassenen Dörfer im Süden von Rhódos erwachen zu neuem Leben. Selbst die Familienmitglieder aus Übersee scheuen die Kosten der weiten Reise nicht. Bereits lange vor den Festtagen explodieren allerorts lautstark die Silvesterkracher, die eher mit kleinen Bomben vergleichbar sind als mit Feuerwerkskörpern. Selbst die Natur zeigt sich mit blühenden Zitronenbäumen, mit virtuosen Farbtupfern auf den noch nicht von der Sommerhitze verbrannten Wiesen von ihrer besten Seite.

Das griechisch-orthodoxe Osterfest beginnt am Gründonnerstag, doch dem geht eine über vierzigtägige Fastenzeit voran. Das heißt vor allem kein Fleisch, kein Vergnügen und keine Liebe. Doch daran halten sich heute nur noch die strenggläubigen Alten in den Dörfern abseits von Rhódos-Stadt. An Karfreitag findet eine Prozession durchs Dorf statt, die vom Popen *(Papás)* angeführt wird. Höhepunkt der Osterwoche ist freilich die Auferstehungsfeier am Samstagabend. Auch der allerletzte Stehplatz in der Dorfkirche ist vergeben, Menschentrauben bilden sich an den Eingängen. Stundenlang trägt der Pope – verborgen hinter der Ikonostase – seine Gebete vor. In der Kirche herrscht keineswegs die sterile Andacht mitteleuropäischer Osterfeiern, es wird vielmehr miteinander gesprochen, man begrüßt sich und es herrscht ein ständiges Kommen und Gehen. Nicht zuletzt ist die Feier eine willkommene Informationsbörse, bei der reichlich Neuigkeiten ausgetauscht werden.

Alle warten auf einen Moment. Kurz vor Mitternacht ist es dann endlich soweit: Der Pope zeigt sich seiner erwartungsvollen Gemeinde und verkündet feierlich: „Christos anésti" – *Christus ist auferstanden.* Man umarmt und küsst sich und macht sich schließlich zusammen mit der Familie und Freunden auf den Heimweg. Denn zu Hause wartet nicht nur die traditionelle Ostersuppe, auch andere kulinarische Leckereien sind vorbereitet. Bis zum Morgengrauen wird dann gefeiert, getrunken, gelacht. Der freudige Gruß in dieser Nacht heißt „Christos anésti" und man antwortet „Lithos anésti" – *Er ist wirklich auferstanden.*

Das griechisch-orthodoxe Osterfest liegt einige Wochen später als bei uns. Als Fremder ist man beim Osterfest willkommen wie bei keiner anderen Feierlichkeit im Dorf – selbst in Küstendörfern, wo der Tourismus die Traditionen häufig schon zurückgedrängt hat.

• *Telefonvorwahl* 22440

• *Essen/Übernachten* **Hotel Lahania**, stufenförmiges, zweistöckiges 1-Sterne-Hotel am Ortsrand, Richtung Küste, das 1993 eröffnet wurde. Von der Marmortreppe sollte man sich nicht täuschen lassen, innen geht es eher funktional zu. Ioannis Sawakis vermietet einfache, preiswerte Zimmer, ✆ 461921 oder 694-6912565 (mobil).

Essen beim Popen – Chrissi Taverna

Der Dorfpope Chrissi Papageorgiou vermietet zwei Appartements für 2–3 Personen zu je 25 € sowie ein altes Bauernhaus am Ortsrand für 6 Personen (50 €). In der Hochsaison sollte man unbedingt reservieren. In der Taverne kann man übrigens auch vorzüglich essen (z. B. Chicken-Souvlaki), der Dorfpope greift bisweilen höchstpersönlich zum Kochlöffel. Vertrauen Sie seinen Künsten am Herd und lassen Sie sich überraschen, wenn es einmal keine Speisekarte geben sollte. Urig-griechische Atmosphäre, ausgesprochen herzliche Leute. An der Dorfstraße Richtung Mesanagrós, ✆ 46033 oder 46032, ✆ 22410/77475.

Plimíri

Die Bay von Plimíri im Süden von Rhódos ist auf einer Asphaltstraße erreichbar. 8 km vor Kattaviá, beim Dorf Chóchlakas, führt von der Ostküstenstraße ein geteerter Weg zu dem Weiler. Nach 2 km erscheint der Sand-Kies-Strand inmitten einer hügeligen Küstenlandschaft.

Die weite Bucht, die im Süden mit dem **Kap Víglas** abschließt, lohnt sich für einen Badeausflug (Dusche/WC vorhanden). Allerdings wird am Sand-Kies-Strand bisweilen mancher Unrat angeschwemmt und eine lange Betonmole stört den Gesamteindruck. Gegenüber der einfachen Taverne (offiziell „Restaurant Plimíri") liegen meistens ein paar Fischerboote vor Anker. Übrigens, die Strandtaverne serviert leckere Tintenfische.

Einen Blick wert ist die **Kirche** aus der ersten Hälfte des 19. Jh., die zu einem heute verlassenen Kloster gehörte. Beachten Sie die doppelte Vorhalle mit wieder verwendeten Baumaterialien der frühchristlichen Basilika, die hier im 5. oder 6. Jh. stand. Der **Eingang zur Kirche** befindet sich neben der Taverne. Nach Plimíri fährt kein Bus direkt. Man bittet den Fahrer, bei der Abzweigung an der Ostküstenstraße zu halten und muss die letzten 2 km zu Fuß gehen.

Zwischen Gennádio und der Plimíri-Bucht stößt man auf weitere menschenleere **Kiesstrände**, die zwar nicht immer sehr einladend, dafür aber so gut wie nie besucht sind.

Kattaviá

In einer baumlosen, steppenartigen Landschaft liegt das südlichste Dorf der Insel. Kattaviá, immer noch auf der Schattenseite des Rhódos-Tourismus, ist ein Dorf zum Faulenzen. Nur wenige Besucher bleiben über Nacht. Für die meisten ist Kattaviá nur ein Zwischenstopp zum Bade- und Surferparadies Prasonísi.

Rund um die höchst idyllische Platia im Dorfzentrum reihen sich die Stühle der Cafés und Tavernen. Selbst in der Hochsaison herrscht hier keine Hektik. Der Bau einer breiten Straße zum südlichsten Kap der Insel brachte einen gewissen Aufschwung des Fremdenverkehrs. In den letzten Jahren entstanden auch ein paar Häuser mit Zimmervermietung. Doch noch immer dominiert die Landwirtschaft.

Bis vor einem Jahrzehnt schien Kattaviá durch den Wegzug vieler Familien zum Sterben verurteilt. Verlassene Häuser sind steinerne Zeugen dieser Landflucht. Doch diese Zeiten scheinen dank des Fremdenverkehrs vorbei zu sein.

Einst war Kattaviá eine Art Kornkammer der Insel. In den alten Windmühlen am Dorfrand wurde das Getreide gemahlen. Vor allem die Italiener bemühten sich, die landwirtschaftliche Produktion zu modernisieren. Viele ältere Bewohner Kattaviás sprechen übrigens noch hervorragend Italienisch, das sie während der Besatzung durch die Italiener in der nahe gelegenen Schule von *Ágios Pávlos* gelernt haben.

Botanisches Inselglück für Orchideen-Jäger

Im Frühjahr 1988 wurde Adolf Riechelmann für seine Ausdauer auf einer europaweiten Pirsch nach unbekannten Orchideen belohnt. In der Nähe von Kattaviá entdeckte der Realschullehrer aus dem fränkischen Forchheim zusammen mit seinem Begleiter Dr. M. Schöbinger eine zierliche Ophrys-Pflanze (Regenwurz), die sich deutlich von verwandten Arten unterschied. Die beiden kamen bei ihrer Analyse zu der Auffassung, dass ihnen das höchste Orchideen-Jagdglück zuteil geworden sei. Denn die entdeckte Pflanze „ist eine Kreuzung (Hybride) zwischen der großblütigen Unterart der Hummel-Ragwurz und der gehörnten Unterart der Bremsen-Ragwurz“, so die Hobby-Forscher. Der Erstfinder hat das Recht, der entdeckten Pflanze einen Namen zu geben. Da Adolf Riechelmann und sein Kollege die Orchidee in der Nähe von Kattaviá gefunden hatte, entschieden sie sich für „Ophrys xkattaviensis“. Das x zwischen den Namensteilen verwenden die Biologen als Kennzeichen für eine Kreuzung. Außerdem wird der Finder benannt, indem sein Name auf den der Pflanze folgt. Also heißt die entdeckte Hybride vollständig: „Ophrys xkattaviensis A. Riechelmann und M. Schöbinger“. Die erste von dem Forscherduo aufgespürte neue Orchidee bei Kattaviá bleibt der Nachwelt erhalten. Die botanische Staatssammlung in München bewahrt sie auf. Weltweit gibt es übrigens rund 20.000 Arten, doch in Europa sind es lediglich 280.

- *Telefonvorwahl* 22440
- *Verbindungen* Von Kattaviá führt eine mittlerweile gut ausgebaute, wenig befahrene **Straße** die Westküste entlang und weiter Richtung Rhódos-Stadt. Die Straße zieht sich durch eine menschenleere Dünenlandschaft. Das **Inselchen Chtenia** liegt wie ein versteinertes, überdimensionales U-Boot vor der Küste. Unterschätzen Sie die Distanzen nicht: Von Kattaviá bis Apolakkía sind es 16 km (Taxis müssen aus Líndos bestellt werden). Die Busverbindung nach Kattaviá ist schlecht. Nur an drei Tagen in der Woche fahren Busse von Rhódos-Stadt in das Bauerndorf, Fahrpreis 6,40 €.
- *Tanken* Die Tankstelle befindet sich am östlichen Ortsrand.
- *Übernachten* **Appartements Prasonísi-Club**, beliebte Unterkunft bei Surfern, am nördlichen Dorfrand entstand das zweistöckige, hübsche Haus mit sauberen Zimmern. Es werden Appartements mit großem Balkon und Kochnische angeboten. Die Pension verfügt auch über eine kleine Bar. Eukalyptusbäume spenden Schatten. DZ ca. 25 €, Frühstück kostet 5 € extra pro Person. Im Hochsommer ist eine telefonische Reservierung empfehlenswert, ✆ 91231.
- *Essen/Trinken* **Restaurant Kattaviá**, in der preiswerten Taverne kochen Makis und seine Frau Stelle vorzügliches griechisches Essen: reichlich gewürztes Fleisch mit landestypischen Beilagen. Manchmal gibt es frischen Fisch, den Makis schmackhaft zubereitet. 100 m vom Zentrum an der Straße nach Prasonísi gelegen.

Gute Landküche serviert auch die **Taverne Penelope** im Ortszentrum. Menüs gibt es bereits ab 10 €, auch zum Frühstücken geeignet.

Sehenswertes

Friedhofskirche Mariä Entschlafung: Die Kirche stammt aus dem 14. Jh. und liegt am südlichen Dorfrand. Sehenswert sind die Fresken aus dem 16. bis 19. Jh. Im Zentrum des Kirchleins: die Kuppel mit Christus Pantokrator, umgeben von Engeln und Propheten. Den Schlüssel für das Gotteshaus bekommt man vom Dorfpopen, der in einem Haus bei der Hauptkirche im Dorfzentrum wohnt.

Italienisches Mustergut Ágios Pávlos: Einst träumten die Italiener davon, die Gegend zu kolonisieren. Noch im Zweiten Weltkrieg gab es einen bescheidenen Flughafen. 2 km östlich (Straße Richtung Lachaniá) liegt die Kirche von Ágios Pávlos mit ihrem weithin sichtbaren Campanile. Heute ist das einstige Mustergut verfallen. Das Gotteshaus mit seiner himmelblauen Decke ist leer geräumt und in dem Nebengebäude haben sich Ziegen und Schafe einquartiert. Das Gelände ist mittlerweile umzäunt und u. a. auch wegen Einsturzgefahr nicht mehr zu besichtigen. Trotzdem lohnt sich der Anblick!

Einen Kilometer weiter steht ein weiterer verfallener Gutshof im italienischen Stil, von dem nur noch die Fassaden erhalten sind. Der einzige Bewohner, dem wir in dem strohbedeckten Innenhof begegnet sind, war ein schwarzes Schwein.

Surfer am Strand von Prasonísi

Prasonísi

Prasonísi heißt so viel wie „grüne Insel". Es ist der südlichste Punkt von Rhódos. Durch eine feinsandige Landenge, an ihrer engsten Stelle rund 200 m breit, ist das Kap mit dem Festland verbunden. Hier befindet sich einer der schönsten Strände der Insel. In den letzten Jahren hat das früher nur schlecht erreichbare Prasonísi einen unerwarteten Boom erlebt. Die meist steife Brise, die an der Landenge weht, machte Prasonísi zu einem der beliebtesten Surfertreffs in der Ostägäis.

Seitdem die asphaltierte Straße von Kattaviá (8 km, beschildert) fertig gestellt ist, kann der Besucher ganz bequem zu dem weitläufigen Strand gelangen. Das Kap ist fest in der Hand der Surfer. Inzwischen gibt es hier mehrere Tavernen wie das „Oasis" oder das „Lighthouse", ein paar Hotels und Surfschulen. Die Zimmer und Appartements sind jedoch den Surfschülern vorbehalten und nur über das Ausland buchbar.

Zum Baden ist Prasonísi nur bedingt geeignet. Auf den ersten Blick sieht der Isthmus wie ein Traumstrand aus. Der meist böige Wind sorgt dafür, dass die feinen Sandkörner wie kleine Nadeln die Haut bearbeiten. Die meisten Besucher geben nach einer Weile auf. Wenn es freilich windstill sein sollte, sind die Badefreuden natürlich ungetrübt.

Der feine Sandstrand von Prasonísi ist beliebt – doch oft weht ein starker Wind

Der Strand wird regelmäßig gesäubert. Dennoch kann es vorkommen, dass durch die starke Strömung Schmutz angeschwemmt wird.

Der Isthmus selbst hat von seiner Faszination allerdings wenig eingebüßt. Wenn die Wellen besonders hoch schlagen, ist die zungenartige Sandbrücke hinüber zum Kap hüfthoch überspült. Doch im Hochsommer kommt das selten vor. Die starken Nordwestwinde, die durch den Isthmus blasen, machen Prasonísi zu einem anspruchsvollen Surfrevier. Während in der nördlichen Bucht waghalsige Wellenritte möglich sind, kräuselt sich in der südlichen Bucht gegenüber kaum das Wasser.

Die Todesfalle

Vom Isthmus aus sind es noch 2 km zum Kap mit seinem alten Leuchtturm. Der kurze Weg über die Landzunge ist jedoch nicht ungefährlich. Vor allem im Frühjahr und Herbst kann der Isthmus leicht überflutet werden.

Achtung: Man sollte nur bei maximal knöcheltiefem Wasser über den Isthmus wandern und nie alleine gehen. Wenn die Wellen hochschlagen, kann die Überschreitung des Isthmus lebensgefährlich werden! Es kam zu tragischen Todesfällen! Wir haben selbst einen schrecklichen Unfall erlebt.

• *Essen/Übernachten* Die Badegäste werden von drei konkurrierenden Tavernen versorgt. Originell: In einer der Tavernen gibt es ein selbst gebasteltes Windrad. Hier wird übrigens täglich frischer Fisch serviert. Es gibt verschiedene Zimmervermietungen.

Pension Lighthouse: Eine der beliebtesten Unterkünfte in Prasonísi ist das Lighthouse am Strand. Hier fühlen sich vor allem Windsurfer wohl. Es gibt das 1997 errichtete Stammhaus mit einem Sandsteinportal unmittelbar am Sandstrand. Die Pension bietet saubere Zimmer und eine durchaus geschmackvolle Einrichtung. Es lohnt sich Halbpension in Verbindung mit der gleichnamigen Taverne nebenan. Schräg gegenüber gibt es ein neueres Studiohotel. Die Appartements sind etwa 20 qm groß und verfügen über eine Kochnische, Balkon sowie Aircondition. DZ (inkl. Frühstück und Abendessen) 64–76 €, Appartment (ohne Frühstück und Abendessen) 54–62 €, ✆ 91030 oder 91071, www.lighthouse-hotel.com.

Taverne Oasis: Hier gibt es leckeren Fisch und delikate Vorspeisen. Die Taverne betreibt auch eine Zimmervermietung. Die Zimmer mit schönem Blick sind mit blauen Möbeln eingerichtet. ✆, ☏ 91031 oder 95708, andranna@otonet.gr, www.oasis-windsurfinghotel.com.

Surferparadies Prasonísi: wie im Staubsauger

Der Meltémi macht's möglich: Die steife Brise an der Südspitze von Rhódos bietet Surfern ideale Voraussetzungen. In der Regel bläst der Meltémi aus nordwestlicher Richtung. Die sandige Landbrücke zwischen der vorgelagerten Insel und dem Festland verengt den Wind und wirkt wie ein Staubsauger. Durch die Komprimierung der Luftmassen gibt es hier ein bis zwei Windstärken mehr als sonst auf der Insel.

Der Meltémi beginnt in Prasonísi am Morgen relativ sanft und beschleunigt sich Stück für Stück bis zum Nachmittag. Noch einen anderen Vorteil hat die Südspitze für Surfer: Das Meer fällt ganz langsam ab. Es gibt einen rund 20 Meter breiten Streifen entlang der Sandbank. Hier kann man gefahrlos stehen oder eine Pause einlegen. Doch Achtung: Verlässt man die Brandungszone, gibt es meterhohe Wellen. An den von den Surfern genannten *big days* gibt es Brecher mit einer Höhe von über drei Metern. Dann wird das Mittelmeer für ungeübte Windsurfer lebensgefährlich!

Mittlerweile gibt es eine exzellente Infrastruktur für die Freunde dieser nautischen Sportart. Die Surfschule Pro Center von Christof Kirschner vermietet zwischen Mai und Oktober moderne Surfbretter und gibt Kurse. Für eine Privatstunde sollte man mit 35 € rechnen. Es gibt sogar ein leistungsstarkes Motorboot, das bei Problemen schnell für Hilfe sorgt.

Das Pro Center ist im Winter unter ✆ 0043-316-318606 und im Sommer in Prasonísi unter 91045 erreichbar. Siehe auch im Internet: www.Prasonisi.com, procenter.prasonisi@EUnet.at.

Wanderung zum Kap von Prasonísi

Anfahrt: Prasonísi liegt am südlichsten Punkt von Rhódos. Da der Inselsüden touristisch kaum erschlossen ist und somit auch keine Busse in diesen Teil der Insel fahren, muss man sich ein Auto oder Moped leihen oder nach einer Mitfahrgelegenheit Ausschau halten. Die Entfernung von Rhódos-Stadt bis nach Prasonísi beträgt ca. 100 km und kann bei einer Fahrt mit dem Auto bis zu 2 Std. dauern. Vor allem in der Hochsaison herrscht zwischen Rhódos-Stadt und Líndos reger Verkehr.

Dauer und Strecke: Man läuft ungefähr 45 Min. Es sind gute Pfade bis zum Leuchtturm vorhanden.

Verpflegung: Keine besondere Verpflegung notwendig, da am Strand genügend Tavernen und ein Supermarkt vorhanden sind.

Ausrüstung: Keine besondere Ausrüstung notwendig.

Die Wanderung zum Leuchtturm von Prasonísi ist sehr einfach. Man kann die Tour mit einem Strandbesuch verbinden. Man sollte allerdings aufpassen, dass die Landzunge, mit der das hügelige Fast-Eiland verbunden ist, nicht vom Meer überspült worden ist. Sollte der Isthmus überschwemmt sein, verzichtet man lieber auf den Ausflug. Am besten fragt man in einer der Tavernen nach, wie der Wind in den letzten Tagen war und ob der Wasserpegel steigt.

Route: Man kommt von dem in den letzten Jahren entstandenen Sommerort Prasonísi über die Landzunge in Richtung Süden auf die Insel zu, die wie ein riesiger Berg wirkt. Der Pfad zum Leuchtturm ist gar nicht zu verfehlen. Hier trifft man noch auf relativ viele Spaziergänger. Der Weg führt bergauf. Oben angekommen, sieht man zur Linken die Ruine eines alten Klosters. Man kann hier links runter bis zu einer kleinen, südlich gelegenen Bucht gehen, die jedoch nicht zum Baden geeignet ist.

Wir aber folgen dem Weg, bis wir eine kleine Gabelung erreichen, an der wir uns rechts halten. Ab diesem Zeitpunkt sind wir ganz allein unterwegs. Die meisten Besucher machen hier kehrt. Schade, denn die Aussicht wird zunehmend spektakulärer. Es beginnt ein sehr einfacher Weg.

Rechts erkennt man schon von weitem den alten Leuchtturm der Insel. Wir laufen geradewegs auf ihn zu. Von hier aus hat man einen fabelhaften Blick auf das weite Meer.

Bei unserem Besuch war der Leuchtturm verschlossen. Jedoch boten zwei ausrangierte Sitze aus einem Bus die Gelegenheit zu verschnaufen und den herrlichen Blick, vor allem die Stille zu genießen.

Auf gleichem Wege geht es zurück. Dabei bietet es sich dann an, die Klosterruine zu besichtigen und den weiten Sandstrand von Prasonísi zu erkunden. Allerdings ist der Wind an diesem Küstenabschnitt sehr stark. Es gibt auch gefährliche Strömungen. Sonnen erweist sich als ziemlich anstrengend, da einem der Sand um den Körper peitscht. Die feinen Sandkörner sind dann wie feine Nadelstiche. Das Wasser ist zwar sauber, aber der Wind verdirbt einem den Spaß. Für Surfer ist dieser Strand allerdings ein Eldorado (siehe S. 179).

▸ **Antikes Vroúlia**: Hält man sich am Strand von Prasonísi (Generatorhäuschen) rechts, trifft man nach rund 1 km auf einen kleinen Fischerhafen. Dort liegt das antike Vroúlia aus dem 7. Jh. v. Chr., das vermutlich als Militärstützpunkt die Südspitze von Rhódos schützen sollte. Doch viel ist von der Siedlung (mittlerweile umzäunt) nicht mehr übrig geblieben. In der Bucht selbst (Tafel „Ancient Settlement“) wurden Teile eines *Fußbodenmosaiks* mit geometrischen Mustern in Rot, Weiß und Schwarz freigelegt. Es gehört zu einer vermutlich frühbyzantinischen Kirche. Steigt man auf den gegenüberliegenden Hügel im Westen, trifft man auf die spärlichen Reste des antiken Vroúlia. Ein paar Brocken dokumentieren den Standort der früheren Mauer, die hinauf zum Tempel führte. Mehr als Steinhaufen sind von ihr nicht geblieben. Nur für speziell Interessierte. Wer von den kümmerlichen Überbleibseln der Antike enttäuscht ist, wird mit einem tollen Blick auf Prasonísi entschädigt.

Das antike Vroúlia wird heute von Fischern als Hafen benutzt

Der Meltémi – ein Wind, der die Glocken läuten lässt

Zwischen Ende Mai und Ende Oktober kommt der Meltémi meist am späten Vormittag auf, steigert sich tagsüber bis zu Windstärke 5 oder 6 und flaut gegen Abend wieder ab. Im Juli und August erreicht er aber oft Windstärke 7 oder 8; dann weht er meist auch über Nacht und mehrere Tage lang. Bei dieser Sturmstärke legt er den Schiffsverkehr zwischen den Inseln des Dodekanes lahm – selbst die großen Fähren bleiben im Hafen. In der Regel kommt der Meltémi vom Norden. Charakteristisch ist die schwankende Windstärke, beispielsweise das rasche Abflauen nach Sonnenuntergang und das Wiederauffrischen bei Morgengrauen.
Die Griechen klassifizieren die Stärke des Meltémi nicht mit Zahlen, sondern mit Namen: Der „Karekládos“ wirft Stühle um, der „Trapezádos“ fegt Tische fort und der stärkste, der „Kabándos“, sei – so sagt man – stark genug, um die Glocken im Kirchturm läuten zu lassen.
Während man in der Antike *Aiolos*, den Sohn des *Poseidon* und Beherrscher der Winde, dafür verantwortlich machte, haben Meteorologen heute das Luftdruckgefälle zwischen dem westlichen und östlichen Mittelmeer als Ursache des Meltémi erkannt.

Kloster Skiádi

Von der Westküstenstraße mit ihrer dünenartigen Landschaft führt zwischen Kattaviá und Apolakkía (s. u.) eine asphaltierte Straße in die Berge (11 km nördlich von Kattaviá, bestens beschildert). Von fern sieht man das Inselchen *Chtenia*, das wie ein versteinertes Riesen-U-Boot aussieht. Nach 4 km Bergstrecke erreicht man das Kloster Skiádi. Nicht nur die wunderschöne Lage mit toller Aussicht, sondern vor allem die *Ikone der Panagía* sorgen für die große Popularität des entlegenen Klosters. Das Moní entstand in der zweiten Hälfte des 19. Jh., nachdem ein großzügiger Mönch aus Kattaviá die finanziellen Mittel bereitstellte. Die Ursprünge liegen jedoch viel weiter zurück. Bereits im 13. Jh. stand hier eine *Kreuzkuppelkirche*, die in den neuen Bau als Altarraum integriert wurde.

„Im Kloster wohnen eine Mama, der Pope und ein Klosterreisender, die alle sehr freundlich sind. 1993 brannte alles kilometerweit um das Kloster herum. Der Pope verbrachte zwei Wochen in der Kirche und betete, während vor dem Kloster die Flammen fünf Meter in die Höhe schlugen. Die Feuerwehr gab ihm und dem Kloster Skiádi keine Chance. Nach zwei Wochen konnte schließlich das Feuer gelöscht werden. Der Pope und die Klosteranlage mit all ihren Palmen und Blumen wurden gerettet ohne ein bisschen Ruß an den Mauern. Eine wundersame Rettung?“ (Leserbrief von Manuela Wörrle und Andreas Braun, Dettingen/Tieck).

Noch immer sind die Verwüstungen durch die Brände in der Umgebung sichtbar. Das Kloster wurde jedoch renoviert und hat sich zu einem wahren Schmuckstück entwickelt. Für Besucher gilt es, entsprechende Kleidung zu tragen (keine Shorts). Am Eingang steht ein Korb mit Tüchern bereit.

• *Übernachten* Wer einen eigenen Schlafsack mitbringt, kann im Kloster übernachten. Vor allem die Sonnenuntergänge lassen den mangelnden Komfort des Klosters schnell vergessen. Am Eingang gibt es Trinkwasser. Es sind mittlerweile auch Toiletten vorhanden. In der Regel herrscht von 13 bis 16.30 Uhr Mittagsruhe. Ein Besuch ist dann nicht möglich.

Der Süden

Mittagsruhe im Kloster Skiádi

• *Anfahrt* Die Anfahrt wurde vor einigen Jahren ausgebaut. Wer von der Küstenstraße von Apolakkía nach Kattaviá in Richtung Skiádi abbiegt, fährt die ersten Meter auf einer Schotterpiste. Dann geht es auf Asphalt bis zum 3 km entfernten Kloster weiter. Hingegen ist der Weg nach Mesangrós (8 km) relativ schlecht, für Autos nicht ratsam.

Die verschwundene Muttergottes-Ikone

Vor vielen Jahrhunderten lebten drei Eremiten in den Bergen der rhodischen Westküste. Nacheinander sahen sie nachts mehrmals am Strand ein wunderbares Licht, was sie zum Nachsehen bewog. Dort entdeckten sie die Ikone der Muttergottes mit dem Kind. Die Einsiedler glaubten fest, dass sie vom Evangelisten Lukas höchstpersönlich gemalt worden wäre. Allerdings währte die Freude über den in einer Höhle aufbewahrten Fund nicht lange, denn am nächsten Tag war das Bild verschwunden. Die Suche führte sie in die Ruinen eines verfallenen Tempels, wo sie die Ikone wieder fanden. Aus Dankbarkeit errichteten sie an dieser Stelle das Kloster Skiádi.

Mesanagrós

Weiß leuchtet das gerade 65 Einwohner große, verwinkelte Dörflein auf einer Bergnase inmitten der gottverlassenen, terrassenförmigen Hügellandschaft hervor. Die Jungen sind längst nach Rhódos-Stadt und an die Küste gezogen, nur die Alten sind geblieben.

Sie versammeln sich jeden Abend vor dem Kafenion Mike. Der überaus freundliche Wirt verwahrt die Schlüssel für die Attraktion des idyllischen Weilers: die Kirche *Mariä Entschlafung* (Kímis tis Theotókou). Sie wurde auf den Ruinen einer frühchristlichen Kirche aus dem 5. Jh. und eines zweiten Baus aus dem 7. Jh. errichtet. In die heutige Kirche sind noch einige Teile aus dem 13. Jh. integriert, beispielsweise eine verzierte Säule über der Eingangstür und ein marmornes Taufbecken im Innern. An der prächtigen, holzgeschnitzten Altarwand befindet sich eine Darstellung der Zwölf Apostel. Die Fresken aus dem 14. Jh. sind leider stark verwittert. Vor allem im Sommer zieht das Gotteshaus Kunstinteressierte an. Die Kirche ist tagsüber geöffnet, über eine kleine Spende in den Klingelbeutel ist man sehr dankbar. Mike führt die Besucher. Mit liturgischen Gesängen werden diese auf die besondere Atmosphäre der Kapelle eingestimmt.

Mesanagrós ist eines der ursprünglichsten und abgeschiedensten Dörfer auf Rhódos. Es liegt in den südlichen Bergen am Koukouliari. Wer Ruhe und Frieden sucht, wird bei den freundlichen Einheimischen ein paar Tage genießen.

- *Anfahrt* von der Westküstenstraße zunächst zum Kloster Skiádi, von hier auf einigermaßen befahrbarer Piste (nur bei Trockenheit), nach 4 km links ab, noch 1,5 km bis Mesanagrós. Besser: die gut ausgebaute Asphaltstraße von Lachaniá, 8 km. Die 13 km lange Verbindungsstraße von Kattaviá nach Mesanagrós ist schlecht zu befahren!
- *Essen/Übernachten* Der Wirt vom **Kafenion Mike** bietet Zimmersuchenden gerne seine Dienste an. Allerdings handelt es sich um eine ausgesprochen schlichte Unterkunft im Mehrbettzimmer, etwa 10 € pro Nacht. Übrigens, bei Mike gibt es einfache, aber leckere Landküche. „Sein Essen ist gut und äußerst preisgünstig", berichten die Leser Ulrike und Arne Fiedler aus Wedel. Vor allem seine Souvlaki sind bei der Stammkundschaft geschätzt.

Apolakkía

Auf den ersten Blick wirkt das kleine Dorf, 4 km von der Westküste am Rand des Kurkurtachi-Tales gelegen, nicht besonders reizvoll. Fremde verschlägt es hierher meist nur für wenige Stunden bei einer Rundfahrt um die Insel. Dabei lohnt sich ein Aufenthalt in dem 400-Einwohner-Weiler inmitten einer hügeligen Küstenlandschaft durchaus.

Vor allem Individualisten, die Ruhe suchen, werden sich bei genauerem Hinsehen dem Charme des Ortes nicht entziehen können. Denn Apolakkía – Hauptanbaugebiet für Melonen auf Rhódos – ist ein idealer Ausgangsort für einsame Wanderungen ins Inselinnere. Bis zu den Sandstränden der Westküste (viel Wind) sind es von Apolakkía ca. 4 km. Es gibt einiges zu entdecken, z. B. das nördlich gelegene Kirchlein *Ágios Geórgios o Wardas* (laut Inschrift 1289/90 erbaut), dessen Fresken zu den ältesten auf der Insel gehören. Ein Spaziergang hierher gestaltet sich sehr reizvoll, zumal das Ziel ein äußerst beschauliches Plätzchen ist, das zum Picknicken einlädt.

Apolakkía ist trotz der großen Entfernung zu den rhodischen Touristenzentren längst kein weltabgeschiedener Ort mehr. Während der Saison herrscht viel Verkehr. Vor allem Busse machen hier auf ihrer Inselrundfahrt gerne Halt. Dennoch bestimmt noch immer die Landwirtschaft den Rhythmus der Einwohner. Neben Melonen werden in Apolakkía auch viele Tomaten angebaut.

- *Telefonvorwahl* 22440
- *Anfahrt zur Ágios Geórgios o Wardas* von der Platia in Apolakkía zunächst die Straße nach Gennádio nehmen. Kurz vor Ortsende geht es links ab zur Kapelle (Achtung: nur aus Richtung Gennádio beschildert). 2,3 km auf asphaltierter Straße, dann links ab auf eine Schotterpiste, von hier noch ca. 1,5 km, bestens beschildert.
- *Verbindung* Die **Straße** von Monólithos nach Apolakkía ist geteert. Das Gleiche gilt für die Verbindung von Apolakkía über Kattaviá (17 km) zur Ostküste nach Gennádio und über Vati nach Gennádio.
- *Übernachten* **Hotel Amalia**, die meisten lernen das Hotel (18 Zimmer) an der Platia als Restaurant kennen. Mehr als das Essen lohnt hier eine Übernachtung. Das professionell geführte Haus bietet geschmackvoll eingerichtete Zimmer und einen bescheide-

Hotel Amalia in Apolakkía

nen Swimmingpool. DZ 20–25 €, Frühstück 5 € pro Person, geöffnet von Ende März bis 1. November. ☏ 61365 oder 61366, ℻ 61367.

• *Essen/Trinken* **Restaurant Skoutas**, an der Straße Richtung Kattaviá, am Ortsende rechts abbiegen (vor der BP-Tankstelle). Einfache, deftige Hausmannskost. Skoutas vermietet auch 8 Zimmer (E-Klasse).

An der Dorfplatia konkurrieren gleich vier **Tavernen** um Kundschaft. Am empfehlenswertesten erschien uns das kleine **Eckhaus**: sehr gute Souvlaki, relativ günstig. Die Speisekarte liegt nur für Touristen bereit, normalerweise wird aufgezählt, was die Küche aktuell zu bieten hat. Die wenigen Tische sind fast immer besetzt, die Taverne ist bei den Bewohnern von Apolakkía sehr beliebt.

Schräg gegenüber, bei **Manolis** halten meist die Rundreisebusse, um ein landestypisches Mittagessen einzunehmen. Nach Aussagen einiger unserer Leser leidet darunter der Service.

Taverne Chrisana, 2 km südlich von Apolakkía liegt diese Strandtaverne mit schönem Blick auf die vorgelagerten Inselchen. Die Küche bietet nichts Außergewöhnliches, hingegen sind die Sonnenuntergänge, die man hier beobachten kann, unvergesslich. An der Küstenstraße nach Kattaviá.

▸ **Baden**: Strände en masse. Entlang der Straße nach Kattaviá gibt es viele wunderschöne, einsame Kiesstrände mit ausgedehnten Dünen. Das Wasser färbt sich in allen möglichen Türkis- und Blautönen. In der Ferne schimmern bizarr geformte Inselchen. Die Idylle täuscht: Die Strände sind wegen teilweise hoher Wellen gefährlich. Je nach Windrichtung wird auch Müll angeschwemmt.

Árnitha

Der einsame Weiler liegt abseits der gängigen Inselrouten. Bauern und Alte bewohnen das stille, an einem Berghang gelegene Dörflein. Oberhalb des Ortskernes (immer der Durchgangsgasse bergan folgen) liegt die Kirche *Ágios Nikon* mit schönen Wandmalereien aus dem 13. oder 14. Jh. Unterhalb des Dorfes Árnitha befindet sich an der Straße eine schattige Ausflugstaverne unter Bäumen.

Anfahrt von Apolakkía die Straße Richtung Gennádio nehmen, nach ca. 2,5 km geht es rechts ab nach Árnitha.

▸ **Agía Irini**: Das Ruinenfeld liegt wenige Kilometer von Arnítha entfernt. Interessierte können hier die Reste einer frühchristlichen Kirche aus dem 6. Jh. entdecken (ehemaliger Bischofssitz). Um die Ruinen aufzuspüren, bedarf es allerdings fast schon detektivischen Geschicks.

• *Wegbeschreibung* Von der Straße von Apolakkía nach Gennádio biegt man kurz nach der Abzweigung nach Árnitha links ab nach Istrios (hinter der Brücke, nur aus Richtung Gennádio kommend beschildert). Nach 1 km sieht man auf der rechten Seite ein Schild mit der Aufschrift *Ágios Ioánnis*. Ab hier 200 m weiter auf der Straße Richtung Istrios, wenn man genau hinsieht, erscheinen auf der linken Seite, auf einer Anhöhe, die eingezäunten Ruinen inmitten von Olivenbäumen und Getreidefeldern. Die Straße (mit vielen Schlaglöchern!) führt weiter ins 4 km entfernte Dorf Istrios.

Istrios

Wer ein ursprüngliches rhodisches Dorf kennen lernen möchte, für den ist ein Besuch in Istrios empfehlenswert. Hier tragen die Frauen noch ihre traditionelle Kopfbedeckung und der Pope gilt als eine Autorität. Lohnenswert ist ein Spaziergang zum Friedhof am westlichen Ortsrand. Dort steht eine etwa 800 Jahre alte Kapelle. Die wenigen noch vorhandenen Fresken sind allerdings dermaßen verwittert, dass sie kaum erkennbar sind. In Istrios gibt es eine Café-Bar.

Profiliá

Die Lage von Profiliá (2 km östlich von Istrios) ist beeindruckend: Terrassenförmig steigen die kubischen Häuser an. Von hier bietet sich ein herrlicher Blick über das Inselinnere. Außerdem lohnt sich ein Besuch der vermutlich im 15. Jh. errichtten *Ágios-Geórgios-Kirche*. Das unscheinbare Gotteshaus, erbaut mit grauen Natursteinen, liegt im Ortszentrum (am Weg nach Gennádio), oberhalb der Durchgangsstraße. Die stark verwitterten Wandmalereien stammen aus dem 16./17. Jh.

• *Lesertipp* „Direkt neben der Ágios-Geórgios-Kirche befindet sich unter einem riesigen Ficus-Baum eine kleine **Taverne**. Sie bietet preiswerte Landküche. Der junge Wirt Tsambiko informiert auch gerne über die Fresken der Kirche." (Margret Goebel, Wilhelmshaven.)

Ágios Geórgios – Heiliger mit großer Fangemeinde

Unter den Heiligen läuft der Heilige Georg – Ágios Geórgios – jedem Konkurrenten den Rang ab. In Griechenland wurden sogar Könige nach ihm benannt. Eigentlich ist die Existenz des Heiligen bis heute umstritten. Wahrscheinlich stammte er aus Kappadokien und wurde um 303 als römischer Soldat gemartert. Die Legende macht ihn zum Märtyrer und zum Drachenkämpfer. Durch die Kreuzfahrer kam er im Mittelalter nach Europa. Als Schutzheiliger der Waffenschmiede und der Bauern machte der „Groß-Märtyrer" der Ostkirchen schnell Karriere. Auf der einstigen Kreuzfahrerinsel Rhódos hat Georg seit jeher einen besonderen Klang. Meistens wird er zu Pferd, mit dem Drachen kämpfend, samt Fahne und Schild dargestellt. Im nahen Zypern gilt er sogar als Heiliger, der das Wasser brachte. Der von Georg getötete Drachen stand stellvertretend für einen Herrscher, der die knappe Ressource Wasser unter seine Gewalt brachte. Georg kam, sah und siegte. Auch auf Rhódos sind dem volksnahen Drachentöter viele Kapellen geweiht. Sein Name zählt seit Jahrhunderten zu den populärsten auf der Insel.

Die Italiener bauten Filérimos wieder auf

Die Westküste

Die Westküste, der zur Ägäis gewandte Teil der Insel, bietet alles: schroffe Berghänge, kilometerlange Sandstrände, aber auch eintönige Küstenlandschaften. Je südlicher, desto ursprünglicher und wilder – der baumlose Gipfel des 1215 m hohen Attáviros, die unberührten Strände am Kap Foúrni und südlich davon die ausgedehnten Wälder um den 798 m hohen Prophitis Ilías.

Wer glaubt, Naturwunder gäbe es nicht mehr, sollte im Juli das „Tal der Schmetterlinge" (*Petaloúdes*) besuchen. In einer üppig bewachsenen Schlucht flattern hier allsommerlich Tausende von Schmetterlingen.

Die Westküste war bereits seit frühester Zeit besiedelt. Bei Kamirós gruben Archäologen eine komplette antike Stadt aus. Bei Monólithos stößt man auf die Reste einer Johanniterburg in exponierter Lage, nur wenige Kilometer weiter gibt es am einsamen Kap Foúrni eine ehemalige Höhlenkirche zu besichtigen.

Wer aus Rhódos-Stadt an der Westküste entlangfährt, ist erst einmal enttäuscht. Denn Orte wie Ixia, Ialyssós, Kremastí und Paradission sind mit ihren vielen Hotels, Tavernen und Touristenshops nicht gerade einladend. Bis zum Flughafen geht ein Ort in den anderen über.

Der erste Blick täuscht, denn gerade Ixia und Ialyssós verfügen über exzellente Hotelanlagen. Zudem sind Orte wie Ialyssós, auch *Triánda* genannt, ein beliebtes Surferparadies. Fast kontinuierlich weht der Wind parallel zur Küste. Vor allem am späten Nachmittag weht eine steife Brise. Sowohl Anfänger als auch Könner finden hier ideale Voraussetzung für den Surfsport.

• *Surfen* In der Bucht von Triánda z. B. (gegenüber vom Hilton) gibt es mehrere Windsurfstationen. Die Surfsaison beginnt im Mai und endet im Oktober. Vor allem der Juli und August sind bei Surfern beliebt. Dann weht eine steife Brise an der Westküste und das Meer besitzt „Badewannen"-Temperaturen. Ein Einführungskurs kostet rund 45 €. Infos im Internet unter www.surfersparadise.gr.

Bienenmuseum

Die Imkerei auf Rhódos erfreut sich seit vielen Jahrzehnten großer Beliebtheit. Vor allem in den Berg-Orten wie Sianá, Émbonas oder Monolithos wird ein feiner, würziger Honig hergestellt. Die zahlreichen wilden Kräuter wie Thymian, Oregano und Rosmarin geben dem Honig der Insel seinen unverwechselbaren Geschmack. Nun können Rhódos-Besucher endlich in einem Museum mehr über die komplexe Bienenzucht erfahren. Transparente Schaubienenkörbe geben dem Besucher einen Einblick in diese faszinierende Welt. Typisch für Rhódos ist übrigens das Gebäck „Melekounia". Der leckere Kuchen aus Honig und Sesam wird bei Hochzeiten und Taufen gereicht. Das moderne Bienenmuseum mit der Abfüllanlage (hier liefern 80 Imker aus allen Teilen der Insel ihren Honig ab) befindet sich in der Nähe des von Touristen wenig besuchten Ortes Pastida, auf halbem Weg zwischen dem Airport und dem verrufenen Badeort Faliraki an der Ostküste. Hinweisschilder »Bee Museum« machen das Auffinden der Sammlung relativ einfach. Das Museum ist mit Ausnahme des Sonntags täglich von 9 bis 14.30 Uhr geöffnet. Im Laden können die verschiedenen Honigsorten und andere Produkte gekauft werden. ✆ 22410/48200, www.mel.gr.

Filérimos/Ialyssós

Durch einen Pinienwald windet sich die Straße von Triánda in vielen Serpentinen den Berg (267 m) hinauf zur antiken Akropolis, einst einer der drei Stadtstaaten von Rhódos. Heute steht hier ein überdimensionales Betonkreuz, das von innen begehbar ist. Eine schattige Allee führt die letzten Meter bis zum Eingang des seit rund 2500 Jahren besiedelten Bergrückens.

Auf dem Plateau ist von der Antike jedoch nicht viel übrig geblieben. Eine Treppe, links und rechts von hohen Zypressen flankiert, führt zu dem parkähnlichen Gelände. Aus ältester Zeit sind lediglich spärliche Reste eines *Tempels des Zeus* und der *Athene* sowie ein *dorisches Brunnenhaus* (nicht zu besichtigen) erhalten. Komplett, aber nicht unbedingt geschichtsgetreu, wurde die Muttergotteskirche aus dem 14. Jh. wieder aufgebaut. Für die letzte Zerstörung sorgten 1943 deutsche Soldaten. Hinter dem Gotteshaus führt eine Pinienallee zu einer halb verfallenen, *byzantinischen Festung*, von der man eine gute Sicht auf den Nordteil von Rhódos hat.

Filérimos ist eines der beliebtesten Ausflugsziele der Insel. Kein Wunder, dass deshalb die paar Stühle des Cafés unter der mächtigen Eiche am Eingang ständig besetzt sind. Das schmale, 600 m lange, in Ost-West-Richtung verlaufende Plateau ist allerdings weniger wegen seiner kunsthistorischen Schätze, sondern ganz einfach wegen seiner Landschaft einen Ausflug wert.

In der ersten Hälfte des 20. Jh. lebten in Filérimos italienische Franziskaner. Heute lassen sich an Wochenenden gerne griechische Brautpaare auf dem Berg trauen.

Vom Eingang führt eine schnurgerade Allee mit einem römisch-katholischen Kreuzweg (7) zum südlichen Aussichtspunkt (8) mit einem gewaltigen Kreuz. Rechts vom Treppenaufgang wurde eine Kapelle errichtet, die das ganze Jahr offen ist. Das zwischen 1992 und 1996 errichtete Betonkreuz lässt sich von innen besteigen. Das ist jedoch nichts für Besucher mit Platzangst. Von hier bietet sich ein toller Ausblick über die Landschaft und zum alten und neuen Flughafen der Insel, bis hinüber zur gebirgigen Küste der Türkei. Auch die Feuerwehr schätzt das Panorama. In den heißen Monaten des Jahres ist hier oben eine Feuerwache eingerichtet.

Einst verherrlichte der Dichter Pindar (522–446 v. Chr.) in einer erstmals in Ialyssós vorgetragenen Ode die Entstehung der Insel Rhódos. Sie war ein Geschenk von Zeus an den Sonnengott Helios – so die Legende. Der Sage nach besiedelten die Urenkel die Insel und gründeten die drei Städte Ialyssós, Kamirós und Líndos. Homer sprach bei den mykenischen Bewohnern von Ialyssós von „Achaiern". Der Name Achaia hat sich bis heute als Bezeichnung für die Akropolis erhalten. Er ist eine Anspielung auf die gleichnamige Provinz im Nordwesten des Peloponnes. Strabon, der bedeutende antike Geograph, sprach von „Ochyroma" (Festung). Erst im Mittelalter erhielt der Berg seinen heutigen Namen Filérimos.

Das Restaurant der 30 Teller – byzantinisch speisen im Restaurant Kioupia

Einfach ist das Restaurant Kioupia nicht zu finden. Die kulinarische Legende der Insel versteckt sich in einem unansehnlichen Niemandsland aus Feldern, Villen und Bauruinen oberhalb von Ialyssós. Große Wegweiser benötigt das bereits 1972 gegründete Lokal nicht. Es ist bei den Einheimischen längst eine kulinarische Legende. Denn im Kioupia wird in byzantinischen Dimensionen getafelt. Eine feste Speisekarte gibt es nicht, nur einen Menüvorschlag. Der hat es aber in sich. Über mehrere Stunden werden rund 30 verschiedene Appetizer, Vorspeisen, Hauptgerichte, Desserts und Süßigkeiten serviert. Der Besuch des Kioupias ist eine kulinarische Reise durch die orientalische Küche und voller Überraschungen. Denn bekannte Produkte wie Auberginen, Zucchini, Kichererbsen, Lamm oder Garnelen schmecken durch außergewöhnliche Gewürze und hausgemachte Saucen auch außergewöhnlich. Lassen Sie sich auf das Feinschmecker-Abenteuer ein. Das Menü kostet rund 41 € (ohne Getränke). Die lokalen Weine sind fair kalkuliert. Der Service ist exzellent, die Kellner sind charmant und hilfsbereit. Das Kioupia hat seit jeher die Schönen und Mächtigen angezogen. Unter den Gästen waren beispielsweise Julio Iglesias, Margret Thatcher, François Mitterrand oder Edward Kennedy. Geöffnet von Mo–Sa ab 20 Uhr.

• *Anfahrt* Das Restaurant liegt 8 km von Rhódos-Stadt entfernt. Von Rhódos-Stadt nimmt man die Küstenstraße zum Airport. In Ialyssós biegt man an dem großen Supermarkt Pappon (auf der rechten Seite) vor einer Shell-Tankstelle nach links ab. Die Landstraße führt in östlicher Richtung bergauf. Die Straße führt zu dem Vorort Trís. Ein kleines blaues Schild (leicht zu übersehen) weist bei der dritten großen Abbiegung auf Griechisch auf das Restaurant hin. Hier geht es rechts ab. 400 Meter weiter rechts, vorbei an Bauruinen, liegt hinter weiß getünchten Mauern das Kioupia. Argonafton-Str. 12, Ialyssós, ☎ 22410/93448 oder 91824, 📠 91824, www.takioupia.gr.

Geschichte

Filérimos dokumentiert wie kaum ein anderer Ort auf Rhódos die Siedlungsgeschichte der Dodekanes-Insel. Wahrscheinlich hat es bereits in mykenischer Zeit eine Siedlung oder vielleicht auch eine Festung auf dem Filérimos gegeben. Nach 1200 v. Chr. erreichte die dorische Einwanderungswelle die Insel. Zum ersten Mal taucht in dieser Zeit der Name Ialyssós auf. Zum Herrschaftsbereich gehörte damals der gesamte Norden von Rhódos, die Westküste bis zum heutigen Soroní und die Ostküste bis über Archángelos hinaus. Nach der Gründung der Inselhauptstadt wurde Ialyssós offensichtlich verlassen. Strabon berichtet, dass einige Bewohner nur aus strategischen Gründen zurückgeblieben sind, alle anderen gingen in die neue Hauptstadt Rhódos.

Granathülsenernte und Stahlhelmpyramiden

Filérimos war also beileibe nicht immer ein Synonym für Harmonie und Stille. Lawrence Durrell (1912–1990), der Rhódos 1945 zum ersten Mal besuchte und später dort Presseattaché im auswärtigen Dienst wurde, beschreibt Filérimos in seinem interessanten Buch *Leuchtende Orangen* (Rowohlt-Verlag) folgendermaßen:

„Das Kloster ist völlig zerbombt worden und das Bild der Jungfrau, dem zur Zeit der Kreuzfahrt so viel Verehrung gegolten hat, ist schon lange vorher verschwunden. Wieder einmal gingen wir stattdessen zwischen zerstörten Granatenwerfern und einer metallenen Ernte von Granathülsen dahin, denn Phileremo ist kurz nach dem Fall Italiens ein Ort grausamer Kämpfe zwischen italienischen und deutschen Truppen gewesen. Die Italiener konnten, obwohl sie in sechsfacher Übermacht waren und die Höhe besetzt hielten, den Angriffen der Stukas nicht länger als eine Woche standhalten. Sie hinterließen Haufen von scharfer Munition und eine kleine Pyramide von Stahlhelmen. Das kleine Kloster ist eine Ruine. Im Garten liegen einige byzantinische und hellenische Gesteinstrümmer verloren herum. Aber der Ausblick vom schmalen, baumbestandenen, schattigen Mönchsweg, den man von einem Rande zum anderen die ganze Höhe entlanggeführt hat, ist unvergleichlich. Von hier aus blickt man landeinwärts bis zum geplünderten Flughafen von Marizza hinab, der nun mit verlassenen Flugzeugen getupft ist; manchen fehlen die Tragflächen; sie liegen über das Feld verstreut wie verkohlte Motten unter einer Lampe."

Der heutige Name „Filérimos" heißt übersetzt so viel wie „Freund der Einsamkeit". Der originelle Name stammt von einem Einsiedler aus byzantinischer Zeit, der hier einst ein Kloster gegründet hatte. Wegen seiner strategischen Lage war Filérimos beliebtes Angriffsziel bei Inseleroberungen. 1248 okkupierten die Genuesen den Berg. Kaum mehr als ein halbes Jahrhundert später, im Jahre 1306, nahmen die „Ritter des Heiligen Johannes von Jerusalem" die Festung ein, ehe sie – erst drei Jahre später – die Stadt Rhódos eroberten. 1522 schlug Suleiman bei seinem Eroberungszug sein Hauptquartier auf dem Filérimos auf. Der Berg spielte immer wieder bei Kriegen eine wichtige strategische Rolle. Zuletzt am Ende des Zweiten Weltkriegs im Herbst 1943 kämpften hier Hitler-Truppen gegen italienische Soldaten.

Rundgang

Byzantinisches Kloster (1): Beim Parkplatz, innerhalb eines umzäunten Areals, liegen die Reste eines byzantinischen Klosters aus dem 10. Jh. Noch gut zu erkennen sind die Grundmauern des einstigen Gotteshauses, einer typisch byzantinischen Kreuzkuppelkirche.

Höhlenkirche des heiligen Georg (2): Rund 500 Jahre sind die Fresken der in den Hang gebauten Höhlenkirche alt. Sie zeigen vor allem Szenen aus der Leidensgeschichte Christi, aus dem Leben Maria und Josefs sowie anderer biblischer Gestalten. An der Ostwand – unterhalb von Jesus mit seinen Aposteln – ist der heilige Georg verewigt, in der Mitte das achtzackige Johanniterkreuz. Die im 14. und 15. Jh. entstanden Fresken sind jedoch stark verwittert. Die Darstellungen fast nur noch für Experten zu identifizieren. Die Kirche liegt links von der Zypressenallee, die vom Kassenhäuschen bergauf führt. Läuft man von der Höhlenkirche noch ein paar Meter weiter, sieht man eine kleine Allee in westlicher Richtung, die zu einem wenig besuchten Aussichtspunkt führt. Der kleine Umweg lohnt sich: Der Blick reicht bis zur Nordspitze der Insel. Zwischen dem Kap von Rhódos-Stadt und der türkischen Küste durchpflügen meist unzählige Fähren die Ägäis.

Mosaik im Kreuzgang

Tempel der Pallas Athene, frühchristliche Basilika, Ritterkirche (3): Links hinter dem Treppenaufgang – ganz in der Nähe des Glockenturms – finden sich die Grundmauern und Säulentrommeln des Tempels aus dem 3./2. Jh. v. Chr., der vermutlich erst in frühchristlicher Zeit zerstört wurde. Der Bau war mit einer Länge von 23,5 m und einer Breite von 12,5 m eher klein. Vermutlich wurde hier schon seit dem 9. Jh. v. Chr. die Göttin Athene verehrt. Die Steine des Athene-Tempels wurden im 5. oder 6. Jh. n. Chr. für den Bau einer Basilika verwendet. Das am besten erhaltene Relikt ist ein drei Stufen tiefer gelegenes, kreuzförmiges Taufbecken.

Später, zur Zeit der Johanniter, entstanden verschiedene gotische Kapellen (ab Ende des 15. Jh.), die in der Zeit der Türkenherrschaft jedoch verfielen. Zu Beginn des 20. Jh. polierten die Italiener die Ruinen wieder auf. Das Kloster mit seinem Kreuzgang hat eine besondere Atmosphäre, nicht zuletzt wegen der prächtig blühenden Bougainvillea-Sträucher.

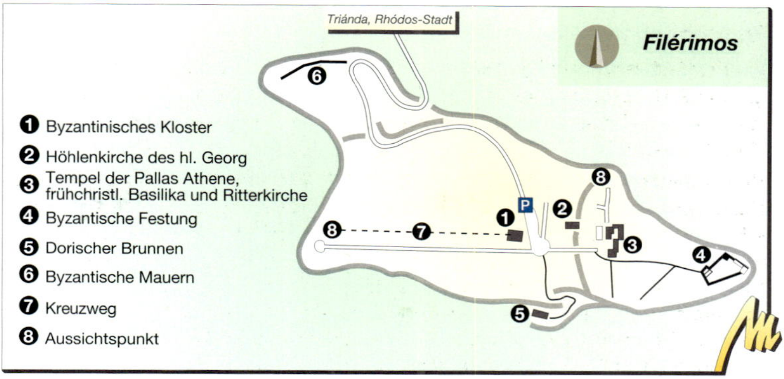

Byzantinische Festung (4): Eine Kiefernallee führt zur Festung. Das strategisch günstig gelegene Bergplateau von Filérimos war in byzantinischer Zeit von Mauern umgeben. Wichtigstes Relikt aus dieser Zeit sind die Reste der Zitadelle im Osten des Plateaus. Die Türken richteten einst die Wehranlage wieder her und genossen nun ihrerseits den Vorteil der guten Lage. Den endgültigen Verfall der Festung stoppten erst die italienischen Restauratoren. Heute wirkt die Festung stark renovierungsbedürftig. Reste eines alten Wehrturms sind wegen Einsturzgefahr gesperrt.

Dorischer Brunnen (5): Am Südosthang liegt das dorische Brunnenhaus aus Tuffgestein, das seit vielen Jahren leider nicht zu besichtigen ist. Der Weg vom Parkplatz bzw. Ausgrabungsgelände dorthin ist heute verschlossen. Das Brunnenhaus stammt aus dem 4. Jh. v. Chr. In einer Zisterne wurde das Wasser aus den verschiedenen, tief in den Filérimos-Berg getriebenen Kanälen gesammelt. Hier findet sich auch eine Nekropole (Gräberfeld), die von spätmykenischer bis klassischer Zeit genutzt wurde.

• *Anfahrt/Verbindung* in Triánda (8 km von Rhódos-Stadt) geht es links ab (beschildert), dann noch 5 km den Berg hinauf. 100 m vom Eingang der Ausgrabungsstätte liegt die **Bushaltestelle**. Mehrere Busse täglich. Oft stehen auch **Taxis** bereit.

• *Öffnungszeiten* Di–So 8–15 Uhr. Eintritt 3 €, Kinder und Studenten mit ISIC frei, andere Studenten 1,50 €. Unter einem Eichenbaum am Eingang befindet sich ein Kafenion mit Souvenirverkauf, daneben die Toiletten. Wer montags kommt, kann zumindest einen Spaziergang durch die Parkanlage machen – und zahlt gar keinen Eintritt.

▸ **Baden**: In Triánda, einem beliebten Touristenort, stehen an der Hauptstraße Wegweiser zum Strand. Wegen der vielen Hotelkomplexe ist der Sand-Kies-Beach nichts für Einsamkeitsfanatiker, doch man findet noch immer schöne Ecken. Die starke Strömung sorgt für sauberes Wasser. Verschiedene Stichstraßen führen von der Uferstraße zum Strand.

• *Übernachten* Privatzimmer bei **Stavrós Iskas**, das ältere Ehepaar mit guten Englisch-Kenntnissen vermietet in Ialyssós Zimmer mit Dusche, Kühlschrank und oft auch Kochplatten. DZ ab 30 € (ohne Frühstück). Abholung am Flughafen möglich. Adresse Sant Paraskevis Str., ✆ 93205 oder 91755. „Super nette Unterkunft", befinden unsere Leser Gitte Brokonier und Ralf Kastenmeier aus Bonn.

Wanderung mit glänzenden Aussichten: Von Triánda nach Filérimos

Anfahrt: Der Ausgangsort ist von Rhódos-Stadt leicht erreichbar. Es fahren in regelmäßigen Abständen Busse nach Triánda (Ialyssós), auch schon früh morgens. Da Filérimos eines der meist besuchten Ausflugsziele der Insel ist, lohnt sich eine Besichtigung am frühen Morgen. Am besten ist es, man fährt mit dem Auto bzw. Taxi den Berg hinauf. Von der Hauptstraße in Triánda bis zum Kloster auf dem Berg sind es ca. 5 km. Nach einer Besichtigung kann man dann zum Baden an die Küste nach Triánda wandern.

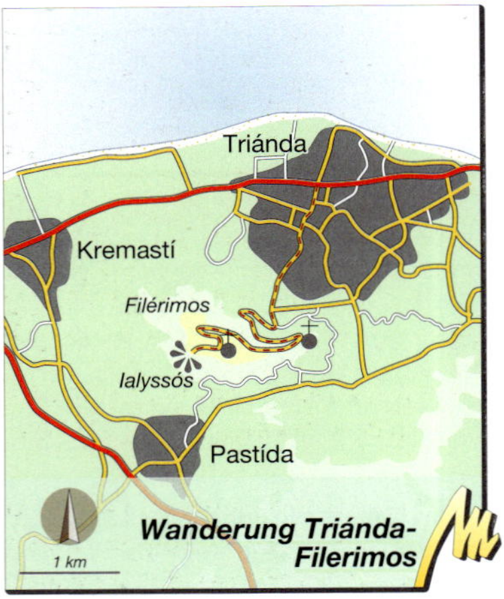

Beste Tageszeit: Es lohnt sich, früh zu starten, nicht nur wegen der geringeren Anzahl von Besuchern auf Filérimos, sondern auch, weil die Route vom Berg nach Triánda dann überschattet ist.

Dauer und Strecke: Für Anfahrt, Besichtigung und Wanderung sollte man einen Vormittag einplanen. Der Weg von Filérimos bis Triánda beträgt ungefähr 1 Std. 15 Min. Er ist manchmal nicht ganz einfach zu finden und z. T. überwuchert. Verlaufen kann man sich dennoch nicht, denn zwangsläufig trifft man auf die Serpentinenstraße am westlichen Berghang.

Verpflegung: Auf dem Weg gibt es keine Quellen. Ein Wasservorrat ist empfehlenswert. Am Parkplatz von Filérimos versorgt ein Kiosk die Besucher mit kühlen Getränken.

Ausrüstung: Feste und bequeme Schuhe.

Die Wanderung führt auf kleinen Pfaden vorbei an den Ruinen von Filérimos durch einen dichten Pinienwald. Auf dieser Route abseits der Straße begegnet man nur selten einem anderen Wanderer. Die Route ist ein wenig abenteuerlich. Die Wege sind teilweise ausgesprochen steil und uneben. Doch es macht Spaß, durch den Berghang mit seiner mediterranen Vegetation zu wandern.

Route: Wir starten oben am Parkplatz vor dem umzäunten Gelände von Filérimos. Wenige Schritte nördlich vom Kiosk mit einem riesigen, schattigen Baum beginnt der anfangs noch breite Wanderweg, dem wir bis zu den Treppen folgen. Wir gehen sie hinunter und steigen links den Abhang hinab. Der Pfad ist hier sehr verwuchert. Zur linken Seite erkennt man die Ruine einer alten Villa. Die Treppen umrunden die Villa und wir folgen dem Pfad. Der Waldweg führt nach rechts den Abhang hinunter auf die Asphaltstraße. Wir halten uns links und erreichen nach ein paar Metern die breitere Piste. Wir folgen der alten Straße und treffen nach ca. 10–15 Min. auf einen alten türkischen Brunnen. Wir gehen rechts um die Kurve und erreichen nach ungefähr 15 Min. an der linken Seite etwas versteckt einen Pfad, der in Treppen den Wald hinabführt.

Es beginnt ein schöner Fußweg durch den Wald, der, wie schon anfangs angemerkt, ein wenig abenteuerlich ist, da

Filérimos: ein Gang durch die Jahrhunderte – von der Antike bis zu den Italienern

er steil nach unten führt. Wir erreichen nach weiteren 15 Minuten eine Gabelung, an der wir uns links halten und auf einen Waldspielplatz treffen. Wir gehen aber wieder nach rechts auf die Hauptstraße, bis wir nach 5 Min. eine etwas unscheinbare Parkbucht antreffen. An der linken Seite führt wieder ein Pfad den Wald hinunter und man läuft auf kleinen Treppenstufen, um nach 10 Min. wieder auf die Hauptstraße zu treffen. Nach links geht es dann wieder in den Ortskern von Triánda. Man läuft ungefähr 15 Min. bis zu dem Küstenort. Seinen Namen verdankt das Dorf seinen klassizistischen Villen. Genau 30 (Triánda) Prachtbauten sollen es sein. Triánda ist heute eines der Touristenzentren an der Westküste. Dennoch hat der Ort – einst Wohnort der Betuchten – seinen dörflichen Charakter im Zentrum erhalten. In Triánda bietet sich nun an, einen erholsamen Ausklang des Tages am Strand zu genießen. Die Strände sind meist eine Mischung aus Sand und Kies. Die Rückkehr nach Rhódos-Stadt ist einfach: Von Triánda fahren auch am Abend in regelmäßigen Abständen Busse in die Inselhauptstadt.

Theólogos

Das Bauerndorf hat eine lange Vergangenheit. Bereits vor rund 2400 Jahren befanden sich hier ein kleiner Apollon-Tempel und ein Theater. Wenn man die Straße von der Küste zum Dorf fährt, erkennt man leicht die Ausgrabungen. Angeblich soll in Theólogos der Evangelist Johannes den Bau einer der ersten christlichen Kirchen auf Rhódos initiiert haben.

In das schmucke Bauerndörfchen – auch *Tholós* genannt – zwischen der Küstenstraße und dem Tal der Schmetterlinge finden nur wenige Besucher den Weg. Selbst die paar Tavernen an der wenig befahrenen Durchgangsstraße sind selten voll. Das stille Dorf am Hang spielte einst eine wichtige Rolle. Die spärlichen Reste der antiken Stadt mit Tempel und Theater sind noch heute zu sehen, obwohl das Gelände seit vielen Jahren überwuchert ist. Am einfachsten sind die Reste eines Tempels aus dem 5. bis 4. Jh. v. Chr. zu finden, der einst dem Apollon Erethímos geweiht war. Dieser war offenbar der Schutzgott der Bauern. Wie der kleine Tempel ausgesehen hat, darüber gibt es nur Vermutungen. Das umzäunte Gelände ist heute stark vernachlässigt. Der kleine Pavillon ist längst verlassen.

Ob Theólogos als Urlaubsort geeignet ist, muss jeder Besucher selbst entscheiden. Denn südlich des Dorfes liegt unübersehbar das Elektrizitätswerk der Insel, genannt *Soroni Power Station.* Durch das Verbrennen von Öl entstehen schädliche Emissionen. Je nach Windrichtung sind sie eben auch in Theólogos spürbar.

Wegbeschreibung Das Ausgrabungsgelände liegt links und rechts der Straße, die von der Küste nach Theólogos führt. Ca. 400 m von der Abzweigung an der Küste (Wegweiser) liegt auf der rechten Seite die Tempelruine (Schild).

- *Telefonvorwahl* 22410
- *Verbindungen* Tägl. 16 Busse von Rhódos-Stadt nach Theólogos. Fahrt 2,10 €.
- *Übernachten* **Hotel Sabina**, geschmackvolles, gut geführtes, 70-Zimmer-großes Hotel (A-Kat.) mit einer Tennisanlage und Pool, guter Service. April bis Okt. geöffnet. DZ 58–93 €, EZ ab 45–73 € (es gibt auch Nichtraucherzimmer). ✆ 41635, ℻ 41681, savvingo@otenet.gr. Von der Küstenstraße bei Theólogos beschildert.

Studios Sea View, von Rhódos-Stadt kommend, geht's nahe dem Ortsende (beim Geldautomatenhäuschen) rechts ab. 200 m vom Strand, mit Pool, Tennisplatz, schönem Garten, ruhig gelegen. Das Studio mit Kochgelegenheit, Bad, Balkon oder Terrasse kostet bei Familie Michalakis pro Woche 25–30 € (2 Betten), 30–40 € (3 Betten), 35-47 € (4 Betten). Im Erdgeschoss Bar und Restaurant. Mai bis Ende Oktober geöffnet, ✆ 81486, ℻ 82051, Sea_View_Theologos@hotmail.com.

Hotel Alex Beach, großer Komplex an der Küstenstraße mit Hotel und Bungalows (A-Klasse), nicht zu übersehen. Professionell geführtes Haus, Pool, Garten, Animation, diverse Sportmöglichkeiten. Der Strandabschnitt des Hotels ist einer der besten der Gegend. April–Oktober geöffnet DZ 40–80 €, EZ 35–65 €. ✆ 82422, ℻ 82424, alexb@hol.gr.

▸ **Baden**: 500 m von der Küstenstraße findet man vor allem Kiesstrände (Duschen vorhanden), es gibt allerdings bessere Strände auf Rhódos. Bei den wenigen Badegästen, mit denen man den Strand in der Regel teilen muss, handelt es sich meist um Surfer. Ein alter Bunker mit Geschützen aus dem Zweiten Weltkrieg verunziert den Ort.

Straußenfarm

Zwischen Theólogos und dem Schmetterlingstal liegt eine Straußenfarm – die größte in Griechenland. Besucher können die Tiere nicht nur beobachten, sondern auch verzehren. In der Taverne gibt es Straußenburger und -omeletts! Ein Ei reicht für ungefähr zehn Omeletts. Die Farm ist allerdings nicht nur eine Straußenfarm, sondern auch ein kleiner Zoo mit Känguruhs, Lamas und Affen. Das Gelände liegt einsam, 800 m südlich der Straße nach Petaloúdes. (Achten Sie auf das Schild!) Eine asphaltierte, 1,2 km lange Straße führt zu dieser ungewöhnlichen Farm. Das Gelände ist gegen eine kleine Gebühr von 3 € (Kinder 1,50 €) zu besichtigen. Geöffnet 9–19.30 Uhr, ✆ 694-5327142 (mobil). Übrigens, wer wieder zurück zur Westküste fährt, trifft auf der linken Seite auf ein Weingut mit einer Probierstube. Dort wird auch selbst gemachtes Olivenöl verkauft.

Ein Naturparadies: das Tal der Schmetterlinge

Tal der Schmetterlinge (Petaloúdes)

Tausende und Abertausende von Schmetterlingen tummeln sich hier zwischen Juli und September! Das kleine, romantische Tal, 7 km von Paradisi entfernt (beschildert), ist in der Ägäis einmalig. Die hier wachsenden Storaxbäume enthalten ein besonderes Harz, das die Schmetterlinge anzieht. In der Saison herrscht im Tal der Schmetterlinge allerdings Massenandrang. Angesichts der vielen Besucher lohnt es, für eine Wanderung durch das malerische Tal früh aufzustehen.

Die Quadriga-Schmetterlinge, wissenschaftlich *Panaxia quadripuncatria*, sind auf den Ästen und Zweigen kaum auszumachen, wenn ihre Flügel gefaltet sind. Werden sie jedoch aufgeschreckt, blinken sie in kräftigen Weiß-, Rot-, Braun- und Schwarztönen. Die Schmetterlinge entwickeln sich übrigens nicht in dem Tal, sondern ruhen sich hier lediglich aus. Ein Museum am unteren Eingang informiert über die Schmetterlinge und die Fauna auf Rhódos. Doch nicht nur die Störungen durch die vielen Besucher haben den Schmetterlingen zugesetzt, sondern auch Erosion und die Ziegenweidewirtschaft.

Das wasserreiche, ca. 1,5 km lange Areal mit seinen knorrigen Bäumen und gewundenen Pfaden ist im höchsten Maß gefährdet. Die „Karriere“ von Petaloúdes begann in den siebziger Jahren. Damals klatschten Führer noch in die Hände oder benutzten Pfeifen, um die Schmetterlinge aufzuschrecken, damit die Besucher sie fotografieren konnten. 1984 war es so weit, dass die Population vom Aussterben bedroht war. In einem biologischen Forschungsprojekt wurde nachgewiesen, dass Lärm eine der Hauptursachen der Populationsminderung im Schmetterlingstal ist. Daraufhin wurden entsprechende Schutzmaßnahmen eingeleitet, die vor ein paar Jahren noch verschärft wurden.

Seit 1991 ist das Tal im Besitz der Gemeinde Theólogos, die auch für dessen Schutz sorgt. Mittlerweile wird das Tal lückenlos von Videokameras überwacht. Auch die Öffnungszeiten wurden eingeschränkt, um den Schmetterlingen mehr Ruhe zu gönnen. Ob die getroffenen Maßnahmen ausreichen, muss die Zukunft noch erweisen. Die Anwesenheit von rund 200.000 Besuchern im Jahr ist der größte Feind der Schmetterlinge. Kritiker fordern daher eine weitere Reduzierung der Öffnungszeiten. Um den Schutz des mittlerweile eingezäunten Biotops zu finanzieren, wird ein Eintritt von 5 € verlangt.

Am unteren Eingang zum Schmetterlingstal (unterhalb vom großen Parkplatz) befindet sich ein gemütliches **Restaurant**, am mittleren Eingang (an der Straße nach Psínthos) Souvenirshop und Imbissstand.

• *Anfahrt/Verbindungen* Von Rhódos-Stadt kommend, fährt man kurz nach dem Ort Paradisi links ab (beschildert), von hier sind es noch 7 km. Das Schmetterlingstal ist auch von Psínthos aus erreichbar (7 km, beschildert). 2-mal tägl. **Busse** von Rhódos-Stadt (3,60 €).

• *Öffnungszeiten* nur von April bis Oktober geöffnet, tägl. 7.30–18 Uhr. Eintritt 5 €, Kinder unter 12 Jahren frei. Außerhalb der Hochsaison kostet der Eintritt nur 3 €. Der Preis schließt auch den Besuch des Museums mit ein.

Wichtiges zum Schutz des Schmetterlingstales

- Die vorgeschriebenen Wege auf keinen Fall verlassen, um Flora und Fauna nicht noch weiter zu stören.
- Vermeiden Sie jede Art von Lärm – klatschen Sie auch nicht, um die Schmetterlinge aufzuschrecken.
- Fangen oder töten Sie keine Schmetterlinge.
- Rauchen Sie wegen der Waldbrandgefahr nicht und werfen Sie keinen Abfall weg.

Wanderung: Durch das Tal der Schmetterlinge zum Kloster Kalopetra

Anfahrt: Bis zum unteren Eingang des Tals der Schmetterlinge. Hier gibt es auch genügend Parkmöglichkeiten. Außerdem gibt es täglich 2 Busse von Rhódos-Stadt. Preis 3,20 €. Abfahrt ist jeweils am Vormittag. Darüber hinaus stehen auch Taxis (beim Kiosk an der Asphaltstraße nach Psínthos) bereit.

Beste Tageszeit: Am besten im Laufe des Vormittags. Der Weg ist ausgesprochen schattig, daher ideal auch noch für den späten Vormittag. Den Nachmittag sollte man jedoch vermeiden. Denn das Tal ist ab 17 Uhr verschlossen. So dass für den Rückweg von Kloster Kalopetra nur die breite, weitgehend schattenlose Verbindungsstraße zwischen Psínthos und der Westküstenstraße bleibt.

Dauer und Strecke: Für die Wanderung einschließlich einer Pause im Kloster Kalopetra sollte man sich 3 Stunden Zeit nehmen. Der Aufstieg vom Museum bis zum Moni dauert 45 bis 60 Minuten.

Verpflegung: In der Mitte des Tales, wo die Asphaltstraße nach Psínthos das Naturschutzgebiet durchschneidet, gibt es einen Kiosk. Da hier viele Ausflugsbusse halten, ist der kleine Ruheplatz allerdings ständig überlaufen.

Ausrüstung: Angesichts des teilweise steilen Aufstiegs und der vielen Wurzeln sind feste Schuhe empfehlenswert.

Route: Das Tal am Nordhang des 480 m hohen Psínthos ist in knapp einer Stunde schnell durchlaufen. Doch wer will schon schnell das in der Ägäis einmalige Naturparadies durchqueren? Es lohnt sich, entlang des Flüsschens zu verweilen. In der Saison sind die Schmetterlinge leicht zu beobachten.

Der Weg beginnt am Museum, unterhalb der Verbindungsstraße zwischen der Westküste und dem Dörfchen Psínthos. In dem hübschen Ausstellungsbau informiert eine Ausstellung über das labile Ökosystem Petaloúdes. Anschließend geht es vorbei an dem Kassenhäuschen in das eigentliche Tal der Schmetterlinge. Der schmale Weg mit Holztreppen und -brücken ist vor allem in den Sommermonaten viel besucht. An manchen Stellen des stetig bergauf führenden Tales kann es schon einmal eng werden. Nach 400 m stößt man auf eine Asphaltstraße samt Kiosk, Taxistand und Souvenirläden, die das Tal durchschneidet. Hier machen vor allem viele Reisebusse Station. Doch je mehr der Weg bergauf führt, desto weniger wird die Zahl der Besucher. Der Weg führt vorbei an einem smaragdfarbenen See und wird zunehmend enger. Kurz vor dem Ende des Tales gibt es einen Brunnen. Aber auf Quellwasser darf man hier nicht immer hoffen. Am oberen Ende des Tales stößt man auf Kassenhäuschen. Von hier sind es nur noch ein paar Minuten zum malerischen, strahlend weiß getünchten Kloster Ágios Kalopetra. Unter Akazien und Zypressen kann man sich dort auf der Terrasse niederlassen. Eine große Speisekarte darf der Besucher jedoch nicht erwarten. Dafür servieren die Frauen des Kiosks hausgemachte Leckereien oder Joghurt mit Honig. Von der Klosterterrasse bietet sich dem Besucher ein schönes Panorama über die Westküste. Übrigens, ein Blick in die Kapelle mit ihrem blauen Sternenhimmel lohnt sich. Das Gotteshaus wurde

Schmetterlingstal – ein Ausflugsklassiker

im 19. Jh. nach einem Erdbeben wieder aufgebaut. Kalopetra heißt so viel wie „guter Felsen". In der Kirche selbst sind zwei alte Ikonen aus dem 19. Jh. zu sehen.

Obwohl der Rückweg über die Asphaltstraße bergab zum Beginn des Schmetterlingstales verlockend erscheint, lohnt er sich nicht wirklich. Es gibt keinen Schatten. Und in der Hauptsaison ist die Strecke zur Ostküste außerdem ziemlich befahren. Deshalb empfiehlt es sich, den beschwerlicheren, dafür umso schöneren Weg zurück über das Schmetterlingstal zum Ausgangspunkt zu nehmen.

Soroní

Ein Datum ist die Ursache für den Bekanntheitsgrad des Dorfes auf der ganzen Insel: der 30. Juni. Denn an diesem Tag feiert man das Fest des Heiligen Ágios Soúlas, der der 4 km vom Dorf gelegenen Wallfahrtskirche seinen Namen gab. Höhepunkt der Festlichkeiten ist ein Pferde- und Eselrennen, das schon Lawrence Durrell (1912–1990) begeisterte. Zwischen Theólogos und Soroní steht unübersehbar das

Elektrizitätswerk der Insel. Durch einen farbigen Anstrich in der Art eines Leuchtturms soll es freundlicher als bisher wirken.

• *Telefonvorwahl* 22410

• *Verbindungen* tägl. von Rhódos-Stadt 9 Busse. Fahrt einfach 2 €.

• *Essen/Trinken* **Taverne Helena**, am Strand von Soroní, typisch griechische Speisen, frischer Fisch und Steaks, starker Wind stört beim Essen nicht, denn eine Glasscheibe schützt die Taverne. Mittleres Preisniveau, Spielplatz für Kinder vorhanden.

▶ **Baden**: Der Strand von Soroní ist wenig attraktiv. Es gibt wenig Schatten und das E-Werk ist in Sichtweite. Von der Küstenstraße führt eine 1 km lange Allee zu dem relativ breiten Beach (mit Dusche) – eine Mischung aus Sand und Kies. Der Küstenstreifen wird vor allem landwirtschaftlich genutzt. Meistens sind es Griechen, die in Soroní baden gehen.

Essen **Bäckerei/Konditorei Berliner**, frisches griechisches Gebäck und vorzügliche Torten. Der Besitzer hat früher in Mannheim gelebt. Man findet das kleine Geschäft am Ortsausgang (aus Rhódos kommend) vor der Post auf der linken Seite. ✆ 41162.

Fánes

Der kleine Weiler südlich von Soroní hat wenig zu bieten. Die meisten Besucher kommen wegen des Dorfstrandes. Der Beach ist über eine 1,5 km lange Stichstraße leicht von der Küstenstraße zu erreichen. Mit Strandduschen, Surfschule (nur im Sommer) und einem kleinen Fischer- und Sporthafen. Zwei Tavernen verköstigen die meist wenigen Besucher.

• *Übernachten* **Rooms Michael's Vacancies**, von Fánes auf der asphaltierten Straße Richtung Strand, nach 800 m auf der rechten Seite. Das braun gestrichene Haus von Michael Komizoglou und seiner Frau Lisa, umgeben von Feldern, ist nicht zu übersehen. Mit Bar, schattigem Garten, 400 m vom Strand. Die Pension ist vor allem bei Windsurfern beliebt. Michael verfügt sogar über ein Häuschen am Strand, um Surfbretter aufzubewahren. Die Zimmer werden nur wöchentlich vermietet, im Preis enthalten sind Frühstück, Abendessen, Flughafen-Abholung sowie das Benutzen des Strandhäuschens und der Sonnenschirme am Strand, DZ pro Woche 342 €. Von April bis Ende September geöffnet. ✆/℻ 41670, komizmih@otonet.gr, www.surf.to/fanes.

Kamirós

Die Ausgrabungen von Kamirós zählen zweifellos zu den bedeutendsten auf Rhódos. An einem sanften Berghügel, umgeben von Pinien, stehen die Reste der Stadt, deren Glanzzeit schon 2600 Jahre zurückliegt.

Noch gut sind die Grundrisse der Gebäude und Stadtviertel zu erkennen, die wahrscheinlich durch ein Erdbeben bereits 142 n. Chr. dem Erdboden gleichgemacht wurden. In den 30er Jahren entdeckten italienische Archäologen die kleinste der drei antiken Städte der Insel. Zum Vorschein kam eine hellenistische Stadt, deren Architektur von der römischen Kolonisation nahezu unbeeinflusst blieb. Im Gegensatz zur wichtigen Handelsstadt Líndos hatte Kamirós eher ländlichen Charakter. Haupterzeugnisse waren Öl, Wein und Feigen.

Ähnlich wie in Líndos ist bereits die Topographie von Kamirós ein Erlebnis. Die idyllische Lage am Hang mit Blick auf die Ägäis macht zweifellos den ganz besonderen Charme der antiken Stadt aus.

Kamirós gliedert sich in drei Ebenen. Die erste erreicht man unmittelbar am Ortseingang. Hier befinden sich die öffentlichen Gebäude. Die zweite ist der eigentliche Siedlungsbereich, der sich halbkreisförmig an den Hang anschließt. Die dritte

In der Antike war Kamirós eine der drei Hauptstädte auf Rhódos

Ebene ist das kleine Gipfelplateau, die Akropolis von Kamirós. Auf diesem Plateau stand auch eine 200 m lange Halle mit dorischen Säulen. Dahinter sind noch heute Reste des *Tempels der Pallas Athene* zu erkennen.

Die hellenistische Stadt war hervorragend organisiert. Wer den zum Meer abfallenden Hang hinaufspaziert, hat nicht nur einen fantastischen Ausblick, sondern erkennt noch die Reste einer ausgeklügelten Wasserversorgung sowie eine große *Zisterne* (600 Kubikmeter!), die den Trinkwasservorrat für die 300 bis 400 ehemals in Kamirós lebenden Familien sicherte.

Kretischer Vatermörder in Kamirós

Ein schweres Schicksal erwartete Althaimenes, den Sohn des Königs Katreus von Kreta und Enkel des Minos. Denn das Orakel sagte ihm voraus, dass er eines Tages seinen Vater ermorden werde. Um seinem grausamen Schicksal zu entgehen, emigrierte der Sohn nach Rhódos und ließ sich mit seinen Gefährten in der Gegend von Kamirós nieder. In dieser Zeit soll er das Zeus-Heiligtum auf dem Attáviros, von dem aus man an klaren Tagen Kreta in der Ferne sieht, errichtet haben. Das Schicksal lässt sich jedoch nicht so einfach überlisten: Weil dem Vater die Entscheidung des Sohnes keine Ruhe ließ, kam Katreus nach Rhódos, um Althaimenes heimzuholen und ihm sein Königreich zu vermachen. Es war Nacht, als der kretische König am Strand von Kamirós landete. Althaimenes und seine Gefährten hielten ihn und seine Gefolgschaft für Piraten und töteten sie. So erfüllte sich der Spruch des Orakels doch. Als Althaimenes klar wurde, was er angerichtet hatte, bat er Zeus in seinem unendlichen Schmerz, dass ihn die Erde verschlingen möge, was auch geschah.

Geschichte

Kamirós, die kleinste der drei antiken Städte auf Rhódos, war einst Verwaltungszentrum des südwestlichen Teils der wohlhabenden Insel. Die Wirtschaft war – ganz im Gegensatz zu Líndos – vor allem durch Landwirtschaft und Handwerk geprägt. Während die Mythologie Kamirós mit den Minoern aus Kreta (s. Kasten „Kretischer Vatermörder") in Verbindung bringt, ist historisch sicher belegt, dass sich spätestens im 14. Jh. v. Chr. die Mykener in der Gegend von Kamirós ansiedelten. Diese Tatsache wird dokumentiert durch die Entdeckung ihrer Grabstätten. Damals erlebte Kamirós seine erste Blütezeit, die sich nach der dorischen Einwanderung fortsetzte.
Den Höhepunkt seiner Entwicklung erreichte Kamirós vermutlich im 6. Jh. v. Chr., als es noch vor den beiden anderen rhodischen Städten eigene Münzen prägte. Bevor sich die drei alten Städte von Rhódos im Jahre 408 v. Chr. zusammenschlossen, umfasste das Staatsgebiet einen 30 km langen und 10 km breiten Inselstreifen. Doch durch die Gründung der neuen Hauptstadt Rhódos wurde die Stadt politisch bedeutungslos. In archaischer Zeit war Kamirós zweifellos ein durchaus wohlhabender Ort. Das beweisen die schönen, aufwändig gearbeiteten Vasen, die man in den Gräbern fand. Heute sind sie im Archäologischen Museum von Rhódos zu besichtigen. Weitere Fundstücke dokumentieren, dass Kamirós noch bis zum 4. Jh. n. Chr. besiedelt war. Danach wurde die Siedlung endgültig aufgegeben. Warum, ist bis heute unklar. Vielleicht vertrieben die in dieser Zeit häufigen Piratenüberfälle die letzten Einwohner.

Rundgang

Agora (1): Nur wenige Schritte vom Eingang und schon steht man auf der Agora, dem wichtigsten Platz der Stadt. Von den zahlreichen Heiligtümern und Denkmälern, die einst diesen Platz schmückten, sind heute nur noch kümmerliche Reste zu sehen.

Apollon-Tempel (2): Obwohl es nicht ganz sicher ist, wird das Gebäude im Zentrum der unteren Ebene als Apollon-Tempel bezeichnet. Denn nachweislich wurde der Gott in Kamirós verehrt. Von dem Bauwerk mit einem Grundriss von 8 x 9 m lassen sich noch die Außenmauern sowie die Säulenanordnung deutlich ausmachen, obwohl nur eine einzige fast vollständig erhalten ist. In der Cella erkennt man sogar noch den Sockel des einstigen Kultbildes.

Brunnenplatz (3): Östlich des Apollon-Tempels schloss sich ein 20 x 25 m großer Platz unmittelbar an, auf dem wahrscheinlich religiöse Rituale stattfanden. Bis zum heutigen Tag hat sich eine dreistufige Treppenanlage an der Ostseite erhalten. Hier saßen vermutlich die Zuschauer, um die Geschehnisse vor dem Tempel zu verfolgen.

Brunnenhaus (4): Das Brunnenhaus fällt durch seine rekonstruierten dorischen Halbsäulen auf. Es steht am südlichen Ende des Festplatzes und wurde mehrmals umgestaltet. Offenbar ähnelte es einst dem dorischen Brunnen von Filérimos.

Altäreheiligtum (5): Oberhalb der Agora (östlich) liegt das große, rechteckig umschlossene Altäreheiligtum. Der Eingang befindet sich an der Westseite. Die Altäre lagen einst auf zwei von Norden nach Süden ausgerichteten Ebenen, die durch eine Treppe miteinander verbunden waren. Auf der unteren (westlichen) Ebene steht ein 6,5 m langer Altar. Im Westteil ist die Treppe noch erhalten, die die Priester zur Opfergabe hinaufgestiegen sind. Dieser Altar war laut einer Inschrift dem griechischen Sonnengott Helios geweiht.

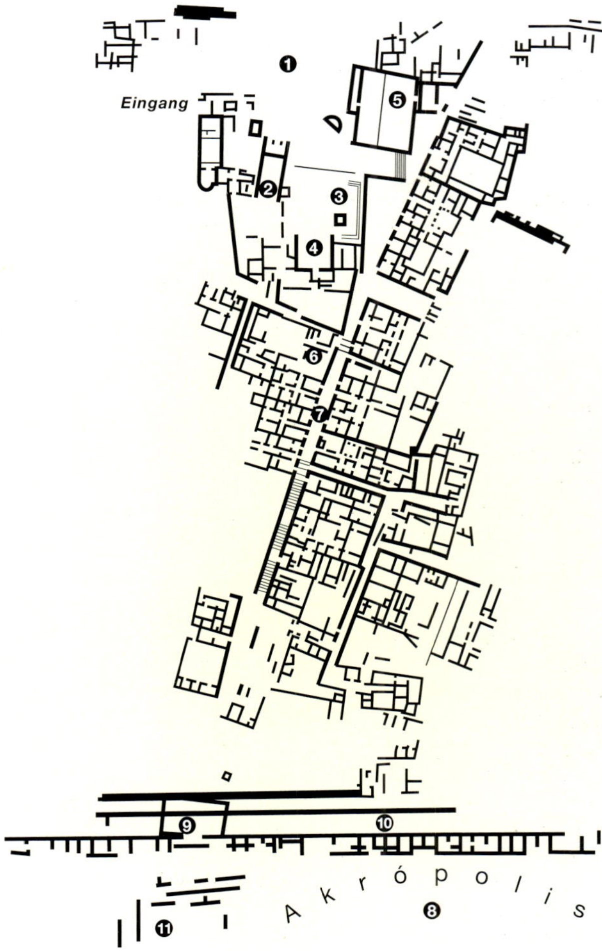

1. Agorá
2. Apollon-Tempel
3. Brunnenplatz
4. Brunnenhaus
5. Altäreheiligtum
6. Öffentliches Bad
7. Wohngebiete / Hauptstraße
8. Akrópolis
9. Zisterne
10. Stoá
11. Tempel der Pallas Athene

Kamirós

50 m

Die Zisterne fasst 600 Kubikmeter Wasser

Öffentliches Bad (6): Ein Gebäude östlich des Altäreheiligtums, am nördlichsten Ende der Hauptstraße, war vermutlich das öffentliche Schwimmbad von Kamirós. Nur spärliche Reste des Calidariums (Warmbad) und der Rohrleitungen für das Heizungssystem sowie die Feuerstellen für die Warmwasser- und Heißluftaufbereitung sind erhalten.

Wohngebiete (7): In das eigentliche Wohngebiet der antiken Stadt gelangt man weiter hangaufwärts. Die breite Hauptstraße, die zur Akropolis führt, ist noch gut erhalten. Die Wohnblöcke wurden rasterartig durch Querstraßen unterteilt. Einige der Säulen der Wohnhäuser und Werkstätten hat man wieder aufgerichtet. Die Säulen stützten das nach innen geneigte Hausdach. Diese ungewöhnliche Dachkonstruktion hatte den Zweck, das Regenwasser in eine Zisterne im Innenhof zu leiten.

Akropolis (8): Auf dem Weg zum Hügelplateau trifft man auf die **Zisterne (9)**, die vermutlich aus dem 6. Jh. v. Chr. stammt und durch ihre Größe (Länge 20 m, Breite 10 m) recht eindrucksvoll wirkt. Sie wurde 4 m tief in den Felsen gebaut. In dem Bassin sammelte sich das Regenwasser. Es sind noch zwei Abflüsse zu erkennen, die das Wasser durch Kanäle in die Stadt leiteten. Über zwei Treppen gelangte man in die Zisterne, um sie zu reinigen.

Darüber wurde beim Wiederaufbau von Kamirós um 200 v. Chr. eine riesige, 200 m lange Halle, die **Stoa (10)** mit dorischen Säulen, errichtet. Einige dahinter liegende Räume dienten vermutlich Pilgern als Übernachtungsquartiere.

Ein paar Meter weiter oben liegt der **Tempel der Pallas Athene (11)**, von dem heute nur noch sehr wenig zu sehen ist. Das Kultgebäude wurde nach dem Erdbeben von 226 v. Chr. neu aufgebaut.

- *Telefonvorwahl* 22410
- *Öffnungszeiten* Mai bis September Di–So 8–18.30 Mo geschlossen. Im Winter nur vormittags geöffnet. Eintritt 4 €, Schüler und Studenten mit ISIC frei, Kinder frei.
- *Verbindung* 2-mal tägl. **Busse** nach Rhódos-Stadt. Der letzte Bus fährt gegen 17 Uhr zurück. Einfache Fahrt 4,40 €.

• *Übernachten* **Pension Crito**, nur 6 Zimmer, aber sehr schön oberhalb der Küstenstraße gelegen, ruhig. Familiäre Atmosphäre, schöner Garten, nur leider verleidet weggeworfenes Gerümpel den Blick auf die Landschaft der Umgebung. Das DZ mit Bad und Frühstück kostet ca. 30 €, in der Hochsaison unbedingt reservieren! Von Bougainvillea umrankte Veranda; großer Parkplatz. ✆ 40092. Südlich von Kalavárda gegenüber der Fischtaverne Akrogiali links in den Feldweg hinein (beschildert). Ca. 1,5 km nördlich der Ausgrabungen von Kamirós.

• *Essen/Trinken* **Taverne New Kamirós**, täglich wird der Fisch frisch angeliefert und wer Glück hat, kann ihn selbst in Augenschein nehmen. Die Taverne von Theodoros Pitropakis wird auch von Griechen aufgesucht. Es gibt zudem einfache Gerichte. Nur 100 m vom Strand kann man genießen, was die Natur zu bieten hat. Für eine Portion Fisch (Brasse) sollte man mit rund 10 € rechnen. Spezialität: Leckere Meeräschen (mullets). ✆ 40001.

Taverne Old Kamirós, unterhalb von Kamirós an der Küstenstraße, direkt am Strand, liegt das Lokal – eine harte Konkurrenz zur Nachbartaverne. Unter einem Eukalyptusbaum (willkommener Schatten in der Mittagshitze) bietet Panagiotis Pitropakis griechisches Essen. Schöne, halbrunde Bar. Die Fischgerichte schmecken sehr lecker. Besonders empfehlenswert sind die Scampi. ✆ 40012. Beide Tavernen werden in den Sommermonaten häufig von Reisebussen angefahren.

Restaurant Akrogiali, 1,5 km in Richtung Rhódos-Stadt liegt die Taverne von Eliás Maroulaki. Die Stühle des kleinen Lokals mit großer Terrasse am Meer hat der Besitzer in den griechischen Nationalfarben gestrichen. Angebot und Preis sind ähnlich wie im Old und New Kamirós. ✆ 40038.

▸ **Baden**: Sicherlich kein Traum-Beach, denn am kleinen Sandstrand von Kamirós wird relativ viel Seetang angespült, ansonsten aber recht sauber, mit Stranduschen. Wenn die See rau ist, wird viel Seegras aufgewirbelt. Das trübe Wasser wirkt dann wenig einladend.

Kamirós Skála

Der Weiler gehört zu einem der beliebtesten Ausflugsziele an der Westküste. Hier fahren die Schiffe zur Nachbarinsel Chálki ab. Doch die meisten Gäste kommen wegen der Tavernen an der Hafenmole. Allerdings sind die Zeiten eines preiswerten Fisch-Menüs angesichts der leer gefischten Ägäis auch hier vorbei.

Der kleine Hafen ist das „Sprungbrett" hinüber zur **Dodekanes-Insel Chálki**. Leben kommt in dem Weiler nur nachmittags auf, wenn die kleine Fähre um 14.30 Uhr ablegt. Im Sommer gibt es auch eine Abfahrt um 9 Uhr. Da die Fährpläne je nach Jahreszeit wechseln, lohnt sich ein genaues Nachfragen. Die Überfahrt kostet rund 5 € und dauert etwas über eine Stunde. Für Archäologiefans: Hinter der Taverne Louka's sieht man noch den von Pflanzen umwucherten Reliefschmuck eines hellenistischen Grabes.

Kamirós Skála ist auch bei Griechen als sonntägliches Ausflugsziel beliebt. Die kleine Landspitze bei der Hafenmole ist ein bevorzugtes Revier für Angler. Manch ein Petrijünger holt sich dort seinen Fisch für den eigenen Mittagstisch. Und schließlich verkaufen die Fischer von Chálki hier ihren Fang, der später auf dem Markt von Rhódos-Stadt landet. Seit jeher gilt die Ebene um Kamirós Skála als sehr fruchtbar. Die vielen Gewächshäuser, in denen vor allem Tomaten und Frühgemüse gedeihen, bescheren eine reiche Ernte.

• *Telefonvorwahl* 22460

• *Verbindungen* **Fähre**, nach Chálki fährt das Ferryboat tägl. um ca. 13.30 Uhr ab, sonntags wird eine zusätzliche Fähre um 9 Uhr eingesetzt (zurück ab Chálki um 17 Uhr). Preis für Rückfahrkarte 17 € pro Person. Sicherheitshalber nochmals in einer der Tavernen oder am Hafen nachfragen! Achtung: Das Schiff hat ein Sonnensegel, trotzdem empfiehlt sich im Hochsommer für die einstündige Überfahrt ein Sonnenschutz.

• *Essen/Trinken* **Restaurant/Pension Liros**, die meisten Besucher lassen die ockerfarbene Pension inmitten von Treibhäusern links liegen und steuern schnurstracks auf die Hafenmole zu – zu Unrecht: Denn im Liros – 500 m nördlich von Kamirós Skála an der Küstenstraße auf der rechten Seite gelegen – kann man vorzüglich essen. „Die Familie Manakitsas hat viele Jahre in Berlin gelebt und spricht gut Deutsch, sehr nette Leute. Die Speisekarte ist reichhaltig und der Fisch wesentlich preisgünstiger als beispielsweise an der Ostküste." (Lesertipp von Melanie Jurtschak aus München). Die preiswerte rhodische Küche hat mittlerweile viele Freunde gefunden. Doch das Liros ist auch ein ideales Familienhotel für Naturliebhaber. Es werden einige gepflegte, mit Holzmöbeln eingerichtete Zimmer vermietet. Je nach Saison sollte man mit rund 36 € rechnen (inkl. Frühstück). Schöner Garten. ✆ 31264 oder 70346, 📠 31264, liroskamiros@in.gr.

Fischtaverne Louka's, viele Rhodier kommen am Wochenende hierher zum Fischessen, reichhaltiges Angebot auch an Meeresfrüchten, der Fisch ist garantiert frisch. Preisgünstig.

Fischtaverne Johnny S., in einer kleinen Kiesbucht zwischen Kamirós und Kastéllos (2 km) liegt die einfache Taverne versteckt an einem Hang. Was hier auf den Tisch kommt, ist garantiert frisch und preiswert. Von der Küstenstraße großzügig beschildert. Eine Asphaltstraße führt zu dem Ausflugslokal. Neben der Taverne lockt eine kleine Bucht zum Schwimmen. ✆ 31342.

Taverne Althemenis, insbesondere von deutschen Bustouristen viel besuchte Taverne (Kaffee und Kuchen am Nachmittag!) an der Hafenmole, entsprechend sind die Preise (teurer Fisch). Achtung: Es gibt keine festen Preise! Daher genau fragen, wie viel das Fischgericht tatsächlich kostet, um spätere Diskussionen zu vermeiden. Es werden auch **relativ einfache Zimmer** vermietet: DZ ab rund 25 €, z. T. mit Meerblick. ✆ 31303.

Kritiniá

Von Kastéllos zu dem stillen Bergdörfchen führt der Weg ständig bergauf. Die weißen, kubischen Häuser heben sich schon von fern deutlich von der kahlen Berglandschaft ab. In Kritiniá hat der Tourismus kaum Spuren hinterlassen. Die meisten lassen das verwinkelte Dörfchen links liegen.

Fast alle Besucher machen eine Pause beim Volkskundemuseum an der Küstenstraße. Hier lädt das schöne Terrassencafé Milos zum Verweilen ein. Ein Blick in das kleine Heimatmuseum – bei freiem Eintritt – lohnt sich. Die bäuerlichen Geräte wie Gabeln aus Ästen, Scheren, Beile und Zangen geben einen Einblick in den Arbeitsalltag. Die Rhodier waren seit jeher kunstfertig. Das belegen die ausgestellten Stickereien oder die geschnitzte Wiege. Sogar ein Bett wurde nachgebaut.

Ein Spaziergang durch das idyllische Kritiniá ist eine erholsame Angelegenheit, denn Fremde wagen sich kaum in das enge Gewirr der Gassen. Der außerhalb gelegene Dorffriedhof ist das Eingangstor. Eigentlich besteht der Ort nur aus zwei Straßen: Die eine ist zum Durchfahren, die andere, die zur Platia führt, ist Treffpunkt der Männergesellschaft. Dazwischen befindet sich die lang gestreckte Dorfkirche mit ihrem vierstöckigen Turm. Nicht nur an einem Sonntag liegt der Ort wie ausgestorben da.

Übrigens, der Name Kritiniá soll von der Insel Kreta – auf Griechisch Kríti – herrühren. Der Legende nach ist der Sohn des Königs Katreus und Enkel des legendären Königs Minos von Kreta, Althaimenes, hier an der zu Kreta hingewandten Küste gelandet.

• *Telefonvorwahl* 22460

• *Verbindungen* **Bus**, 1-mal tägl. nach Rhódos-Stadt (4,40 €).

• *Übernachten* **Pension Mavrudis**, Herr Spiros und seine Französisch sprechende Frau vermieten in ihrem zweistöckigen Haus am Dorfrand einfache Zimmer mit einzigartigem Ausblick auf die Küstenlandschaft. DZ ca. 20 €, sehr kleine Etagenbäder, aber sehr sauber. Wunderschöne Dachterrasse. Spiros hat sein früheres, hallenartiges Restaurant jetzt verpachtet, was allerdings der Qualität und dem Preis des Essens nicht gut getan hat. ✆ 31344.

• *Essen/Trinken* **Café Milos**, origineller Rundbau neben einer Windmühlenruine, lohnenswert vor allem wegen des einzigartigen Blickes nach Chálki. An der Küstenstraße gelegen, aus Kamirós Skála kommend, kurz vor Kritiniá auf der linken Seite.

Restaurant Anixis, auf der großen Terrasse der Dorftaverne von G. Diakourakis an der Platia isst man preiswert und vorzüglich.

Kafenion Plátanos, direkt daneben. Die Besitzer, ein älteres Ehepaar, freuen sich über jeden Fremden, der ins Dorf kommt. Gutes Frappé und freundliche Bedienung. ✆ 31292.

Die Johanniterburg bei Kritiniá bietet ein beeindruckendes Panorama

Kastéllos – Ruine aus dem Bilderbuch

Die als Kritiniá Castle ausgeschilderte Ruine zählt zweifellos zu den schönsten der Insel. In der Hochsaison kann der kleine Parkplatz schon mal voll werden. Von der Küstenstraße ist die beeindruckende Anlage mit bloßem Auge zu erkennen. Auf einem schroffen Felsklotz hoch über der Küste liegen die Reste einer außergewöhnlich gut erhaltenen *Johanniterburg*. Der Bau der Befestigung wurde 1472 von Großmeister Orsini begonnen. Später setzten die Großmeister Pierre d'Aubusson und d'Amboise das Militärprojekt fort. Doch erst unter Fabrizio del Carretto fanden die Bauarbeiten ihren Abschluss. Ein Pfad führt durch das Kastellareal hinauf zum Burgturm, der eine einzigartige Aussicht bis hinüber nach Alimiá und Chálki bietet, im Inselinneren eröffnet sich der Blick auf das schroffe Massiv des Attáviros. Auf der 1982 betonierten Plattform über dem Kirchenschiff sollte man sich eine Mußestunde gönnen.

• *Anfahrt* Von der Hauptstraße (2,5 km nördlich vom Bergdörfchen Kritiniá) geht es rechts ab, beschildert. Eine ca. 1 km lange Asphaltstraße führt zur Ruine. Aus der Ferne sieht man das Bergdorf Kritiniá als weißen Fleck. Für eine Besichtigung des Kastros sollte man gutes Schuhwerk tragen. Achtung Absturz- und Einsturzgefahr!

▸ **Wandern**: 4 km südwestlich von Kritiniá, unterhalb der Küstenstraße, liegt das **Kloster Amartoú**. Schöner Spaziergang, der Weg ist das Ziel. Auf bequemen Feldwegen, vorbei an Olivenhainen und Weingärten, ist es zu Fuß etwa eine Stunde zu der bescheidenen Anlage, die heute von einer Familie bewohnt wird. Ein Kirchlein (meist abgesperrt, die Familie besitzt jedoch den Schlüssel) und ein halb verfallener Turm sind alles, was es zu sehen gibt. Leider sind die typisch rhodischen Fußbodenmosaike von den Besitzern zubetoniert worden. Die Piste zum Kloster ist auch mit dem Auto gut befahrbar. Von der südlichen Zubringerstraße nach Kritiniá ausgeschildert.

Wanderung: Aus den Bergen zum Strand von Glifada

Anfahrt: Wir empfehlen die Anfahrt mit dem eigenen Fahrzeug. Ein Taxi bringt Sie zwar zum Startpunkt der Wanderung zwischen Kritiniá und Monólithos, Sie werden aber nur schwerlich eines finden, das Sie wieder abholt. Ein Bus zwischen Rhódos-Stadt und Monólithos fährt nur einmal am Tag (nur von Mo–Fr), und zwar erst am frühen Nachmittag (Fahrpreis 6,50 €).

Dauer und Strecke: Man geht etwa zwei Stunden bis zum Strand. Die meiste Zeit führt der Weg durch Weinberge mit relativ wenig Schatten. An der Westküste weht allerdings meist ein leichter Wind, der die Hitze erträglich macht. Zum Strand von Glifada geht es auf dem Hinweg fast ausschließlich bergab, auf dem Rückweg bergauf. Es empfiehlt sich, die Wanderung mit einem Bad im Meer zu kombinieren. Das verschafft Abkühlung vor dem Anstieg. Wer Glück hat, findet für den Rückweg einen hilfsbereiten Weinbauern, der ihn in seinem Fahrzeug mitnimmt. Fragen Sie nach Mitfahrgelegenheiten in der Taverne am Strand.

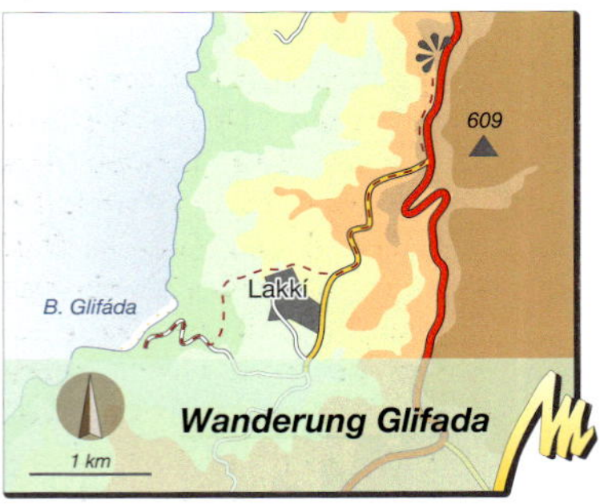

Verpflegung: Am Startpunkt der Wanderung gibt es einen Kiosk, am Strand von Glifada die Taverne „Paradise". Beide bieten Getränke und Essen. Auf dem Wanderweg gibt es keine Möglichkeit, etwas zu kaufen. Wir bekamen im September allerdings zwei Mal von Bauern köstliche Weintrauben geschenkt.

Ausrüstung: Feste Schuhe, einen Sonnenhut und Sonnenschutzcreme sind empfehlenswert. Wer am Strand von Glifada ins Meer springen möchte, sollte außerdem noch Badeschuhe einpacken, denn der Strand besteht aus feinem bis grobem Kies.

Route: Die Wanderung startet auf der Straße zwischen Kritiniá und Monólithos am Kiosk „Cacteen" (von Kritiniá kommend auf der rechten Seite). Etwa 500 m nach dem Kiosk führt eine Straße rechts hinunter zum „Glifada Beach". Wir schlagen sie ein und haben bald einen schönen Blick auf die Küste von Rhódos und die vorgelagerten Inseln (unter anderem Alímia und Chálki). Nach kurzer Zeit sehen wir rechts von uns die ersten Weinstöcke, gleichzeitig zweigt von der asphaltierten Straße rechts ein Schotterweg ab, den nehmen wir. Auf der rechten Seite stehen – etwas versteckt hinter Bäumen – ein paar Bienenstöcke. Wir kommen kurz darauf an einem engen Pfad nach links vorbei, den wir nicht weiter beachten. Bei der nächsten Weggabelung gehen wir nach links und erreichen kurze Zeit später eine An-

Der Strand von Glifada, Endpunkt der Wanderung

höhe. Von hier blickt man ins Tal auf den kleinen Ort Lakki nahe der Küste. Es geht vorbei an Bäumen und Weinstöcken. Inmitten von Weinstöcken gelangen wir an eine T-Kreuzung und zweigen nach links ab. Es geht bergab, etwas mehr in den Wald hinein. Auch bei der nächsten Weggabelung halten wir uns links und gehen bergab. Links und rechts säumen bald Weinstöcke den Weg, die Bäume werden weniger und wir sind wieder stärker der Sonne ausgeliefert. Wir kommen an ein paar verlassenen, alten Steinhäuschen vorbei, bevor wir ein großes, weißes Haus erreichen, das die Weinbauern nutzen. Wir gehen rechts um das Gebäude herum und folgen dem Weg unterhalb des Hauses. Am Rand des Weges wachsen Olivenbäume, dahinter gedeiht Wein.

An der nächsten Gabelung schlagen wir den Weg nach links ein. Nachdem wir einen kleinen Brunnen passiert haben, kommen wir an einem Abzweig nach rechts vorbei, den wir aber nicht weiter beachten. Wir folgen dem eingeschlagenen Weg und gelangen wieder auf die asphaltierte Straße. Hier gehen wir nach rechts den Berg hinunter. Das Schild zur Taverne „Paradise" weist den Weg zum Strand von Glifada. Dort angekommen, empfiehlt sich ein Bad im Meer. Ausruhen, sonnen, Ruhe genießen. Der Strand ist zwar ziemlich steinig und die Wellen an der Westküste sind im Vergleich zur Ostküste etwas heftiger. Aber für eine Abkühlung nach der Wanderung eignet sich Glifada auf jeden Fall. Leider ist der Strand nicht immer sauber. Übrigens, die Taverne „Paradise" am Strand ist bei Einheimischen am Wochenende wegen ihrer Fischgerichte beliebt. Während der Woche ist hier aber wenig los.

Zurück empfehlen wir entweder den Weg über die wenig befahrene Straße den Berg hinauf – oder Sie finden eine Mitfahrgelegenheit. Wer sowohl Hin- als auch Rückweg zu Fuß gehen und zwischendurch noch Baden möchte, sollte sich bei dieser Wanderung auf einen Tagesausflug einstellen.

Monólithos

Die Küstenlandschaft wird immer wilder: schroffe Felsen, wenig Vegetation, viel Wind. Das Dörfchen Monólithos liegt in den Bergen, am Südhang des Akramytis (zweithöchster Berg). Von der Küste ist der Weiler nicht zu erkennen. Im Mittelalter zogen sich die Einwohner aus Angst vor Piratenüberfällen ins Inselinnere zurück.

Heute leben in Monólithos fast nur noch Bauern und Alte; manche der weiß getünchten, kubischen Häuser sind längst verfallen. Für Leben sorgen vor allem die Ausflügler auf dem Weg zur Burg oder zum Kap Foúrni.

Das Bergdorf selbst ist ohne besonderen Reiz, doch die Ruine der **Johanniterburg** sollte man sich nicht entgehen lassen! Sie liegt 2,5 km entfernt (in westlicher Richtung) und schon ihr Anblick aus der Ferne ist beeindruckend. Auf einem Felsvorsprung hoch über dem Meer errichteten die Johanniter im 15. Jh. diese mächtige Wehranlage. Inmitten der hohen Festungsmauern steht eine schlichte, weiß gekalkte *Kapelle*, die dem Heiligen Panteleímonos geweiht ist. Idyllisch für eine kleine Rast ist im Übrigen die Bar Castle unterhalb der Burg.

- *Telefonvorwahl* 22460
- *Verbindungen* einmal tägl. fährt ein **Bus** nach Rhódos-Stadt (6,50 €).

Feigen sind in Monólithos eine beliebte Nachspeise

- *Übernachten* **Hotel Thomas**, Monólithos ist ein idealer Ausgangsort, um den Süden der rhodischen Westküste zu entdecken. Das „Thomas" ist das einzige Hotel des kleinen Dorfes. Das große Haus am Ortsrand im Stil der 70er Jahre bietet von seinen blauen Balkons ein einzigartiges Panorama bis zur Westküste. Nur 9 saubere, zweckmäßige Zimmer. DZ mit Dusche und Kochecke ca. 25 € (ohne Frühstück). Ganzjährig geöffnet. Im Sommer empfiehlt sich eine Reservierung unter ✆ 61291 oder 61264 oder 61247.

Christos Corner, die Taverne an der Abzweigung nach Apolakkia ist nicht zu übersehen. Hier werden „private rooms" vermietet, das DZ für 30 € (inkl. Frühstück). Freundlicher Besitzer, der mit seinen Gästen im englisch-griechisch-italienischen Kauderwelsch kommuniziert. Im angeschlossenen Restaurant kann man auf einer schönen Terrasse übrigens auch gut essen, ✆ 61310 (auch Lesertipp von Barbara Eberle aus Ulm).

- *Essen/Trinken* Taverne **Panorama**, Nomen est omen – die Taverne bietet eine grandiose Aussicht über den Süden der Insel, am Ortsende links, auf dem Weg zur Burg. Leckere Grillgerichte und rhodische Weine, Stammgäste schätzen das Pastitsio und das Moussaka. Überdachte Parkplätze.

▸ **Kirche Ágios Geórgios**: Auf der Asphaltstraße zum Kap geht es 2 km nach der Johanniterfestung rechts ab auf einen Schotterweg hinunter Richtung Meer. Nach 2,5 km gelangt man zu der kleinen Kapelle, die meist jedoch verschlossen ist. Das weiß getünchte Kirchlein mit den beiden Kiefern am Eingang und die romantische

Küstenlandschaft bilden eine stille, melancholische Einheit, für die sich der Abstecher lohnt. Von hier unten wird auch die Bedeutung des Ortsnamens Monólithos einsichtig: die Festung wurde auf einen riesigen, schroff in die grüne Landschaft ragenden Felsblock gebaut.

▸ **Baden**: Am Kap Foúrni gibt es mehrere kleine Badebuchten mit traumhaften, fast menschenleeren Kiesstränden (viele sind nicht leicht zugänglich). Der Hauptstrand ist ungefähr 120 m breit, viel Sand, aber auch Kiesel. Hier gibt es im Sommer auch eine kleine Bar. Wer es einsamer liebt, sollte den Kies-Strand rund 1 km vor der Hauptbucht am Kap Foúrni wählen, der unterhalb eines Pinienhaines liegt.
Zahlreiche Bademöglichkeiten gibt es außerdem an der Küste Richtung Apolakkía .

Kap Foúrni – Höhlen und Menschenknochen

Fährt man die asphaltierte Straße, die von Monólithos zur Johanniterburg führt, weiter Richtung Meer, gelangt man nach 5 km zum legendären Kap Foúrni, einer felsigen Halbinsel. Von der breiten Badebucht führt ein sehr steiler Pfad mit viel Geröll zu der Landzunge. Es empfehlen sich feste Schuhe und wegen der stacheligen Vegetation auch eine lange Hose. Der Felsrücken aus weichem, hellbraunem Sandstein eignete sich hervorragend, um kleine Höhlen als Verstecke und Schlupfwinkel anzulegen. Man kann entlang des felsigen Landvorsprungs zur Südseite laufen und stößt dann auf mehrere solcher Höhlen, die einst auch für religiöse Zwecke genutzt wurden. Zwei Höhlen sind miteinander verbunden. Zu besichtigen sind Inschriften, Nischen und in einer weiteren Grotte ein Lampenhalter. Auf dem Rückweg zum Plateau trifft man linker Hand auf zwei Grabkammern, aus denen mittlerweile Knochen und Schädel entwendet wurden. Südlich davon eine weitere kleine Höhle mit treppenartigem Zugang zum Meer, rechts davon ein Schacht, in den unterirdisch Wasser gespült wird. Läuft man auf dem Plateau ca. 10 m in Richtung Kap, trifft man auf eine Höhlenkirche. Auf der rechten Seite befinden sich Grabkammern mit Knochen. An der Spitze des Kaps stehen noch Reste eines Leucht- oder Wachturms.

Der Schriftsteller Ludwig Roß, der 1832/33 Griechenland bereiste, notierte einst über seinen Besuch am Kap Fourni: „Am 21. Mai stiegen wir morgens von Monolithos über bewaldete Abhänge in drei Viertelstunden hinunter nach Furni. So heißt eine niedrige schmale Felszunge am Strand, mit alten, in den Felsen gehauenen Gräbern. Darunter sind an der Ostseite wenig über dem Wasserspiegel drei runde, gewölbeförmige Kammern mit engem Eingang. Dem Eingang gegenüber ist eine größere Nische mit einem Kreuz darin ausgehauen; die Wände sind voll ganz kleiner Nischen, wie zur Aufnahme von Heiligenbildern oder kleiner Aschenkrüge; daneben sind Kreuze ausgehauen und verstümmelte christliche Inschriften.

Von hier klommen wir auf einem ungebahnten und gefährlichen Pfad um ein steiles Vorgebirge und gelangten dann, längs dem flachen Strand voll schöner bunter Kiesel und weiter über zerklüftete Hügel fortgehend, während die Pferde mit dem Gepäck einen anderen Weg eingeschlagen hatten, nach dem Dorf Apolakkia an einem weiten und trockenen Flussbett eine halbe Stunde vom Meer. Dieser Fluss kommt im Winter vom Atabyron (gemeint Attáviros) aus der Schlucht zwischen H. Isídoros und Sianá hinunter."

Steiniger Acker am Attáviros

Rund um Profítis Ilías und Attáviros

Salákos

Das beschauliche Dörflein liegt am Nordhang des mächtigen Profítis Ilías. Auf der Insel ist Salákos wegen seines guten Mineralwassers bekannt. Die kleine Getränkefabrik liegt im Flusstal, 2 km unterhalb des Ortes. Von Salákos sind es auf der gut ausgebauten Teerstraße noch 10 km bis zum Gipfel des knapp 800 m hohen Berges. Der liebenswerte Weiler mit seiner idyllischen Platia lädt zum Verweilen ein – nicht zuletzt wegen des preiswerten Essens in den Tavernen am Dorfplatz mit Brunnen. Salákos ist auch ein gutes Ausgangsquartier, um die Bergwelt der beiden höchsten Inselberge Attáviros und Profítis Ilías kennen zu lernen.

• *Telefonvorwahl* 22410

• *Verbindungen* Es gibt täglich 5 Busse zwischen 6.50 und 21.35 Uhr, jedoch vormittags nur einen. Die einfache Fahrt kostet 2 €.

• *Übernachten* **Hotel Nimfi**, das sicherlich schönste Haus von Salákos ist ein schmuckes, gemütliches Familienhotel. Das Gebäude, weiß-braun angestrichen und von zwei Palmen flankiert, wurde ursprünglich von einem Italiener erbaut. Auch innen ist die Villa geschmackvoll eingerichtet: offener Kamin, Holzbalkon. Leider ist der Glanz schon etwas verblasst. Sympathische Besitzer, ganzjährig geöffnet. Nur 4 DZ mit Bad, je 35 €, als Einzel 25 €, Preise inkl. Frühstück. ✆ 22206. Am Ortsausgang Richtung Profítis Ilías auf der linken Seite. Der Besitzer des Nimfi betreibt auch die kleine Mineralwasserfabrik im Dorf.

• *Essen/Trinken* **Taverne Mike**, am zentralen, idyllischen Platz neben dem Rathaus aus der italienischen Besatzungszeit gelegen. Man sitzt um einen Brunnen herum, unter einem großen, schattigen Baum. Einfache griechische Küche, ideal für eine Rast. Freundlicher Service. ✆ 22209.

Café Mona Lisa, an der Hauptstraße. Hier trifft sich die Dorfjugend auf ein leckeres Eis.

Wanderung vom Bergdorf Salákos zum Gipfel des Profítis Ilías

Anfahrt: Es fährt schon frühmorgens um 6.55 Uhr ein Bus von Rhódos-Stadt nach Salákos, in der Regel ist er pünktlich.

Beste Tageszeit: Es empfiehlt sich, den Bus am frühen Morgen zu nehmen. Der Aufstieg zum Profitis Ilías ist nicht immer überschattet. Es kann somit ziemlich heiß werden. Von einem Aufstieg am Nachmittag ist abzuraten.

Dauer und Strecke: Für die Strecke von Salákos bis zur Gipfelregion und zurück ist man rund 3 Std. unterwegs. Die alten Eselspfade sind gut ausgebaut und einfach zu finden. Teilweise ist der Weg mit roten Punkten markiert. Am Ziel trifft man auf einen italienischen Luftkurort.

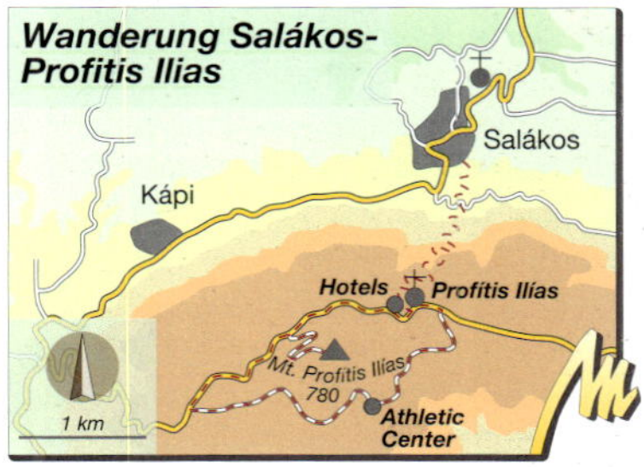

Verpflegung: Man sollte ausreichend Trinkwasser für die anstrengende Wanderung mitnehmen. Auf dem Weg gibt es keine natürlichen Quellen. Übrigens, Salákos stellt eigenes, köstliches Mineralwasser her. Es ist in jedem Laden des Dorfes preiswert zu bekommen. Auf dem Profitis Ilías nahe zweier verlassener Hotels aus italienischer Zeit gibt es ein romantisch gelegenes Waldcafé, das neben Getränken auch Essen serviert.

Ausrüstung: Festes Schuhwerk und Sonnenschutz. Ein Stock ist für den Aufstieg lohnenswert.

Die Wanderung zum Profitis Iliás, dem zweithöchsten Berg der Insel, ist anspruchsvoll. Sie führt auf alten Wegen durch Kiefernwälder an Kapellen und malerischen Ruinen vorbei. Unterwegs kann es passieren, dass man immer wieder mal einem Rudel von vielen Ziegen begegnet. Am Ziel trifft man auf zwei italienische Kurhotels, die mittlerweile renoviert sind. Sie sind nach den Wappentieren der Insel, Hirsch (Elafos) und Hirschkuh (Elafina) benannt. Das Elafos bietet sich für eine Mittagsrast an. Der eigentliche Gipfel mit seinen militärischen Telekommunikationsanlagen ist gesperrt. Die Antennen sind von weitem zu erkennen.

Route: Die Wanderung beginnt an der Bushaltestelle in Salákos. Man läuft die Dorfstraße (Richtung Émbonas) bergauf, bis man auf ein Wartehäuschen trifft, wo ein großes Schild „Footpath to Profítis Ilías“ den Weg nach links weist. Nach wenigen Minuten treffen wir auf eine Gabelung, wo uns ein Schild den steinigen Weg nach rechts zeigt. Von diesem Weg zweigt links ein schöner Eselspfad ab, dem wir folgen. Schon nach wenigen Minuten erkennt man, dass Salákos langsam aus dem Blickfeld verschwindet. Die Gegend ist einsam. Nur selten kommt einem ein anderer Wanderer entgegen. Es gibt daher kaum eine Möglichkeit, um im Notfall nach dem Weg zu fragen.

Der Weg führt nun über eine bewaldete Mulde bergauf. Nach ca. 30 Min. erreichen wir eine Kreuzung. Dort geht der Weg nach rechts ab. Wir gehen den Pfad hoch und gelangen zu der kleinen Kirche Ágios Michaíl. Hier hat man eine schöne Aussicht auf die Westküste. Wenn man den Weg zur Kreuzung wieder einschlägt, folgt man dem später 2 m breiten Schotterweg nach rechts und läuft geradewegs auf die Hotels Elafos und Elafina zu.

Hier bietet sich das Waldcafé für eine kleine Pause an, um danach gestärkt den Berg wieder hinabzusteigen. Unten angekommen, ist die Taverne Mike an der Bushaltestelle ideal, um zu Mittag zu essen. Am Nachmittag gibt es drei Busse, die nach Rhódos-Stadt zurückkehren. Der letzte fährt bereits kurz nach 17 Uhr. Erkundigen Sie sich nach den exakten Uhrzeiten!

Éleusa

Éleusa ist ein außergewöhnlicher Ort, denn einst hatten die Italiener den Weiler für eine Musterkolonialisierung auserkoren.Inmitten einer lieblichen Landschaft am nordöstlichen Rand des Massivs liegt Éleusa an einem Knotenpunkt verschiedener Inselstraßen. Überbleibsel sind nicht nur die typisch italienischen Kolonialhäuser am oberen Dorfrand, sondern vor allem die absolut kuriose *Piazza* aus dem Jahre 1943 im Zentrum.

Früher wurde der ehemalige Gouverneurspalast vom griechischen Militär genutzt, heute verfällt er zusammen mit den exzentrischen Nebengebäuden. Tauben sind dort noch die einzigen Bewohner. Gegenüber vom Palast steht eine überdimensionierte Kirche. Geht man wenige hundert Meter von dem eigenartigen Platz bergauf in Richtung Profítis Ilías (Fountoukli-Kirche), trifft man auf ein kreisrundes, ebenfalls von den Italienern errichtetes *Bassin* mit einem Durchmesser von ungefähr 30 m. Dieses wurde wieder mit Mitteln der Europäischen Unio restauriert, weil es Teil des Rettungsprogramms für den vom Aussterben bedrohten Gizani-Fisch ist. Im Sommer dient es der Dorfjugend als Swimmingpool. Eine Bar lädt zum Verweilen ein.

Bei den Einheimischen ist Eleusa vor allem als Ausflugsziel an Sonntagen beliebt. Die Tavernen des Straßendörfchens sind für ihre guten Fleischgerichte auf der ganzen Insel bekannt.

Picknick am Sonntag: Ágios Soúlas

Der Sonntag ist den Rhodiern heilig. Wer nur irgendwie kann, fährt mit seiner Familie aufs Land, trifft sich mit Verwandten und Freunden. Dann wird unter schattigen Pinien den ganzen Nachmittag geplaudert und gelacht. Vor allem die Kinder haben ihren Spaß. Spiel ohne Grenzen heißt es dann unter freien Himmel. Ein solch idealer Ort für einen griechischen Sonntag ist der Hain von Ágios Soúlas. Die Lichtung im Pinienwald liegt rund 2 km südlich von Soroní, am Weg nach Éleusa. In den meisten Karten ist das kleine Kloster St. Sila mit seinen großen Fußball-, Tennis-, Basketball- und Kinderspielplatz gar nicht eingezeichnet. Die meisten Rhódos-Besucher lassen diesen schönen Picknick-Platz links liegen. Zu Unrecht, denn auch Gäste sind willkommen. Am Wochenende wird in der Taverne Estiatorio der Grill angeworfen ... Leckeres brutzelt dann.

• *Essen/Trinken* **Oasis**, eine von Griechen geschätzte Taverne für Wochenendausflüge. Die Grillküche, insbesondere das Lamm, genießt einen guten Ruf. An Werktagen ist hier aber wenig los. An der Durchgangsstraße.

To Steki, ebenfalls an der Durchgangsstraße im Dorfzentrum liegt die originelle, terrassenförmige Taverne. Schatten spendet eine große Platane. Hier gibt es deftige griechische, preiswerte Landküche. Sehr freundliche Besitzerfamilie. Entspannte Atmosphäre. Gegenüber stehen restaurierte Landhäuser im Art-déco-Stil aus der italienischen Kolonialzeit. ✆ 98434.

Fountoúkli – ein kunsthistorische Juwel

Ágios Nikólaos Fountoúkli

Um das kleine Juwel zu finden, nimmt man die Straße zum Profítis Ilías. Nach knapp 4 km trifft man linker Hand am Rand eines Pinienwaldes auf das gut erhaltene byzantinische Kirchlein mit seinen besonders reizvollen Fresken. Mittlerweile sind jedoch die über 500 Jahre alten Wandmalereien stark verwittert und die einzelnen Motive kaum noch zu erkennen.

Das Gotteshaus und die Wandmalereien am Fuß des berühmten Inselberges stammen aus der Zeit um 1500 und wurden von einem hohen byzantinischen Verwaltungsbeamten gestiftet. Man hat die Kirche zur Erinnerung an seine drei früh verstorbenen Kinder erbaut. Das Stifterehepaar und sein Nachwuchs sind übrigens in den Wandmalereien an den beiden Seiten der Tür, die sich nach Westen öffnet, verewigt. Der Purpurmantel des kaiserlichen Beamten unterstreicht seine soziale Stellung. Das Ehepaar hält ein Modell der Kirche in den Händen, darüber der segnende Christus. Rechts und links von Christus zeigt das Fresko die Jungfrau Maria und Johannes den Täufer.

In dem halbrunden Nebenraum an der Südseite sind rechts wiederum die spielenden Kinder der Stifter dargestellt. Eines der Kleinen reitet auf einem Wassertier. Nicht nur die Fresken der Kirche sind außergewöhnlich, sondern auch die Bauform. Sie ähnelt der eines Kruzifixes, das von drei gleich großen und einem längeren halbrunden Nebenraum – von Kunsthistorikern *Konche* genannt – gebildet wird.

Das Kirchlein steht am Rand einer kleinen Parkanlage, in der die Rhodier gerne ihr sonntägliches Picknick veranstalteten. Der uralte Baumbestand ist eindrucksvoll. Zudem lädt ein riesiger Feigenbaum im umzäunten Teil bei der Kapelle im Herbst zum Naschen ein.

Die tolle Aussicht von Ágios Nikólaos Fountoukli schätzt auch die Feuerwehr, die hier einen Beobachtungsposten eingerichtet hat. Für Durstige: Ein Brunnen spendet das ganze Jahr über Trinkwasser. Außerdem sind Toiletten vorhanden. Eine gut ausgebaute Asphaltstraße führt bergauf zum Gipfel des Profítis Ilías (4 km).

Archípoli

Das unscheinbare, aber beschauliche Bauerndörfchen im Loutani-Tal bietet sich als Ausgangsort für Exkursionen ins Inselinnere an. Nach Éleusa sind es 4 km, nach Eptá Pigaé 5 km und bis zum Meer bei Kolímbia 9 km. Für Kirchenfans gibt es an der Straße nach Psínthos zwei Gotteshäuser, die wegen ihrer Wandmalereien sehenswert sind. Unweit der Hauptstraße, 6 km von Archípoli entfernt, steht ein wenig versteckt die Kirche *Panagía Parmeniotissis* (14 Jh.). Und 2 km vor Psínthos sieht man rechts auf einem Hügel die einschiffige Kirche *Agias Trias*, die aus der gleichen Zeit stammt. Die bis zur Unkenntlichkeit verblichenen Fresken entstanden im Jahr 1407, wurden aber teilweise im 18. Jh. übermalt. Im Innern ist noch ein antiker *Altar mit Stierköpfen* zu entdecken. Leider ist die Kirche meistens geschlossen. Dennoch lohnt sich der Ausflug, denn von der Anhöhe bietet sich ein schöner Blick auf Psínthos.

• *Straßenverhältnisse* Achtung, die knapp 10 km lange Straße nach Psínthos ist schlecht befahrbar. Dennoch scheuen viele Autofahrer die staubige Schotterpiste nicht. Ungefähr ab der Abzweigung zur Kirche Agias Trias ist die Straße asphaltiert.

• *Übernachten* **Pension Panos**, 150 m unterhalb von der Hauptstraße, beschildert. Nur in den Sommermonaten geöffnet, in dem einstöckigen Haus werden einfache, aber gepflegte DZ angeboten.

Artpark-Kunst unter freiem Himmel

Auf dem Weg von Archípoli nach Éleusa leuchtet es aus dem Pinienwald in allen möglichen Farben. Seltsame Konstruktionen mit Sonnendächern sind bereits zu erkennen und griechische Musik tönt aus dem Wald. Die Fata Morgana in dieser einsamen Gegend ist der Artpark. Auf Initiative des Malers Damon Papakiriakou, der lange in Dänemark lebte, und seiner Frau Emily Lyroni entstand eine Kunstausstellung unter freiem Himmel, die von Mai bis Oktober zu sehen ist. 60 internationale Künstler stellen in diesem Waldgelände Gemälde, Fotografien, Skulpturen und Installationen aus. Bisweilen kann der Besucher auch Künstler bei der Arbeit antreffen. Der Artpark ist täglich von 10–19 Uhr geöffnet, www.artpark.gr.

Platánia

In das malerische Dorf am Hang des Profítis Ilías verirrt sich kaum ein Fremder. Freundlich begrüßen die Einwohner die wenigen Besucher des Dorfes. Bekannt war Platánia früher für seine bunten Häuser, die jährlich neu in den verschiedensten Farben getüncht wurden. Diese Tradition ging mittlerweile verloren und jetzt erstrahlen die meisten Häuser in schlichtem Weiß.

Den Dorfrand verunziert ein Militärgelände. **Achtung**: die Straße, die zwischen Platánia und Apollóna Richtung Láerma abzweigt, entpuppt sich als schlechte Schotterpiste.

Essen/Trinken **Taverne Perama**, am Hang gebautes Haus am Ortsrand (Richtung Éleusa), ideal für eine Rast, herrlicher Blick aufs Inselinnere. Der Parkplatz ist im Grunde viel zu groß, für die meist wenigen Besucher.

Apollóna

Die Zeiten, als kaum ein Fremder in das abgelegene Bergdorf gefunden hat, sind längst vorbei. Eine breite Asphaltstraße führt von Éleusa über den Weiler Platánia zu dem Bauerndorf (8 km) am bewaldeten Südhang des Profítis Ilías. Eine gut ausgebaute 5 km lange Straße führt auch auf den knapp 800 m hohen, markanten Berg.

Apollóna ist vor Jahren vom Tourismus entdeckt worden. Busse machen bei ihren Rundfahrten über die Insel hier gerne Station. Dennoch hat sich das Dorf mit zahlreichen schönen, alten Bauernhäusern seinen Charakter bewahrt. Die Landwirtschaft prägt das Leben der wenigen Bewohner. Das Dorf ist umgeben von Weingärten, Olivenhainen und Orangenplantagen. Ein kleines Dorfmuseum erzählt die Geschichte des früher so kargen Lebens in den Bergen.

Der nach dem bis heute nicht aufgefundenen Apollon-Heiligtum benannte Ort ist bekannt für seinen Wein, den Sie in der Taverne Panorama genießen sollten. In Apollóna gibt es eine Tankstelle.

• *Essen/Trinken* **Taverne Panorama**: Der Name hält, was er verspricht. Das Lokal am Ortsausgang in Richtung Embonas bietet einen fantastischen Ausblick. Ein Pflanzendach bietet Schatten, kühle Getränke stehen bereit ... ein ideales Ausflugslokal, das auch organisierte Reiseveranstalter längst entdeckt haben. Dennoch kann man im Panorama gut essen. Griechen aus der rund eine Autostunde entfernten Hauptstadt machen in der Nebensaison gerne einen Ausflug hierher. Die Taverne verkauft im Übrigen auch hausgemachten Honig, Olivenöl und Souma. Freundliche Wirtsfamilie.

Picknickplätze: An der Straße von Apollóna nach Émbonas gibt es schöne Picknickplätze mit viel Schatten. Palmen flankieren die landschaftlich reizvolle Straße.

▸ **Volkskundemuseum**: Ein Besuch in Apollóna lohnt sich auch wegen des kleinen Volkskundemuseums, das von einem Dorfbewohner in Privatinitiative betrieben wird. Es zeigt die Ausstattung eines altes Bauernhauses, aber auch Trachten von Apollóna und Émbonas und landwirtschaftliche Geräte. Besonders eindrucksvoll ist die zweieinhalb Meter große Ölmühle. Historische Fotos aus der Zeit kurz vor Ausbruch des Zweiten Weltkriegs dokumentieren das harte Landleben. Die schlechte wirtschaftliche Situation der Insel zwang bereits Ende des 19. Jh. viele Bewohner zur Emigration. Eine Einwanderungsurkunde für die USA von 1888 ist ein stummer Zeuge dieser Zeit.

Straße des 28. Oktober, Hausnummer 15 (40 m unterhalb der Durchgangsstraße, ausgeschildert). Unregelmäßige Öffnungszeiten, leider oft geschlossen. Eintritt 1,50 €.

Profitis-Ilías-Berg

Eine Bergkulisse wie im Schwarzwald. Ausgedehnte Nadelwälder und zwei von den Italienern erbaute ehemalige Hotels im alpenländischen Stil am Gipfel: ein anderes Rhódos. Die Zeiten des italienischen Luftkurorts werden wieder lebendig. Mit der Restaurierung des Elafos-Hotels haben Wanderer und Frischluftfans wieder ein komfortables Quartier.

Das ökologische Paradies Profítis Ilías ist vor allem ein Verdienst der Italiener. Sie forsteten unter großen Anstrengungen das Bergmassiv auf und schufen somit eines der waldreichsten Gebiete der Insel. Doch immer wieder dezimieren verheerende Flächenbrände, teilweise vorsätzlich gelegt, den Bestand. Zum 798 m hohen Profítis Ilías führt eine gut ausgebaute, 16 km lange Asphaltstraße. An heißen Sommertagen ein ideales Ausflugsziel. Hier oben weht stets ein kühles Lüftchen.

Die Gipfelregion erinnert mehr an einen hügeligen Park als an eine schroffe Gebirgslandschaft. Ein kleines, sehenswertes Kloster steht unweit der beiden Hotels Elafos und Elafina (Hirsch und Hirschkuh). Die zwei romantischen Herbergen wurden von der zuständigen Gemeinde Kámiros mit Steuergeldern wiederaufgebaut. Seit 2006 ist das schönere der beiden Hotels wieder in Betrieb: das 1929 entstandene Hotel Elafos. Der Blick von den Balkonen der großzügigen, nostalgisch eingerichteten Zimmer reicht bis zur Insel Sými vor der türkischen Küste. Elafos ist eine ideale Herberge für Besucher, die Natur und Abgeschiedenheit lieben.

Der Profítis Ilías ist ein ausgezeichnetes Wandergebiet. Viele Griechen kommen am Wochenende hierher, um ausgedehnte Mountainbike-Touren zu unternehmen. Ein kleines Waldcafé, gebaut über die ehemaligen Hotelgaragen, versorgt die meist wenigen Besucher mit Getränken und Essen.

• *Übernachten* **Hotel Elafos**, Berghotel nach griechisch-italienischer Art: Fensterläden mit Herzchen, überdimensionales, handgeschnitztes Schachspiel in der Lobby. Bei der 1 Mio. Euro teuren Restaurierung wurde darauf geachtet, den ursprünglichen Zustand des Hotels aus der italienischen Besatzungszeit wiederherzustellen, im Kaminzimmer dokumentieren Fotos die Zeit der 30er Jahre. Besonders schön sind die Zimmer 103, 105, 107 sowie die Suite 101. Leider verfügt das Hotel über keinen Pool. DZ 97 €, Suiten 139 €. ✆/℻ 22460/22402, oder 697-4607617 (mobil), www.elefoshotel.gr.

Waldbrand: Gefahr für Mensch, Tier und Natur

Im Sommer sind die ausgedehnten Wälder um den Profítis Ilías strohtrocken. Doch die Waldbrandgefahr gilt nicht nur für die Nadelwälder auf Rhódos, sondern auch für die vielen Olivenhaine. Die Rhodier bangen Jahr für Jahr um ihren ökologisch so wichtigen Baumbestand. Zu oft haben sie schon erlebt, dass das Feuer jahrelange Aufforstungsarbeit zunichte gemacht hat. Der kleinste Funken kann bereits eine Katastrophe auslösen. Deshalb bitten die Rhodier eindringlich:

- im Wald – am besten überall in der freien Natur – grundsätzlich nicht zu rauchen;
- kein offenes Feuer zu entfachen, auch nicht an Stränden, denn die Funken werden leicht von der Meeresbrise weitergetragen;
- keine Dosen zu kaufen oder liegen zu lassen. In der Vergangenheit kam es immer wieder zu Bränden, da das Metall die Sonnenstrahlen so stark reflektierte, dass trockene Grashalme und Äste entzündet wurden. Das Gleiche gilt übrigens auch für Glasflaschen.

Wanderung um den Gipfel des Profítis Ilías (s. Karte S. 211)

Anfahrt: Zum ehemaligen italienischen Luftkurort auf dem Profítis Ilías fahren keine Busse. Deshalb ist eine Anreise nur mit Leihfahrzeug oder Taxi möglich.

Beste Tageszeit: Die Rundwanderung durch die Wälder um den Profitis Iliás ist ausgesprochen schattig. Deshalb kann die Wanderung zu jeder Tageszeit durchgeführt werden.

Dauer und Strecke: Für die 5 km Strecke vom Waldcafé, gegenüber von den beiden früheren italienischen Hotels, über das Athletic Center und zurück ist man fast zwei Stunden unterwegs. Für einen Abstecher auf den Gipfel (gesperrtes Gelände) sollte man eine halbe Stunde einplanen. Die Waldwege sind gut ausgebaut und einfach zu finden.

Verpflegung: Auf dem Weg gibt es keine natürlichen Quellen, deshalb empfiehlt sich die Mitnahme von Mineralwasser. Am Ausgangspunkt, nahe bei den beiden verlassenen Hotels aus italienischer Zeit, gibt es ein romantisch gelegenes Waldcafé.

Ausrüstung: Da die Wege ohne große Höhenunterschiede leicht zu begehen sind, genügen normale Schuhe.

Route: Die Rundwanderung um die Gipfelregion Profitis Iliás, zweithöchster Berg der Insel, ist ausgesprochen einfach. Sie kann übrigens auch mit einem Mountainbike sehr gut gemacht werden. Ausgangspunkt ist das Waldcafé an der Straße, wenige Meter von den zwei italienischen Sommerhotels. An der Straße (in Richtung Ágios Nikólaos Fountoukli, Appollóna) weist ein großes Schild rechts zum Athletic Center. Dieser Weg führt zu Beginn stark bergauf. Danach gegen es jedoch ziemlich eben weiter. Die romantische Waldstraße führt durch die lichten Pinienwälder des Profítis Ilías. Der Schotterweg macht um die Gipfel einen großen Bogen nach Süden. Ab und zu trifft man auf wilde Ziegenherden, welche die Bergregion durchstreifen. Nach ca. 2,5 km erreicht man am Südhang das Sportzentrum mitten im Gebirge. Das Athletic Center verfügt nicht nur über einen für Rhódos ungewöhnlichen Fußball-Rasenplatz, sondern auch über Tennis-, Basketball- und Volleyballplätze und einen Swimmingpool. Im Sommer dient das weitläufige Gelände als Feriencamp für Kinder. Nach ca. 4 km trifft der Waldweg auf die Asphaltstraße zum Profítis Ilías. Es bleibt keine andere Möglichkeit, als diesen Weg zu nehmen. Doch in der Regel herrscht hier nur sehr wenig Verkehr. Kurz vor dem Ziel beim früheren Luftkurort mit den beiden Hotels gibt es für Wanderer eine Möglichkeit, auf den Gipfel zu laufen. Der teilweise steile Asphaltweg mit vielen Schlaglöchern ist übrigens für Autos und Motorräder gesperrt, denn der höchste Punkt ist für militärische Telekommunikationseinrichtungen reserviert. Es herrscht daher auch absolutes Fotografierverbot. Dennoch lohnt sich der kleine Spaziergang zu den Radar- und Sendeanlagen wegen des tollen Ausblicks. Die Bebauung auf dem Gipfel hingegen ist wenig reizvoll. Die einfache Wegstrecke von rund 1,2 km ist in etwa einer Viertelstunde zu schaffen. Nach diesem Abstecher zum Gipfel sind es nur noch wenige Meter bis zum Ausgangspunkt, dem Waldcafé und dem gegenüber gelegenen Hotel Elafos.

Das Hotel Elafos im alpenländischen Stil auf dem Profitis Ilías

Émbonas

Die meisten der 1500 Einwohner von Émbonas leben vom Weinbau, der in den letzten Jahren einen kontinuierlichen Aufschwung genommen hat. Die Weine werden auch außerhalb von Rhódos geschätzt. Die bekannte Weinkellerei Emery hat in dem Bergdorf ihren Sitz und begründete den guten Ruf.

Das moderne Gebäude, ausgestattet mit deutschen Maschinen, steht am Dorfrand. Mittlerweile haben jedoch auch kleine Weinbauern sich auf ihre Tradition besonnen und keltern ihre Weine selbst. So nahm die Qualität, aber auch die Preise seit den neunziger Jahren kontinuierlich zu. Ende August/Anfang September findet auf dem Dorfplatz zum Abschluss der Weinlese eine großes Fest statt.

Émbonas kann jedoch eine Enttäuschung sein. Seit vielen Jahren haben Ausflugsveranstalter aus Rhódos-Stadt die weitläufige Siedlung unterhalb des 1215 m hohen Attáviros-Gipfels für kitschige Folkloreabende fest gebucht. Dann sollte man die von der Busgesellschaft angesteuerte Taverne lieber meiden. Der Ausflugsverkehr hat jedoch auch seine positiven Seiten. Er hält die alte Handwerkskunst des Dorfes am Leben. Viele Frauen im Dorfzentrum verkaufen so ihre Strick- und Webwaren, die an langen Winterabenden entstanden sind.
Im Dorfzentrum gibt ein kleines Folkloremuseum Auskunft über das ärmliche Leben in früheren Zeiten. Es ist in einem typischen Häuschen mit zahlreichen Originalmöbeln untergebracht. Die Sammlung wurde von dem ortsansässigen Schriftsteller Yiannis Konstantakis (1908-85) gegründet.

Übrigens, ein Beispiel der tiefen Religiosität der Rhodier steht oberhalb der Straße nach Salákos. Dort hat die Familie Mastrogiannakis die Kirche St. Nikolaos auf einem Hügel errichten lassen. Das Gotteshaus erinnert an ihren ums Leben gekommenen Sohn Nikos, von dessen Ersparnissen der Bau finanziert wurde.

- *Telefonvorwahl* 22460
- *Übernachten* **Hotel Attaviros**, am Ortseingang von Kritiniá kommend auf der linken Seite, helle, saubere Zimmer, nette Bleibe über der Hochebene, auch wenn die Einrichtung schon etwas in die Jahre gekommen ist. Die Familie von Vassilia Antonaki lebt gleich nebenan. Preiswerte DZ mit Bad, Terrasse und Kochgelegenheit (24 € ohne, 30 € mit Frühstück), ganzjährig geöffnet, es gibt auch ein Restaurant. ✆ 41235.
- *Essen/Trinken* Die Tavernen genießen trotz des Ansturms von Bustouristen bei Einheimischen einen guten Ruf. Vor allem die Fleischküche wird hier geschätzt. Den kulinarischen „Ruhm" von Émbonas begründete die Taverne Bakis.

Taverne Bakis: Die schlichte Taverne mit historischen Fotos am Ortsausgang in Richtung Rhódos, gar nicht weit vom Weingut Emery, gilt unter vielen Einheimischen als das beste Lokal des Dorfes. Hier werden auch die guten Weine von Kounaki ausgeschenkt. Auf der Speisekarte stehen vor allem die Klassiker der griechischen Landküche. ✆ 41442 oder 41242.

Die alte Taverne von Bakis steht neben der Kirche. Einheimische streiten sich darüber, in welcher der Tavernen es denn nun besser schmeckt. Doch auch hier ist man an der richtigen Adresse, und es werden ebenfalls Weine von Kounaki und Merkouris ausgeschenkt.

Maroulakis Taverne, ein Hirschgeweih thront im Gastraum, einfache, preiswerte Gerichte, Eckhaus im Zentrum, nahe der EKO-Tankstelle. Vor allem die Grillgerichte sind bei den griechischen Ausflüglern beliebt. Weine ab 6 € die Flasche.

Attáviros-Berg

Der Attáviros, mit 1215 m der höchste Berg auf Rhódos, gleicht einer riesigen Steinwüste. Von den Gassen Émbonas aus betrachtet, wirkt der lang gestreckte, hellgraue

Wein aus Émbonas: Die Legende lebt

Der Rebensaft aus dem Bergdorf Émbonas hat in den letzten zehn Jahren eine wahre Renaissance erlebt. Zu Füßen des kargen, baumlosen Attáviros blüht der Weinanbau. Vor allem die Athiri-Traube, die an den nördlichen und westlichen Hängen das Attáviros wächst, machte die Weißweine aus Émbonas berühmt. Die Rebgärten rund um den Ort wurden in der Vergangenheit wegen der guten Nachfrage erweitert. Die meisten Winzer in Émbonas setzen längst auf Qualität statt auf Quantität. Hier eine Auswahl von Weingütern, die uns besonders gut gefallen haben:

Weingut Kounaki: Dieses kleine Weingut in einer Seitengasse der Hauptstraße ist nicht nur das älteste, sondern auch eines der interessantesten der Insel. Heute wird das 1928 gegründete Weingut Kounaki vom Enkel des Gründers geführt. Und der setzt konsequent auf hohe Qualität. Vor allem die Weiß- und Dessertweine gehören zu den Stärken des jungen Winzers. Die Trauben wachsen auf einer Höhe von 500 bis 700 m über dem Meeresspiegel. Die von der Meeresbrise umfächelten Athiri-Reben geben dem Weißwein aufgrund ihrer besonderen Lage einen unverwechselbaren, fruchtig-trockenen Charakter. Kounaki produziert jährlich 15.000 Flaschen Wein. Die Weine werden sowohl in Edelstahltanks als auch in französischen Eichenfässern ausgebaut. Die Preise liegen zwischen 6 und 9 €. Besonders gut hat uns Rotwein Polipoikiliakos Kounaki geschmeckt, der aus Merlot-, Syrah- und Cabernet-Sauvignon-Trauben gewonnen wird. Wer fruchtige Weißweine schätzt, sollte den Chardonnay Kounaki probieren, aber nur gut gekühlt. Der Besuch bei dem netten Besitzer in seiner stimmungsvollen Probierstube lohnt sich. ✆ 22460/41440 oder 22410/73784 oder 694-6067095 (mobil), www.kounakiwines.gr.

Weingut Merkouris: Der Familienbetrieb der beiden Brüder Kostás und Manolis Papamichail stellt einfache, ehrliche Landweine her. Das Weingut mit einer jährlichen Produktion von 20.000 Flaschen liegt auf der linken Straßenseite am Ortsausgang in Richtung Kritiniá/Sianá. Neben der Probierstube liegt der Keller mit den Holzfässern. Eine Spezialität des Hauses sind der Tresterbrand Souma und die Cabernet-Sauvignon-Rotweine. Der Souma von den Merkouris hat es in sich. Es gibt diese Art von Ouzo in zwei Varianten: mit 50 % und 70 %! Die Flasche kostet etwa 4 €. Vor allem bei Einheimischen ist der Souma beliebt. ✆ 22460/41280 oder 694-6217800 (mobil).

Weingut Emery: Der Klassiker unter Émbonas Weingütern ist die *Weinkellerei Emery*. In der Probierstube kann man die Weine der Familie Triantafillou probieren. Das 1923 in Rhódos-Stadt gegründete Unternehmen hat sich 1974 in Émbonas niedergelassen und wird bereits in der dritten Generation geführt. Zwar hat man vor über 90 Jahren einmal als Ouzo-Destillerie am Hafen von Rhódos-Stadt angefangen, der größte Teil der Produktion entfällt heute jedoch auf den Wein und das sind jährlich rund eine Million Flaschen. Verkauft werden die Weine von Emery fast ausschließlich auf der Insel. Im Angebot befinden sich auch Sekt, Dessertweine, verschiedene Liköre und Ouzo. Besonderer Beliebtheit bei den Weinen erfreuen sich der weiße *Villaré* (100 % aus Athiri-Trauben), der gut zu Fisch passt, der *Gran Rosé* (100 % aus Amorgiano-Trauben) und der rote *Cava Emery* (ebenfalls aus Amorgiano), alle drei zwischen 5,90 und 6,50 € pro Flasche. Bei Einheimischen steht der Athiri Mountain Slopes (Preis 6,50 €) am höchsten im Kurs. Der Weißwein wird wie der Villaré nur aus Athiri-Trauben gewonnen. Im Gaumen überrascht er mit Geschmacksnoten aus Limonen, Bananen und Ananas. Sowohl der Weiß- als auch der Roséwein sollten bei 8 bis 10 Grad Celsius getrunken werden. Emery keltert nicht nur eigene Trauben, sondern kauft auch dazu. Jährlich werden 800 000 kg Trauben verarbeitet.

• *Öffnungszeiten* von April bis Anfang November täglich 9–16.30 Uhr. Sa/So jedoch geschlossen. Die Weinkellerei ist leicht zu finden. Sie liegt am Ortsausgang in nordöstlicher Richtung auf der linken Seite (Richtung Salákos/Rhódos-Stadt). Daneben verfügt das Weingut über eine Ouzo-Destillerie im Hafen von Rhódos-Stadt (800 m von der Altstadt). Dort werden auch die Weine ausgeschenkt und verkauft. Mehr Infos unter www.emery.gr. ✆ 22410/29111 oder 22410/22715, ℻ 22410/22716

Gipfel zum Greifen nahe. Wer sich darauf verlässt, wird eine herbe Enttäuschung erleben. Der Aufstieg dauert mindestens drei Stunden und ist zwischen Geröll und Felsbrocken sehr mühsam. Eine markierte Wanderroute gibt es nicht. Auf dem Gipfel hat das griechische Militär eine Radarstation errichtet. Das Wetter in der Gipfelregion des Attáviros, die einer Mondlandschaft gleicht, kann sehr schnell umschlagen. Vor allem im Frühjahr und Sommer kommt oft dichter Nebel auf, bei dem man schnell die Orientierung verliert. Auch die Winde können extrem sein. Wenige Minuten östlich vom Gipfel befinden sich übrigens auf einem kleinen Hügel die wenigen steinernen Überreste eines *Zeustempels*, die nur noch von Experten zu erkennen sind.

Mit dem Auto auf den Attáviros: In die Straße von Kamiros nach Sianá münden, von Émbonas kommend, zwei Straßen. Bei der südlichen Einmündung beginnt eine gut ausgebaute Bergstraße, teilweise mit Leitplanken, zum Gipfel des Attáviros. Der höchste Punkt ist südlich der Radarstation, markiert durch eine Steinsäule. Beim Gittertor und auch davor gibt es kaum Platz zum Parken oder Wenden. Zur Straßensituation: Die Straße ist ab Beginn asphaltiert. Der Asphalt endet an der Waldgrenze. Das nachfolgende Straßenstück ist zwar breit, aber teilweise äußerst steinig und sehr steil. Es endet bei einem Windpark (offene Schranke). Ab der Schranke ist die Straße – offenbar in die Zuständigkeit des Militärs gehörend – tadellos ausgebaut und bis zum Gipfel asphaltiert. (Lesertipp von Dr. Hugo Martinshausen aus Kritzendorf, Österreich)

Falls Sie eine Besteigung des Attáviros wagen wollen, hier einige Tipps:

- Gehen Sie auf keinen Fall allein.
- Festes Schuhwerk ist unbedingt notwendig.
- Wählen Sie einen wolkenlosen Tag aus, um nicht Gefahr zu laufen, dem unwirtlichen Wetter, insbesondere dem extremen Nebel und Wind, ausgesetzt zu sein.
- Achten Sie auf ausreichenden Wasservorrat.

Sianá

Das hübsche Bergdorf südwestlich des Attáviros erlebte in den vergangenen Jahren einen Boom. Früher hielten hier nur wenige Besucher, um eine Rast an der Platia bei der modernen Dorfkirche einzulegen. Denn das Gotteshaus ist wegen seiner modernen Fresken sehenswert. Die in den siebziger Jahren entstandenen Wandmalereien illustrieren unter anderem das Leben des Heiligen Panteleímonos. Heute ist Sianá fester Bestandteil jeder Bus-Inseltour. Die Einheimischen haben sich darauf eingestellt. Entlang der Durchgangsstraße reihen sich die Läden mit Honig, Souma und Olivenöl aneinander.

Tagsüber ist Sianá von Reisebussen und Touristen übervölkert, die jedoch meist nur eine halbe Stunde bleiben, um einen Blick in die Dorfkirche zu werfen und einzukaufen. Abends gehört das Dorf wieder seinen Bewohnern: es wird gemütlich.

Sianá ist auf Rhódos für seinen hervorragenden Thymianhonig bekannt. Das Pfund kostet etwa 6 €. Im Umkreis von Sianá stehen noch zahlreiche hölzerne Bienenstöcke. Mit einem Bienenvolk – das sind 30.000 bis 60.000 Bienen – erwirtschaftet ein Imker durchschnittlich 10 bis 15 kg Honig pro Jahr. Auf Rhódos war der Honig nicht nur wegen seiner Heilwirkungen und zum Süßen bekannt. Man verwendete

Bienenwachs auch, um Krüge zu verschließen und Schiffsplanken abzudichten. Früher führte jedes Kaiki eine Scheibe Wachs mit, um mögliche Lecks schnell abdichten zu können.

• *Übernachten* Fragen Sie in der Taverne „Village Place" nach Jorgos, er hilft Ihnen bei der Zimmersuche. Man sollte sich aber nicht unbedingt darauf verlassen, die wenigen Zimmer sind oft schon belegt. Schlichte DZ für ca. 20 €.

• *Essen/Trinken* **Village Place**, die Taverne an der Hauptstraße gegenüber der Dorfkirche zählt zu den beliebtesten an der Westküste. Hier spielen die Einheimischen noch Tavle. Es gibt deftige griechische Kost. Auch der dorfeigene Souma wird verkauft. Aufmerksamer, freundlicher Service. Übrigens werden hier auch Honig für 6 € und Souma mit 50 % und 70 % für 5 € verkauft.

Magazino, kein großartiges Essen, aber ein grandioser Blick. Ideal für einen Zwischenstopp.

Souma – Hochgeistiges aus den Bergen

Im Schatten des Attáviros gehört das Schnapsbrennen seit Jahrhunderten zu einer beliebten Beschäftigung. *Souma* wird der Tresterbrand auf Rhódos genannt. Im Winzerdorf Émbonas, in Ágios Isídoros und natürlich in Sianá gibt es noch teilweise urige Brennanlagen für diese rhodische Art des Grappas. Entlang der Hauptstraße ist der Souma z. B. in der Taverne „Village Place" erhältlich. Für eine Halbliterflasche des ziemlich starken Traubentresters soll man mit rund 4 € rechnen. Besucher, die im September und Oktober unterwegs sind, können die Brenner bei der Arbeit beobachten. Zuerst werden die Weinreben auf Dächern getrocknet. So steigt der Zuckergehalt und damit auch der Alkoholgehalt. Danach werden die Trauben zerkleinert und die Maische wird in Fässer abgefüllt. Sie braucht etwa zwei Wochen zum Gären und kommt anschließend in den Brennkessel, der in der Regel mit Holzscheiten erhitzt wird. Aus rund 100 Litern Maische werden rund 25 Liter des Tresterbrandes gewonnen. Einheimische schätzen ein Gläschen nach einem schweren Essen am Abend zur Unterstützung der Verdauung.

Ágios Isídoros

Auf der Südseite des Attáviros liegt das Bauerndörflein Ágios Isídoros, dessen Häuser entlang der Durchgangsstraße wie Perlen an einer Schnur aufgereiht sind. Ein Blick in die Dorfkirche (außerhalb von Gottesdiensten leider geschlossen) lohnt hier ebenso wie der Besuch des gemütlichen Restaurants Ataviros im Zentrum. Der Weiler ist leicht über eine mittlerweile asphaltierte Straße erreichbar, die von der Westküstenstraße (2 km nördlich von Sianá) abzweigt, oder über die Straße, die östlich um den Attáviros nach Émbonas führt. Wer diese landschaftlich sehr reizvolle Straße nimmt, trifft 8 km nordöstlich von Ágios Isídoros auf das wiederaufgebaute *Kloster Artamíti*. Die Kirche mit ihrem dreigeschossigen Glockenturm wäre längst eingestürzt, hätte man sie nicht mit Betonpfeilern stabilisiert. Im Inneren des Gotteshauses, das dem heiligen Johannes geweiht ist, gibt es längst keine Fresken mehr, nur noch die 120 Jahre alte Ikonostase. Das Kloster steht in einer menschenleeren Berglandschaft, deren Stille nur von dem Gebimmel der Glöckchen weidender Ziegen und Schafe unterbrochen wird.

Öffnungszeiten **Kloster Artamiti**: geöffnet von 7–13 Uhr und 16–19 Uhr, Fr geschlossen, jeden Do von 6.30 bis 8.30 Gottesdienst.

Für Sonnenhungrige: Ftenagia-Beach bei Emporió

Chálki

Chálki ist im wahrsten Sinne des Wortes „steinreich". Die westlich von Rhódos gelegene Insel wirkt wie ein mächtiger, überdimensionaler Steinhaufen inmitten der Ägais. Wenn sich die Fähre der Hafeneinfahrt nähert, glaubt man, die wenigen Bäume an den Händen abzählen zu können. In der verkarsteten, kahlen und felsigen Gebirgswelt, in der Erhebungen über 500 m keine Seltenheit sind, gedeiht lediglich dürres Macchiagestrüpp, das kaum Wasser zum Überleben braucht.

Heute leben hier etwa 300 Menschen mit ihren 6000 Ziegen und Schafen. Die Insel ist alles andere als wohlhabend. Die wichtigste Einnahmequelle ist der Tourismus. Nur noch eine Minderheit der Bevölkerung ernährt sich heute vom Fischfang. Dazu kommt ein wenig Schwammtaucherei, die einst große Tradition hatte. Bereits zu Beginn des 20. Jh., als die italienischen Besatzer die Schwammtaucherei einschränkten, begann der große Exodus. Die meisten Einwohner wanderten nach Rhódos und nach Florida aus. Von dieser Emigrationswelle hat sich die Insel nie mehr erholt.

Chálki ist das ideale Reiseziel für diejenigen, die eine Alternative zum Trubel auf Rhódos suchen. Sichelförmig reihen sich die von zitronengelb bis apricot getünchten, vornehm wirkenden Häuser des Hafenortes Emporió (auch *Nimborió* genannt) aneinander. Der fünfstöckige, klassizistische Glockenturm der Nikolauskirche (18. Jh.) ragt wie ein erhobener Zeigefinger zwischen den zum Hafen gewandten Fassaden hervor. Im Hintergrund ein erdbrauner, ins Ockergelbe übergehender Bergkoloss. Wenn das Fährschiff an der Hafenmole festmacht, kommt in Emporió, dem einzigen Dorf von Chálki, Leben auf.

Auf der Insel verkehren nur wenige Autos. Wohin sollte man denn auch fahren, wenn es nur ein bewohntes Dorf gibt? Wer Chálki entdecken will, muss gut zu Fuß sein, denn Busse sucht man auf der 28 km² großen Insel vergebens. Einsame Wanderungen zum malerischen Ruinendorf Chorió – 3,5 km landeinwärts von Emporió – mit seinem mächtigen Kastell oder zu entlegenen Stränden bieten sich an. Auf Chálki gibt es noch viel zu entdecken.

Im Gegensatz zur populären Intellektuellen-Insel Sými hat der Tourismus auf Chálki nie einen Boom erlebt. Es gibt keine Diskotheken und Nachtbars, kein großes Hotel, dafür aber idyllische Ruhe inmitten einer grandiosen Landschaft.

Chorió – von allen guten Geistern verlassen

Fragt man nach Chorió, zu Deutsch *Dorf*, deutet der Gefragte in Emporió zielsicher auf eine baumlose Bergkette. Mit angestrengtem Blick erkennt man auf dem Gipfel etwas Zackenförmiges: die ehemalige Burg von Chálki, die wie ein Adlernest am Berg klebt. Hinter der Kuppe ducken sich die Wohnhäuser. Seit etwa drei Jahrzehnten wohnt in der ehemaligen Inselhauptstadt keine Menschenseele mehr. Obwohl die Einheimischen am Hafen einen Spaziergang von 20 Minuten versprechen, muss man einen knapp einstündigen Fußmarsch zurücklegen, bis man den Gipfel erreicht. Eine Asphalt- bzw. Betonpiste, der einzige befestigte Weg der Insel, führt von Emporió – vorbei am beliebten Strand in der Póntamos-Bucht – stetig bergauf zur ehemaligen Inselhauptstadt. Am Ziel schlängelt sich ein Pfad durch die Häuserzeilen mit beschädigten Wänden, eingestürzten Dächern und verdorrten Hausgärten hinauf zur mittelalterlichen, 600 Jahre alten *Johanniterburg*. Traumhaft ist von dort das Panorama, das über die halbe Insel bis hinüber nach Rhódos reicht. Die mittelalterliche Burg entstand auf der antiken Akropolis. Die Festungsanlage wurde vermutlich im 14. Jh. unter den *Assanti* erbaut, nachdem Barello Assanti (1366–72) mit Chálki, Tílos und dem benachbarten Inselchen Alímia belehnt worden war. Die Wehrmauern und Zinnen, vor allem an der Nordmauer, sind noch gut erhalten, teilweise sogar begehbar. Auf dem Gipfel kann man noch die Außenwände der einstigen Burgkapelle *Ágios Nikólaos* erkennen. Die spätbyzantinischen Fresken modern vor sich hin, ohne dass sich jemand darum kümmern würde. Wer bei der Wanderung ins Schwitzen gekommen ist: Unterhalb der Burg sieht man die steinige Halbinsel Trachia, die durch einen schmalen Isthmus mit Chálki verbunden ist. Dort gibt es zwei wunderschöne Kiesstrände, die aber nur mit festen Schuhen von der Burg aus zu erreichen sind. Wer es bequemer möchte, kann sich auch von Emporió per Fischerboot hinbringen lassen.

Nicht gekennzeichnete, schmale Pfade führen von Chorió auf den Inselberg *Profítis Ilías* und zum Kloster *Ágios Ioánnis*. Die beschwerliche Wanderung sollte man auf keinen Fall im Hochsommer ohne ausreichenden Sonnenschutz und Trinkwasser unternehmen. Das Kloster liegt 8 km von Emporió entfernt.

Mittlerweile ist Chálki aus dem Dornröschenschlaf erwacht. Mit viel privatem Engagement wurden viele alte, verfallene Häuser in Emporió restauriert und Privatzimmer modernisiert. Vor allem die Briten schätzen das Ambiente der ehemaligen Kapitänshäuser. Auch manche Einheimische, die im anstrengenden Tourismusgeschäft auf Rhódos arbeiten, spannen auf Chálki gerne mal ein Wochenende aus. Für kulturelle Abwechslung sorgt das Chálki-Kulturfestival von Ende Juni bis

Chálki
Karte S. 225

Mitte September. Dann kommen Musikkapellen und Tänzer aus allen Teilen Griechenlands für eine Aufführung auf die kleine Insel. An Sehenswürdigkeiten bietet die Insel kaum etwas. Neben der alten *Johanniterburg* (siehe Kasten) ist lediglich die schon oben erwähnte Nikolauskirche einen Besuch wert. In Inneren des am Hang gelegenen Gotteshauses kann man sich die schön geschnitzte Ikonostase anschauen, schön sind auch die originellen Mosaik-Arbeiten aus weißen und schwarzen Kieselsteinen. Auch ein Abstecher ins kleine Kirchenmuseum wäre lohnenswert, aber leider steht man oft vor verschlossenen Türen.

Chálki hat trotz verschiedener Anstrengungen bis heute keinen Boom erlebt. Die ehrgeizigen Entwicklungspläne der 80er Jahre erwiesen sich als unrealistisch. Mit großzügiger finanzieller Unterstützung der UNESCO und der griechischen Regierung wurden damals zahlreiche Infrastrukturprojekte angeleiert, die jedoch nicht zu Ende geführt wurden. Die Bürokraten standen sich selbst im Wege. Der Missbrauch von Fördergeldern durch Mitarbeiter der Behörden rief damals viel Unmut hervor. Ursprünglicher Zweck der großzügigen Hilfe war es, der Abwanderungstendenz der Bevölkerung von dem kärglichen Eiland entgegenzuwirken. Bei einem der Projekte ging es um die Instandsetzung von Gebäuden, es wurden aber nur wenige Häuser wiederhergerichtet und eine Gemeindeherberge gebaut. Diese Maßnahmen sollten auf der „Insel des Friedens und der Freundschaft zwischen der Jugend in aller Welt", wie Chálki regierungsamtlich bereits seit 1983 genannt wird, für neues Leben sorgen. Doch der Exodus konnte am Ende nicht gestoppt werden. Der Geldstrom der UNESCO und anderer staatlicher Stellen versiegte. Vieles blieb beim Alten. Vor allem die schlechten Fährverbindungen wurden nicht nachhaltig verbessert. Nicht zuletzt die umständliche Anbindung zur Nachbarinsel Rhódos ist dafür verantwortlich, dass Chálki touristisch auch im 21. Jh. nur eine bescheidene Nebenrolle spielt.

Chálki auf einen Blick

Größe: 28 km^2, 10 km lang, 3 km breit.

Bevölkerung: im Winter 200, im Sommer 400 Einwohner.

Landschaftsbild: Chálki ist eine karge, sehr steinige und wasserarme Insel. Die Berge im Inselinneren ragen über 500 m hoch hinaus. Schatten spendende Bäume findet man nur vereinzelt im Inseldorf Emporió.

Wichtigste Orte: Außer Emporió gibt es keine bewohnten Dörfer.

Straßen: Das Straßennetz beschränkt sich vor allem auf 3,5 km Straße zum Ruinendorf Chorió.

Entfernungen: Emporió–Chorió 3,5 km, Emporió–Kloster Ág. Ioánnis 8 km.

Zweiradverleih: am Hafen.

Taxi: Taxistand am Hafen. Wenn mal kein Taxi an der Mole zu finden ist, hier die Telefonnr.: 45251, 694-4434429 (mobil), 697-8870095 (mobil). Taxifahren auf Chálki ist teuer. Die Fahrt nach Chorió kostet 12 €, zum nahen Póntamos-Strand 4 €, zum Ftenagia-Strand 6,50 €, zur Kirche Ágios Ioánnis im Inselinneren 33 €.

Telefon: Es gibt eine Reihe öffentlicher Telefonkabinen. Telefonkarten am Hafen-Kiosk ab 4 €.

Karten: Es gibt derzeit keine aktuelle Inselkarte.

Ärztliche Hilfe: ✆ 45206 oder 694-5386467 (mobil)

Polizei: ✆ 45213

Telefonvorwahl: 22460

Geschichte

Die Quellen zur Inselgeschichte sind dürftig. Angeblich soll der Name Chálki von Chalkos (= Kupfer) abgeleitet sein, das vermutlich früher auf der Insel gefunden wurde. Sicher kann man das jedoch nicht sagen. Archäologisch belegt ist immer-

hin, dass Chálki seit neolithischer Zeit bewohnt ist. Davon zeugen Messer- und Keramikfunde in Chorió. Die Dorer brachten aus dem antiken Kamirós auf Rhódos den Apollo-Kult auf die Insel. Die Archäologen bewiesen diese Annahme mit Fundstücken aus der Gegend um Peukía an der Ostküste, der Póntamos-Bucht und aus Emporió. Bereits im 5. Jh. tauchten die Chalkiaten im Athener Steuerverzeichnis auf. Damals wie heute war die Inselgeschichte stets vom übermächtigen Bruder Rhódos beeinflusst.

Chálki gehörte im Altertum zu Kamirós auf der großen Nachbarinsel Rhódos. In hellenistischer Zeit wurde auch der Bergsporn von Emporió besiedelt. Bei einem Spaziergang durch die Ruinen kann man noch heute den einen oder anderen Steinquader aus dieser Epoche zwischen dem mittelalterlichen Mauerwerk entdecken. Bis in frühchristliche Zeit herrschte in Chálki relativer Wohlstand. Noch im Mittelalter gab es mindestens vier Siedlungen. Neben *Emporió* und *Chorió* befand sich beim Kloster Ágios Ioánnis der Ort *Antramassos*, und *Phoiniki* lag in der Nähe des Kap Limanári (der Name ist ein Hinweis auf den phönizischen Einfluss). Aufgrund der vielen türkischen Überfälle beschloss der Ritterorden schließlich 1475 und 1480 die Rückführung der Inselbevölkerung nach Rhódos. 1493 wurde Chálki vollständig evakuiert. Doch erst 1522, vor dem Beginn der Belagerung von Rhódos, fiel Chálki endgültig in die Hände der Türken.

Wichtige Hinweise

Lebensmittel, Getränke und auch das Tavernenessen sind **teurer als auf Rhódos**. Es gibt auf Chálki keine Bank, aber einen Geldautomaten am Hafen. Ein Auto auf die Insel mitzubringen, lohnt sich nicht, denn es gibt kein großes Straßennetz. Außerdem kann die kleine Fähre von Kamirós Skála (Rhódos) zur Insel nur wenige Autos transportieren.
Gehen Sie außerdem bitte **sparsam mit Wasser** um, denn das gesamte Trinkwasser muss kostenaufwändig von Rhódos mit großen Tankschiffen nach Chálki geschafft werden. Die wenigen Quellen der Insel können den Bedarf nicht decken.

Die Insel erlebte im 19. Jh. durch den Schwammhandel – ähnlich wie die beiden Dodekanes-Inseln Kálymnos und Sými – einen wirtschaftlichen Aufschwung. Damals hatte die Insel 4000 Einwohner. Sie leisteten sich schöne Herrenhäuser und

Chálki Karte S. 225

erbauten die Nikolauskirche in Emporió. Als 1922 die Italiener die Insel übernahmen, war die große Zeit der Schwammtaucherei bereits vorüber. Mit ihren Restriktionen versetzten die Italiener diesem Wirtschaftszweig den letzten Schlag. Bereits seit Jahrzehnten ist mit der Schwammfischerei kein Geschäft mehr zu machen. Bis zum Zweiten Weltkrieg lebten auf Chálki dennoch 2000 Menschen. Doch es wurden ständig weniger. Erst der bescheidene Tourismus der letzten Jahre bringt, zumindest im Sommer, ehemalige Einwohner wieder zurück. In der Hochsaison legen die Ausflugsschiffe aus Rhódos am Pier an.

Verbindungen

▸ **Fähren**: Täglich läuft eine Fähre von *Kamirós Skála* (Rhódos/Nordwestküste) um 13.30 Uhr in Richtung Chálki aus. Die Überfahrt dauert gut eine Stunde und kostet etwa 17 € (Rückfahrkarte); zurück auf die Insel Rhódos fährt das Schiff erst wieder am nächsten Morgen (exakte Auskunft beim Hafenamt von Chálki: ✆ 45220) um 6 Uhr. Es kommt in Kamirós Skála um 7.15 Uhr an. Von dort gibt es eine Busverbindung nach Rhódos-Stadt. Die Busfahrt dauert rund eine Stunde.

Chálki als Tagesausflug

Sonntags kann man Chálki auch in einem Tagesausflug besuchen: 9 Uhr morgens ab Kamirós Skála nach Chálki, zurück von Chálki nach Kamirós Skála um 16 Uhr. Zwei Personen zahlen für Hin- und Rückfahrt insgesamt 34 €.

Darüber hinaus gibt es in der Hochsaison zweimal wöchentlich eine Fährverbindung von und nach Rhódos-Stadt, Kárpathos, Kreta und Piräus. Erkundigen Sie sich vor Ort nach den Abfahrtzeiten, da diese sich mitunter auch während der Saison ändern. Auskünfte erteilen die Hafenämter in Rhódos-Stadt und Emporió/Chálki.

▸ **Inselausflüge**: *Halki Tours* (✆ 45219 oder 45281) und *Zifos Travel* (✆/📠 45028 oder 45082, 694-4376176 (mobil), zifos-travel@rho.forthnet.gr) am Hafen bieten zwischen Mai und September ganztägige Badeausflüge per Boot an. Außerdem stehen Bootstrips nach Alímia (30 € mit Getränken außer Alkohol) und Tílos (ca. 25 €) auf dem Programm.

Captain George unternimmt mit seiner „Meltemi II“ ganztägige Badeausflüge zur Trachia-Bucht, der Areta-Bucht im Norden der Insel, nach Alímia (s. u.) oder rund um Chálki, Preise ca. 15 € pro Person (min. 5 Teilnehmer). In Costa's Café am Hafen nachfragen. Außerdem steht auf Chálki ein Wassertaxi zur Verfügung.

Im Hafen liegen einige kleinere Ausflugsboote, mit denen man sich zu einem Strand fahren und wieder abholen lassen kann. Der Preis ist Verhandlungssache (✆ 45251 oder 61001 oder einfach am Hafen nachfragen).

Baden

Im Hafen von Emporió ist das Wasser glasklar. Am Dorfrand gibt es mehrere Möglichkeiten zum Baden, aber keinen richtigen Strand. Doch die Suche nach feinen Sandstränden wird auf Chálki ohnehin vergebens sein. Steine über Steine entlang der Küste, aber auch das hat seinen Reiz.

▸ **Póntamos-Beach**: Beliebtester Strand ist der Póntamos-Beach, der knapp 1 km westlich von Emporió liegt. Eine idyllische Bucht mit glasklarem Wasser und einer Taverne sowie Sonnenschirm- und Liegestuhlverleih. Nördlich der Bucht befindet sich übrigens eine von den Italienern freigelegte Nekropole. Diese Begräbnisstätte wurde bis in die hellenistische Zeit (4.–3. Jh. v. Chr.) benutzt.

▸ **Ftenagia-Beach**: Der kleine Strand liegt am nordöstlichen Ende von Emporió. Zuerst geht es in Richtung der ehemaligen Schwammfabrik, dem früheren Hotel Halki, das seit Jahren umgebaut wird. Von dort führt ein steiniger Pfad (kein Schatten) an einer weißen Kapelle vorbei zu dem winzigen, nur rund 20 m breiten Kiesstrand. Das Wasser ist kristallklar. Für ausreichende Verpflegung sorgt eine Taverne. Auf Wunsch kann man sich vom Hafen auch per Wassertaxi hierher bringen lassen. Sonnenschirme werden für 8 € verliehen. Nur wenige Meter vom Strand wurden erst kürzlich einfache Ferienappartements errichtet.

Übernachten/Essen und Trinken

In Emporió sind die Übernachtungsmöglichkeiten bescheiden. Die paar **Privatzimmer** sind schnell vergeben, deshalb möglichst bald nach Ankunft auf Zimmersuche gehen. Die Preise sind für das Gebotene relativ hoch. Hilfreich bei der Zimmersuche können auch die beiden **Reiseagenturen** am Hafen sein: Laskarina Tours (*Halki Tours* (✆ 45281 oder 45219) und *Zifos Travel* (✆/℻ 45028, 694-4376176 (mobil), zifos-travel@rho.forthnet.gr). Für ein Doppelzimmer sollten Sie mit 35 € rechnen. Beide Büros haben während der Saison (Mai–Ende September) ganztägig geöffnet, auch am Wochenende. Aktuelle Informationen findet man im Internet unter www.halkivisitor.com (nur in Griechisch und Englisch).

Was **Appartements** angeht, ist Chálki vor allem in britischer Hand. Agenturen wie Zifos vermieten sowohl Appartements mit kleiner Küche (ab 50 € pro Tag) als auch ganze Häuser (ab 80 € pro Tag). Es empfiehlt sich eine frühzeitige Reservierung, denn im Juli und August ist Chálki meistens ausgebucht.

Die meisten **Tavernen** befinden sich am Hafen. Sie bieten oft frischen Fisch und lokale Weine auch für den kleinen Geldbeutel. Das grandiose Ambiente wird gratis geliefert.

• *Übernachten* **Hotel Argyrenia**, am Dorfrand von Emporió nahe der Schule gelegen. Ortsauswärts Richtung Chorió gehen, nach der Pension Kleanthi rechts ab (Asphaltstraße), dann noch einmal rechts (an der Krankenstation vorbei) und dann links abbiegen. Nach 50 m auf der rechten Seite, erkennbar an der von Wein überrankten Terrasse. Acht komfortable Zimmer mit Bad und Veranda, DZ 25 €. Von April bis Ende Oktober geöffnet, ✆ 45205.

Pension Markos, vom Hafen der Asphaltstraße bergan folgen, kurz nach der Bäckerei auf der linken Seite, das weiße Haus mit blauen Fensterläden ist kaum zu übersehen. Sollte niemand da sein, in der Fischtaverne Mavri Thalassa am Hafen nach Yiannis Argyris fragen. Drei DZ mit Kochgelegenheit, Bad und Balkon ca. 30–40 €, ✆ 45347 oder 45021 oder 693-562480 (mobil). Geöffnet Mai bis Okt.

Pension Cleanthe, an der Straße Richtung Chorió auf der rechten Seite gelegen, in der Nähe der Schule. Einfaches Haus, das von Mai bis September geöffnet ist, nur 7 Zimmer, DZ 30 €, ✆ 45334.

Pondodamos Beach Taverna, in der Taverne kann man sehr günstig und gut essen,

Emporió – an der Mole

Chálki
Karte S. 225

schöne Terrasse am Meer. Hier werden auch einige Zimmer mit Bad, Kühlschrank und Veranda (direkt am Strand!) vermietet, DZ 40 € (ohne Frühstück), ✆ 45295. 1 km von Emporió, Póntamos-Beach.

• *Essen/Trinken* Das „große Esszimmer" der Insel ist der Hafen. Ein knappes halbes Dutzend Lokale steht zur Auswahl und man hat die Qual der Wahl. Der Fisch ist meistens, aber nicht immer frisch. Oftmals genügt ein Blick in die Vitrine des jeweiligen Restaurants: Die Augen eines frischen Fisches müssen noch klar sein, die Kiemen hellrot. Übrigens ist Chálki für seinen würzigen Honig bekannt. Bei der Anlegestelle der Fähre gibt es oft Imker, die Gläser in unterschiedlichen Größen verkaufen.

Taverne Maria, am Rande der kleinen Platia am Hafen (hinterm Postgebäude, leicht an der blauen Treppe zu erkennen) liegt ein wenig versteckt die beliebte Taverne. Maria wird vor allem wegen ihrer Grillgerichte geschätzt. Bei schlechten Windverhältnissen kann es auf ihrer kleinen Terrasse mit einem halben Dutzend Tischen schon mal rauchig zugehen. Preiswert.

Taverne Mavri Thalassa (Black Sea), das Restaurant – zu Deutsch *Schwarzes Meer* – ist bekannt für seine großen Portionen und frischen Fisch. Besonders die Kalamaris und die Nachspeisen schmecken gut.

Bäckerei Dimitris, an der Hafenmole gegenüber vom Taxistand. In der Bäckerei gibt es nicht nur leckeres Weißbrot, sondern auch kleine, gute Snacks für wenig Geld.

Taverne Balantis, hier sitzt der Gast schattig unter einem riesigen Ficus-Baum. Beliebt sind die Grillgerichte, für die britischen Gäste gibt es auch Burger und Omelettes, auch viele Einheimische schätzen die Küche der kleinen Taverne.

Taverne Remetzo, am Abend zählt diese Taverne an der Hafenmole zu den beliebtesten Adressen, besonders die Pizzen stehen bei den Stammgästen hoch im Kurs.

Café Apostólis, im Schatten einer Tamariske an der Anlegestelle kann man hier bei einem kühlen Drink relaxen, leckere Sandwiches, Gäste mit eigenem Boot können direkt vor dem Café anlegen.

Inselwanderung

„Schatten, Schatten!", möchte man nach ein paar Stunden gen Himmel rufen. Denn wer das gebirgige Inselinnere kennen lernen will, wird eine Steinwüste entdecken. Ein Baum gleicht da einer Fata Morgana. Von Chorió führt (laut Inselkarte) eine Piste zum *San Ángela,* wie die italienischen Besatzer das Erzengelkloster (Moní Taxiarchis) am Südhang des mit 593 m höchsten Berges Maéstro nannten. Der mühsame Weg wird mit einem phantastischen Ausblick belohnt.

Man kann die Wanderung anschließend in Richtung Westen fortsetzen. Eine Straße führt über das 578 m hohe Eliás-Massiv zum Kloster Ágios Ioánnis (Zisterne vorhanden) mit einer gewaltigen Zypresse. Reizvoller jedoch als das Gotteshaus selbst ist die grandiose, kahle Landschaft, über die der Wind unaufhörlich pfeift. Das Ende der Welt scheint hier zum Greifen nahe.

Es empfiehlt sich, wegen der enormen Hitze am Nachmittag sehr früh aufzubrechen. Versorgen Sie sich ausreichend mit Wasser, denn im Inselinneren kann die Suche nach einem Brunnen zum Martyrium werden, es gibt nämlich keinen.

Wanderung: Von Emporió zur Kapelle Panormitis

Anfahrt: Start der Wanderung ist am Ortsrand von Emporió. Dorthin kann jeder zu Fuß gehen.

Dauer und Strecke: Man geht etwa 2,5 Stunden. Ein großer Teil der Strecke ist asphaltiert, ansonsten läuft man über Schotterpisten. Es bietet sich so gut wie kein Schatten.

Verpflegung: Nehmen Sie reichlich Wasser und Proviant mit. Auf dem Weg gibt es keine Möglichkeit, etwas zu kaufen. Vor allem Wasser ist wichtig, weil auf der schattenarmen Strecke der Durst schnell groß wird.

Ausrüstung: Feste, bequeme Schuhe und ein Sonnenhut sind ratsam. Einen Teil der Strecke geht man auf der frisch asphaltierten Straße hinauf Richtung Kastro. Auf dem glühenden Asphalt kann es extrem heiß werden.

Route: Wir starten am Ortsrand von Emporió auf der Straße, die im Ortskern an der Bäckerei beginnt und hinauf Richtung Kastro führt. Bereits nach ein paar Minuten hören links und rechts von der Schotterpiste die Häuser auf. Wir folgen der Straße und lassen die Póntamos-Bucht links liegen.

Kurz danach beginnt der Anstieg hinauf Richtung Kastro, wir gehen auf einer asphaltierten Straße. Anfangs stehen noch Olivenbäume links und rechts, später säumen nur noch Steine und wenige Sträucher unseren Weg. Nach etwa 15 Min. erscheint eine kleine Kapelle auf der linken Seite, wir gehen weiter geradeaus. Die Straße windet sich mit einigen Kurven den Berg hinauf. Nach einer knappen halben Stunde kommen wir zu einer Straßengabelung, an der es links nach Kastro geht (das schon am Hang zu sehen ist). Wir nehmen allerdings die breite, asphaltierte Straße nach rechts hinauf in Richtung „Monastery of St. John", die schon zu erkennen ist. Je höher wir steigen, umso schöner wird der Blick nach unten auf die Küste.

Wir erreichen einen kleinen Glockenturm am Wegesrand, lassen ihn allerdings rechts liegen und bleiben auf der asphaltierten Straße bergauf, die jetzt eine Linkskurve macht. Wir kommen – etwa eine halbe Stunde nachdem wir die Straßengabelung in Richtung Kastro passiert haben – zu einem Schotterweg, der rechts von der breiten Straße abzweigt und am Hang entlangführt. In der Ferne ist bereits eine Kapelle am Ende des Weges zu erkennen. Wir schlagen den Schotterweg ein und erreichen nach etwa 10 Min. die Kapelle, auf deren Vorplatz ein paar Schatten spendende Bäume stehen. Wer sich von den Mücken nicht stören lässt, sollte sich hier einen Moment ausruhen und die schöne Sicht auf Emporió und die Küste genießen. Leider gibt es keinen Brunnen, an dem man seine Wasserflaschen wieder auffüllen könnte.

Der Rückweg ist der gleiche wie der Hinweg, nur dass das Wandern bergab sich in der Regel weniger beschwerlich gestaltet. Außerdem bietet sich eine Rast in der Póntamos-Bucht an, wo man herrlich schwimmen und sich abkühlen kann. Eine Taverne gibt es dort ebenfalls.

Insel Alímia

Für Einsamkeitsfans: ein Trip nach Alímia, der Kalkinsel in Form eines Fragezeichens. In einer halben Stunde erreicht man das menschenleere Eiland, im Altertum *Eulimne* genannt, mit den Resten einer ehemaligen Johanniterburg. Das gleichnamige Dorf ist bereits seit den 60er Jahren des 20. Jh. verlassen. Nur ab und zu fährt ein Schäfer nach Alímia, um nach seiner Herde zu sehen. Es gibt keine regelmäßigen Verbindungen, aber mittlerweile Ausflugsboote (ab 25 €, die Fahrten finden meist sonntags statt). Baden und Grillen heißt die Devise dieser relativ teuren Ausflüge.

Während des Zweiten Weltkriegs nutzten die Deutschen die Insel als Versteck für ihre U-Boote. Im April 1944 wurde ein britisches Kommando beauftragt, dem ein Ende zu setzen. Doch die Saboteure wurden von den Nazi-Truppen entdeckt und später zum Tode verurteilt und exekutiert.

Chálki
Karte S. 225

Sými

Die Insel, die nur zehn Kilometer von der türkischen Küste entfernt liegt, gleicht in weiten Teilen einer Steinwüste: kahl und unfruchtbar, bergig und nur schwer zugänglich. Die Küste präsentiert sich steil und buchtenreich. Doch so abweisend Sými auf den ersten Blick wirkt, so anziehend ist das Eiland auf den zweiten.

Wer ohne großen Rummel auskommt, Ruhe sucht und gerne wandert, wird sich hier wohl fühlen. Auf der Insel gibt es nur ein Städtchen, das aus den beiden Ortsteilen *Gialós* (am Hafen) und *Chorió* (am Hang) besteht. Die fjordartige Hafeneinfahrt, die klassizistischen Steinhäuser, die treppenartigen Gassen, das gemächliche Alltagsleben: Sými ist ein kleines Paradies. Die Silhouette des Hafens gehört zweifelsohne zu den markantesten Schönheiten des Dodekanes.

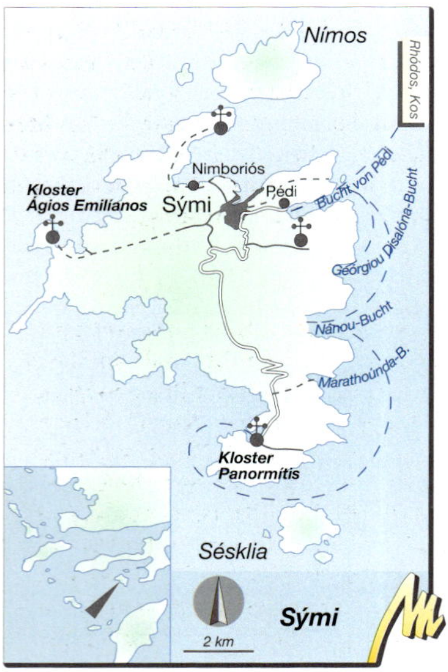

Der Fremdenverkehr ist mit Ausnahme der Fischerei die einzige Einnahmequelle der Insel. Vor allem Segler und Jachtbesitzer schätzen die bis vor kurzem wegen ihrer schlechten Erreichbarkeit vom Tourismus weitgehend unbehelligte Insel. Obwohl es hier keine Luxushotels gibt, ist Sými so immer wieder das Ziel von wohlhabenden Gästen wie bekannten Schauspielern und Schriftstellern. Seit wenigen Jahren sorgt jedoch eine neue Fähre für bessere und vor allem schnellere Verbindungen von und nach Rhódos. Die Simioten erhoffen sich davon einen Aufschwung des Tourismus auf der kleinen Insel. Allerdings kommen die meisten Besucher nur für einen Tagesausflug von Rhódos. Auf dem Programm stehen vier Stunden Sými-Stadt mit Spaziergang durch die Altstadt, Mittagessen und ein Besuch bei den Schwammverkäufern. Bevor die Ausflugsfähre wieder in Rhódos vor Anker geht, wird noch für eine Stunde Station im malerischen *Kloster Panormítis* im Süden der Insel gemacht.

Achtung: Sými ist dafür bekannt, dass es im Sommer besonders heiß werden kann. Das Thermometer steigt an manchen Tagen über 40 Grad! Bedenken Sie, dass die Tagesausflüge zwischen 12 und 16 Uhr, also während der heißesten Tageszeit, stattfinden. Auch die Überfahrt kann wegen des auch in den Sommermonaten heftigen Meltémi-Windes durchaus zum Abenteuer werden. Wenn sich ein schwerer Seegang abzeichnet, ist der Verzicht auf ein üppiges Frühstück durchaus ein Vorteil.

Wer durch Sými schlendert, dem werden die großen, teilweise prachtvollen Bürgerhäuser auffallen. Zahlreiche davon sind heute längst renoviert. Die wenigen brüchi-

Sými – Sími – Syme

Die Insel verdankt ihren Namen der Tochter des Königs Ialysos von Rhódos. *Sími* – so ihr Name – wurde von dem Seemann Glaukos entführt und auf die Insel gebracht. Dieser baute später das legendäre Schiff Argo, mit dem die Argonauten nach Kolchis aufbrachen. Die heutige Stadt Sými liegt an der Stelle der antiken Stadt Syme. Überreste dieser Ansiedlung existieren leider nicht mehr.

gen Ruinen sind Tummelplätze für die vielen Katzen der Insel. Die außergewöhnliche Architektur bezeugt den einstigen Wohlstand der Insel. Die **Schwammfischerei** war früher ein lukratives Geschäft. 1912 lebten auf Sými 23.000 Menschen (davon über 2500 Schwammfischer), 1937 waren es nur noch 6300. Das Produkt, das die Simioten so lange ernährte, war nicht mehr gefragt. Da es auf der Insel keine anderen Erwerbsmöglichkeiten gab, wanderten die meisten Bewohner aus, vor allem in die USA und nach Australien. Heute hat der Fremdenverkehr die Tradition ein wenig wiederbelebt: Am Hafen bearbeiten Griechen unter freiem Himmel die Schwämme aus dem Dodekanes. Die Inselbewohner sind vor allem vormittags aktiv, wenn die Ausflugsfähre die Urlauber von Rhódos nach Sými bringt.

Kaiki – ein Schiff für alle Lagen

Im Hafen von Sými liegen sie zu Dutzenden vor Anker. Die Kaikis. Noch immer ist der ägäische Schiffstyp der treueste Begleiter für die Insulaner übers Meer. Das Kaiki besitzt eine lang gezogene Form mit spitzem Bug und Heck, geradem Kiel samt flach ausladendem Rumpf. Dieser auf dem Dodekanes häufig anzutreffende Bootstyp besitzt eine hohe Stabilität. Das ist gerade in der Ostägäis wichtig, wenn der Meltémi mal wieder für eine steife Brise sorgt. Inseln wie Sými sind in Griechenland für ihren Bootsbau bekannt. In der Regel werden die Konstruktionsgeheimnisse von Generation zu Generation weitergegeben. Die einstigen hölzernen Segelschiffe wurden früher ausschließlich für Handel und Schwammfischerei eingesetzt. Heute sind sie mit einem Motor ausgerüstet und transportieren Besucher auch zu abgelegenen Stränden auf der Insel.

Auch nach dem Ende der Schwammfischerei hat es die Insel wieder zu einer gewissen Wohlhabenheit gebracht. In den letzten Jahren ist Sými eine sehr serviceorientierte Insel geworden. Die vielen Dienstleistungen sind der Jobmotor. Urlauber können sich z. B. Bücher ausleihen oder die auf Sými gekaufte Keramik per Post nach Hause schicken lassen. Besonders lobenswert ist „The Symi Visitor“, eine vorbildliche, kostenlose Zeitung mit allerlei Wissenswertem für Touristen, die in den Reisebüros und in vielen Hotels ausliegt.

Wichtig: Sými ist kein billiges Pflaster. Die Preise der Unterkünfte sind im Vergleich zu den anderen Inseln des Dodekanes hoch. Auch die Restaurantbesitzer wissen um die Belastbarkeit der Portemonnaies ihrer Kundschaft. Wer mehr als nur Sými-Stadt erkunden will, der ist auf Kaikis angewiesen – und auch das geht auf Dauer ins Geld.

Sými
Karte S. 230

Sými auf einen Blick

Größe: Mit 67 km² hat die Insel nur 5 % der Gesamtfläche von Rhódos.

Bevölkerung: Rund 3000 Einwohner leben im Sommer auf der Insel. Während der Wintermonate halbiert sich die Zahl. In der Hochsaison bringen die Fähren aus Rhódos tagsüber bis zu 500 Touristen nach Sými.

Wichtige Orte: *Sými-Stadt*, die Fischerdörfer *Pédi* und *Nimboriós* sowie das *Panormítis-Kloster*. Ansonsten gibt es keine Ansiedlungen.

Landschaftsbild: Sými ähnelt an vielen Stellen einer Geröll- und Steinwüste. Vegetation ist nahezu nicht vorhanden. Im Gegensatz zu anderen Inseln des Dodekanes wurde Sými in weiten Teilen nicht terrassiert. Die Bewohner lebten jahrzehntelang von der Schwammfischerei und nicht von der Landwirtschaft. Bäume und Sträucher wachsen nur in der Bucht von Pédi und im südlichen Teil der Insel.

Straßen: Eine Straße durchquert die Insel in voller Länge. Sie führt von Nimboriós/Sými-Stadt zum Kloster Panormítis. Eine Asphaltstraße gibt es auch zur Bucht von Pédi.

Entfernungen: Sými–Pédi ca. 3 km, Sými–Nimboriós knapp 2 km, Sým–Panormítis ca. 22 km.

Tankstelle: in Sými-Stadt.

Übernachten: Zahlreiche Hotels, Pensionen und Privatzimmer in Sými-Stadt (Gialós und Chorió). Übernachtungsmöglichkeiten auch in Pédi, Nimboriós und im Kloster Panormítis (✆ 72414).

Karten: Die dunkelblaue Touristen-Karte ist besser als die anderen Maps. Empfehlenswert ist „The Symi Visitor", eine Urlauber-Zeitung in Englisch, die kostenlos in Reisebüros oder in Hotels ausliegt. Im Internet unter www.symivisitor.gr (nur in Griechisch und Englisch).

Banken: zwei EC-Automaten in Sými-Stadt. Die Alpha-Bank und National Bank of Greece unterhalten sogar eigene Filialen, die werktags bis 14 Uhr geöffnet sind.

Telefonvorwahl: 22460

Verbindungen

Täglich Verbindungen per **Fähre** oder **Ausflugsboot** nach Rhódos (17–19,50 € Rückfahrkarte). Das ist die bequemste und populärste Möglichkeit, die Insel kennen zu lernen. Neben den konventionellen Schiffen wie der „Symi", „Ilion" und Nikolaos" verkehren auch täglich Tragflächenboote zwischen den Inseln. Diese Boote sind zwar erheblich schneller, aber auch deutlich teurer; die Überfahrt nach Rhódos kostet etwa 24 € (zweimal täglich). In der Hochsaison gibt es bis zu drei Verbindungen täglich. Doch am Wochenende ist die Verbindung wesentlich schlechter. Wer dann mit dem Tragflächenboot anreist, muss zumindest eine Übernachtung einkalkulieren.

„Normalerweise fahren die Ausflugsboote folgende Route: Rhódos–Panormítis–Sými-Stadt oder umgekehrt. Wir haben Folgendes gemacht: Statt beim Kloster Panormítis wieder in See zu stechen, haben wir, nachdem zahlreiche Touristen den Ort wieder verlassen hatten, den kleinen Inselbus (einen Bulli mit ca. neun Plätzen) zur Stadt Sými quer über die Insel benutzt und sind dann zum verabredeten Zeitpunkt wieder an Bord gegangen. Das hat folgende Vorteile: Die Wartezeit am Kloster Panormítis kann genutzt werden, um sich noch einmal in Ruhe umzusehen oder einfach die friedliche Atmosphäre in dem faszinierenden Naturhafen zu genießen. Die Busfahrt über Berg und Tal gibt zudem wunderschöne Einblicke in die Landschaft, herrliche Ausblicke auf das Meer und einen Blick auf die Stadt Sými, wie man ihn vom Wasser nicht haben kann. Zeit für die Besichtigung ist ausreichend vorhanden, da der Bus ungefähr so lange benötigt wie das Schiff."

(Tipp von Nicole und Georg Schmidt-Brücken aus Dortmund)

Übrigens: Wer mit einer Tagesausflugsfähre nach Sými gekommen ist, muss nicht unbedingt am selben Tag zurückfahren. Man kann auch die Fähre 24 Stunden später nehmen. Die Überfahrt von Rhódos nach Sými mit dem schnellen Katamaran „Ilion" dauert beispielsweise 80 Minuten.

• *Information* **Auskünfte** geben die Reiseagenturen auf Sými (s. S. 235). Es gibt auch Fährverbindungen zu anderen Dodekanes-Inseln wie Kos (1,5 h), Tílos, Níssiros und Kálymnos sowie zum türkischen Hafenort Datcha.

Fahrpläne im Internet: www.gtp.gr oder direkt bei der Fährlinie Anes, die auf Sými unter ✆ 71444 oder 71100, 📠 71373, www.anes.gr zu erreichen ist.

Baden

Sými ist keine ideale Badeinsel – trotzdem muss auf Baden nicht verzichtet werden. Täglich starten vom Hafen kleine Ausflugsboote und so genannte *Taxiboote* zu Badebuchten auf Sými und zum südlich vorgelagerten Inselwinzling Sésklia.
Neben den Taxibooten, rasanten, kleinen Motorbooten, schippern größere Kaikis zur Panormítis-Bucht und zu weiteren schönen Badebuchten. Die Tagesausflüge mit ehemaligen Fischkuttern werden ab 20 € samt Verpflegung angeboten. Außerdem werden verschiedene Touren im Pick-up oder zu Fuß über die Insel offeriert. Zu buchen bei **Sými Tours** am Hafen (Sými-Stadt), ✆ 71307, www.symitours.gr.

Sými-Stadt und der Norden

Der Hafen ist romantisch wie kaum eine andere Bucht des Dodekanes. Dies gilt vor allem nachts, wenn die beleuchteten Häuser an den steil abfallenden Berghängen die fjordähnliche Bucht in ein schummeriges, melancholisches Licht hüllen. Schöner kann ein Hafen nicht liegen.

Sými hat sich besonders unter Seglern als lohnenswertes Ziel herumgesprochen. Die windgeschützte Bucht ist fast täglich restlos ausgebucht – entlang der Mole von Gialós, dem Hafenviertel von Sými-Stadt, ist kein Anlegeplatz mehr frei. Vielfach wird in „zweiter Reihe geparkt".
Abendshält sich der Touristenandrang selbst in der Hauptsaison in Grenzen. Tagsüber ist dagegen eine ganze Menge los: Pünktlich um 12 Uhr mittags laufen die Ausflugsfähren aus Rhódos in den Hafen ein und der tägliche Überfall internationaler Touristenschwärme beginnt. Die Besetzung der Insel dauert jedoch nur etwa vier Stunden, denn dann ist das prall gefüllte Sightseeing-Programm beendet: Windmühlenbesichtigung (oben auf dem Bergkamm), Visite bei den Schwammverkäufern am Hafenbecken, Geruchsprobe bei den Gewürzhändlern, Galerie-Besuch (vor allem Aquarellmalereien) und ein Spaziergang durch das Gassenlabyrinth rund um den Hafen. Eigentlich erfreulich: Offiziell sind die Gassen von *Gialós* für Autos und Motorräder von 11 bis 15 Uhr und von 21 bis 24 Uhr gesperrt. Doch leider hält sich niemand daran.

Geprägt wird das Stadtbild vom neoklassizistischen Baustil der meisten Häuser. Sie sind letzte Zeugnisse des Wohlstands, der hier im 18. und 19. Jh. herrschte. Viele Simioten kamen damals zu Geld – die erfahrenen Seefahrer mit ausgeprägtem Geschäftssinn versilberten ihre begehrte Ladung, die Schwämme. Auffallend sind die Braun- und Ockertöne der stattlichen Herrenhäuser, die „Nationalfarben" Sýmis. Rund vier Fünftel aller Türen und Fensterstöcke sind damit gestrichen – im gleichen Farbton wie die gelblich-braunen Anzüge der Schwammtaucher.
Heute fließen die Finanzmittel aus Athen und Brüssel. Dank großzügiger Subventionen ist dem Zerfall der Stadt Einhalt geboten worden. Trotz der enormen Renovie-

Sými Karte S. 230

rungsleistung der vergangenen Jahre stehen etliche Gebäude noch immer leer und verfallen. Die Bewohner sind bereits vor Jahrzehnten ausgewandert. Viele verließen die Insel kurz nach dem Zweiten Weltkrieg, in dem die deutsche Wehrmacht Sými aus der Luft angegriffen und bombardiert hat.

Die Insel der Promis

Auch Tina Turner war schon da. Die Sängerin legte im Sommer 2003 mit ihrer Jacht im Hafen von Sými an. Der Inselzeitung „Symi Visitor" war der prominente Besuch allerdings lediglich zwei Sätze auf Seite 6 wert. Denn Stars und Sternchen gibt es auf Sými jede Menge. Sogar der ehemalige US-Präsident George Bush sen. stattete der Insel einen Besuch ab. In blauen Bermudas und Baseballkappe schlenderte er über die Hafenpromenade. Auch der jordanische König Abdullah II. suchte auf dem kleinen Eiland Ruhe und Erholung.

Sými gilt als Insel der Promis. Nur redet darüber niemand gerne, Sýmis Bewohner sind verschwiegen. Um die Promis wird kein großes Aufheben gemacht. Etwa 20 mehr oder weniger bekannte Persönlichkeiten aus Großbritannien sollen die Insel regelmäßig besuchen, erzählt man sich in den Tavernen am Hafen hinter vorgehaltener Hand. Und auch aus Deutschland reisen die Promis an. Zumindest vier sollen zu den Stammgästen gehören. Aber bitte keine Details. Um wen es sich handelt, wollen die Einheimischen nicht sagen. Das würde nicht zum Image der Insel passen.

Von der Prominenz lässt sich hier jedenfalls keiner aus der Ruhe bringen. Die Fischer am Hafen flicken weiter ihre Netze, die Schwammverkäufer gehen weiter ihrem Geschäft nach. Niemand jagt Autogramme. Auf Sými können die Stars an den Strand und zum Gemüsehändler, ohne dass sich gleich jemand umdreht und ihnen hinterherschaut.

Sými will exklusiv sein, einerseits. Die Stammgäste sollen sich zurückziehen können. Es gibt so gut wie keinen Verkehr, keine großen Hotelklötze, aber dafür eine eigene Zeitung, zweisprachig in Englisch und Griechisch.

Doch Sými will auch rentabel wirtschaften, andererseits. Die Tavernen, Cafés und Schmuckläden am Hafen können von den Stammgästen allein nicht leben. Sie sind angewiesen auf die Tagestouristen aus Rhódos. Doch die wollen partout nicht ins Bild der schicken Promi-Insel passen. So bewegt sich die Insel zwischen den beiden Urlauber-Klischees: so genannte *Blue Chip Tourists*, umweltbewusst und an der Kultur des Gastlandes interessiert, contra Pauschalreisende, mit Fotoapparat behangen und am Kitsch der Souvenirverkäufer interessiert. Im „Symi Visitor", der monatlich erscheinenden Inselzeitung, diskutieren Autoren und Leser kontrovers über diese Formen des Reisens.

Vom Massentourismus „all inclusive" wird Sými jedenfalls auch in Zukunft verschont bleiben – vorausgesetzt die Verkehrsanbindung bleibt, wie sie ist. Die Insel ist nur per Fähre zu erreichen, und die Anreise vom Flughafen Rhódos dauert ein paar Stunden – definitiv zu lange für die großen Reiseveranstalter. Die muten ihren Gästen in der Regel höchstens 45 Minuten Transport zum Hotel zu.

Tina Turners Jacht kann also getrost weiter die kleine Hafenbucht von Sými ansteuern. Und dem „Symi Visitor" wird es höchstens eine winzige Meldung wert sein.

Etwa 380 Stufen ziehen sich vom Hafen hinauf nach *Chorió*, dem älteren Teil von Sými-Stadt. Die Hauptgasse, die *Kalí Stráta* (Schöne Straße), endet an der Ruine einer Johanniterfestung aus dem 13. Jh. Unterhalb der Burg stecken die Häuser dicht zusammen, bilden ein Labyrinth schmaler Gassen – dort eine Biegung, hier ein Durchgang, mal aufwärts, dann wieder hinab, unüberschaubar. Nur mit Mühe kann sich der kleine Inselbus durch Chorió drängen, viel zu eng ist selbst die breiteste Straße. Zwischen Außenspiegel und Mauern klaffen nur wenige Zentimeter. Die Häuser in Chorió sind übrigens durchnummeriert. Straßennamen hätten keinen Sinn – zu verwirrend ist der steinerne Irrgarten.

Verbindungen/Adressen

• *Verbindungen* Der **Bus** fährt zwischen 8 und 23 Uhr jede halbe Stunde von Sými nach Pédi (1 €) und zurück. Busfahrer Lakis Nikolakopoulos kennt auf der Insel jeder. Abfahrt ist an der Hafenmole beim Restaurant Mythos.

Taxis gibt's auf der Insel insgesamt nur fünf. Stamatis, Costas, Georgos und seine Kollegen bedienen beispielsweise die Strecke zum Kloster Panormítis. Doch das Vergnügen ist teuer – knapp 22 €.

• *Gesundheit* Es gibt zwei Ärzte und zwei Zahnärzte auf Sými. Im Notfall die Polizei unter 71111 anrufen. Außerdem gibt es eine Apotheke an der Hafenfront.

• *Internationale Presse* an der Hafenpromenade in Höhe der Anlegestelle der Ausflugsboote. Die einen Tag alten Zeitungen kommen mittags aus Rhódos.

• *Auto- und Motorradverleih* Auf Sými gibt es mehrere Vermieter, angesichts der Größe der Insel lohnt sich durchaus ein motorisiertes Zweirad oder für eine Familie sogar ein Auto, beispielsweise bei Motor Charkos, ✆ 694-8799998 (mobil). Preisbeispiele: Fiat 40 € pro Tag, Jeep 45 €, 125 ccm Vespa 25 €. Vespa und Autos vermietet am Hafen auch Glaros, ✆/℻ 71926, 694-8362079 (mobil).

• *Post* wenige Meter von der Polizei entfernt. Geöffnet Mo–Fr 7.30–14 Uhr. Briefmarken werden jedoch auch im Kiosk verkauft

• *Telefon* Kein Problem. Mobiltelefone funktionieren. Von den öffentlichen Telefonen können internationale Gespräche geführt werden. Telefonkarten gibt es ab 4 € in Kiosken.

• *Reiseagentur* **Marathounta Holidays (Kalodoukas Holidays)**, am Beginn der Stufen hinauf nach Chorió. ✆ 71077, ℻ 71491. Ein Tagesausflug inkl. Wanderungen mit Führer, Bus- und Bootstransfer sowie Verpflegung kostet ca. 30 €. Die beste Möglichkeit, Sými kennen zu lernen! Öffnungszeiten: täglich 9–13,17–21 Uhr.

Ausflüge organisiert auch **Symi Tours**. Seit mehr als einem Vierteljahrhundert kümmert sich die Agentur der Familie Sykallos um die Bedürfnisse der Sými-Besucher. www.symitours.gr

• *Waschsalon* **Sunflower** heißt der Waschsalon (bei Kafenion Paxos) an der Hafenfront, 8 kg Wäsche kosten 5 €. 15 Min. Trocknen 1 €.

Übernachten (siehe Karte S. 236)

Trotz zahlreicher Hotels, Pensionen und Privatquartiere gleicht die Zimmersuche einer Odyssee – schweißtreibend, lästig, nervend. Zumindest in der Hochsaison sind (fast) alle Zimmer belegt und die ohnehin sehr hohen Übernachtungspreise klettern in astronomische Höhe. Eine frühzeitige Buchung raten wir daher dringend an!

Tipp: Die Sonne knallt fast den ganzen Tag erbarmungslos auf die Gebäude westlich des Hafens. In den Unterkünften ist es dementsprechend heiß. Besser eine Unterkunft auf der Ost- oder Südseite der Bucht nehmen. Noch eines: Sými ist in Sachen Hotels ein teures Pflaster. Relativ preiswert ist es noch im Frühjahr und Frühsommer. Bei vielen Herbergen zählt der September noch zur Hochsaison.

Hotel Nireus (3), das renovierte Haus mit 36 Zimmern der gehobenen Kategorie und Restaurant zählt zu den beliebtesten Quartieren der Insel. Die terrakottafarbene Herberge liegt direkt am Uhrenturm Vor dem Haus geht es stufenförmig ins Wasser. DZ in der Hochsaison mit Frühstück ab 96 €, Suiten ab 136 €, EZ ab 63 €. Nireus ist eine kom-

Sými Karte S. 230

fortable und gepflegte Herberge mit schönem Meeresblick. ✆ 72400, ℻ 72404, nireu@rho.forthnet.gr, www.nireus-hotel.gr.

Hotel Kokona (8), geräumige Zimmer und gute sanitäre Einrichtungen. Auf einer mit dichtem Laub überwachsenen Terrasse wird das Frühstück serviert. Hervorzuheben gedachten wir die ruhige Lage inmitten des Gassengewimmels von Gialós – am Morgen, schändlich früh, wurden unsere sanften Träume jedoch vom schrillen Läuten der Glocken einer nahe liegenden Kirche jäh unterbrochen. Ein Einzelfall, so wurde uns versichert. Tatsächlich ruhten die Klöppel am nächsten Tag – aber sie bleiben ein potenzielles Risiko. Das in den achtziger Jahren erbaute Hotel liegt nur 100 m vom Hafen. Kein Meeresblick. Nette Besitzerfamilie Michailou. DZ ab 60 € (inkl. Frühstück). ✆ 71451 oder 71549, ℻ 72620.

Hotel Fiona, geschmackvolles 2-Sterne-Haus an der großen Treppe in Chorió. Alle Zimmer sind farbenfroh und geschmackvoll eingerichtet. Das Frühstück nimmt man auf einer riesigen Terrasse mit wundervollem Blick über Sými ein. Manchmal macht der sympathische Besitzer Michalis, der wie seine Frau Fiona perfekt Englisch spricht, dazu auf seiner Sandouri Musik. DZ in der Hauptsaison 60 € (inkl. Frühstück). ✆/℻ 72088, symi-vis@otonet.gr, www.symivisitor.com.

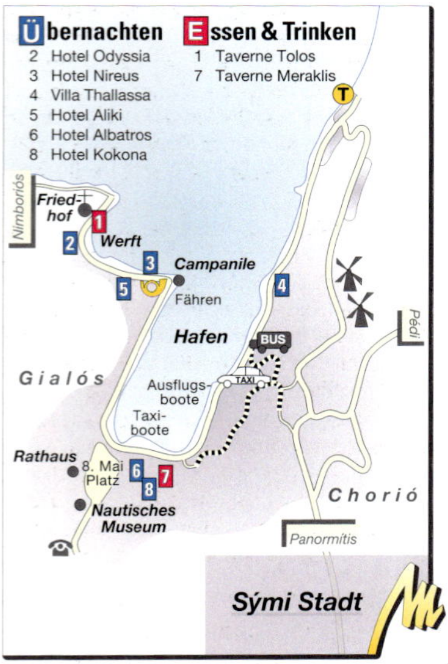

TIPP! **Hotel Alikí (5)**, das zweistöckige klassizistische Haus aus dem Jahre 1895 von G. Nikolis nahe dem Uhrenturm am Hafen mit repräsentativer Lobby, großer Dachterrasse und gediegener Atmosphäre ist selbst schon eine Sehenswürdigkeit. Es wurde 1999 aufwändig restauriert. Es verfügt über 12 DZ und 3 Suiten. Geöffnet April bis Oktober. Vor allem bei Briten beliebt. Nur 15 DZ. Geräumiges DZ mit Bad zwischen 80 bis 130 €. Die Suiten mit großem Balkon kosten zwischen 120 und 160 €. ✆ 71665, ℻ 71655, info@hotelaliki.gr, www.hotelaliki.gr.

Hotel Odyssia (2), die neue Herberge an der nördlichen Hafenmole bietet komfortable Appartements unterschiedlicher Größe, alle haben einen tollen Blick auf den Hafen, DZ in der Hauptsaison 85 €. Die terrassenförmige Anlage, überwiegend in grauem Naturstein erbaut, besitzt auch ein Café im Erdgeschoss. Nette Besitzerfamilie. Bettwäsche wird jeden zweiten Tag gewechselt. ✆ 71210 oder 72642, ℻ 71210, www.symi-odyssia.gr.

Hotel Albatros (6), in den engen Gassen südlich des Hafens. Die Besitzer Fabienne Vargas und Stelios Papadopoulos sind freundlich, Zimmer hell und sauber, die Einrichtung farbenfroh – hier stimmt alles. Teilweise schöner Meeresblick. April bis Oktober offen. DZ inkl. Frühstück 40–52 €. ✆ 71829 oder 71707, ℻ 72257, fabienne@otonet.gr, www.albatrosymi.gr.

Opera House, sehr gepflegter Gebäudekomplex auf 4-Sterne-Niveau mit 29 Appartements (Preis: 90–200 €), 150 m vom Hafen entfernt. Man erkennt das Haupthaus im Sými-Stil an der leuchtend blauen Fassade. Die Zimmer verfügen über Badezimmer und große Kochecken. Freundliches Wirtsehepaar. ✆ 72034, ℻ 72035, operasym@otonet.gr.

Villa Thalassa (4), an der Uferpromenade nördlich der Bushaltestelle. Das aufwändig renovierte neoklassizistische Gebäude beherbergt 5 Appartements. Ein Zwei-Personen-Appartement kostet 55–86 €, für die Vier-Personen-Variante sind je nach Saison 75–115 € zu zahlen. ✆ 71829, ℻ 72257.

Hotel Village in Chorió, oberhalb der großen Treppe. Zu erkennen an der griechischen Flagge vor dem Haus. Zimmer mit sehr sauberen Bädern. Besonders schön sind die gusseisernen Balustraden und der blumengeschmückte Innenhof, der zu den Zimmern führt. Der Preis für ein DZ mit Balkon oder Terrasse und Klimaanlage reicht von ca. 40 € in der NS bis etwa 60 € in der HS (in der HS oft gebucht). ✆ 71800 oder 72258, ℻ 71802.

Hotel Grace, renoviertes „Symi-Haus" mit lediglich 7 Zimmern und 13 Betten. Herrliche Frühstücksterrasse unter wildem Wein. Alle Zimmer mit Dusche, leider oft ausgebucht. Das Hotel befindet sich oberhalb der Hafenbucht, Richtung Chorió. DZ je nach Saison ab 55 €, EZ ab 45 €. Der Besitzer Haritomeni Fotaras vermietet auch Appartements. Fragen Sie nach ihm im Schmuckladen „Gold Corali" am Hafen. ✆ 71397, 📠 71524.

Hotel Anastasia, hinter der Post. Die wenigen Zimmer sind oft ausgebucht, an der Rezeption spricht man Griechisch sowie wenige Brocken Englisch, und von den Zimmern schaut man auf die umliegenden Gebäude. Positiv hingegen sind der freundliche Eindruck der Innenräume und der Übernachtungspreis: DZ in der Hauptsaison 115 € mit Frühstück, ✆ 71364, 📠 72365.

Essen und Trinken/Nachtleben

Ein ganzer Schwung von Tavernen und Restaurants, deren Besitzer jedoch wissen, was man Touristen abverlangen kann. Dabei sind die Restaurants an der Hafenpromenade deutlich teurer als die Konkurrenz in weniger exponierter Lage. Aufgefallen sind uns folgende Tavernen:

• *Essen/Trinken* **Taverne Tholos (1)**, unterhalb des Klosters Ág. Evangelismos. Man sitzt direkt am Wasser unter Sonnensegeln und genießt den Ausblick auf Sými, während die Vögel in der Tamariske zum Essen zwitschern. Die täglich wechselnden Speisen sind auf eine Schiefertafel geschrieben. Neben der traditionellen Küche (lecker und günstig) gibt es vegetarische Gerichte wie Humous, weiße und grüne Bohnen für 4 € oder einen köstlichen Auberginensalat, mit Schafskäse verfeinert. Leckerer gegrillter Thunfisch für 12 €. Aufmerksamer Service.

Taverne Mylopetra, empfehlenswertes Restaurant mit mediterraner Küche in historischem Haus, am Rathausplatz, geschmackvolle Einrichtung, nicht ganz billig, aber sehr lecker. Bei Griechen ist besonders die hausgemachte Pasta beliebt. Die Gerichte sind aufwändig garniert und nur aus besten Zutaten. Eine Adresse für Feinschmecker. ✆ 72333, 📠 72194, www.mylopetra.com.

Taverne Neraida, die Taverne von Michael Megloudis serviert klassische Landküche, Fleischgericht bereits ab 7 €, große Terrasse.

Taverna Meraklis (7), altes Restaurant mit freundlichem Service in der schmalen Stichstraße, die von der Hafenspitze abzweigt. Große Auswahl, üppiger Bauernsalat, zivile Preise. Erkundigen Sie sich nach frischem Fisch. Ein Klassiker unter den simiotischen Tavernen. ✆ 71003.

Taverne Georgios, an der Platia in Chorió. Von wildem Wein umrankte Pergola, mäßige Preise, vorzügliche Küche. Hier treffen sich seit Jahrzehnten die Sými-Insider.

Ouzerie Mythos, In einem gewölbeartigen Speisesaal nahe der Bushaltestelle serviert Stavros Gogios Safran-Muscheln, Rosmarin-Lamm und andere Spezialitäten zum Ouzo für 4–10 €. Ein Schwertfisch kostet 13 €. Gogios betrieb früher bereits Restaurants in Dänemark und Spanien. Abends sehr beliebt, am besten Sie reservieren vorher. ✆ 71488, gogioss@otonet.gr.

Empfehlenswert ist auch das Restaurant **To Klima** an der Hauptgasse von Chorió, die vom Hafen über 380 Stufen nach Chorió führt (unterhalb der Taverne Georgios).

Vapori, vor dem Aufgang zur Kalí Stráta liegt das Lokal von Mary Burney und Michaelis Foutouradakis mit Schiffsbildern an allen Wänden. Morgens kann man dort entspannt frühstücken, tagsüber gibt es kleine Snacks und abends verwandelt sich das Lokal in eine beliebte Bar. Immer im Angebot: internationale Presse, ein PC zum Surfen im Internet und freundlicher Service. ✆ 72082, vapori@otonet.gr.

Kali Strata Bar, wer es bis hierhin zu Fuß geschafft hat, hat sich den frisch gepressten O-Saft von der Speisekarte verdient. Die kleine Bar liegt weit über dem Hafen an der Kalí Stráta und bietet einen schönen Blick auf die Bucht. Das Richtige für eine kurze Rast. ✆ 697-7013656 (mobil), zapn40@hotmail.com.

• *Nachtleben* Abends ist in den Gassen am Hafen mächtig was los. In den zehn Bars drängen sich die Touristen – die Minis werden kürzer, die Preise höher. Wer's ruhiger mag, sollte mal im **Meltemi** (neben der Taverne Meraklis) vorbeischauen.

▶ **Baden**: Die Bademöglichkeiten im Ortsbereich sind mehr als bescheiden. Unentwegte marschieren über die Hafenpromenade, vorbei an der kleinen Werft und dem markanten Glockenturm des Klosters Ágios Evangelismos zu einer Art Frei-

Sými Karte S. 230

bad: Das kleine, nur rund 40 m lange Stück Kiesstrand, *Nos-Beach* genannt, ist mit Liegestühlen zugestellt. Die Bar Symi-Paradise versorgt die Gäste mit eisgekühlten Getränken.

Sehenswertes

Heimatmuseum: Der Weg zum Museum inmitten des Gassengewimmels von Chorió ist glücklicherweise ausgeschildert. Gezeigt werden traditionelle Trachten der Insel, archäologische Fundstücke, Münzen, alte Grabmasken und Karten aller Art. Die Atmosphäre des kleinen Museums ist bezaubernd, die Exponate sind sorgfältig aufbereitet und liebevoll in Vitrinen ausgestellt, die in die Wand eingelassen sind. Außerdem ist der freundliche Museumswärter ein wunderbarer Geschichtenerzähler. Vom Museum aus sind es noch ca. zehn Fußminuten bis zu den Überresten des mittelalterlichen Forts, das über Chorió thront.

Öffnungszeiten tägl. 8.30–15 Uhr, Mo geschlossen. Eintritt 2 €.

Wie im Amphitheater: Häuser in Sými-Stadt

Marinemuseum: Sehenswert ist eigentlich nur das herrschaftliche Gebäude am 8.-Mai-Platz selbst. In den zwei kleinen Ausstellungsräumen befinden sich nämlich nur ein paar wenig originelle Bilder (Schiffs-, Meer- und Werftmotive), Schiffsmodelle, Muscheln und ein mit Stroh gefüllter Schwammtaucheranzug.

Öffnungszeiten tägl. 10.30–15 Uhr. Eintritt: 1 €. ✆ 72363.

Windmühlen über der Stadt: Hoch oben auf dem Bergkamm, etwa 200 m über dem Meer, stehen die brüchigen, teilweise noch funktionierenden Mühlen. Vermögende Griechen haben die alten Türme erworben und zu modernen, extravaganten Ferienwohnungen umgebaut. Von den Windmühlen genießt man die beste Sicht auf den Hafen, über die gesamte Insel und hinüber zur Türkei. Steigen Sie am späten Nachmittag hinauf, dann verwandelt die untergehende Sonne die Bucht von Sými in ein einzigartiges Gemälde. (Für Cineasten: Der Hafen Sýmis diente als Kulisse für den Kinofilm „Die verlorene Insel" mit Ben Kingsley in der Hauptrolle.) Ganz oben auf der Bergspitze befindet sich eine kleine Höhle. Zahlreiche Skelette von Hunden und Schafen sorgen dafür, dass sie unbewohnt bleibt. Ende der 70er Jahre hatten sich hier einige verspätete Blumenkinder aus Amsterdam eingenistet. Der Hippies überdrüssig, verwandelte ein Hirte die Höhle in ein Grab für seine Tiere. Die Aussteiger aus den Niederlanden entschieden sich für eine neue Bleibe.

Nimboriós

Das kleine Fischerdorf, knapp 2 km nordwestlich von Sými-Stadt, besteht nur aus knapp 100 Häuser und einem guten Dutzend Kapellen. Taxiboote pendeln beladen

Wandern zu Kapellen und Klöstern

Alle Wanderungen beginnen in Gialós (Sými-Stadt). Diese wurden von unserem Leser Dr. Norbert Aleweld aus Iserlohn-Sümmern begangen:

Zur Kapelle Ágios Fanoúrios: Der Straße folgen, die am Nautischen Museum einbiegt. Nach einer schmalen Treppenstraße gelangt man auf Maultierpfaden (rote Punktmarkierung) zur Kapelle Ág. Fanoúrios (Schlüssel bei der nahe liegenden militärischen Wachstation) mit einem stimmungsvollen Innenhof. Von dort in östlicher, dann in nordöstlicher Richtung auf schmalem, unmarkiertem Pfad zwischen alten Bruchsteinmauern zur Kapelle Ág. Paraskeví nach Chorió. Am Kastro (Haussteinwände mit Kuvenpolygonen) auf verschiedenen Wegen nach Gialós (ca. 2,5 Stunden mit Ruhepausen).

Über Ágios Fanoúrios zum Kloster Ágios Emilianós: Anstieg von Sými-Stadt wie oben bis Ágios Fanoúrios, danach über die Fahrstraße zur Kapelle Taxiárchis Michaíl Roukouniótis mit sehr schönen Fresken (bitte läuten). Der Straße zur Kapelle Ág. Anárgyrii (Ág. Cosmas und Damian) mit sehr anheimelndem Innenhof folgen. Links an der Kapelle vorbei führt ein schmaler Pfad (rote Markierung) durch einen ausgedehnten Zedernwald zur Kapelle Ág. Giannis Theológos (Feiertage am 8. Mai und 27. September). Von hier bereits wunderbare Ausblicke auf die Bucht von Marór und Skoúmissa. Hinter Ág. Theológos wird die Punktmarkierung spärlich. Der Pfad läuft halb links, dann nach rechts in nördlicher Richtung. Oberhalb der Marór-Bucht dem Pfad zur Kapelle Ág. Filímonos folgen, diese links und rechts passieren und danach am westlichen Ufer der Skoúmissa-Bucht zum Insel-Kloster Ág. Emilianós. Der Weg dauert rund 4 Stunden mit Besichtigungspausen. Von Ág. Emilianós fahren Boote nach Sými-Stadt. Am besten vorher nach den Abfahrtszeiten erkundigen.

mit sonnenhungrigen Urlaubern zwischen Gialós und dem lang gezogenen Kieselstrand in der sichelförmigen Bucht. Eine Schotterstraße entlang der Küste führt von Gialós nach Nimboriós, zu Fuß braucht man eine gute halbe Stunde. Es gibt einen leicht abfallenden, schmalen Kieselstrand mit Liegen und Sonnenschirmen.
So charakterisiert der aus Franken stammende Schriftsteller Ludwig Fels im „FAZ-Magazin" die abgeschiedene Ortschaft: „Die Klippen unten im türkisfarbenen Wasser sind mit Seeigeln gepunktet und vom Ende der Meeresbucht scheinen weiß die fernen Mauern zweier Klöster herüber. [...] In Nimboriós sagen sich nicht einmal mehr Hund und Katze gute Nacht, so abgeschieden, ausgestorben wirkt der Ort; trostlos." Wir haben Nimboriós allerdings gar nicht als trostlos erlebt, sondern als echtes kleines Paradies für jene, die die Einsamkeit genießen möchten – und wie gemacht für Verliebte!

Sehenswertes: Zehn Minuten von der Taverne Metapontis entfernt liegen auf einer Anhöhe drei kleine Kirchlein. Folgen Sie ca. 150 m dem ausgetrockneten Flussbett, und steigen Sie dann die weiß getünchten Stufen hinauf. Neben den Kirchen sind die Reste eines byzantinischen Mosaiks (überdacht) zu sehen. Außerdem hat man von hier aus einen schönen Blick über die Bucht. Etwas weiter die Anhöhe hinauf, in einem umzäunten Gelände, liegen zwölf unterirdisch miteinander verbundene Höhlen. Man sagt, es seien entweder Katakomben oder die Krypta einer Basilika gewesen, die einst hier gestanden haben soll. Achtung: In den Höhlen können Tierkadaver liegen.

Sými Karte S. 230

• *Übernachten* **Hotel Niriides**, in den 90er Jahren erbautes Hotel oberhalb der Bucht. Der Gebäudekomplex besteht aus vier Häusern. Komfortable Zimmer mit Meeresblick, großem Balkon oder Terrasse. Es stehen 10 Appartements für maximal vier Pers. zur Verfügung. Nette Atmosphäre. DZ 55–90 € (Frühstück 8 €), ✆ 71784 oder 71892 oder 697-2801135 (mobil), ☏ 71784, nirapart@otonet.gr., www.niriideshotel.gr.

Pension Metapontis, über der Taverne mit demselben Namen, zehn Schritte vom Strand entfernt. Inhaberin Maria Perulis ist sehr gastfreundlich und bietet saubere Zimmer mit Balkon ab 30 €, geöffnet von April bis Okt. ✆ 71077, ☏ 71491.

Rundwanderung: Von Gialós zur Kapelle der heiligen Irene und nach Nimboriós

Anfahrt: Wer in Gialós wohnt, kann einfach loswandern. Wer in Chorió oder Pédi wohnt, nimmt den regelmäßig verkehrenden Sými-Bus oder geht zu Fuß zur Hafenbucht.

Dauer und Strecke: Die Wanderung dauert knapp 1,5 Stunden. Man geht über Schotterpisten, Trampelpfade und enge Ziegenpfade. Da ein Teil des Weges an Berghängen entlangführt, sollte man möglichst schwindelfrei sein.

Verpflegung: Nehmen Sie ausreichend Wasser und Proviant mit. Denn auf dem Weg besteht keine Einkaufsmöglichkeit – außer Sie machen einen Abstecher in den Ortskern von Nimboriós.

Ausrüstung: Auf den unbefestigten Pfaden sind feste Schuhe ratsam. Außerdem sollte man einen Hut aufsetzen. Denn auf der Insel Sými wachsen nur wenig Bäume, auf dem größten Teil des Weges ist man der prallen Sonne ausgesetzt.

Route: Vom Uhrenturm an der Hafenbucht geht man immer geradeaus, am Hafenbecken entlang in Richtung Nautisches Museum. Hier schlägt man die Straße ein, die links am Nautischen Museum vorbeiführt. Nach etwa 100 m kommt eine Straßengabelung: Wir schlagen den Weg nach rechts ein und gehen weiter bergauf. Die Häuser von Gialós zur linken und rechten Seite des Weges lässt man schnell hinter sich. Danach geht es vorbei an steilen Berghängen.

Links vom Weg erscheint ein Friedhof, wir gehen weiter geradeaus, an der Friedhofsmauer entlang (nicht den breiteren Weg nach rechts einschlagen). Wir folgen dem Schild, das den Weg zum Kloster Fanoúrios weist. Den etwa 3 m breiten Weg säumen links und rechts immer wieder tiefe Steinmauern. Mittlerweile gibt es überhaupt keinen Schatten mehr, lediglich niedrige Sträucher und kleine Bäume sind zu sehen.

Die folgende Anhöhe hinauf gehen wir auf einem Pfad aus großen Steinplatten. Oben angekommen, bietet sich ein schöner Blick auf die Bucht von Nimboriós, die auf der rechten Seite, tief unter uns, zu sehen ist. Wir gehen weiter geradeaus. Etwa 10 Min., nachdem wir den Friedhof hinter uns gelassen haben, erreichen wir dann die kleine Kapelle der heiligen Irene. Unter zwei großen Schatten spendenden Bäumen im Innenhof lässt es sich hier sehr gut verweilen und das Panorama genießen. Nur wenige Besucher finden den Weg zu der Kapelle.

Ausgeruht machen wir uns auf den schwierigsten Teil des Weges. Hinter der Kapelle beginnt ein schmaler Ziegenpfad, der den Hang hinab nach Nimboriós führt. Für diese Strecke sind auf jeden Fall feste Schuhe erforderlich. Vorsicht: Man sollte hier aufmerksam und nicht zu schnell gehen, denn immer wieder kann sich ein Stück der festgetretenen Erde auf dem Boden lösen, und der Wanderer verliert den Halt. Außerdem erschwert ab und zu Geröll, das auf dem Ziegenpfad liegt, das Wandern. Nach 50 m ist der Pfad mit Steinplatten ausgelegt. Sie sind weniger als 1 m breit, so dass man hintereinander gehen muss. Auch hier ist Vorsicht geboten. Außerdem ist der Weg kurvenreich.

Nach einer Rechtskurve säumt die rechte Seite des Weges wieder eine Steinmauer, statt auf Steinplatten geht man nun wieder auf einem Geröllpfad. Bald stößt man auf das erste Haus von Nimboriós und geht die Stufen an der rechten Seite des Gebäudes hinunter. Dann schlagen wir den Weg nach rechts ein.

Jetzt befinden wir uns wieder auf einer breiteren Straße, die ersten Meter sind sogar betoniert. Links sehen wir die Anlegestelle der Fischerboote von Nimboriós. Wir nehmen die Schotterpiste den Berg hinauf und halten uns links mit Blick auf die Küste. Am Hang entlang gehen wir die breite Straße, die in seltenen Fällen von Autos befahren wird, zurück Richtung Gialós. Auf der rechten Seite des Weges sehen wir Felsen, die linke Seite fällt steil zur Küste ab.

An der nächsten Straßengabelung halten wir uns weiter links und nehmen den Weg nahe beim Wasser. Um die nächste Rechtskurve herum taucht schließlich links unter uns die kleine Badebucht von Gialós auf. Hier endet die Wanderung, zum Hafen zurück geht man noch ca. 5 Min. Wer möchte, kann sich in der Bucht unter einem Sonnenschirm ausruhen oder sich im Wasser abkühlen. In der Bucht gibt es eine Taverne, eine Snackbar und Liegestühle.

▶ **Insel Nímos**: Bergklotz nördlich von Sými. Keine Ansiedlung. Die Bademöglichkeiten sind bescheiden. In der Hochsaison fahren Ausflugsboote von Sými-Stadt zu der kleinen Insel. Die Fahrt kostet pro Person rund 9 €.

Die Ostküste

Die Küste präsentiert sich abwechslungsreich: Hier nur graues Gestein, senkrecht aufragend, durchzogen von abweisenden Kerben und Falten, in anderen Abschnitten sanfte Hügel, in deren kargen Boden sich vereinzelt Bäume und Büsche klammern – ein ockerfarbenes Gesicht mit grünen Bartstoppeln.

▶ **Bucht von Pédi**: Von Sými-Stadt führt eine Betonpiste zu der fast kreisrunden Bucht. Zu Fuß ist man etwa 30 Min. unterwegs, vorbei an einladenden Tavernen, zahlreichen Agaven und einem lärmenden Kraftwerk. (Es ist ausdrücklich verboten, an den steilen, kahlen Hängen zu klettern. Auf den Geröll- und Steinhalden könnte abrutschendes Gestein eine Katastrophe auslösen.) Wer es bequemer haben möchte, sollte ein Taxi nehmen (einfache Fahrt rund 3 €).

Im weiten Rund der Bucht dümpeln Dutzende Fischerboote, an denen sich die vom Wasser reflektierten Sonnenstrahlen widerspiegeln. Katzen räkeln sich im Schatten, ein paar Enten watscheln am Ufer entlang und auf den Terrassen der Tavernen vergilben die Speisekarten. Pédi ist ein verschlafenes Fischernest, nur in der kleinen Werft widersetzt man sich der alles durchdringenden Trägheit.

Die Bucht von Pédi hat zwar einen Strand, dennoch ist das Baden hier nicht zu empfehlen: Das Wasser ist trübe und die Uferstraße verläuft unmittelbar hinter dem schmalen Streifen Sand. Doch es gibt zwei einladende Tavernen direkt am Meer. Das einfache, alteingesessene Kamares direkt am Bootsanleger und das etwas gehobenere Ellinikon nebenan.

• *Übernachten* **Hotel Pédi Beach**, modernes, 1988 eröffnetes Hotel an der Zufahrtsstraße zur Bucht. Erkennungszeichen: zwei riesige Palmen. Die 54 Zimmer sind mit dunklem Holz eingerichtet und verfügen über TV, Telefon, Dusche und Balkon. Verlangen Sie ein Zimmer mit Blick auf die Bucht. DZ mit Frühstücksbuffet je nach Saison zwischen

Sými Karte S. 230

44 und 80 €. Das Haus ist von Deutschland aus über die großen Reiseveranstalter zu buchen. ✆ 71981 oder 71870, ℻ 71982.

Pédi Studios, auf der linken Seite der Bucht, eines der letzten Häuser in Richtung der kleinen Kapelle. Einfach eingerichtete Zimmer mit Dusche und Kochgelegenheit, sehr ruhig. DZ 30–36 €, 4er-App. 40–46 €, ✆ 72462.

- **Agía-Marína-Bucht**: am nördlichen Ende der Bucht von Pédi. Benannt ist die 200 m kleine Bucht nach dem Kirchlein auf dem vorgelagerten Felsklotz. Am Kies-/Sandstrand stehen Sonnenschirme und Liegestühle, und auch auf den Service einer Taverne muss nicht verzichtet werden. Weiterer Vorteil gegenüber Pédi: Das Wasser ist glasklar.

  Die Bucht wird von Kaikis angesteuert (hin und zurück ca. 8 €). Der Strand ist aber auch per pedes über einen Ziegenpfad zu erreichen (ca. 45 Min. ab den Windmühlen in Chorió).

- **Ágios-Nikólaos-Bucht**: kleiner Strand, eine halbe Stunde Fußweg entlang der Bucht von Pédi in Richtung Süden. Taxiboot ab Sými 5 €. Ein Strand, der auch für Kinder gut geeignet ist.

- **Geórgiou-Disálona-Bucht**: Badebucht an der Ostküste zwischen den Buchten von Pédi und Nánou. 300 m Kiesstrand, im Hintergrund ragen graue Felswände in schwindelerregende Höhen auf – einfach atemberaubend! Zwischen den Bäumen am Grund der gewaltigen Schlucht versteckt sich eine Kapelle (Wasser gibt's in der Zisterne unmittelbar neben der Kapelle).

- **Nánou-Bucht**: Mit dem Kaiki ist man von Sými-Stadt knapp eine halbe Stunde unterwegs – die schöne, romantische Bucht ist auf dem Landweg kaum zu erreichen. Es gibt einen Pfad, den wir aber nicht empfehlen. Mischung aus Kies- und Sandstrand, Olivenhaine, gutes Tauch- und Schnorchelrevier, mit günstiger Taverne. Taxiboot ab Sými 9 €.

- **Marathoúnda-Bucht**: weitläufige, aber schmale Kiesbucht mit Taverne und Sonnenliegen. Mit dem Kaiki zu erreichen (hin und zurück rund 8 €).

Der Westen und Süden

- **Kefalá-Halbinsel**: Von der Straße zwischen Sými-Stadt und dem Kloster Panormítis (s. u.) zweigt eine Piste nach Osten zum *Kloster Ágios Roukouniótis* (von den Simioten auch einfach *Michael* genannt) ab. Im zweitgrößten Kloster auf Sými haust heute nur noch ein Verwalter. Der quadratische Komplex fußt auf den Mauern einer byzantinischen Festung, die wiederum Überresten eines antiken Tempels aufgepflanzt wurde. Die untere Kirche stammt aus dem 16. Jh., die obere aus dem 19. Jh.

  Vom Kloster führt ein Fußpfad weiter nach Westen – der Weg ist wie auch einige andere auf Sými markiert: durch farbige Punkte, Kreuze oder Steinhäuflein. Die Gegend ist erstaunlich reich an Vegetation. Bäume haben sich zu Wäldchen zusammengetan, widerstehen Hitze wie Trockenheit und spenden Wanderern Schatten. Nach knapp 5 km öffnet sich eine Bucht, in der auf einem großen Fels im Wasser das *Kloster Ágios Emilianós* thront. Per Steg ist es mit dem Festland verbunden. Schönes Fotomotiv!

  Verbindung Die Bucht wird auch von Kaikis angelaufen. Preis ca. 6 €.

- **Insel Sésklia**: An der Westküste des Inselzwerges südlich von Sými eine kleine Anlegestelle mit angrenzendem Kiesstrand samt Schatten spendenden Tamarisken. Gutes Schnorchelrevier. Aber aufgepasst: viele Seeigel! Die Fahrt von Sými-Hafen nach Sésklia (oft ist auch *Teftousa* zu lesen) dauert mit einem Badekaiki eine Stunde. Die Bucht ist ein beliebter Seglertreffpunkt.

Kloster Panormítis

Der Besuch des malerischen Klosters an der südlichen Spitze von Sými ist ein Muss. Die Anlage liegt in einer von Pinien bekrönten, kesselförmigen Bucht, die zum Baden einlädt. Hauptanziehungspunkt ist der prachtvolle, blumengeschmückte Innenhof mit dem markanten Mosaikrelief und dem weißen Arkadenrundgang. Im Gegensatz dazu ist das kleine Kirchlein (errichtet 1783) beinahe unauffällig. An der schwarz verräucherten Decke hängen zahlreiche, uralte Weihrauchbehälter. Lediglich zwei winzige Fenster sorgen für spärliches Licht. Das Kloster wird noch heute von einem Mönch versorgt. Übrigens: Der markante Glockenturm ist jünger als der Barockstil vermuten lässt. Er wurde erst 1905 errichtet.

Mahnmal für die Opfer des Massakers von Panormítis

Die Stille und die Schönheit des Klosters Panormítis bezaubern auch heute noch. Nur wenn die Ausflugsschiffe auf dem Weg von Rhódos und Sými-Stadt hier für eine Stunde anlegen, wird es laut und trubelig. Doch so schnell wie die Ausflügler gekommen sind, verschwinden sie auch wieder.

Das **Kloster- und Volkskundemuseum** bietet ein breit gefächertes Panoptikum kirchlicher und weltlicher Relikte. Am interessantesten ist der letzte Raum der Ausstellung mit Segelschiffminiaturen der Schwammtaucher. Ansonsten sind die Exponate bunt gemischt: altes Geschirr, Bett, Bücher, Kleidung, Besteck, Waffen, Uhren, Kirchenschmuck, Landkarten und vieles mehr. Tipp: Gehen Sie zuerst in das Museum und nicht in das Kirchlein – erfahrungsgemäß ist es anfangs in den Räumen noch nicht gar so voll.

Wichtig: Die Ausflugsfähre legt bereits nach etwa einer Stunde wieder ab!

- *Öffnungszeiten* Die Öffnungszeiten kennt nur der Herr. Eintritt 1,50 €.
- *Übernachten* Ist in der Klosteranlage möglich, allerdings muss man sich auf eine spartanische Einrichtung gefasst machen. DZ für ca. 15 €.
- *Essen* **Taverne Panormion**, nur wenige Schritte vom Kloster, gegenüber dem kleinen Badestrand, liegt diese Taverne. Reguläres Essen zu fairen Preisen. Netter Service.

Etwa 20 m links vom Glockenturm stößt man auf einen Durchgang zur **Bäckerei des Klosters**. Spezialität: brezelartiges Gebäck für 1 €.

Das Massaker von Panormítis

Die meisten Besucher lassen das bescheidene, marmorene Monument links liegen. Etwa 150 m vom Klostereingang mit dem vierstöckigen Glockenturm erinnert eine Bronzeplatte an eine Gräueltat deutscher Faschisten vom 11. Februar 1944. Damals ermordeten Wehrmachtssoldaten den Abt des Klosters, den Verwalter Michael Lampros und den Soldaten Floros Zouganelli. Ihr angebliches Vergehen: Sie unterstützten die Briten bei der Befreiung Griechenlands.

Sými
Karte S. 230

Das Seglermekka Marmaris lohnt einen Ausflug

Marmaris

(ca. 25.000 Einwohner)

Der türkische Hafenort Marmaris ist ein beliebtes Tagesausflugsziel von Rhódos. Nur rund eine Stunde ist man mit den Schnellbooten zum asiatischen Festland unterwegs. Normale Fähren sind dreimal so langsam. Marmaris – das bedeutet Urlaub machen und alle Zwänge ablegen, das Jackett, das Hemd und die Hose. In Marmaris herrschen andere Sitten, keine türkischen, sondern die freizügigen des Massentourismus. In Marmaris gehen Touristen in der Badehose essen. Dem einen gefällt's, der andere kann sich Schöneres vorstellen.

Ähnlich wie Rhódos verfügt Marmaris über eine Sonnenscheingarantie (an die 300 Sonnentage jährlich). Auf der langen, rund um den alten Stadtteil bei der Burg auch ansehnlichen Uferpromenade geben sich Maler, Gaukler und Musikanten ein internationales Stelldichein.

In Marmaris regiert längst der Massentourismus. Und in der gesamten Stadt lässt es sich bestens einkaufen: Alles, auf das sich der Schriftzug bekannter Designer drucken lässt, wird an jeder Ecke und auf jedem Meter angeboten. Marmaris, das ist ein reges Markttreiben zwischen unzähligen Hotels und Restaurants, lediglich am Strand herrscht etwas Ruhe. Übernachteten noch Anfang der 70er Jahre lediglich ein paar Globetrotter in der Stadt, so sinken heute im Sommer jede Nacht annähernd 100.000 Urlauber aus aller Herren Länder in ihre Gästebetten. Das einst verschlafene Fischernest ist einer der größten internationalen Rummelorte der Türkei geworden.

Die türkischen Urlauber, die sich zu dem internationalen Gästekontingent gesellen, gehören zur Oberschicht des Landes, denn für normal verdienende Türken ist das

Fährverbindung von Rhódos nach Marmaris: Ausflug nach Asien

Mit dem Hydrofoil wie dem „Flying Zeus“ oder dem Katamaran erreicht man die türkische Küste von Anfang April bis Ende Oktober mehrmals täglich in nur 45–60 Minuten. Mit größeren Fährschiffen sollte man mit etwa drei Stunden rechnen. Die Einschiffungsformalitäten beginnen 1 Stunde vor Abfahrt. Hin und zurück am gleichen Tag rund 66 € (je nach Saison gibt es große Preisunterschiede), wegen der Abgaben ist der Trip relativ teuer. Autofähren verkehren in der Regel am Freitag.

Nähere Auskünfte kann man am Mandráki-Hafen erhalten. Dort liegen die verschiedenen Ausflugsboote vor Anker. Die meisten Boote legen um 9 Uhr ab und sind bis 18 Uhr wieder zurück.

Preisniveau zu hoch. So konnte eine neue, fix und fertig eingerichtete Filiale einer bekannten Bank erst einmal nicht eröffnet werden, weil sich kein Personal fand, das es sich leisten konnte, in Marmaris zu leben und zu arbeiten.

Geschichte

Marmaris, als *Phiscus* um 1000 v. Chr. von dorischen Einwanderern gegründet, war einst Handelshafen und Tor Anatoliens nach Rhódos und Ägypten. Im 6. Jh. v. Chr. geriet die Ansiedlung unter die Herrschaft Lydiens. Vom 4. bis zum 2. Jh. v. Chr. nahm sich Rhódos des Hafens an. Danach war Marmaris ständig wechselnden Machtverhältnissen ausgesetzt, bis schließlich die Osmanen 1408 die ganze Gegend besetzten; seitdem ist Marmaris türkisch. Die Bucht von Marmaris spielte übrigens für Strategen seit jeher eine wichtige Rolle: Wo einst Süleyman der Prächtige seine Expedition nach Rhódos startete, befindet sich heute ein NATO-Stützpunkt (die Aksaz-Bucht östlich von Marmaris ist militärisches Sperrgebiet).
Die größten Veränderungen in der Geschichte von Marmaris brachten jedoch weder Römer noch NATO-Militästrategen, sondern Touristen. Sämtliche Baulücken unmittelbar an der Küste in der Bucht von Marmaris sind mittlerweile verschwunden, auch in zweiter, dritter und vierter Reihe ist kaum mehr ein grüner Fleck zu sehen. Die Roh- und Neubauten ziehen sich immer weiter ins Hinterland und zeugen von einer ungebrochen optimistischen Zukunftssicht.

Zur Orientierung in der Stadt: Das alte Zentrum von Marmaris mit dem Basar, den Restaurants und den Bars liegt rund um die Burg. Gen Westen, Richtung İçmeler, erstreckt sich rechts und links des K. Seyfettin Elgin Bulvarıs, der fließend in den Kenan Evren Bulvarı übergeht, die neue Hotelstadt von Marmaris. Von dort erreicht man per Dolmuş rund um die Uhr das Zentrum. Steigt man an der Atatürkstatue am Beginn der Kordon Caddesi aus, kann man rund um die Burg zum Jachthafen schlendern.

Information/Verbindungen/Ausflüge/Veranstaltungen

• *Telefonvorwahl* 0090-(0)252

• *Information* **Tourist Information** an der Uferpromenade Richtung Burg. Professionell, sehr zuvorkommend und informativ. Im Sommer tägl. 8.30–18 Uhr, im Winter Mo–Fr 8–17 Uhr. İskele Meydanı, ✆ 4121035, www.mugla-turizm.gov.tr.

• *Verbindungen* **Dolmuş**: Die Wagen nach İçmeler und zum Uzunyalı-Strand starten (ständig) vor dem Supermarkt Tansaş an der Ulusal Egemenlik Cad., halten aber auch an der Rechtskurve bei der Atatürk-Statue am Hafen und entlang der Atatürk Cad. Die Dolmuşe nach Muğla, zum Busbahnhof und zur Cennet Adası fahren gegenüber dem Supermarkt Tansaş ab; die Dolmuşe nach Turunç vom Dolmuşbahnhof etwas weiter nördlich an der Ulusal Egemenlik Cad.; jene nach Datça starten am Busbahnhof.

Bootsdolmuşe bzw. Taxiboote zu den Stränden rund um Marmaris legen von mehreren Stellen an der Uferpromenade ab, z. B. alle 20 Min. nach İçmeler und Turunç (hin/zurück 5,50 €).

Taxi: Taxis stehen an fast jeder zweiten Kreuzung bereit, nach İçmeler 10 € und nach Turunç 25 €.

• *Bootsausflüge* Hunderte von Schiffen an der Mole locken mit demselben Motto: Just-for-fun-Fahrten mit Badestopps, Touren rund um die Bucht von Marmaris und zu den Badeorten der Umgebung. Normalerweise legen die Schiffe um 10 Uhr ab und kehren zwischen 17 und 19 Uhr zurück. Mondscheinfahrten beginnen um 18.30 Uhr und enden gegen 22.30 Uhr. Rechnen Sie für einen Bootsausflug pro Pers. inkl. Lunch mit ca. 8,50 €.

• *Jachtcharter* Im Eldorado des Jachtsports gehört es fast zum guten Ton, sich für eine Woche eine Jacht mit Besatzung und Kapitän zuzulegen – die Garantie für den reinsten Genuss der türkischen Küste. Reichlich Angebote in den Reisebüros oder direkt am Jachthafen bei den einzelnen Kapitänen oder Bootsbesitzern. Eine renommierte Chartergesellschaft ist **Eser Jachting**, 35. Sokak 21. Einwöchige Tour pro Pers. als Last-Minute-Angebot mit VP rund 250 €. Ansonsten kann man für ein 8-Kabinen-Boot pro Tag mit 1150 € rechnen, für ein 4-Kabinen-Boot mit 500 €. ✆ 4123527, www.eser-yachting.com.

• *Veranstaltungen/Festival* Anfang Mai einwöchiges internationales **Jacht-Festival** mit Ausstellungen und Vorträgen. Ende Okt./Anfang Nov. die internationale **Regatta Marmaris Race Week**. Im August häufig **Konzerte** und **Theateraufführungen**.

Adressen

• *Autoverleih* Zahllose Agenturen, darunter nationale (ab ca. 40 € pro Tag inkl. Versicherungen) und internationale Verleiher (ab ca. 65 €). **Avis**, Atatürk Cad. 10/D, ✆ 4122771, 📠 4126413. **Thrifty**, Ulusal Egemenlik Cad. 13, ✆ 4134669, 📠 4134670.

• *Einkaufen/Souvenirs* Die Gassen des alten Ortskerns, von einer modernen Glas-Stahl-Konstruktion überdacht, sind ein einziger riesiger und etwas steriler **Basar**, aufgelockert durch türkische Fastfoodlokale und einige Cafés.

Diverse Läden, die sich vom dortigen Imitatenangebot unterscheiden, findet man im Shoppingcenter **Solaris** an der Atatürk Cad.

Ein weiteres Shoppingcenter mit einer Reihe von guten Bekleidungsgeschäften und einem Supermarkt ist das **Point Center** hinter dem Uzunyalı-Strand. Noch edlere Boutiquen findet man in der **Netsel Marina.**

Eine große Auswahl an Lebensmitteln hält der Supermarkt **Tansaş** an der Ulusal Egemenlik Cad. bereit.

Außerdem jeden Do **Markt** nördlich der G. Mustafa Muğlalı Cad. Ein gutes Mitbringsel ist der berühmte **Tannenhonig** *(Çam Balı)* aus der Gegend.

• *Post* Etwas zurückversetzt von der Kordon Cad. im Basar.

• *Türkisches Bad (Hamam)* Namenloses, historisches Bad in der Altstadt nahe der alten Karawanserei. Eintritt mit Massage 14 €.

• *Zweiradverleih* Z. B. bei **Best motorcycle rental**, 158 Sok., ✆ 4129436, www.bestmotortr.com. Mountainbike pro Tag 10 €, Scooter (100 ccm) 25 €, Motorräder von 35 € (z. B. Suzuki TS 125) bis 150 € (Harley Davidson Sportser 1200). Bei längerer Mietdauer etwas billiger.

Essen & Trinken

Die Auswahl ist riesig: türkische, englische, französische, italienische, deutsche, asiatische Küche, alles ist vorhanden, selbst die international operierenden Fastfoodrestaurants sind vertreten. Für jeden Geldbeutel ist etwas dabei. Am teuersten speist man an der Uferpromenade rund um die Burg, wo die Cola dreimal so viel kostet wie anderswo. Immer billig ist dagegen das Bier.

• *Restaurants* **An der Uferpromenade** von der Tourist Information Richtung Jachthafen reiht sich ein Restaurant ans andere. I. d. R. handelt es sich um gehobene, nicht gerade billige Touristenlokale mit Fisch und internationalen Gerichten, oft mit einer schönen Dachterrasse und fast immer mit einem mehr als aufdringlichen Schlepper davor. Wir empfehlen das **Fellini**, das eine korrekte Rechnung präsentiert. Äußerlich hebt es sich durch gelbe Stühle ab, zudem nette Dachterrasse. Neben türkischer Hausmannskost auf höherem Niveau gibt es Fisch und verschiedene Schmortöpfe im Tontopf. Hauptgericht 5,50–10 €. ✆ 4130826.

Das einfachste Lokal an der Uferpromenade ist die **Fiskos Bar** mit freundlichen Betreibern, viel türkischem Publikum und schlichten, relativ günstigen Gerichten zum Bier.

Edler und dezenter geht es in den teueren Restaurants der **Netsel Marina** zu. Sie gelten als die besten von Marmaris.

• *Lokantas* Die Lokantas im und nahe dem **Basar** sehen zwar günstig aus, verstehen sich aber letztendlich in erster Linie aufs Abkassieren – wo keine Preise aushängen, sollte man jeden Preis (auch für die Cola) im Voraus erfragen. Ehrlicher geht es etwas weiter entfernt in den Lokantas in der **36. Sok.** zu. Wir empfehlen hier das **Sofra Restaurant**: etliche Sorten Kebab, Pide, Vorspeisen, Topfgerichte. Sehr beliebt und dazu noch 24 Std. geöffnet. Gleich in der Nähe liegt das **Marmaris Lokantası**, das wohl mit Abstand billigste Lokal in der Altstadt. Suppe 0,90 €, ein einfaches Topfgericht mit Reis 2,50 €.

Gut und preiswert isst man ferner in den einfachen Lokantas gegenüber dem Supermarkt Tansaş an der **Ulusal Egemenlik Cad.** Das dortige **Ali Baba** ist für eine Lokanta sogar ganz nett eingerichtet, bietet Spieße, Döner und Topfgerichte. Freundlicher Service. Pro Person mit einem Bier ca. 5 €. Einziger Haken: Es liegt recht laut an der Straße!

An der Uferpromenade

• *Süßes* **Karen Patisserie**, an der Atatürk Cad. neben dem Candan Hotel. Moderne Konditorei, leckere Kuchen, Torten, Süßspeisen und Frühstück. Außergewöhnlich ist eine Reihe von anatolischen Spezialitäten, die an der Küste sonst nur schwer zu bekommen sind.

Özsüt, eine weitere gute Adresse für Schleckermäuler. Türkeiweite Süßspeisenkette mit Tradition. Atatürk Cad. (neben Avis).

Baden/Sport

Der Stadtstrand von Marmaris, eingeklemmt zwischen Meer und Hotelklötzen, ist in der Saison mit Liegestühlen so vollgepflastert, dass nicht einmal Platz zum Sandburgenbau bleibt – besser mit dem Dolmuş oder dem Ausflugsboot zu einem der schönen Badeplätze in der Umgebung aufbrechen.

• *Aquapark* **Atlantis Waterpark** am Uzunyalı-Strand nahe dem Shoppingcenter Point Center. Große Rutschen. Eintritt ca. 15 €.

• *Strände in der Umgebung* **Çiftlik**: einer der schönsten Strände rund um Marmaris. Am bequemsten mit dem Schiff zu erreichen, man passiert unterwegs die Kumlubükü-Bucht (→ S. 249). Mühsam ist dagegen die Anfahrt mit dem Auto.

Bucht von İçmeler: an sich schöner Strand, aber mit Liegestühlen zugepflastert. → S. 248.

Sedir-Insel: im Golf von Gökova, am einfachsten per organisierter Ausflugstour zu erreichen.

• *Tauchen* Angeboten werden Wrack-, Höhlen- und Rifftauchgänge. Die Schiffe der Tauchbasen liegen am Hafen. Kaum Preisunterschiede. 2 Bootstauchgänge inkl. Mittagessen ca. 35 €. P.A.D.I.-Openwater-Kurs (4 Tage) 300 €. Erkundigen Sie sich nach der Teilnehmerzahl bei Bootstauchgängen. Von manchen Booten springen bis zu 50 Taucher gleichzeitig ins Wasser. Deutsch spricht man bei **Sea Star**, ✆ 0535-4806180 (mobil).

- *Sonstige Wassersportarten* Reichliches Angebot an allen größeren Stränden – Wasserski, Kanu, Bananaboat usw.

Sehenswertes: An kulturhistorischen Sehenswürdigkeiten hat Marmaris so gut wie nichts zu bieten. Vom antiken *Phiscus* sind lediglich noch ein paar spärliche Mauerreste auf einem Hügel im Norden der Stadt erhalten. Einen Besuch lohnt schon eher das **Marmaris Kalesi**, das ursprünglich mittelalterliche Kastell, das Süleyman der Prächtige 1522 ausbauen ließ. Arg viel mehr als einen schönen Blick über Altstadt und Hafen genießt man von ihm aber nicht. Das bis vor ein paar Jahren im Inneren des kleinen Gevierts eingerichtete Museum mit Öltiegelchen, Töpfchen, Väschen, Näpfchen und Amphörchen ist dicht, seitdem sich Stadt und Region über die Zuständigkeit streiten. Der Burg zu Füßen (nahe der Tourist Information) ließ Süleyman der Prächtige 1545 eine **Karawanserei** errichten. Deren Gewölbe belegen heute ein paar Cafés.

Umgebung von Marmaris

Landschaftlich ist die Gegend rund um Marmaris äußerst reizvoll. Insbesondere die sich südwestlich erstreckende Halbinsel Bozburun lädt zu ausgedehnten Ausflügen oder Aufenthalten ein. Durch Wälder und Täler mit Bächen, in denen Forellen tanzen, gelangt man zu abgeschiedenen Buchten und Dörfern. Aber auch nördlich von Marmaris, am Golf von Gökova, findet man idyllische Plätze. Als Grundregel gilt: Je weiter man sich von Marmaris entfernt, desto ruhiger und gemütlicher wird es.

İçmeler

„Früher gab es angeblich Heilwasser in İçmeler, aber suchen Sie nicht danach, begnügen Sie sich mit abgefülltem Mineralwasser." (Zentrale für Tourismus, Muğla) Früher war İçmeler auch noch ein völlig unbedeutendes Dörfchen am westlichen Rand der Marmaris-Bucht. Aber suchen Sie nicht danach, heute gehört İçmeler mit seinen 10.000 Einwohnern zum unmittelbaren Einzugsgebiet der Urlaubshochburg. Damals war der Strand von İçmeler auch ein weites unberührtes Paradies, aber suchen Sie nicht danach, heute finden Sie sich in einem Sonnenschirmwald wieder, in dem für ein mitgebrachtes Badetuch gar kein Platz bleibt. İçmeler ist fest in der Hand von britischen Pauschaltouristen. Viele, die sich in der gesichtslosen, aber gepflegten Hotelzone einquartiert haben, schaffen es kaum weiter als bis zum Strand mit seinem großen Wassersportangebot und zu den Cafés im Grünstreifen dahinter. Wer mehr sehen will, findet aber auch diverse Zweigstellen von Tourenveranstaltern, Auto- und Zweiradverleihern aus Marmaris.

- *Telefonvorwahl* 0090-(0)252
- *Verbindungen* **Dolmuş** im 10-Min.-Takt von 7–1.30 Uhr nach Marmaris. Die Endstation liegt im Süden der Bucht. Schöner ist die Fahrt mit dem **Taxiboot** nach Marmaris (ca. alle 30 Min., retour 5,50 €). Außerdem mehrmals tägl. Taxiboote nach Amos, Kumlubükü und Çiftlik.
- *Markt* Mi großer **Markt** am Çevre Yolu (der Straße nach Turunç und Datça).
- *Essen & Trinken* Im Ortskern viel Austauschbares.

Eine außergewöhnliche Adresse ist das Restaurant **Mona Titti**, abseits vom Schuss (von der Straße nach Turunç ausgeschildert). Gemütliche Terrasse, Tische rund um einen kleinen Pool, dazu duftender Jasmin. Serviert werden so verführerische Gerichte wie *Spagetitti*, *Chicken Titts* oder *Moby's Dick* – lassen Sie sich überraschen. Das alles betört die Sinne: Allein von 2002 bis 2004 wurden hier 37 Heiratsanträge ausgesprochen (und keiner abgelehnt). Reservierung erforderlich (✆ 4554046). Geöffnet ab 19 Uhr. Preislich höher angesiedelt, aber auch nicht teurer als an der Uferpromenade von Marmaris. Ach ja: Vergessen Sie nicht, zum Digestif die „Geschichte der Mona Titti" zu lesen.

Turunç

Turunç ist der türkische Name für eine bittere Orangensorte. Dabei ist Turunç im Vergleich zu Marmaris oder İçmeler ganz süß. In dem ehemaligen Fischerdörfchen geht es noch immer beschaulich zu, auch wenn der Ort in den letzten Jahren in touristischer Hinsicht aufgeholt hat wie kaum ein anderer der Gegend. Turunç, an einer langen, teilweise feinsandigen Bucht südlich von İçmeler gelegen, ist mit seinen vielen Cafés und Restaurants nicht mehr nur ein beliebtes Ausflugsziel, sondern mittlerweile auch Anlaufpunkt v. a. holländischer und englischer Pauschaltouristen. Rechts, links und über der Bucht haben sich einige Clubhotels angesiedelt, die keine Wünsche offen lassen. Dennoch findet man auch noch einfache, freundliche Unterkünfte. Die Cumhuriyet Caddesi, die Hauptstraße hinter dem Strand, wird allabendlich zu einer für den Verkehr gesperrten Fußgängerzone. Juweliergeschäfte und Teppichhändler, Bars und Reisebüros säumen sie.

- *Telefonvorwahl* 0090-(0)252
- *Verbindungen* Alle 30 Min. mit dem **Dolmuş** nach Marmaris. Im Sommer nahezu stündl. **Taxiboote** nach Marmaris und İçmeler, 1-mal tägl. nach Amos, Kumlubükü und Çiftlik.
- *Ausflüge* Diverse Anbieter offerieren die gleichen Touren wie in Marmaris, Gleiches gilt für Bootstouren.
- *Auto- und Zweiradverleih* **Star Moto**, an der Cumhuriyet Cad, der Hauptstraße des Örtchens. Scooter ab 26 € pro Tag, Autos ab 38 €. ✆ 4767286, Fax 4767286.
- *Essen & Trinken* **Dionysos Sea Club**, nahe dem İffet Hotel im Norden der Bucht. Sehr schönes Gartenrestaurant unter alten Bäumen am Wasser. Kleine ausgewählte Karte mit gehoberen Preisen (Fisch-Carpaccio 9,50 €, Riesengarnelen mit Knoblauch 14 €). ✆ 4767832.

Arcade, an der Hauptdurchgangsstraße. Zu Recht sehr beliebt. Gepflegt-gediegenes Lokal mit Terrasse, dezente Musik, sehr zuvorkommender deutschsprachiger Service. Reiche Auswahl – neben einfacheren Topfgerichten, Pide und Pizza leckere Vorspeisen und phantastische Güveç-Variationen. Zum Schluss gibt es eine Überraschung! Hauptgericht 3,30–11 €. ✆ 4767372.

Amos (antike Stadt) und Kumlubükü-Bucht

Von Turunç führt eine Stichstraße hoch über der Küste gen Süden. Nach ein paar Kilometern zweigt ein schmales Sträßlein nach links steil hinab in die kleine, schöne Amos-Bucht. Den ca. 100 m langen Sandkiesstrand mit Liegestuhl- und Sonnenschirmverleih sowie dem guten Amos Restaurant erreicht man vorbei an den Ferienhäuschen des Lehrkörpers der Universitäten *Marmara* und *Anadolu*.

Lässt man die Abzweigung außer Acht, passiert man bald darauf den *Asarcık-Hügel*, auf dem die steinernen Überreste des antiken Amos liegen und der die Amos-Bucht von der Kumlubükü-Bucht trennt. Umgeben von beeindruckenden Mauerresten der *Stadtumwallung* sind u. a. ein schlecht erhaltener Tempel und ein gut erhaltenes Theater zu besichtigen. Apollon, der in dieser Gegend *Samnaios* genannt wurde, war der Schutzgott der Stadt.

In der Kumlubükü-Bucht fällt sofort eine riesige, weitläufig ummauerte Villa ins Auge. Sie gehört dem Vorsitzenden der *Garanti Bankası*. Ansonsten gibt die Bucht nicht viel her, der Kiesstrand zählt auch nicht zu den schönsten. Man findet einige Restaurants und Unterkünfte. Rund 2 km südlich der Kumlubükü-Bucht kann man eine Höhle besuchen, lassen Sie sich den Weg zeigen.

Verbindungen Zwischen 10.30 und 13 Uhr fahren **Taxiboote** von Turunç und İçmeler nach Amos, zurück geht es um 17 Uhr.

Etwas Griechisch

Keine Panik: Neugriechisch ist zwar nicht die leichteste Sprache, lassen Sie sich jedoch nicht von der fremdartig wirkenden Schrift abschrecken – oft erhalten Sie Informationen auf Wegweisern, Schildern, Speisekarten usw. auch in lateinischer Schrift, zum anderen wollen Sie ja erstmal verstehen und sprechen, aber nicht lesen und schreiben lernen. Dazu hilft Ihnen unser „kleiner Sprachführer", den wir für Sie nach dem Baukastenprinzip konstruiert haben: Jedes der folgenden Kapitel bietet Ihnen Bausteine, die Sie einfach aneinander reihen können, sodass einfache Sätze entstehen. So finden Sie sich im Handumdrehen in den wichtigsten Alltagssituationen zurecht, entwickeln ein praktisches Sprachgefühl und können sich so nach Lust und Notwendigkeit Ihren eigenen Minimalwortschatz aufbauen und erweitern.

- Wichtiger als die richtige Aussprache ist übrigens die Betonung! Ein falsch betontes Wort versteht ein Grieche schwerer als ein falsch oder undeutlich ausgesprochenes. Deshalb finden Sie im folgenden jedes Wort in Lautschrift und (außer den einsilbigen) mit Betonungszeichen.
  Viel Spaß beim Ausprobieren und Lernen!

Das griechische Alphabet

Buchstabe		Name	Lautzeichen	Aussprache
groß	klein			
Α	α	Alpha	a	kurzes a wie in Anna
Β	β	Witta	w	w wie warten
Γ	γ	Gámma	g	g wie Garten (j vor Vokalen e und i)
Δ	δ	Delta	d	stimmhaft wie das englische „th" in the
Ε	ε	Epsilon	e	kurzes e wie in Elle
Ζ	ζ	Síta	s	stimmhaftes s wie in reisen
Η	η	Ita	i	i wie in Termin
Θ	θ	Thíta	th	stimmloses wie englisches „th" in think
Ι	ι	Jóta	j	j wie jagen
Κ	κ	Kápa	k	k wie kann
Λ	λ	Lámbda	l	l wie Lamm
Μ	μ	Mi	m	m wie Mund
Ν	ν	Ni	n	n wie Natur
Ξ	ξ	Xi	x	x wie Xaver
Ο	ο	Omikron	o	o wie offen
Π	π	Pi	p	p wie Papier
Ρ	ρ	Ro	r	gerolltes r
Σ	ς/σ	Sígma	ss	ss wie lassen
Τ	τ	Taf	t	t wie Tag
Υ	φ	Ipsilon	j	j wie jeder
Φ	w	Fi	f	f wie Fach
Χ	χ	Chi	ch	ch wie ich
Ψ	ψ	Psi	ps	ps wie Kapsel
Ω	ω	Omega	o	o wie Ohr

GRÜSSE

Guten Morgen/ Guten Tag	kaliméra
Guten Abend	kalispéra
Gute Nacht (zum Abschied)	kaliníchta
Hallo!	jassoú! oder jássas!
Tschüß	adío

MINIMAL WORTSCHATZ

Ja	nä
Nein	óchi
Nicht	dén
Danke (vielen Dank)	efcharistó (polí)
Bitte(!)	parakaló(!)
Entschuldigung	sinjómi
Links/rechts/ geradeaus	aristerá/dexiá/ ísja
hier/dort	edó/ekí
groß/klein	megálo/mikró
gut/schlecht	kaló/kakó
viel/wenig	polí/lígo
heiß/kalt	sässtó/krío
oben/unten	epáno/káto
Ich/Du	egó/ essí
er/sie/es	aftós/aftí/aftó
das (da)	aftó
(ein) anderes	állo
welche(r), welches?	tí?

FRAGEN & ANTWORTEN

Wann?	póte?
Wo (ist ...) ?	pu (ine ...)?
Von wo ...	ápo pu
Wohin ...	jia pu ...
Gibt es (hier) ... ?	ipárchi (edó) ... ?
Ich möchte (nach) ...	thelo (stin) ...
Wieviel(e)...	pósso (póssa) ...
Wie viel Uhr (ist es)?	tí óra (íne)?
Um wie viel Uhr?	ti óra?
Wann geht (fährt, fliegt)?	pote féwgi?
Wann kommt ... an?	póte ftáni ...?
Wie viel kostet es?	póso káni?
Wissen Sie ... ?	xérete ... ?
Haben Sie ... ?	échete ... ?
Wie geht es Ihnen/Dir?	ti kánete/ kánis?
(Sehr) gut	(polí) kalá
Wie heißt Du?	pos se léne?
ich heiße ...	to ónoma mou íne ...
Woher kommst du?	apo pu ísse?
Ich komme aus ... Deutschland/ Österreich/ Schweiz	íme apo ... jermanía/ afstría/ elwetía
Sprechen Sie Englisch (Deutsch)?	mílate angliká (jermaniká)?
Ich spreche nicht Griechisch	den miló eliniká
Wie heißt das auf Griechisch?	pos légete aftó sta eliniká?
Ich verstehe (nicht)	(dén) katalawéno
Ich weiß nicht	dén xéro
In Ordnung (o.k.)	endáxi

ZEIT

Morgen(s)	proí
Mittag(s)	messiméri
Nachmittag(s)	apógewma
Abend(s)	wrádi
heute	ssímera
morgen	áwrio
gestern	chtés
Tag	méra
Woche	ewdomáda
Monat	mínas
Jahr	chrónos
Stündlich	aná óra

WOCHENTAGE

Sonntag	kiriakí
Montag	deftéra
Dienstag	tríti
Mittwoch	tetárti
Donnerstag	pémpti
Freitag	paraskewí
Samstag	sáwato

MONATE

Ganz einfach: fast wie im Deutschen + Endung „-ios"! (z.B. April = Aprílios). Ianuários, Fewruários, Mártios, Aprílios, Máios, Iúnios, Iúlios, 'Awgustos, Septémwrios, Októwrios, Noémwrios, Dekémwrios.

Zahlen

½	misó	9	ennéa	60	exínda
1	éna	10	déka	70	efdomínda
2	dío	11	éndeka	80	ogdónda
3	tría	12	dódeka	90	enenínda
4	téssera	13	dekatría	100	ekató
5	pénde	20	íkosi	200	diakósia
6	éxi	30	triánda	300	trakósia
7	eftá	40	sarránda	1000	chília
8	ochtó	50	penínda	2000	dio chiliádes

UNTERWEGS

(Tourist-) Information	(turistikés-) pliroforíes
Bank	trápesa
Geld	ta leftá, ta chrímata
Postamt	tachidromío
Briefmarke	grammatósima
Telefonamt	O. T. E.
Telefon	tiléfono
Abfahrt	anachórisis
Ankunft	áfixis
Straße	drómos
Fußweg	monopáti
Telefon	tiléfono
Ticket	isitírio
Reservierung	fílaxi
Flughafen	aerodrómio
Hafen	limáni
Schiff	karáwi
Bahnhof	stathmós
(der nächste) Bus	(to epómene) leoforío
Benzin (super/ normal/bleifrei)	wensíni (súper/ apli/amóliwdi)
Diesel	petréleo
1 Liter	éna lítro
20 Liter	íkosi lítra
Auto	aftokínito
Motorrad	motossikléta
Öl	ládi
Reifen	lásticho
Reparatur	episkewí
Werkstatt	sinergíon

ÜBERNACHTEN

Zimmer	domátio
ein Doppelzimmer	éna dipló domátio
Einzelzimmer	domátio me éna krewáti
mit Dusche/Bad	me dous/bánjo
mit Frühstück	pronió
Bett	krewáti
Wie viel kostet es (das Zimmer)?	póso kani (to domátio)?
Ich möchte mieten (...) für 5 Tage	thélo na nikásso (...) jia pénde méres
Kann ich sehen ... ?	bóro na do ...?
Kann ich haben ... ?	bóro na écho ... ?
ein (billiges/gutes) Hotel	éna (ftinó/kaló) xenodochío
Pension	pansión
Haus	spíti
Küche	kusína
Toilette	tualétta
Reservierung	enikiási
Wasser (heiß/kalt)	neró (sässtó/krió)

HILFE/KRANKHEIT

Arzt	jatrós
Apotheke	**farmakío**
Zahnarzt	odontíatros
Krankenhaus	nossokomío
Polizei	astinomía
Unfall	atíchima
Deutsche/Österr./ Schweizer. Botschaft	presvía jermanikí/ afstriakí/ elwetikí

ESSEN & TRINKEN

Haben Sie?	échete?
Ich möchte ...	thélo ...
Wieviel kostet es?	póso káni?
Ich möchte zahlen	thélo na pliróso
Die Rechnung (bitte)	to logariasmó (parakaló)
Speisekarte	katálogos

GETRÄNKE

Glas/Flasche	potíri/boukáli
ein Bier	mía bíra
(ein) Mineralwasser	(mia) sóda
Wasser	neró
(ein) Rotwein	(éna) kókkino krassí
(ein) Weißwein	(éna) áspro krassí
... süß/herb	glikós/imíglikos
(eine) Limonade (Zitrone)	(mia) lemonáda
(eine) Limonade (Orange)	(mia) portokaláda
(ein) Kaffee	(éna) néskafe
(ein) Mokka	(éna) kafedáki
... sehr süß	... varí glikó
... mittel	... métrio
... rein (ohne Z.)	skéto
Tee	sái
Milch	gála

GRIECH. SPEZIALITÄTEN

Fischsuppe	psaróssupa
Suppe	ssúpa
Garnelen	garídes
Kalamaris („Tintenfischchen")	kalamarákia
Fleischklößchen	keftédes
Hackfleischauflauf mit Gemüse	musakás
Mandelkuchen mit Honig	baklawás
Gefüllter Blätterteig	buréki
Gefüllte Weinblätter (mit Reis & Fleisch)	dolmádes
Nudelauflauf mit Hackfleisch	pastítsio
Fleischspießchen	suwlákia

SONSTIGES

Hähnchen	kotópulo
Kartoffeln	patátes
Spaghetti (mit Hackfleisch)	makarónia (me kimá)
Hammelfleisch	kimás
Kotelett	brísola
Bohnen	fasólia
Gemüse	lachaniká

EINKAUFEN

Haben Sie?	échete?
Kann ich haben?	bóro na écho?
Geben Sie mir	dóste mou
klein/groß	mikró/megálo
1 Pfund (= 1/2 Kilo)	misó kiló
1 Kilo/Liter	éna kiló/lítro
100 Gramm	ekató gramárja
Apfel	mílo
Brot	psomí
Butter	wútiro
Ei(er)	awgó (awgá)
Essig	xídi
Gurke	angúri
Honig	méli
Joghurt	jaoúrti
Käse/Schafskäse	tirí/féta
Kuchen	glikó
Marmelade	marmeláda
Milch	gála
Öl	ládi
Orange	portokáli
Pfeffer	pipéri
Salz	aláti
Tomaten	domátes
Wurst	salámi
Zucker	záchari
Klopapier	hartí igías
Seife	sapúni
Shampoo	sambuán
Sonnenöl	ládi jia ton íljon
Streichhölzer	spírta

Verlagsprogramm

- Abruzzen
- Adriaküste
- Ägypten
- Algarve
- Allgäu
- Altmühltal & Fränk. Seenland
- Amsterdam *MM-City*
- Andalusien
- Apulien
- Athen & Attika
- Azoren
- Baltische Länder
- Barcelona *MM-City*
- Berlin *MM-City*
- Berlin & Umgebung
- Bodensee
- Bretagne
- Brüssel *MM-City*
- Budapest *MM-City*
- Bulgarien – Schwarzmeerküste
- Kanada – der Westen
- Chalkidiki
- Chianti – Florenz, Siena
- Cornwall & Devon
- Costa Brava
- Costa de la Luz
- Côte d'Azur
- Dolomiten – Südtirol Ost
- Dominikanische Republik
- Ecuador
- Elba
- Elsass
- England
- Franken
- Fränkische Schweiz
- Friaul-Julisch Venetien
- Gardasee
- Genferseeregion
- Golf von Neapel
- Gomera
- Gran Canaria
- Gran Canaria *MM-Touring*
- Graubünden
- Griechenland
- Griechische Inseln
- Hamburg *MM-City*
- Haute-Provence
- Ibiza
- Irland
- Island
- Istanbul *MM-City*
- Istrien
- Italien
- Kalabrien & Basilikata
- Karpathos
- Katalonien
- Kefalonia & Ithaka
- Korfu
- Korsika
- Kos
- Krakau *MM-City*
- Kreta
- Kroatische Inseln & Küste
- Kykladen
- La Palma
- La Palma *MM-Touring*
- Languedoc-Roussillon
- Lanzarote
- Lesbos
- Ligurien – Italienische Riviera, Genua, Cinque Terre
- Liparische Inseln
- Lissabon & Umgebung
- Lissabon *MM-City*
- London *MM-City*
- Madeira
- Madrid & Umgebung
- Mainfranken
- Mallorca
- Malta, Gozo, Comino
- Marken
- Mittel- und Süddalmatien
- Mittelitalien
- Montenegro
- Naxos
- Neuseeland
- New York *MM-City*
- Niederlande
- Nord- u. Mittelgriechenland
- Nordkroatien – Kvarner Bucht
- Nordportugal
- Nordspanien
- Norwegen
- Nürnberg, Fürth, Erlangen
- Oberbayerische Seen
- Oberitalien
- Oberitalienische Seen
- Ostfriesland & Ostfriesische Inseln
- Ostseeküste – Mecklenburg-Vorpommern
- Ostseeküste – von Lübeck bis Kiel
- Paris *MM-City*
- Peloponnes
- Piemont & Aostatal
- Polen
- Polnische Ostseeküste
- Portugal
- Prag *MM-City*
- Provence & Côte d'Azur
- Rhodos
- Rom & Latium
- Rom *MM-City*
- Rügen, Stralsund, Hiddensee
- Salzburg & Salzkammergut
- Samos
- Santorini
- Sardinien
- Schottland
- Schwäbische Alb
- Sinai & Rotes Meer
- Sizilien
- Skiathos, Skopelos, Alonnisos, Skyros – Nördl. Sporaden
- Slowakei
- Slowenien
- Spanien
- Südböhmen
- Südengland
- Südfrankreich
- Südmarokko
- Südnorwegen
- Südschweden
- Südtirol
- Südtoscana
- Südwestfrankreich
- Teneriffa
- Teneriffa *MM-Touring*
- Tessin
- Thassos, Samothraki
- Toscana
- Tschechien
- Tunesien
- Türkei
- Türkei – Lykische Küste
- Türkei – Mittelmeerküste
- Türkei – Westküste
- Türkische Riviera – Kappadokien
- Umbrien
- Ungarn
- Usedom
- Venedig *MM-City*
- Venetien
- Wachau, Wald- u. Weinviertel
- Westböhmen & Bäderdreieck
- Wien *MM-City*
- Zakynthos
- Zypern

Aktuelle Informationen zu allen Reiseführern finden Sie im Internet unter *www.michael-mueller-verlag.de*

Michael Müller Verlag GmbH, Gerberei 19, 91054 Erlangen
Tel. 0 91 31 / 81 28 08-0; Fax 0 91 31 / 20 75 41; E-Mail: mmv@michael-mueller-verlag.de

Register

Was haben Sie entdeckt?

Haben Sie eine freundliche Taverne weitab vom Trubel gefunden, ein nettes Hotel mit Atmosphäre, einen schönen Wanderweg auf Rhódos?

Wenn Sie Ergänzungen, Verbesserungen oder neue Tipps zum Buch haben, lassen Sie es uns bitte wissen!

Dr. Hans-Peter Siebenhaar / Stichwort „Rhodos"
c/o Michael Müller Verlag / Gerberei 19 / 91054 Erlangen
E-Mail: hp.siebenhaar@michael-mueller-verlag.de